纪念改革开放40周年
纪念产权交易资本市场30周年 | 案例集

Classic Cases of China Property Rights Exchanging Capital Market

★★★★★

中国产权协会 ◎ 主编

中国产权交易资本市场经典案例

·北京·

图书在版编目（CIP）数据

中国产权交易资本市场经典案例/中国产权协会主编.
—北京：中国经济出版社，2018.9
ISBN 978-7-5136-5340-4

Ⅰ.①中… Ⅱ.①中… Ⅲ.①产权转让—资本市场—案例—中国 Ⅳ.①F723.8

中国版本图书馆CIP数据核字（2018）第202592号

组稿编辑	崔姜薇
责任编辑	夏军城　焦晓云
责任印制	马小宾
封面设计	任燕飞装帧设计工作室

出版发行	中国经济出版社
印 刷 者	北京柏力行彩印有限公司
经 销 者	各地新华书店
开　　本	787mm×1092mm　1/16
印　　张	22.75
字　　数	485千字
版　　次	2018年9月第1版
印　　次	2018年9月第1次
定　　价	98.00元

广告经营许可证　京西工商广字第8179号

中国经济出版社 网址 www.economyph.com 社址 北京市西城区百万庄北街3号 邮编 100037
本版图书如存在印装质量问题，请与本社发行中心联系调换（联系电话：010-68330607）

版权所有　盗版必究（举报电话：010-68355416　010-68319282）
国家版权局反盗版举报中心（举报电话：12390）　服务热线：010-88386794

增强企业的活力，特别是增强全民所有制的大、中型企业的活力，是以城市为重点的整个经济体制改革的中心环节。

过去国家对企业管得太多太死的一个重要原因，就是把全民所有同国家机构直接经营企业混为一谈。根据马克思主义的理论和社会主义的实践，所有权同经营权是可以适当分开的。

在服从国家计划和管理的前提下，企业有权选择灵活多样的经营方式，有权安排自己的产供销活动，有权拥有和支配自留资金，有权依照规定自行任免、聘用和选举本企业的工作人员，有权自行决定用工办法和工资奖励方式，有权在国家允许的范围内确定本企业产品的价格，等等。总之，要使企业真正成为相对独立的经济实体，成为自主经营、自负盈亏的社会主义商品生产者和经营者，具有自我改造和自我发展的能力，成为具有一定权利和义务的法人。

——摘自《中共中央关于经济体制改革的决定》
(1984年10月20日中国共产党第十二届中央委员会第三次全体会议通过)

坚持以公有制为主体、多种经济成分共同发展的方针,进一步转换国有企业经营机制,建立适应市场经济要求,产权清晰、权责明确、政企分开、管理科学的现代企业制度。

——摘自《中共中央关于建立社会主义市场经济体制若干问题的决定》
（1993年11月14日中国共产党第十四届中央委员会第三次全体会议通过）

要依法保护各类产权，健全产权交易规则和监管制度，推动产权有序流转，保障所有市场主体的平等法律地位和发展权利。

加快建设全国统一市场。强化市场的统一性，是建设现代市场体系的重要任务。废止妨碍公平竞争、设置行政壁垒、排斥外地产品和服务的各种分割市场的规定，打破行业垄断和地区封锁。

大力发展资本和其他要素市场。积极推进资本市场的改革开放和稳定发展，扩大直接融资。规范发展产权交易。

——摘自《中共中央关于完善社会主义市场经济体制若干问题的决定》
（2003年10月14日中国共产党第十六届中央委员会第三次全体会议通过）

经济体制改革是全面深化改革的重点,核心问题是处理好政府和市场的关系,使市场在资源配置中起决定性作用和更好发挥政府作用。

产权是所有制的核心。健全归属清晰、权责明确、保护严格、流转顺畅的现代产权制度。

国有资本、集体资本、非公有资本等交叉持股、相互融合的混合所有制经济,是基本经济制度的重要实现形式。

建设统一开放、竞争有序的市场体系,是使市场在资源配置中起决定性作用的基础。

——摘自《中共中央关于全面深化改革若干重大问题的决定》
(2013年11月12日中国共产党第十八届中央委员会第三次全体会议通过)

以管资本为主推动国有资本合理流动优化配置。

支持企业依法合规通过证券交易、产权交易等资本市场，以市场公允价格处置企业资产，实现国有资本形态转换，变现的国有资本用于更需要的领域和行业。

推进国有企业混合所有制改革。以促进国有企业转换经营机制，放大国有资本功能，提高国有资本配置和运行效率，实现各种所有制资本取长补短、相互促进、共同发展为目标，稳妥推动国有企业发展混合所有制经济。

——摘自《中共中央、国务院关于深化国有企业改革的指导意见》
（中发〔2015〕22号）

国有资本、集体资本、非公有资本等交叉持股、相互融合的混合所有制经济，是基本经济制度的重要实现形式。

以企业为主体，充分发挥市场机制作用，把引资本与转机制结合起来，把产权多元化与完善企业法人治理结构结合起来，探索国有企业混合所有制改革的有效途径。

通过产权、股权、证券市场发现和合理确定资产价格，发挥专业化中介机构作用，借助多种市场化定价手段，完善资产定价机制，实施信息公开，加强社会监督，防止出现内部人控制、利益输送造成国有资产流失。

——摘自《国务院关于国有企业发展混合所有制经济的意见》
（国发〔2015〕54号）

经济体制改革必须以完善产权制度和要素市场化配置为重点，实现产权有效激励、要素自由流动、价格反应灵活、竞争公平有序、企业优胜劣汰。

要完善各类国有资产管理体制，改革国有资本授权经营体制，加快国有经济布局优化、结构调整、战略性重组，促进国有资产保值增值，推动国有资本做强做优做大，有效防止国有资产流失。

深化国有企业改革，发展混合所有制经济，培育具有全球竞争力的世界一流企业。

深化商事制度改革，打破行政性垄断，防止市场垄断，加快要素价格市场化改革，放宽服务业准入限制，完善市场监管体制。

深化金融体制改革，增强金融服务实体经济能力，提高直接融资比重，促进多层次资本市场健康发展。健全金融监管体系，守住不发生系统性金融风险的底线。

——摘自《决胜全面建成小康社会夺取新时代中国特色社会主义伟大胜利》
（2017年10月18日习近平总书记在中国共产党第十九次全国代表大会上所做的报告）

在相当长一个时期，产权交易清晰化、透明化，公正公平，通过产权交易市场体现国有产权的价值是非常必要的，中国产权协会要在这方面进一步完善做好。

——国务院国有资产监督管理委员会党委书记郝鹏

深化国有企业改革,做强做优做大国有资本,对坚持和发展中国特色社会主义、实现"两个一百年"奋斗目标具有十分重大的意义。

——国务院国有资产监督管理委员会主任肖亚庆

案例 1	武汉中心百货大楼兼并武汉五金彩印制品厂项目	001
案例 2	青岛市邮电局兼并青岛钟表总公司所属木钟厂项目	003
案例 3	"国有金股"为国企整体产权转让奠定基础——萍乡钢铁有限责任公司整体产权转让项目	006
案例 4	"狗不理"有人理——狗不理集团溢价7倍整体转让项目	009
案例 5	创新铸就"雪津神话"——福建雪津啤酒有限公司股权转让项目	012
案例 6	促进"人合"与"资合"的有机统一,推进社会和谐与产权的公平交易	017
案例 7	湖北省松滋市国有资产经营公司国有股权转让项目	022
案例 8	重庆联合产权交易所与重庆市土地交易中心联合成功拍卖重庆锅炉总厂	024
案例 9	长沙联交所助力长沙客运集团整体改制,打造全国交通龙头企业湖南龙骧交通集团	027
案例 10	规范交易促进国有资产保值增值,攻坚克难打造产权交易市场灯塔工程——双汇实业集团有限责任公司国有产权转让项目	029
案例 11	壶化集团与金星化工重组项目	033
案例 12	"长橡"转让,"先导"中标——长治市橡胶工业有限公司整体转让开标评标会纪实	035
案例 13	深圳富春东方(集团)有限公司股权包转让项目	037
案例 14	企业增资扩股进场"零突破",中国产权交易市场增添"新动力"——潍坊亚星集团有限公司增资扩股项目	040

案例 15	托管一家金融企业，为股东融资 157 亿元——江西银行股权登记托管项目	043
案例 16	公开、透明、规范、高效，产权交易市场助力奥运资产阳光交易——第二十九届北京奥运会资产处置项目	045
案例 17	有效发布信息、精准选用竞价方式，实现国有资产增值	049
案例 18	常州股权托管中心高质量服务上市后备企业——江苏江南农村商业银行股份有限公司股权托管项目	053
案例 19	私募增资与公开挂牌相结合，创新融资新模式——沈阳鼓风机集团股份有限公司增资扩股项目	056
案例 20	发挥市场融资功能，全方位服务客户——鞍山银行股权并购、融资项目	059
案例 21	创新公共资源交易模式——广州市中小客车增量指标竞价项目	062
案例 22	创新交易方式，项目亮点频显——甘肃天水岐黄药业有限责任公司 42.6% 国有股权转让项目	066
案例 23	京沪高铁部分股权转让项目	070
案例 24	湖南本土老牌商业集团引入战略投资者，实现再次腾飞	072
案例 25	福建省三明市煤气公司增资扩股引进战略投资者	073
案例 26	深圳市高新投集团有限公司增资 40% 股权项目	077
案例 27	创新推介服务为中新大东方股权转让增值 23.36 亿元	078
案例 28	社会投资＋员工持股，助推红棉乐器升级上市	080
案例 29	大连产权交易所试水 PPP 项目进场交易	085
案例 30	江西中江集团 100% 股权增值 23.2 亿元成功转让	087
案例 31	湖南省湘交院置业发展有限公司房产包销与土地合作开发联动项目	091
案例 32	引入民营资本，告别单一体制——四川沱牌舍得集团有限公司 38.78% 股权转让及增资扩股项目	095
案例 33	协调跨境监管机制，助力国企扬帆远航——南洋商业银行 680 亿港元股权交易项目	098
案例 34	助力金融安全网体系建设，促进国有资产保值增值——中华联合保险控股股份有限公司 60 亿股股份转让项目	102

案例 35	"互联网+"助力央企异地资产一次性成功转让,实现保值增值	105
案例 36	合肥市污泥资源化利用 BOO 项目	107
案例 37	中国物流有限公司增资 39.178% 股权项目	110
案例 38	平衡国资转让与股东优先权,实现各方共赢——江阴天江药业有限公司 5.5% 股权转让项目	114
案例 39	石嘴山市属国企改制项目首次进场,交易取得可喜成效	118
案例 40	产权交易助力上海自贸区战略,区内首个国有地块高溢价成交	121
案例 41	国资新政推动油气改革增资金额最大项目成交——中石化川气东送天然气管道有限公司增资项目	125
案例 42	渤海证券增资 52 亿元扩股 15 亿股项目在天津产权交易中心成功落地	129
案例 43	打通境内外资产交易渠道,凸显产权交易市场集聚资源、对接资本、发现价值功能	132
案例 44	方正东亚信托有限责任公司 57.51% 股权转让项目	137
案例 45	青岛城市建设投资集团 7 家公司股权及债权转让项目	139
案例 46	晋湘联合挂牌,放大价值发现——山西省产权交易市场做出大文章,再创新佳绩	141
案例 47	国有企业混合所有制改革的"山东模式"——山东省交通运输集团有限公司混改项目	144
案例 48	湖南省国龙外贸实业公司等 49 户债权资产包转让项目	149
案例 49	深圳南山热电保壳成功、资产溢价转让	153
案例 50	东部公交 3024 辆纯电动公交客车更新解决方案	155
案例 51	规范林权交易,助推林改健康发展——丽江市玉龙县集体林权流转项目	157
案例 52	跨市场运作,助力华龙证券成就年度新三板最高融资纪录	162
案例 53	"资产转让+经营权配套+合作开发"实现政府系统非办公类闲置资产变废为宝	167
案例 54	交易+融资,精准服务国企改革——黑龙江金健天正粮食有限公司 66% 股权转让项目	172
案例 55	北京融新创达投资开发有限公司 100% 股权转让项目	174

案例 56	创新竞价方式，推动传统产业股权有序流转——无锡太平针织有限公司47%股权转让项目	177
案例 57	无锡地铁国有产权转让增值107.84%——无锡广成地铁上盖置业有限公司90%股权及10.26亿元债权转让项目	179
案例 58	股债捆绑"僵尸企业"处置项目	181
案例 59	深圳中电国际信息科技有限公司A轮增资嵌套股转项目	186
案例 60	中国电子系统工程总公司（中国电子系统技术有限公司）改制增资扩股项目	190
案例 61	中包兰埔成混合所有制改革项目	194
案例 62	创新增资模式，助力首家民航混改取得突破——东方航空物流有限公司增资项目	198
案例 63	服务军工国企混改，贯彻落实军民融合战略——航天科工火箭技术有限公司增资项目	201
案例 64	引进战略投资，保障员工持股试点落地——中国电器科学研究院有限公司增资项目	203
案例 65	融资23.2亿，助力国企混改——天津产权成功运作津融资产项目	206
案例 66	服务长电联合增资，助力电力企业混改推进	209
案例 67	线上线下共同发力，创新表内债权包处置模式	213
案例 68	市场平台点石成金，国有资产创亿元增值——陕南地产安康有限公司100%股权及债权项目	216
案例 69	中外合资企业南华气体公司整体股权转让	218
案例 70	战略投资和财务投资双引入——首例企业增资项目成功落地	221
案例 71	提升市场功能，全方位服务企业发展——中铝山西分公司部分报废固定资产（四蒸发）项目	225
案例 72	内蒙古产权交易中心助力自治区新晋5A级景区基础设施建设	227
案例 73	巴彦淖尔市污水处理再生水回用及供水一体化PPP项目	229
案例 74	创新交易方式，促进企业做强做优做大——辽宁益康生物股份有限公司增资扩股及股权转让项目	234
案例 75	利用反向竞价采购平台解盐化集团燃"煤"之急	237
案例 76	共创公平环境，打造优质平台——报废资产创新转让项目	239

案例 77	浙江省建设投资集团股份有限公司债转股项目	241
案例 78	皖新传媒资产证券化股权资产包转让项目	244
案例 79	挖掘企业投资价值，助力亏损企业成功增资——江西江中食疗增资扩股项目	247
案例 80	高举供给侧改革的大旗，打造中国特色资源要素融资市场——兖矿科澳铝业有限公司资产转让项目	251
案例 81	司法委托拍卖，成功运作巨额破产财产处置项目	254
案例 82	桂林市冠信房地产有限公司 100% 股权转让项目	258
案例 83	平台之力去产能，市场之手调结构——四川省煤炭去产能指标交易平台搭建与运行	262
案例 84	联动产权、证券两级资本市场，助力国有金融资本整合跨界资源——四川锦程消费金融公司引进战略投资者项目	267
案例 85	操盘企业国有产权转让，引动境外上市公司收购	270
案例 86	强强联合，增资助推茅台物流产业升级——贵州阳光产权交易所助力国企混改	275
案例 87	低效无效资产卖"精"卖"细"，助推企业转型升级——昆明焦化制气有限公司处置废旧资产和清理低效无效资产	279
案例 88	常州产权交易所助力房地产续建项目成功征集合作方	283
案例 89	河南省产权交易中心首例租赁权公开转让的几点启示——河南永锦能源有限公司机修厂进场招租项目	287
案例 90	引资更引智，借混改之力做大做强物流主业——天津滨海中储物流有限公司增资项目	290
案例 91	聚各行之翘楚，争创国家创新中心，共同助力中国高端制造业升级——武汉数字化设计与制造创新中心有限公司增资项目	294
案例 92	《中国化妆品》杂志社有限公司 100% 股权转让项目	298
案例 93	服务新三板国企混改，助推企业成功完成资本市场运作——烟台卓能电池材料股份有限公司增资扩股项目	300
案例 94	积极支持三农发展，保障村镇银行股权平稳过渡——国开行打包转让 15 家村镇银行股权项目	303
案例 95	哈尔滨 600 台纯电动公交客车采购圆满完成	305
案例 96	产权交易市场平台助力陕西国企改革打响"混改"第一枪——陕	

	西煤业化工新型能源有限公司增资扩股项目	308
案例 97	现场竞价＋E交易互联网分段竞价助推内蒙古自治区马产业发展	310
案例 98	杭州经济技术开发区厂房、办公楼和北元M-40地块待建房产整体出租项目	314
案例 99	安世半导体部分投资份额退出转让项目	317
案例 100	"严"守细节，"巧"设方案，助力广物地产成功转让	321
案例 101	巧设遴选方案，"鱼与熊掌"可兼得——肇庆市风华锂电池有限公司股权增资扩股项目	325
案例 102	工行受托债权资产包（12户）转让项目	329
案例 103	北新国际木业有限公司增资扩股项目	330
案例 104	全流程托管式服务，在企业存量土地交易及土地二级市场领域再创佳绩	333
案例 105	黑龙江联合产权交易所助力"僵尸企业"市场化处置	338
案例 106	深挖产权交易市场资本运作潜力，服务央企"处僵治困、提质增效"——中国经济出版社处置全资子公司项目	340
案例 107	矿制酸系统和普钙装置生产线处置项目增值177.78%	344
附　记	关于《中国产权交易资本市场经典案例》的说明	345

案例 1

武汉中心百货大楼
兼并武汉五金彩印制品厂项目

一、项目简介

1988年11月,武汉中心百货大楼整体兼并武汉五金彩印制品厂项目在武汉市企业兼并市场事务所(武汉光谷联合产权交易所江城公司前身)成功操作。本项目为承债式收购,被兼并企业净资产-31170.64元,对价交易金额为0元。

兼并方为武汉中心百货大楼,位于武汉市最繁华的江汉路步行街,于1988年9月8日在武汉市工商行政管理局登记,是一家全民所有制企业。主营百货针纺织品、五金交电、化工原料,兼营工艺美术品、金银首饰、日用杂品、华侨进口物品、交电及钟表维修。中百控股集团股份有限公司就是在武汉中心百货大楼整体改组的基础上,由武汉中心百货大楼独家发起,以社会募集方式设立的股份有限公司,现已是上市公司。

被兼并方为武汉五金彩印制品厂,于1984年8月23日在武汉市工商行政管理局登记,坐落于唐家墩八古墩57号。该厂为集体所有制性质,隶属于武汉市二轻工业局;注册资本100万元,占地面积12144.91平方米;主要从事印铁制罐生产;当时在册正式职工272人,退休职工157人。随着市场机制的改革,价格逐步放开,武汉五金彩印制品厂开始出现严重危机,生产长期处于停滞状态:一是原材料大幅度涨价,企业内部无法消化,经济无法承受;二是由于市场行情变化,产品供大于求,加剧了武汉五金彩印制品厂的经济危机;三是本省制罐行业猛增,由于在资金、技术和装备等方面较其他厂家均无优势,已完全失去竞争能力,陷入被淘汰的危机局面。

二、操作亮点

武汉市企业兼并市场事务所通过充分走访、深入对接,掌握兼并双方诉求,研究制定兼并方案。从兼并方角度看,当时武汉中心百货大楼一是因扩建后经营面积比原来增加了一倍,经营范围相应拓宽,估算需补充一线人员250人左右;二是大楼现有仓库无法满足发展需要,长期租用离仓库较远的外单位仓库,一年需支付仓租费达30万元,给企业增加了很大的经济负担,直接影响企业的经营业务和发展后劲;三是大楼现有的大、小汽车30多辆也需租借别家场地;四是亟待解决配套设施用房。从被兼并方角度看，由于市场机制改革、价格逐步放开和同行企业的迅速增多，武汉五金彩印制品厂逐渐失去竞争能力。当时企业包袱重，人员亟须妥善安置，并且该厂的用地面积和厂房仓库资源正符合兼并方的需要。

1988年11月10日，在武汉市企业兼并市场事务所的组织下，武汉中心百货大楼与武汉五金彩印制品厂签订意向合同书。1988年11月16日，武汉五金彩印制品厂第四届一次职工代表大会召开，会议经过充分讨论，认为只有走兼并之路，才能解决全厂在职和退休职工的生活问题，这是企业摆脱困境的唯一出路。1988年11月18日，武汉中心百货大楼第九届二次职工代表大会召开。会前，由武汉市企业兼并市场事务所负责的工作人员带领大楼工会部分代表前往武汉五金彩印制品厂进行了实地参观考察。会上，大家一致认为兼并武汉五金彩印制品厂与大楼的发展设想相符，能为大楼今后的发展创造条件、奠定基础，有利于充分发挥企业的后劲和提高效益，符合大楼长期发展的战略决策，也符合当前企业改革发展的要求。

双方协商后，武汉五金彩印制品厂于1988年11月17日向武汉五金工业联合公司提出《关于退出五金联合公司并入武汉中心百货大楼的报告》。1988年11月18日，武汉中心百货大楼向武汉市商业管理委员会提出《关于兼并武汉五金彩印制品厂的请示报告》（中百办字〔1988〕第99号）。经双方委托，1988年12月1日，武汉市企业兼并市场事务所派会计师对武汉五金彩印制品厂的资产负债进行了审核验证。1988年12月5日，武汉市企业兼并市场事务所向武汉市改革企业机制增强企业活力领导小组办公室提交企业兼并报告（武兼字〔1988〕第019号），整个兼并顺利完成。

三、项目启示

一是武汉市企业兼并市场是业界公认的中国产权交易市场发源地。在产权交易市场发展初期，武汉市在全国率先提出了兼并机制理论。武汉市企业兼并市场事务所开创产权交易模式，推动不同资产主体之间的交易兼并活动，有效地保障了社会稳定，取得了市场、政府、企业多赢的良好效果。

二是武汉中心百货大楼兼并武汉五金彩印制品厂的成功案例实现了社会资源的重新分配与优化组合，被兼并企业所有人员得到再就业机会，原本不景气的企业又重新充满生命力。武汉中心百货大楼通过此次兼并，积累了投资发展壮大的宝贵经验，为其后做强做大并成为优质上市公司打下了坚实基础，为地方经济发展做出了巨大贡献。

（武汉光谷联合产权交易所供稿）

案例 2

青岛市邮电局兼并青岛钟表总公司所属木钟厂项目

一、项目背景

1993年,中共十四届三中全会召开,通过了《中共中央关于建立社会主义市场经济体制若干问题的决定》,我国产权交易市场从孕育中逐渐起步。同年,青岛市正在实施中心东部转移战略,市委、市政府正在动迁中,青岛产权交易所也在当年正式挂牌成立。

配合青岛市中心转移计划,大批机关、企事业单位、外资机构都在向东部转移,企业改组、搬迁、兼并等需求空前高涨。青岛产权交易所参与了多起企业破产和兼并重组项目,其中以青岛市邮电局兼并青岛钟表总公司所属木钟厂项目最具代表性。

二、兼并方与被兼并方所处市场形势和需求

本项目兼并方是青岛市邮电局,当时是邮政一级干线局和国际邮件互换局,担负着山东省各地市国际邮件、国际特快专递业务。随着改革开放的日益深入,特快专递业务直线上升,营业收入大幅提高。但由于该局进行邮政生产业务的生产场所建设较早,国际业务处理场地不足500平方米,场地面积严重不足,影响了企业的发展。青岛市当时正在实施中心东部转移战略,青岛市邮电局需要尽快在东部投资建设国际速递中心,满足未来业务发展的需求。

本项目被兼并方是青岛木钟厂,位于青岛市延安三路220号,正处于东部地区与老市区交界处,交通便利,有现成的办公、生产用房,扩建及改造余地较大,十分符合邮电局发展需要。青岛木钟厂的母公司是青岛钟表总公司,是一家专业生产手表的集体企业。1992年,青岛钟表总公司接收了国营青岛钟表厂后,产生企业无法消化的巨额债务。到本兼并项目实施前,青岛钟表厂固定资产为84万元,而债务却高达3800多万元,企业举步维艰,亟须通过兼并重组解除债务包袱,利用现有机器设备异地重建,轻装上阵,实现更好发展。

三、兼并项目进程

青岛产权交易所在了解了青岛市邮电局和青岛钟表总公司的需求后，认为这两个企业的需求恰好能契合起来，真正能实现各取所需、发展共赢。因此，青岛产权交易所牵头，组织两家企业进行了洽谈，初步就兼并项目达成共识后，由两个企业分别向各自的主管部门提出兼并申请。

1994年4月，企业主管下文批准项目实施。

1994年4月20日，在青岛产权交易所主持下，双方签署企业兼并协议。青岛木钟厂在延安三路220号厂区的16.82亩土地及建筑物由青岛市邮电局并购，原木钟厂职工安置费由邮电局按照同年青岛市职工安置费标准拨给青岛钟表总公司，两项合计总费用为5800万元。

1994年8月30日，协议正式生效。

1997年4月9日，协议执行完毕。

四、青岛产权交易所在项目推进过程中发挥着积极作用

在兼并实施过程中，由于当年法律法规并不完善，在涉及土地、房产等资产过户及职工安置等过程中发生了很多问题。青岛产权交易所积极协调相关部门，使问题得到了解决，保证了整个兼并过程的顺利进行。

1. 协调解决被兼并企业选址问题

青岛钟表总公司原打算在青岛市郊兴建新厂房，机器设备人员搬迁至郊区新址，该方案长远来看对企业发展有利，但来自职工的阻力很大，因而不得不停止实施。经主管部门与青岛产权交易所居间协调，改进了搬迁方案，由钟表总公司部分兼并青岛另外一家火柴生产厂，从而解决了被兼并企业选址的问题。

2. 解决兼并过程中的价款安全问题

青岛邮电局于1994年按协议支付了2000万元，后因被兼并方不能按时搬迁，暂时停止了后续款项的支付，而钟表总公司也未将2000万元完全用于搬迁，形成很大争议。鉴于此，在搬迁选址问题解决项目重新启动后，为防止类似争议再发生，后续的全部价款都预先支付给青岛产权交易所。由青岛产权交易所根据项目进程和主管部门批复，再支付给相关部门，开了由产权交易机构进行交易价款结算支付的先河。

3. 积极协调解决诉讼问题

1995年10月，青岛市中级人民法院向青岛产权交易所送达协助执行通知，要求将青岛市邮电局预付款项1600万元予以扣留偿债。为保证搬迁工作顺利进行，职工得到妥善安置，青岛产权交易所积极与法院协调，阐明此次兼并的背景及现状，最终法院

从大局考虑，采纳了相关建议，裁定待搬迁完成后，从邮电局的后期付款中一并执行。搬迁完成后，自 1996 年 11 月至 1997 年 4 月，青岛产权交易所按照法院协助执行通知向中国投资银行青岛市分行支付贷款本息合计 1800 多万元，有力地配合了法院的执法工作，同时也使整个兼并工作未因法院执行而延误或中断。

五、本次兼并取得的效果

青岛钟表总公司通过本次兼并的实施，偿还了 1800 多万元的银行债务，安置了部分职工，企业包袱大大减轻，可以轻装上阵，实现异地建厂且顺利投产。

青岛市邮电局通过本次兼并，获得了扩大经营规模及未来发展所需的土地、厂房，跟上了青岛市行政中心东移战略步伐，为未来留足了发展空间。后来，在此位置上建立了青岛邮政大厦，很长时间以来一直是周边地标性建筑。

青岛产权交易所在整个兼并过程中发挥了积极作用，从介绍双方洽谈达成意向，到双方签约和资产交接都全面参与。在实施过程中，根据项目需要监督每笔款项的用途及支付，当兼并工作遇到困难时积极与相关部门协调，使困难得到解决，促进项目一步步向前推进。此项目是青岛产权交易所成立后参与的第一起国有企业兼并项目。青岛产权交易所通过该项目积累了丰富的业务经验，锻炼了队伍，获得了良好口碑，为以后发展打下了坚实基础。

（青岛产权交易所供稿）

案例 3

"国有金股"为国企整体产权转让奠定基础

——萍乡钢铁有限责任公司整体产权转让项目

一、项目描述

1. 应对激烈竞争，企业全面改制

萍乡钢铁有限责任公司（以下简称萍钢）位于江西省萍乡市，为省属国有钢铁联合企业，1954年建厂，1999年改制为国有独资有限责任公司。2002年，萍钢实现销售收入30.1亿元、利润2亿元，主要经济技术指标进入全国先进行列，并多次荣获"全国五一劳动奖状"及"全国质量管理先进企业"称号。

但是，和大多数国有企业一样，萍钢也存在着一些阻碍发展的因素：①职工人数多。萍钢现有员工13456人，其中从事钢铁工作的在职职工7512人，其他在职职工2164人，退养职工2955人，下岗离岗职工825人；在职职工和退养职工高达12631人，占职工总数的93.8%。②社会负担重。改制前，企业内部设立了学校、医院、幼儿园、招待所、居民委员会、公安分局等诸多单位。以学校为例，改制前有教职工225人，学生2800人，年支付费用537万元，其中仅教师工资就达385万元。③底子太薄，负债太重，资产结构不合理。改制前，萍钢总资产28.77亿元，总负债20.78亿元，净资产7.98亿元（扣除3.15亿元的待处理资产和土地使用权后，为4.83亿元）。与其他大型钢铁企业相比，尚存在较大差距。如不进行改制，萍钢的进一步发展必然受到影响。

为从机制和体制上寻求今后发展的动力源泉，积极主动地应对钢铁企业新一轮竞争，实现萍钢长期稳定、持续快速发展，2002年省政府决定对萍钢进行全面改制。

2. 精心谋划，确保转让成功

为探索国有企业改革发展的新途径，2002年，江西省人民政府将萍钢列为本省首家省属企业改制试点单位，在经过广泛、深入、细致的调研和充分酝酿后，省政府于2002年12月31日批准了萍钢的改制方案，决定将萍钢国有产权通过公开招标一次性向社会整体转让。改制方案确定的萍钢国有产权转让和公司改制的总体原则要求是："一个全部退出，三个全部承接，三个不得，一个实现，一股保障。"即：①原省属国有产权通过公开招标一次性整体转让。②人员全部承接；相应债权债务全部承接；非经营性资产不进入转让范围,但社会职能先全部承接,后逐步剥离。③国有资产不得流失;不得全体职工持股;个人购买时不得财政垫款,或以现有国有资产和财政担保贷款。④引进国内外先进企业,实现投资主体多元化,建立规范的现代企业制度,确保改制后企业的长期稳定、持续发展。⑤一股保障。改制后的企业设立一股"国有金股",并在章程中明确其权责,以确保改制顺利地按照批准的方案进行。

随后,江西省产权交易所作为招标代理人,于2003年4月11日以省国资办的名义,在省政府网站及长江流域共同市场网站等相关媒体发布了《招商公告》,并函告有意竞标的51家企业。同时,根据招标工作组的意见,牵头组建了由经济、法律、工程技术等方面专家参加的招标项目工作组,完成了资格预审文件的起草、标书的制作,以及对竞标人的资格评审。在招标方式未果的情况下,又向省国企改革领导小组呈报了《关于萍钢国有产权招商转让工作转入协议转让有关工作的请示》,并提出三个方案请领导小组审定。2003年5月19日,省领导指示进行竞价转让。在竞标未果的情况下,工作组又根据省领导指示,由江西省产权交易所邀请芜湖飞尚实业发展有限公司来昌,就萍钢产权转让事宜进行非正式接触,了解到该公司有较强经济实力和良好的财务状况,且有受让萍钢的真实意愿,并表明全部接受《招商公告》的前提条件。2003年7月18日,经领导小组同意,工作组与深圳市飞尚实业发展有限公司、安徽省芜湖恒鑫铜业集团有限公司等三方进行正式谈判,就萍钢整体国有产权转让的主要内容达成初步意向。经过多次艰苦谈判,终于在2003年8月8日,采用协议转让方式,由深圳市飞尚实业发展有限公司、安徽省芜湖恒鑫铜业集团有限公司和原公司经营管理层三方联合体作为受让方,以6.5亿元人民币的价格受让萍钢整体产权,为萍钢的成功转让画上了一个圆满的句号。

3. 创新工作思路,设立"国有金股"

按改制文件要求,新企业在受让萍钢后,需承诺:①必须受让萍钢公司全部国有产权,不改变现有注册地。②必须先行承接萍钢公司所办的社会职能,在条件成熟时再向有关部门申请剥离。③产权转让完成后,除转让合同另有规定外,不得致使萍钢已签署的任何合同、承诺或其他正式文件违反条约、取消或终止。④必须承继交割日前萍钢公司的全部债务,并根据各债权人的要求重新办理相关手续。⑤必须承继交割日前萍钢原有的涉讼事项,并承担其权利、责任与义务。⑥必须承继并完成萍钢已披露的在建工程项目。⑦应依照中国共产党和共青团的有关规定,建立党团组织,并依法建立工会组织。其中,对萍钢职工的安置做了特别规定:新企业对现有职工必须全部承接,重新签订劳动用工合同,职工按规定继续参加社会保险,不愿与新企业重新订立劳动合同的,按《江西省人民政府关于深化省属国有企业改革的若干意见》(赣府发〔2002〕19号)的相关规定,给予职工经济补偿金;对于已经办了内部退养手续的职工,享受原退养待遇。如今后企业发展需要,可按照双向选择的原则安排上岗;离退休人员继续依照萍钢规定，享受基本医疗保障和原企业补助待遇；此外，对伤残职工、享受抚恤待遇供养遗属的生活费及补助等问题也做了详细规定。

为保证萍钢转让合同的顺利履行和改制后1.3万余名职工合法权益不受到侵害，省国企改革领导小组创新思路，深入探讨，决定在新企业设置一股"国有金股"。"国有金股"是指产权转让完成后，转让方或国资监管部门在新企业中的特别出资。作为特别股东，它不干预企业的生产经营，不干预经营决策，不参与分红，不承担企业生产经营中发生的一切民事责任；但如果出现新企业股东或董事会违背转让条款或侵犯职工合法权益的情形，则"国有金股"可行使一票否决权。

4. 改制后企业发展驶入快车道

萍钢成功转让后，萍钢内部职工情绪稳定，生产经营稳步发展。2003年全年实现销售收入46.4亿元、利税8亿元，较2002年同期均有较大幅度的提高。2004年上半年，随着市场的变化和国家宏观调控力度的加强，钢材价格大幅回落，萍钢采取有效措施积极应对。在市场不利的情况下，仍保持了较好的生产经营水平，与2003年同期相比，1—6月份销售收入、利税总额分别增长3.76%、6.01%。到2005年底，萍钢收入突破100亿元大关，成为江西第五家销售收入达到百亿元的企业。

二、项目分析

金股（Golden Share）起源于20世纪80年代初英国政府进行的国有企业改革。1979年，撒切尔夫人上台后推行"小政府、大社会"政策，把公共企业改革作为其新自由主义政策的核心；1982年，为防止政府对改革后的企业失去控制，英国政府在一些关系国家安全和重要行业的企业中设立金股。金股是一种特殊的股份，其特殊性表现在四个方面：①金股的持有者是政府，不是非政府机构、企业或个人。②金股的权益主要体现为否决权，而不是受益权或其他表决权（提名管理人员等）。③金股通常只有一股，而且没有实际经济价值，因此又称为金股机制。④金股是政府与其他股东个案商定的，无统一的法律含义和安排。所以，金股是一种政府持有的对特定事项行使否决权（Veto）的股份。

江西省产权交易所以契约的形式推行的"国有金股"制度，是此次萍钢转让的最大亮点，当时在国内的产权交易中尚无先例。它的成功之处就在于约束了企业在市场经济中的一些违规行为，保障了职工合法权益不受侵犯，体现了党和人民政府的亲民政策和人本精神，维护了社会的稳定和经济的发展。国有金股的设立为萍钢整体产权的顺利转让奠定了基础。

（江西省产权交易所供稿）

案例 4

"狗不理"有人理

——狗不理集团溢价 7 倍整体转让项目

拍卖是实现国有资产保值增值的有效方式。2005 年，天津"狗不理"1500 万元国有产权转让，通过拍卖以 1.06 亿元成交，高出起拍价近 7 倍，创出了国有产权转让增值幅度的历史新高，获得 2005 年上海国际工业博览会"产权交易最佳策划奖"金奖。

一、项目描述

1. 项目背景

天津狗不理包子饮食（集团）公司属天津市和平区区属国有企业，成立于 1992 年，注册资金 2328 万元，下属国有法人股全资企业 5 户，国有法人控股企业 2 户，国有法人参股 1 户。公司技术力量十分雄厚，有国家级大师 6 名，国家级名师 4 名，国家级烹调技师 93 名，几十个菜点在全国烹饪大赛中荣获金、银奖，狗不理品牌享誉津门、驰名海内外，被评为国家特级酒家和中国商业品牌企业。2004 年，狗不理集团全年营业收入增长 30%，完成生产总值增长 38%，实现税收增长 78%，正处于发展的最好时期。

一个处于上升期的老字号品牌企业为什么要卖掉？因为它也具有国有企业在计划经济体制下形成的通病，机制、资金、观念三大瓶颈严重制约了企业的发展，负债率高达 70%。为加快国有企业产权制度改革步伐，转换经营机制，通过寻求战略投资者吸引社会资本实现产权多元化，焕发企业活力，进一步做大做强"狗不理"这一民族品牌，并合理解决历史问题沉重、职工较多的难题，使企业实现更大的发展，职工得到更好的收益，天津市和平区政府决定通过整体产权制度改革，实现国有资本从企业全部退出，将企业改制成由社会企业法人和企业内部职工共同出资的集团有限责任公司。

2. 方案设计

2004 年 12 月 10 日，天津狗不理包子饮食（集团）公司一届四次职工代表大会审议并通过了《天津狗不理包子饮食（集团）公司产权制度改革的实施方案》和《天津狗不理包子饮食（集团）公司产权制度改革的职工安置及经济补偿方案》。12 月 15 日，天津市和平区人民政府印发了《关于对天津狗不理包子饮食（集团）公司整体实行产权制度改革的批复》，同意将公司中的国有资产全部退出并整体改制为多元投资主体（企业内部职工股和社会企业法人股）的集团有限责任公司。依照国务院国资委、财政部下发的《企业国有产权转让暂行管理办法》，天津市和平区政府决定将其持有的狗不理集团80%产权在天津产权交易中心挂牌转让。

天津产权交易中心协助转让方对标的企业开展了尽职调查、分析论证，与转让方共同制定了改制转让方案。方案对受让方提出了特定要求：一是品牌做强。转让后，新组建的天津狗不理集团字号不变，经营方向不变。二是规模做大。新设公司投资包括职工持股投资的1000万元，转让后的总股本要在5250万元以上，转让后的集团公司两大股东股本比例为：职工持股19.05%，受让方持股80.95%。三是稳定发展。新设立的集团，必须接收和安置原集团的全部在册职工，保持原经营团队和技术队伍的相对稳定。

3. 运作过程

在完善了企业改制方案后，天津产权交易中心协助转让方进行了清产核资、审计、评估工作。根据天津市新华有限责任会计师事务所出具的资产评估报告和天津市和平区财政局《关于对狗不理包子饮食（集团）公司等五户及集团总资产评估报告予以核准的批复》，公司评估后的国有净资产为3696.78万元，扣除职工安置所需的经济补偿金等相关项目费用后，剩余的国有净资产为1519.24万元。

根据国有产权转让的相关规定，狗不理集团在天津市产权交易市场履行了登记、挂牌手续。产权交易中心及代理机构与相关机构密切配合，积极开展招商推介工作，加大宣传力度。在20个工作日的公示挂牌期内，有国内三家企业申请购买。按《企业国有产权转让管理暂行办法》的规定，天津产权交易中心与转让方协商，决定以拍卖方式转让。天津产权拍卖有限公司接受天津产权交易中心的委托，于2005年2月1日刊登拍卖公告，至2月25日，共有20多家企业进行了咨询、洽商，有6家天津和外地企业办理了竞买手续。

2005年2月28日上午10点，拍卖会在天津产权交易中心举行。竞争激烈程度前所未有，历经两个小时153轮竞价，最终，天津同仁堂股份有限公司以1.06亿元成功竞得，成交价比挂牌价高出9080万元，增值率达698%！中央电视台和天津电视台等30多家媒体、70多位记者采访了拍卖会，天津广播电台现场转播了拍卖会的实况。拍卖会当晚，天津电视台、中央电视台、人民日报、大公报、光明日报、天津日报、人民网、新华网、新浪网、搜狐网、网易及其他相关媒体都在黄金时段或显著位置发布了拍卖会的消息。"天津同仁堂吞下狗不理""狗不理热卖1.06个亿""狗不理喜嫁天津同仁堂""狗不理花落同仁堂""狗不理靓女先嫁""狗不理拍出一个亿的启示"等标题夺人眼目，对狗不理公司产权转让的方式及结果予以高度评价，认为是国有产权转让的最佳方式。

受让方确定后，天津产权交易中心及时出具了《产权交易鉴证书》，并与工商管理部门协商，办理了工商变更手续，保证了产权转让的善始善终。

二、项目启示

一是内部决策程序规范。在天津产权交易中心的协助下，转让方按照《关于规范国有企业改制工作的意见》和《企业国有产权转让管理暂行办法》等法规，严格履行了企业改制法规宣传学习、内部决策、改制方案及配套文件制定、专家论证、清产核资、财务审计和企业法定代表人审计、资产评估、职代会审议、政府审批等内部程序。

二是市场运作规范。天津产权交易中心按规定审查了律师法律意见书和职工代表大会审议通过的职工安置方案等全部要件，公示时间长达25个工作日，超过了20个工作日的规定。拍卖会在天津市监察局、天津市国资委、和平区政府有关领导亲临现场监督和新闻媒体的广泛关注下进行。

三是机会均等，价高者得。拍卖方式为国有资产稳妥退出、民营资本顺利进入转制后的企业创造了公开、公平、公正的竞争环境，避免了企业转制和国有资产转让中的不规范操作。把整个转制和交易过程放在百姓、媒体都看得到的"阳光地带"，使有实力参与国有企业改革的各所有制的企业、自然人均等地享有受让国有产权的机会，并在公开、公平、公正的原则下，使出价最高的竞买者取得转让的国有产权。

四是实现国有资产价值最大化。国有资产到底价值几何，市场最有发言权。在国有企业转制中，国有资产的估价和国有资产流失问题是国有企业转制中的两个难题。市场竞价体系相对规范，会计评估体制的优势在拍卖中体现得淋漓尽致，国有资产在竞买者的轮番叫价中实现了自身价值最大化。

五是老字号在竞价中激活了潜在能量。拍卖转让对"狗不理"这样的老字号、金字招牌而言，起到了保持民族品牌、保值增值的作用。国有资产中的无形资产最难评估，是国有资产流失的重要隐患。公开拍卖的竞价方式有效地规避了无形资产流失的风险。不管评估额是高是低，"狗不理"这个品牌的价值通过竞价体现出来了，"金字招牌"在竞买者的每一次举牌竞价中熠熠生辉。

六是实现共赢。"狗不理"产权的成功转让，实现了转让方、标的企业和受让方"三方共赢"和政府满意、出让方满意、受让方满意、企业满意、市场满意"五个满意"，充分体现了企业国有产权进场转让的必要性，体现了产权交易市场的信息辐射功能、价格发现功能和资源优化配置功能，以及"狗不理"品牌的价值。

正如著名法学家江平教授所言：国有资产转让的价格不能以评估报告作为依据，应该走向市场，依据公开、公平、公正的原则，通过市场拍卖、竞价来决定价值。"狗不理"转让严格按程序操作，使它的价值在市场中充分地体现出来。很多专家学者评论，这是一宗程序规范，公开、公平、公正的国有产权"阳光交易"，为其他国有企业转制和国有资产转让提供了很好的借鉴。

（天津产权交易中心供稿）

案例 5

创新铸就"雪津神话"

—— 福建雪津啤酒有限公司股权转让项目

2005年8月,福建省莆田市政府决定出让雪津啤酒公司39.48%的国有股权,经国有资产监管机构批准,委托福建省产权交易中心向全球公开转让。福建省产权交易中心在福建省国资委和有关部门的支持下,坚持规范创新、服务交易各方的工作思路,使各项工作有条不紊地顺利展开。

雪津公司股权转让采用"二轮竞价"的方式,创造了中国成长型企业以5.3亿元的净资产估值(不含商誉商标)融资58.86亿元的神话,溢价率达1060%。该案例引起世界著名经济媒体的高度关注与评论,英国路透社和《金融时报》、美国《华尔街日报》和《纽约时报》等先后从不同角度做了报道,极大地提升了中国产权交易市场在世界资本市场中的作用和影响力。

一、项目交易情况回眸

1. 企业简况

"雪津公司"前身系1986年成立的福建莆田啤酒厂,原属当地财政局主管的国有独资企业,1987年7月建成投产,初期设计产能为3万吨/年。1997年拟通过改制上市实现规模化经营,走民族品牌自强之路,进而从地方性企业跃升为全国性啤酒企业,但终因证券市场的"门槛"较高等原因未能成功。2002年2月,该厂整体改制为"雪津公司",注册资本为1.102亿元,国有股东持股39.48%,非国有股东持股60.52%。

2. 精心策划,规范运作,努力维护各方权益

为加快海峡西岸经济区的发展,引入战略投资者,提高竞争力,莆田市政府决定出让其持有的全部国有股权。由于本次"雪津公司"股权转让项目金额巨大,社会影响广,要求实现的目标多,福建省产权交易中心专门成立了"雪津公司"股权转让项目工作组,同时聘请了法律、财务、投资银行方面的资深专家,由主持全面工作的领导任组长负责项目的策划和组织工作,确保本次转让股权在"公开、公平、公正"的原则下一次性转让成功。

3. 严格遵守"三公"原则，推动项目有序开展

如何确保在转让国有股权、引进实力雄厚的战略投资者后还能实现稳定的财政收入、企业的可持续发展和民族品牌的保护是转让时必须面对和审慎考虑的问题。为此，有关各方在充分了解和掌握"雪津公司"的优点和薄弱环节后，根据企业发展战略的需要提出择优选择实力强、信誉好、能够实现优势互补的战略投资者，以保证并购后企业能快速、持续发展。通过方案筛选比对，初步将战略投资者的范围确定为资产规模、盈利能力在世界排名前十位和国内排名前五位的啤酒酿造商，并将这次股权转让的受让条件设定为"注册地不变，纳税地不变，品牌不变"的三不变原则。同时，约定本次国有股权转让后，受让方还须承诺"同意按照本次国有股转让的同等条件、同等价格在一段时间内受让'雪津公司'60.52%非国有股权"，"不能限制'雪津'品牌的扩张"，而且受让方必须长期持有"雪津公司"的股权，对如何进一步发展"雪津公司"必须制定新的发展规划，受让方要发挥资金、技术、管理、营销等方面的优势，全面提升"雪津公司"在国际市场的地位。通过上述受让条件的约定，有效地保障了转让方和转让标的多元预期目标的实现。

在征集和竞价过程中，始终坚持所有的意向受让方在同一时间、用同一方式取得相同的转让信息，确保获得信息的对称性和公平性；同时，为防止个别受让方趁机窃取企业商业机密和核心竞争力，本次转让采取了分阶段、适度加深披露相关信息，并留下充裕的时间，分两个阶段安排各竞买方深入标的企业做尽职调查，确保信息的充分披露和防范各竞买方串通。各竞买方在尽职调查中有质疑的问题，由产权交易机构协同转让方和"雪津公司"组织或授权有关机构向所有竞买人以书面或面谈的方式进行答疑。这样，不仅极大地提高了竞买人的信心，而且有效地保护了转让方、标的企业和最终受让方的合法权益，为提高交易效果和企业受让后的可持续发展奠定了基础。

为提高市场诚信、竞价效果和确保公平、公正，本次转让的整个评审和竞价环节均在纪检监察和公证人员的监督下完成。

"雪津公司"股权转让伊始就显示出公开、公平、公正、规范的操作，这充分激发了国内外啤酒业巨头的并购热情。先后有英博啤酒集团公司等6家啤酒业巨头参加了报名，经过两轮公开竞价，世界最大的啤酒酿造商英博啤酒集团公司以58.86亿元成为最终受让方，实现了当地政府确立的"卖一个好价钱，找一个好伙伴"的目标。这一成交价比净资产（不含商誉、商标）5亿多元增值了53亿多元，增值率高达1060%，成为中国产权交易市场股权融资的典范；这一成交额相当于福建省多年来股市总筹资额的近30%，相当于2004年福建省实际引进外资额的约15%。

截至2006年6月12日，英博啤酒集团提前1年半完成了全面并购，并提前全额付清了所有价款。至此，世界瞩目的"雪津公司"股权跨国并购项目终于圆满地落下了帷幕。

二、创新亮点

1. 依据《合同法》创新"两轮竞价"交易方式

在现有产权交易法规和交易方式难以满足本次交易要求的情况下,产权交易机构和各相关机构依照3号令的基本原则、程序和第五条"……国家法律、行政法规规定的其他方式进行",并引入《中华人民共和国合同法》,在坚持公开、公平、公正和平等自愿的原则下,通过民事约定并经交易各方以合同的方式来约定交易方式和竞价规则,首创了"两轮竞价"转让方式。该竞价方式以《中华人民共和国合同法》为主要法律依据,这对规范交易方式、依法保证各方当事人的合法权益发挥了十分重要的作用。

2. 创新了竞价规则和信息披露方法,规范了交易各方的竞争行为

为实现当地政府"卖一个好价钱,找一个好伙伴"的目标,避免多次竞价可能出现的越竞越低的尴尬局面,以及防止个别竞买人故意搅局乱报价等行为,产权交易机构在两轮竞价规则上做了一系列保障性安排。例如,在竞价规则上,在第一轮竞价指导文件中即明确规定了"本次转让分两个阶段报价,第二轮报价的起价为第一轮报价的最高价,并确定综合得分排名前三名的可作为合格的竞买人进入第二轮报价",考虑到前三名中可能有竞买人因价格太高等原因不愿跟进,规定可从第四名起按排序自愿跟进递补,直至满三名,但第一轮最高报价者无权选择退出等约束机制。同时约定,若发生第二轮报价无人跟进的情形,即取消第二轮竞价程序,由第一轮综合得分第一名的作为最终受让方。这些竞价规则有效地规范了竞买人的竞争行为,确保了本次转让的顺利进行。

在信息披露方面,坚持按照3号令的程序和披露内容等,在公告初期就将信息的披露步骤与内容框架告知所有竞买人,起到既确保信息充分披露,又能分阶段不断深化信息的披露内容。同时,坚持在同一时间用同一方式向所有符合竞买条件的竞买人披露同一内容的相关信息,确保竞买人获得信息的对等与对称。

3. 创新了捆绑转让方式,实现了"参股权卖出了控股价"

"雪津公司"国有股权的比例为39.48%,不具有绝对控股地位;若仅转让该部分股权,很难引起国内外啤酒巨头的青睐与竞争。为解决这一难题,本次转让方案中设计了要约捆绑竞价转让方式,即首次信息披露时就明确在本次国有股权转让后一定期限内将其余非国有股权以同样的价格和同样的条件分阶段转让给本次国有股权的受让者,实现了参股权向控股权转让的过渡。这种方式不但激发了国内外啤酒巨头的参与热情,还极大地提高了增值率,58.86亿元的总收购价也让非国有股东获得了很好的收益。

4. 创新了谈判方式，提高了谈判效果

为减轻竞价后的谈判压力，确保非价格因素的最优化，本次竞争规则规定了除不可谈判条款外，其他条件以书面问答的形式，列为非价格因素进行评审，受让方的作答视为其所做出的承诺，且该承诺构成最终交易合同条款的有效组成部分，不得撤改。这样，不仅极大地减轻了竞价后的谈判压力，而且有效地节省了谈判成本和时间，优化了转让条件，并在各竞买人之间的规范竞争中争取到了更多更好的合作条件和企业未来可持续发展的空间。

三、项目交易后的追踪

1. 政府实现了多元发展的预期目标

转让后，受让方认真履行"三不变"的承诺，积极支持地方经济的发展。当地政府不仅获得了 20 多亿元的投资回报，而且分享着英博雪津啤酒有限公司（以下简称英博雪津）迅速发展所带来的税收增长。

2. 企业实现了跨越式的发展

2006 年完成并购之后，英博首席执行官表示，此次交易是具有战略意义的一步，"雪津"品牌将成为英博集团中位居前五位的销售品牌。英博将把每年 15%～20% 的净销售额投入到"雪津"啤酒的市场及销售中，并使英博雪津在中国年啤酒总销量达 350 万吨。据了解，收购方不仅全面兑现了不限制发展等受让承诺，还在资金、技术、企业文化、管理、营销等方面增强了扶持力度，积极将"雪津"品牌打造为全国性品牌。

据统计，2006 年"雪津"啤酒产销量突破 100 万吨，利润约 4 亿多元，当年增速达 17% 以上。由于品质的提高和销售量的增加，目前，该产品仍供不应求，仅能满足市场订货量的 80%。

3. 有力地维护了职工权益，拓展了优秀人才的发展空间

并购后，不仅职工持股转让收益按时到位，而且并购方兑现了不实行结构性裁员的承诺，一年内又增加了 200 多个就业岗位。据了解，目前员工的薪酬、休假和培训已与国际惯例接轨，员工的理念和价值观已发生根本性的转变。随着并购计划的提前完成和收购价款的全额兑现，职工和非国有股东的利益也得以圆满实现，分享了"产权交易致富"的成果。

四、项目启示

1. 只有坚持市场化配置资源，才能充分挖掘标的价值

"雪津神话"这一案例生动地诠释了市场化配置资源的神奇魅力，它用事实证明了转让标的进入产权交易市场后,一旦市场充分发动起来,这只无形的手就会产生无穷的力量,这力量是任何人都难以阻挡的。在市场机制的作用下,相关各方只能遵循经济规律和市场竞争法则,围绕市场机制来调整自己的工作思路和竞争策略。

2. 只有不断创新,才能使市场配置资源的效果发挥得更加充分

"雪津"项目再次证明,市场的制度设计需要靠创新去实现,只有坚持不断创新,才能使市场机制更加规范、更加完善,从而更加充分地发挥其配置资源的神奇作用。企业的真实价值不是靠评估评出来的,更不是凭主观臆断出来的,而是交易各方在市场的博弈中,根据各自的投资偏好、战略需求和竞争实力,以及对市场潜在的其他竞争对手的科学分析与准确判断,并经各方充分竞争实现的。合理有效的创新能够更好地引导交易各方进行充分博弈。

3. 只有依法创新,才能促进市场规范

"雪津"项目不仅充分彰显了创新的神奇力量,也告诫我们在创新过程中必须依法依规,才能防范与化解交易风险,不断促进市场规范。由于市场的不断发展,产权交易过程中的新情况、新问题层出不穷;又由于法规建设往往滞后于社会实践,而社会的发展和国企的改革又不可等待,所以充分利用好现有的法律、规章开展创新,就成为必然选择。本次交易采取了以《中华人民共和国合同法》为"两轮竞价"和其他创新的主要法律依据,通过民事约定并经交易各方以合同的方式确认了各项创新,从而使创新有了可靠的法律保障。这样,不仅规范了各方的交易行为,化解了创新风险,而且有力地维护了交易主体的合法权益,进一步促进了产权交易市场的规范与发展,也为创新法律运用提供了范例。

(福建省产权交易中心供稿)

案例 6

促进"人合"与"资合"的有机统一，
推进社会和谐与产权的公平交易

2005年福清市华春医药有限公司国有股权转让，在先期直接委托拍卖机构运作引发纠纷后，政府有关部门干预，委托福建省产权交易中心按照《企业国有产权转让管理暂行办法》（简称3号令）的要求公开转让。福建省产权交易中心在坚持3号令规定的程序和规范的同时，妥善处理了《公司法》与《拍卖法》在内部股东如何行使优先购买权方面的矛盾，既求"人和"又求"资和"，使转让后的企业得以持续发展，化解了社会矛盾，促进了企业和谐与社会稳定，取得了多方共赢的交易成果，并荣获第七届上海国际工业博览会"产权交易最佳策划奖"二等奖。

一、交易背景

2005年，福清市有关单位决定将持有的福清市华春医药有限公司50.5%国有股权进行转让，出让方最初是直接委托福州一家拍卖行拍卖，而出让方和拍卖行法人代表又同为一人。2005年3月11日，该拍卖行在当地《玉融乡音》刊登拍卖公告，拟于2005年3月18日上午在该行拍卖大厅对福清市华春医药有限公司50.5%国有股权进行拍卖，同时报名对象仅限该公司已确定的20名股东，其他股东和社会自然人不能参加（股东总数为295人）。这一做法严重违反了《中华人民共和国公司法》和3号令的有关规定，主要表现在以下四个方面：一是企业国有产权转让应当在依法指定的产权交易机构中公开进行；二是转让公告应刊登在省级以上公开发行的经济或者金融类报刊；三是产权转让公告期为20个工作日；四是国有企业产权转让应向社会公开征集受让方。由此引发了社会及其他股东的强烈不满，矛盾急速加剧，社会和谐与稳定面临考验。福建省级媒体《海峡都市报》记者在收到群众举报后，于2005年3月17日赶往现场采访有关人员，并于3月18日以《股份竞标转让起争议》为标题，公开披露这一违规事件。媒体曝光引起了福建省国资委、福清市人民政府、福清市财政局的高度重视，当即责令停止拍卖，并要求出让方委托依法设立的产权交易机构面向社会公开转让。

二、标的企业的基本情况

福清市华春医药有限公司于2001年由国企改制而成,公司总股本1189.38万元(国有股占50.5%、职工股占49.5%),下属1个批发部、6个经营部和22个零售药店,原有员工314人。该公司于2003年获得福建省药品监督管理局颁发的《中华人民共和国药品经营质量管理规范认证证书》。根据评估机构2004年9月2日出具的评估报告书,截至2004年6月30日,公司总资产为2989.47万元,负债1776.11万元,净资产为1213.36万元;国有股权净资产为612.75万元,每股为1.02元。

三、精心组织,规范运作

经过前期的转让风波,出让方根据政府有关部门的要求,撤销了原委托,将标的委托给福建省产权交易中心依法公开转让,委托底价为1.40元/股,50.5%的股权总价为8408990.69元。随后,福建省产权交易中心通过细致、规范的策划和运作,化解了各类矛盾,实现了项目的顺利转让。

一是指导并协助企业及有关部门做好转让前的准备工作。由于该公司是福清市医药的龙头企业,公司职工刚通过身份置换,以股份买断国企劳动关系,现又面临着国有股权转让,小股东的权益变数加大,职工情绪极不稳定。面对各种困难,福建省产权交易中心有关人员在当地财政部门和委托方的积极支持下,多次深入福清,认真听取各方意见,依照《中华人民共和国公司法》及3号令的有关精神,指导委托方规范草拟各项转让文件,协助起草转让方案,并获得福清市人民政府的正式批复。对转让方提供的《福清市华春医药有限公司国有股权转让合同书》,福建省产权交易中心组织法律顾问等专业人员进行了逐条讨论和修改,对所有涉及的债权问题、内部股东问题及一些历史遗留问题做了相应的规定,五易其稿。艰苦细致的前期策划准备工作,为成功转让奠定了坚实的基础。

二是认真做好信息披露和竞价前的组织工作。在对委托方提交的全部材料进行严格审核后,福建省产权交易中心草拟了股权转让公告,经委托方确认后在省级媒体《东南快报》、福建省产权交易信息网和长江流域产权交易共同市场信息网公开披露转让信息,向全社会广泛征集受让方。其受让条件为:凡参加竞买的国内法人组织,必须具备通过国家GSP认证的从事医药批发经营的企业或专业公司;凡参加竞买的国内自然人,必须具备主管药师或执业药师及以上职称;在同等价格条件下,福清市华春医药有限公司内部股东(注:内部股东是指持有该公司49.5%股权的全体股东所选派的唯一代表人)享有优先购买权;享有福建省福清市华春医药有限公司49.5%股权的非国有股东中,在规定的期限内若有部分或全部股东愿意按照与国有股权同股同价的原则出让该公司股权，受让方必须无条件一并接受。为增强竞买人竞争的信心和充分了解标的情况，做好尽职调查，福建省产权交易中心专程组织意向竞买人多次前往福清实地勘察标的的所有网点，毫无保留地展示标的现状及存在问题。根据项目公开征集结果，在获得多名竞买人缴纳的竞买保证金后，福建省产权交易中心与委托方协商确定采取拍卖方式进行，并针对本次拍卖标的特点、要求，制定了一系列文件。报名时间截止，共有17名竞买人在规定的时间内提交报名所需材料，签署相关文件，并按时缴纳竞买保证金，经资格审核，全部符合本次受让条件。

三是依法执业，妥善破解优先购买权难题。为确保转让工作的顺利进行，福建省产权交易中心刊登公告前就充分征求内部股东意见，对受让人条件逐一列明，确保"人和"，力求转让后能促进企业可持续发展。在此前提下，再通过充分竞争寻求"资和"，实现股权转让价格的最大化。但就在拍卖会即将举行之际，有内部股东提出："根据《中华人民共和国公司法》及本次交易规则的规定，在同等条件、同等价格下，内部股东享有优先购买权；为此，在其他各竞买人举牌竞价过程中一时无人再加价时，内部股东一旦举牌认可该价位，则其他竞买人就不得再举牌加价"。福建省产权交易中心认为，股东优先权应是同等条件下的优先，即在其他竞买人经过充分竞争形成价格后，内部股东再行使其优先权；且在拍卖过程中必须按照《拍卖法》的规定依法操作，不能随意终止或剥夺其他竞买人充分竞争的权利。针对这一情况，福建省产权交易中心紧急组织应邀莅临现场监督的省工商局、省拍协、福清市监察、福清市财政局、出让方代表、法律专家等，就此事进行紧急磋商。大家一致认为，企业国有产权的转让，既要符合现有的法律规范，又要遵循部门的规章要求。为此，在拍卖过程中应坚持《拍卖法》"价高者得"的原则，并在这一基础上再按"同等条件、同等价格"内部股东享有优先购买权的原则进行，在拍卖师未击槌表示成交之前应允许其他竞买人继续加价，以确保国有股权转让价值的最大化，从而否定了个别内部股东的上述要求，并从法律和保护其他股东权益的角度上做了耐心细致的宣传解释工作，最终取得了一致意见，确保了拍卖会的顺利进行。

四是规范运作，努力维护交易各方权益。2005年6月13日上午10点20分，拍卖师宣布"福清市华春医药有限公司50.5%国有股权即600.64万股起拍价1.50元/股，加价幅度为5分或5分的倍数"后，场上气氛立刻活跃起来。在社会竞买人加价至1.9元/股后，社会竞买人之间又进行了多轮激烈的竞争，当社会竞买人加价至2.35元/股时，拍卖师征询内部股东是否继续行使优先权，内部股东代表举牌确认。拍卖师经过多次询问并确认无人再次加价，经三次大声提示后，随着"最后一次"的话音，一记清脆的落槌声宣告经过23回合、历时近40分钟的竞价结束。在同等条件下仍由内部股东代表通过行使优先购买权，以每股2.35元，即总成交1411.504万元，取得国有股权的买受权。该价格是评估值的2.3倍，净增了798.75万元，增值率达130.39%。

四、取得的成效

1. 兼顾各方利益，实现各方共赢

该项目虽然转让的是50.5%国有股权，但涉及非国有股东（即改制后的职工）切身利益。因此，在转让合同书中明确规定，国有股权转让成交后，"在规定的期限内，若有部分或全部股东愿意按照与国有股权同股同价的原则出让该公司股权，受让方必须无条件一并接受，并在10个工作日内付清全部价款"，确保了改制后的职工能够牢牢掌握着是否继续持股的主动权，让他们："退"可收，兑现与国有股同股同价转让股份，实现身份置换时2.35倍增值的收益；"进"可得，若员工对公司未来充满信心，就继续持有股份，享有公司发展业绩增长给股东带来的回报。这次的成功转让，买受人赢了，国有股东赢了，职工赢了，产权交易机构也赢了，真正达到了多方共赢的结果。不仅切实维护了投资者之间的公平竞争，而且化解了股东之间的矛盾，取得了"人和"与"资和"的相对统一，有力地维护了社会的和谐与稳定，促进了企业的可持续发展。

2. 规范了企业国有产权交易行为，澄清了错误认识

在该项目转让初期，福清市有关单位认为此次转让的是股权而非产权，资产评估和选择拍卖方式可以参考3号令，但受让方应依据《公司法》股东优先受让的规定，在内部部分股东中产生。经媒体曝光后，省国资委等有关部门积极介入，指出既要保护内部股东的优先受让权，又因为国有股权也是国有资产，必须按照3号令的规定进行公开转让。经过这一项目的成功交易，贯彻3号令和履行《公司法》得到有机结合，有关单位的错误认识得到转变。在3号令颁布初期，该项目起到了有力的宣传作用，有效遏制了地市一级个别单位的国有产权场外交易行为，促进了企业国有产权进场交易；有效地防止了国有资产流失，保护了干部，保障了职工的合法权益，促进了企业的持续发展和社会的和谐稳定。

五、几点启示

福清市华春医药有限公司50.5%国有股权的成功转让一波三折，来之不易，也给了我们以下启示：

1. 企业的"人和"是企业稳定与发展的重要保障

先求"人和"，再求"资和"，是国有股权转让应遵循的基本原则。本项目在交易过程中先求"人和"，即转让时按照股东对受让人的条件提出明确的要求，并明示内部股东享有同等价格优先受让权；在确保"人和"的情况下，采用公平竞争的方式再求"资和"，保障了国有资产的保值增值，保护了其他股东的合法权益。

2. 规范交易是防范交易风险的根本保障

面对错综复杂的股权转让项目，产权交易机构必须始终坚持规范交易这一原则。无论相关各方有何看法，也无论股东内部有何争议，任何时候都必须严格按照国家相关的法律和3号令规定执行，不偏听，不偏信。要用规范、公开和公正的实际行动维护产权交易机构的公信力，维护国有资产的安全和各交易主体的合法权益，从而有效防范产权交易机构的执业风险。

3. 正确运用法律规章是解决交易矛盾的根本途径

该项目的成功运作起到了一定的示范作用，即在转让企业国有产权时，先按照3号令规定的程序和相关条款进行决策、运作，以解决定价问题（即同等条件中的主要问题）。在选择具体的转让方式时，依照相关的国家法律法规执行，确保股东优先权的行使，并在运作中科学妥善地处理好各行业法律规章之间的差异性及顺序等；同时，应在遵守法律和不违反部门规章的前提下，努力确保企业国有产权的有效转让与保值增值，维护社会稳定与企业的和谐发展。

（福建省产权交易中心供稿）

案例 7

湖北省松滋市国有资产经营公司
国有股权转让项目

一、项目简介

"且就洞庭赊月色,将船买酒白云边。"这是诗人李白的名句,也是湖北白酒品牌"白云边"的由来。湖北松滋市的"白云边"酒业品牌众人皆知,是湖北的骄傲,也是中国的驰名商标。白云边酒业于1952年建厂,1994年6月成立湖北白云边股份有限公司(以下简称白云边),主要以生产、销售白酒为主。2005年底,松滋市政府对白云边进行了"国有股份退出,实现民有民营"的产权制度改革。2005年11月,白云边92.64%国有股权在湖北省产权交易中心(武汉光谷联合产权交易所前身,以下简称中心)成功完成转让,在社会上引起强烈反响,取得了很好的经济效益和社会效益。

二、操作亮点

在该项目操作过程中,中心始终坚持公开、公平、公正的原则,以严谨细致的尽职调查、科学周密的交易策划及客观公正的招商推介引来了多个投资者的参与。中心严格遵守国务院国资委、财政部3号令的要求,在业务流程、服务内容和收费方式上都有创新,特别是创造了"评审+竞价"的交易方式,即参照国务院办公厅2004年7月12日《关于进一步规范招标投标活动的若干意见》(国办〔2004〕56号)规定,聘请省内知名专家学者组成评审委员会,参照招标投标法进行评审,先选择出几个合格受让方,然后进入竞价程序的办法来操作。在省公证处的现场公证和纪检人员的全程监督下,完成了该项目的股权转让,体现了湖北省产权交易中心发现投资者、发现价格的功能,发挥了产权交易平台优化资源配置的功能,受到买方、卖方以及当地党委和政府的高度赞扬。

2007年1月,即该项目完成两年后,松滋市时任副市长赵茂安同志代表市政府,给中心送来一块铜匾,称赞中心是"产权交易高手 资源配置大师"。

三、项目启示

白云边国有股权转让是湖北省产权交易的一个成功范例。从股权转让后的实际效果来看，这个产权交易项目达到了双赢、三赢甚至多赢的效果，主要体现在以下三个方面：

一是从企业的角度来讲，白云边实现了跨越式大发展。白云边的历史非常悠久，但在国有股权转让之前，起起落落，消长不定。正是国有股权的转让、现代企业制度的建立，为白云边的持续发展奠定了良好的基础。2005年，白云边资产总额45455万元，销售收入40213万元，利润总额6044万元，上交税金5948万元，厂区面积250亩，职工1207人，年人均工资福利20996元；2016年，白云边资产总额499656万元，销售收入435400万元，利润总额85445万元，上交税金79000万元（2015年上交税金80076万元），厂区面积2189.61亩，职工3541人，年人均工资福利61784元。11年间，白云边主要经济指标年均增幅超过20%，已连续8年蝉联"湖北企业百强"。2016年，白云边首次入围中国民营企业制造业500强。

二是从政府的角度来看，主要有三个方面的收获。①实现了国有资产的保值增值。白云边的国有股权占92.64%，评估价是1.59亿元，最终成交价是1.6亿元，国有资产保值增值这个基本目标达到了。②政府获得了持续的税收来源。由于白云边的稳健经营、跨越发展，松滋市财政收入有了大幅增长。③国有资本的良性运作，促进了松滋市经济的更好更快发展。白云边国有股权的转让收益，当年就投入了松滋市城东新区的建设，完善了基础设施，构建了白云边工业园。

2007年8月8日，松滋市人民政府与白云边集团签订了第一份战略合作协议，加快了白云边的发展步伐。当年，集团投资10亿元的白云边城东工业园项目启动。2009年8月31日，白云边城东工业园包装中心建成投产。

2012年10月26日，白云边集团与松滋市政府再次牵手，正式签订第二份战略合作协议，启动白云边酒业"2211"工程：白云边集团5年内投入20亿元，新增2万吨白酒产能，使白酒主业年销售收入达到100亿元，年上交税金突破10亿元。2014年9月1日，白云边"2211"工程项目一期建成投产。2017年9月1日，白云边"2211"工程项目二期如期建成投产。

三是从职工的角度来看，白云边几千人的职工队伍保持了稳定。收入稳定，民心安定，白云边这样一个龙头企业，带动了当地造纸、印刷、粮食生产加工、饲料加工、玻璃制品、瓶盖生产、物流配送等行业及上下游产业的发展；先后吸引奋发印务、华林置业、晶诚达玻璃、高生生物、联创塑业、德胜玻璃等企业在松滋落户；白云边酒业产业集群也成为湖北省重点产业集群，对松滋市和谐社会的建设起到了不可估量的作用。

（武汉光谷联合产权交易所供稿）

案例 8

重庆联合产权交易所与重庆市土地交易中心联合成功拍卖重庆锅炉总厂

一、项目简述

2005年12月9日上午,由重庆联合产权交易所(以下简称重庆联交所)与重庆市土地交易中心联合组织,重庆集成拍卖有限公司执槌,举行了重庆锅炉总厂破产资产的专场拍卖会。

本次拍卖标的物为重庆锅炉总厂破产资产,主要包括土地及地上建筑物,工业划拨地及地上建、构筑物,评估值为7384.19万元,整体拍卖起始价为1.5亿元人民币。参加拍卖会的共有4家竞买人,经过46轮激烈竞价,最后以1.725亿元成交,比起拍价净增2250万元,增幅高达15%。该项目的成功转让,体现了重庆联交所和重庆市土地交易中心通力合作精神,开创了重庆市破产企业土地处置由工业划拨地直接转为综合出让地两步并作一步走的新型操作模式(合作前需分两步走,即工业划拨地变为工业出让地转让,在联交所完成;工业出让地变为综合出让地转让,在土房中心完成。合作后,则工业划拨地转为综合出让地一步完成)。此类合作在全国均属少见,成为重庆市产权交易行业的一大经典创新案例;重庆联交所与重庆市土地交易中心对国有破产资产进行联合处置,不仅缩短了破产资产的处置周期,便利了交易双方,而且有效地提升了破产资产的变现价值,充分发挥了重庆联交所的价值发现功能,为今后加快国有企业破产资产的规范、快速处置塑造了良好的典范。

二、交易背景

重庆锅炉总厂始建于1956年,系重庆机电控股(集团)公司下属国有企业,主要产品为工业锅炉等。1990年以来,该厂因经营管理不善等原因,无法适应市场经济的变化和发展,连年亏损。截至2003年,已累计亏损11518万元。2003年10月纳入国家计划破产,2004年4月2日被重庆市第一中级人民法院裁定宣告破产。

为了使该资产实现价值最大化,在进行资产处置方案论证时,重庆联交所就提出了两步并作一步走的操作方案。这一方面有利于推进破产资产处置进程,另一方面也有利于机电集团破产周转金的流转。如果没有联交所与土地交易中心的联合组织,仅以现状即工业出让地进行拍卖,升值空间不大;有了重庆联交所的全程组织与协调,便能实现工业地直接转为综合地出让,大幅提升了该地块的变现能力。经过查询规划指标,变现方案最终确定直接以综合出让地出售,既可以吸引实力强劲的房地产开发商的眼球,又能最大限度地挖掘升值潜力。

三、曲折的交易过程

1. 初拍:1.96亿元,首次流标

重庆联交所接此项目后高度重视,于2005年8月12日在重庆商报、联交所网站发布了公告,并就此项目向重庆、海南、浙江等地的房地产企业广发邀请函,组织召开专题项目推介会,在全国各大产权兄弟所网站上发布重点项目推介信息,广泛征集意向受让方。在规定的报名期限内,有2家竞买人报名,但最终因1.96亿元转让价格与市场价值偏差太大,无人应价而流标。

2. 二拍:1.764亿元,无人问津

2005年9月21日,重庆联交所就锅炉总厂转让项目再次发布公告,土地出让综合价金拍卖起始价由1.96亿元降为1.764亿元。公告发布后,重庆联交所与前期有受让意向的房地产开发公司联系,了解它们的动态。经反馈得知,此次拍卖起始价仍然偏高。二次拍卖以无人报名参与竞买而告终。

3. 三拍:1.725亿元,成功交易

经过两次拍卖及与意向受让方接触,对标的市场价值及开发商们心目中的理想价位已经有了较为清晰的认识。为使尽可能多的真正有实力的买家参与竞买,保证资产成功处置,以市场需求为参考依据,经重庆联交所向清算组建议,最终将本次拍卖的起始价定为1.5亿元。2005年11月19日第三次拍卖公告发布后,重庆联交所充分发挥强大的信息披露功能,在浙江、成都、上海等产权交易网站上刊登了该项目的转让信息,向实力比较雄厚、知名度较高的50余家房地产开发企业寄送了项目资料,并逐一向它们介绍详细情况,了解反馈信息;重庆联交所领导多次走访重庆市实力雄厚的企业集团和房地产开发公司进行推介;交易过程中,市不动产登记中心主动配合、全力支持,除积极地提供推荐企业的名单外,在《重庆日报》上接连挂牌公示了3次,并不厌其烦地接待各方的咨询与来访。经过重庆联交所、市不动产登记中心及各方的努力,共征集到4家竞买人。本次拍卖,由于组织严密、操作规范、监督有力,整个拍卖过程始终处于"公开、公平、公正"的氛围之中,经过46轮激烈竞争后,最终以1.725亿元成功实现转让。

四、重大意义

整个交易过程虽是艰辛,但其间的探索及最终的良好结果,不仅加快了重庆机电控股(集团)公司破产周转金的周转速率,也为重庆锅炉总厂尽快实现破产终结创造了积极条件,更为今后实施破产企业资产进场交易提供了有益借鉴和深刻启示。

一是涉讼国有产权处置的进场和成功实现交易,得益于市领导的高度重视,得益于重庆市高院、重庆市纪委、重庆市土房局、重庆市工商局、重庆市公安局车管所等市级部门的大力支持,得益于重庆市国资委的积极推进,也得益于重庆联交所自身孜孜不倦的进取精神与不懈努力。

二是渝高法〔2005〕12号、96号文件及重庆市国资委的相关配套文件是涉讼国有产权进场交易的政策支撑体系。在具体运作过程中,重庆联交所应与管辖法院、受托拍卖机构等建立和谐共进的法律关系。

三是必须高度重视重庆联交所对产权转让的市场发现和决定价格的功能。三次拍卖情况迥然不同,其关键在于重庆联交所及时扩大了信息公告范围,加大了项目推介力度,重新调整了标的价值判断标准,真正实现了标的市场价值与评估价值的有效对接。

四是交易在充分体现重庆联交所对信息发布、项目推介的独特优势的同时,也告诉我们:对于不同的产权转让项目,要有针对性地确定信息公告范围、进行项目推介、确定起拍标价,进一步挖掘和强化重庆联交所的市场发现和决定价格的功能。

五是有力地促进了涉讼经营性国有产权进场公开交易。此次转让,是渝高法〔2005〕12号、渝国资〔2004〕173号文件颁布以来,重庆市第一宗标的额最大的国有破产财产公开进场转让案。溢价15%成功转让,对进一步规范国有涉讼、破产财产的转让行为,加强国有涉讼、破产财产处置的监管,实现国有资产保值增值的最大化,必将发挥重要的示范作用。

(重庆联合产权交易所供稿)

案例 9

长沙联交所助力长沙客运集团整体改制，打造全国交通龙头企业湖南龙骧交通集团

长沙汽车客运发展（集团）公司为国有独资公司，成立于1921年8月2日，开办长沙至湘潭客运，为湖南省长途汽车客运之始。1988年，湖南省汽车运输公司将汽车运输企业下放到各地区；1993年1月，经长沙市政府批准，组建长沙汽车客运发展（集团）公司，主要经营公路客运、客货站场、城市公交、出租车等业务；2003年，通过了ISO 9001：2000国际标准质量管理体系的认证；2006年，获中国服务业500强企业称号、湖南省"百强企业"称号。下属48家分公司及12家子公司，分布于长沙地区五区四县（市），主要业务涉及公路客运、城市交通及汽车检测、驾驶员培训、成品油供应、现代物流、房地产开发等领域。

为实现企业可持续发展，建立产权清晰、权责明确、政企分开、管理科学的现代企业制度，集团进行全面体制改革，2005年，经市企改办长企改〔2005〕39号文件批复，改制为湖南龙骧交通发展有限责任公司。

该企业整体改制评估基准日为2003年10月31日，长沙联交所于2006年初承接此项目的交易挂牌公示和交易鉴证工作，距评估基准日达3年之久，企业的资产、负债、经营状况、改制成本、可享受的税费优惠政策发生了巨大的变化。如何客观公正地对改制前后的资产情况进行清理和整体移交，保障国有资产不流失、广大职工得以妥善安置，实现企业改制期间平稳过渡和正常运营，成为市政府关注的焦点。长沙联交所肩负着重要使命，主要负责人亲自挂帅，带领交易部和鉴证部的同志们攻坚克难，查阅评估报告、审计报告及改制相关文件，下企业实地鉴证，走访干部职工，与政府各部门衔接，组织专题会议，钻研各级政府制定的国企改革政策，鉴证企业资产变动情况，核实职工安置成本，帮企业申请土地出让金、契税等税费减免。历时1年半，最终完成产权交割，出具产权交易鉴证报告。通过产权交割期后调整，实际交易资产总额10.84亿元、负债总额8.83亿元、净资产2.01亿元。

长沙联交所为长沙客运集团整体改制提供了强劲助力，为湖南龙骧交通集团实现跨越腾飞做出了积极贡献，其专业精准的服务能力得到市政府和企业的一致肯定。龙骧集团现在是中国道路运输一级企业、交通运输部重点联系骨干企业、湖南省交通运

输行业的大型龙头企业；连续多年荣获"湖南省 100 强企业""中国交通企业 100 强""中国服务业 500 强企业"称号；交通运输网络遍布湖南省各地、州、市，以及江西、湖北、江苏等全国 26 个省、直辖市。

（长沙联合产权交易所供稿）

案例 10

规范交易促进国有资产保值增值，
攻坚克难打造产权交易市场灯塔工程

——双汇实业集团有限责任公司国有产权转让项目

2006年5月12日，河南省漯河市双汇实业集团有限责任公司（以下简称双汇集团）国有产权转让项目签约仪式在北京饭店举行。该项目挂牌价格10亿元，最终由代表美国高盛集团和鼎晖中国成长基金II参与投标的香港罗特克斯有限公司以20.1亿元高价竞得，较评估值增值13.42亿元，增值率高达201%。至此，倍受关注的双汇集团国有产权转让项目在北京产权交易所（以下简称北交所）的保驾护航之下圆满落幕。产权交易市场的功能和作用得以充分彰显，产权交易市场的地位和社会影响力得以全面提升。北交所打造的这个"灯塔"工程，不仅点亮了自己，也照亮了他人，成功指引着此后一个个股权转让项目的航向，成为中国产权交易市场史上的经典。

一、项目背景

双汇集团的前身可追溯到1958年7月成立的漯河市冷仓，经过多年发展，双汇集团已成为跨行业、跨国经营的大型食品集团，长期位于中国肉类加工行业第一的位置，成为中国肉类加工行业的旗帜和标杆，拥有显赫的地位和声誉。2006年，双汇集团在全国建有20多个现代化肉类加工基地，在国内外拥有60多家国有全资、控股、参股子公司，年销售冷鲜肉及肉制品100多万吨；近三年的主营业务复合增长率高达46%，净利润复合增长率达22%。

虽然发展形势较好，但双汇集团面临的市场环境仍然不容乐观。从外部环境来看，其国内的主要竞争对手都在加快国际化进程，如位居肉类加工行业第二的雨润控股集团已在香港成功上市并募集到充足的资金，正在不断扩张产能和规模，形成赶超态势；从自身发展的角度来看，双汇集团的产品存在着加工程度低、附加值低等问题，与国际著名肉类加工企业相比，仍存在一定差距。在此背景下，为深化国有企业改革，加快双汇集团的国际化进程，促进漯河地区经济更好更快地发展，在充分论证的基础上，经河南省政府同意，漯河市政府决定通过北交所转让双汇集团全部国有股权。

二、项目操作

1. 勇于担当，为项目提供全方位保障

面对这样一个金额巨大、社会影响力广泛的项目，北交所感到前所未有的压力和考验，正如国务院国资委产权局领导所说："对北交所来讲，这个项目是一个灯塔工程，如果做好了，能够照亮今后的发展方向；反之，可能产生不可低估的负面影响。"面对挑战和困难，北交所发挥了迎难而上、勇于担当的精神，在接受漯河市政府委托后，立即组建项目团队，由北交所领导亲自挂帅，并立下"双汇项目只许成功、不许失败"的军令状，从思想认识、组织保障、工作落实等方面为项目顺利推进提供了全面保障。

2. 因地制宜，制定完善的产权转让方案

经评估，双汇集团的净资产为6.68亿元，漯河市政府决定溢价49.7%，以10亿元的价格挂牌出售。但漯河市政府转让双汇集团国有股权的初衷，并不是把双汇集团一卖了之，而是计划通过双汇集团国有产权的转让，引进实力雄厚的投资者，促进双汇集团及漯河地区经济发展。为了实现以上目标，在严格遵循国有产权转让交易规则的基础上，经过反复推敲和修改，北交所协助漯河市政府制定了完善的产权转让方案。为了充分发现市场价格，北交所建议漯河市政府在转让方案中明确，如果产生两个以上的意向受让方，则必须以竞价方式确定最终受让人。

3. 多措并举，征集实力雄厚的意向受让方

2006年3月3日，双汇集团项目发布转让公告。为了最大限度地挖掘投资人，北交所一方面通过报刊、网站等多个渠道对项目信息进行广泛披露，另一方面通过会员宣传、走访客户等措施把项目信息向潜在受让人进行推介。一系列推介活动取得积极效果，项目挂牌期间，美国高盛集团、鼎晖中国成长基金、新加坡淡马锡公司、摩根士丹利、摩根大通亚洲投资基金、中粮集团、花旗银行等10余家国内外知名企业纷纷前来咨询。挂牌结束，共收到两家意向受让方的报名资料，分别是以美国高盛、鼎晖中国成长基金Ⅱ为实际控制人的香港罗特克斯有限公司和以香港新世界发展有限公司、摩根大通亚洲投资基金为实际控制人的双汇食品国际（毛里求斯）有限公司。两家意向受让方无论是资产规模还是经济实力，都位于世界投行前列：美国高盛集团是国际领先的投资银行和证券公司，是全球历史最悠久、规模最大的投资银行之一；摩根大通亚洲投资基金是摩根大通集团旗下的私募股权投资公司，而摩根大通集团是一家跨国金融服务机构，是美国最大的金融服务机构之一，也是全球盈利最佳的银行之一。

4. 精耕细作，确保国有资产保值增值

针对两个境外意向受让人对《企业国有产权转让管理暂行办法》（国务院国资委、

财政部令第3号）和相关交易规则不熟悉的状况，北交所为两个境外意向受让人开展了业务辅导。同时，按照转让方案，北交所设计出科学合理的招标办法，分别从对双汇集团的未来发展规划及措施、拟在漯河地区实施的新的产业投资计划、投标人实力、相关投标承诺、投标报价五个方面对意向受让方进行比较和评审。

2006年4月24日，北交所与漯河市国资委、国信招标有限责任公司共同组织开标大会。香港罗特克斯有限公司和双汇食品国际（毛里求斯）有限公司均在规定的时间内递交了投标文件。经过现场开标，两个意向投资人的报价分别为20.1亿元和18.1亿元。随后开展评标工作，漯河市国资委、法制局、财政局及在北交所专家库中随机抽取的法律、投行、食品专业的专家共9人组成评标委员会，本着"公平、公正、科学、择优"的原则，经过2天紧张的封闭评审后，最终确定香港罗特克斯有限公司中标。

三、项目成效

1. 双汇集团实现持续健康发展

该项目以20.1亿元高价成交，双汇集团的国有产权实现大幅增值。同时，与国际投行的联姻，改善了双汇集团的治理结构，推进了产品结构的升级，在保留民族品牌的前提下增强了其快速融入国际市场的能力，推动双汇集团实现连年跨越式发展。2012年，双汇集团实现整体上市；2013年，双汇集团的母公司——万洲国际以71亿美元成功并购美国史密斯菲尔德食品公司，成为中美史上最大的并购案。至此，万洲国际在肉制品、生鲜品和生猪养殖三大领域均排名全球第一，是全球规模最大、布局最广、产业链最完善、最具竞争力的猪肉企业。2016年，《财富》杂志发布世界500强榜单，万洲国际首度登榜，排名第495位；2017年，双汇品牌价值已达606.41亿元，蝉联中国肉类行业冠军。

2. 促进漯河地方经济发展

漯河市位于河南省中南部，是一个区位优越、交通发达的枢纽城市。漯河食品加工主导产业特色明显，培育出亚洲最大的肉类加工企业——双汇集团、全国著名的方便面生产企业——南街村集团、全国首家葡萄糖饮料生产企业——乐天澳的利集团等一批知名食品企业。本次转让，双汇集团的国有产权增值13.42亿元，及时补充了漯河市发展过程中所需的资金；同时，美国高盛集团等国际投行的投资，带动了漯河市食品行业对先进技术和设备的应用，提升了漯河市食品加工产业在国际市场的竞争能力；为在"十一五"期间把漯河市建设成为"中国食品名城"做出了重要贡献，促进了当地经济的跨越式发展。

3. 推动中国产权交易市场走向世界

从全球范围来看，证券市场始终处于资本市场的核心地位，为社会各界熟知。产权交易市场的诞生和发展，是中国特有环境下的"中国创造"，尽管产权交易市场在中国资本市场体系建设中发挥着重要的作用，但国际资本市场对产权交易市场的认识和了解仍然较少。该项目挂牌期间，多家投行高管到北交所咨询和洽谈；美国高盛集团总裁更是亲自率队到北交所了解国有产权交易规则和北交所的发展情况。通过双汇集团项目，国际投行加深了对产权交易市场功能和价值的认知，加大了对中国国企改革和产权交易市场的关注度，推动了产权交易市场国际化发展的步伐。

四、项目启示

1. 依法合规是产权交易市场健康发展的生命线

在双汇集团这宗大额跨境交易中，在递交标书前，两家意向投资方都曾斥资近千万元，分别深入十几个城市数以千计的农贸市场，调查双汇集团的实际经营状况。但最终只能产生一家投资方，这意味着另一家意向投资方的前期投入将化为乌有，因而项目全过程的依法合规显得尤为重要。北交所始终把握"公开、公平、公正"的交易原则，严格按照3号令及配套文件运作，确保了整个交易过程的阳光、透明。例如，在评标程序中，北交所选择的招投标主持人曾参与过《招标法》的起草，对相关法律和程序十分熟悉；评标前一天，北交所才从专家库中随机抽出专家组成员；开标后，专家们被送到北京宽沟封闭评标，切断了与外界的一切联系。一系列审慎细致的工作，保证了每一个交易环节的依法合规，打消了交易各方的疑虑，得到交易各方的认可，保障了交易成果。

2. 产权交易市场实现了国有资产的公开阳光配置

产权交易市场的建立，解决了国有产权"该不该卖、怎么卖、卖给谁、卖多少钱"等诸多难题，解除了国企改革中极易引发争议和混乱的产权困扰，有效遏制住国有产权流转中存在的暗箱操作、定价过低、资产流失等突出问题，使企业国有资产实现公开阳光配置。一方面，产权交易市场颠覆了过去私下寻找投资人渠道窄、效果差的做法，通过公开的市场渠道发布项目信息，有助于发现更多的潜在投资人。在该项目中，北交所广泛披露项目信息，吸引到世界顶级投行的关注和竞争，为项目以高增值率成交奠定了基础。另一方面，产权交易市场引入竞价机制充分发现价格，实现了国有资产的大幅增值。在该项目中，北交所根据实际情况及时对评标办法进行了补充，增强了价格对评标结果的影响。在双方标书得分旗鼓相当的情况下，报价高低成为最终决胜的关键，产权交易市场的价格发现功能得以充分显现。

（北京产权交易所供稿）

案例 11

壶化集团与金星化工重组项目

受长治市国资委委托,长治市产权交易市场于2006年9月3日在山西经济日报、长治日报、长治产权网发布了金星化工集体股权转让公告,公告期为20个工作日。到公告期结束,只有壶化集团一家报名。经审查,壶化集团符合报名条件。按照有关法规政策要求,经批准,金星化工集体股权以协议方式转让给壶化集团。

一、金星困惑

长治市金星化工有限公司位于长治市东大街,是国家定点生产民用爆炸品的中型二类企业。该公司始建于1954年,原名为长治市火硝生产合作社,1964年更名为长治火药厂,1966年7月更名为长治市金星化工厂。经过50多年的发展,该公司能够满足民用爆炸品多个品种的产品生产。

近年来,由于受到多种因素的制约和影响,该企业的产品销售每年维持在7000吨左右,严重制约了企业的发展。为了提高企业的经济实力和市场竞争力,该企业集中力量开发具有广阔市场前景的粉状乳化炸药项目,但因资金实力有限进展缓慢。要保证项目的顺利进行,必须引入资金,力争在1~2年内使粉状乳化炸药形成生产能力。

二、壶化战略

壶化集团前身为山西壶关化工有限公司,始建于1960年,为国防科工委民用爆破器材专业生产厂家,主要生产工业火雷管、工业电雷管、塑料导爆管和导爆雷管四大系列二十余种产品,年设计生产能力1.6亿发。其中,煤矿许用瞬发电雷管两度荣获山西省名牌产品称号,电雷管销量居全国第一,产品销售占到省内市场份额的70%以上,并远销内蒙古、甘肃、青海等省外市场,以及蒙古等周边国家,是山西省唯一雷管产品出口企业,全国民爆行业雷管企业前三强。

目前,该集团已成为长治市一家集民爆、煤炭、乳品等10多个系列20余种产品于一体的大型民营企业集团。该集团大胆改革,不断创新,积极培育企业核心竞争力,无论在生产经营、产品销售,还是在安全管理、企业文化建设等方面,都走在全省乃至全国同行业前列,并且积极参与全国乃至世界行业的大联合、大兼并,以尽快实现战略大转变。

三、重组前景

壶化集团与金星化工的重组，标志着山西省第一家大型民爆企业集团成功组建。壶化集团将迅速投入资金，尽快上马新的生产线，实现雷管、炸药产品优势互补、销售渠道共享，加快技术、资金、人才等方面优势的集聚整合；一如既往地抓好安全生产，提高企业的综合竞争力，倾力打造出一个"机制有活力、班子有合力、企业有实力、发展有潜力"的新金星，力争在三年内打造一艘民爆航母，进入全国十大民爆集团之列。

四、几点启示

壶化集团与金星化工的重组，使金星化工新项目的资金得到了解决，职工得到了妥善安置，也使壶化集团的产品线得到了丰富，是一宗非常典型的优势互补的企业整合项目。分析本案例，可以得到以下两点启示：

1. 进场交易是规范的前提

金星化工股权转让在市产权交易市场公开进行，为规范运作打下了扎实的基础，为落实国务院中纪委提出的产权交易进场制度提供了第一原动力。

2. 优势互补、共同发展的典范

虽然壶化集团已是一家集民爆、煤炭、乳品等产品于一体的大型民营企业集团，但是在民爆领域，该集团品种比较单一，只有雷管系列。为了实现民爆航母战略，丰富产品线，壶化集团正准备上民用爆炸品项目，争取民用爆炸品市场。而金星化工是国家定点生产民用爆炸品的中型二类企业，目前正准备开发粉状乳化炸药项目，但缺少资金，并且没有完善的销售渠道。这些因素促成了壶化集团与金星化工的重组。

（长治市产权交易市场供稿）

案例 12

"长橡"转让，"先导"中标

——长治市橡胶工业有限公司整体转让开标评标会纪实

2006年11月28日上午，长治市橡胶工业有限公司整体转让开标评标会在长治市产权交易大厅举行，转让底价为2150万元的国有产权最终以高出评估价11.4%的2180万元价格成交。

长治市橡胶工业有限公司始建于1958年，是原化工部、国家煤炭总公司、国家建材总局定点生产橡胶管带制品的国家中型企业，是长治市最早生产橡胶制品的工业企业；具有40多年生产普通V带的历史，1970年开始生产水泥压力管道用橡胶密封圈，是全国最早生产输水管道用橡胶密封圈的制标企业。2000年9月，该企业整体改制为有限责任公司，现主导产品为普通V带和供、排水管道用橡胶密封圈，普通V带年生产能力500万Am，管道用橡胶密封圈年生产能力240吨。截至改制基准日，该企业在册职工365人，离退休职工277人，资产总额3325.93万元，负债1369.86万元，净资产1956.07万元。

由于历史和体制的原因，长治市橡胶工业有限公司内部的经营管理缺乏有效机制，利润逐年下滑，严重地阻碍了企业的发展，于2005年停产至今。经市国资委批准，长治市橡胶工业有限公司整体改制，委托长治市产权交易市场公开挂牌转让。

长治市橡胶工业有限公司从公开挂牌到最终成交，历时2个多月。2006年9月15日，分别在《山西经济日报》、《长治日报》、长治产权网（www.czscq.com）公开披露，截至10月13日公告期结束，共有5家意向受让方报名，审查主体资格后，有3家意向受让方符合报名条件。随后，长治市产权交易市场发出招标文件，招标工作按计划展开。

为了保障招投标工作顺利进行，长治市产权交易市场拟定了工作计划。按招标文件设定，准时召开标前答疑会和标前预备会，经过多次研究，确定了评审方案和评分细则。

开标前半小时，确定11名专家组成评标委员会，并宣布了评标规则和纪律；开标后，由监督人员、公证人员检验投标书密封情况，征求了投标人是否要求评委回避。开标后，由评委就职工安置、债权债务、土地使用、企业经营发展方案、标的企业和受让企业的融合等问题对长治市先导机电物资有限公司等2家投标人分别进行澄清，另一家未投标；然后各评委自主评审、自主打分，严禁互相交换意见、商量打分，去掉一个最高分和一个最低分，计算平均得分，得分高者为中标者。长治市先导机电物资有限公司以高分中标。整个开标评标过程始终在全封闭、保密情况下进行，3名监督员全程监督，2名公证人员现场公证，监控设备全程录制。

在评审过程中，长治市产权交易市场严格遵守《中华人民共和国招标投标法》及《企业国有产权转让暂行管理办法》，客观、公正地履行职责，遵守职业道德、评标工作纪律与保密规定，把"公开、公平、公正"落到了实处。

长治市橡胶工业有限公司整体转让是长治市产权交易市场首例采取招投标方式进行的整体转让。在招投标过程中，长治市产权交易市场公开发布信息，广泛征集受让方，让更多有受让意向的单位和个人投标，让全社会知情和监督，使企业国有产权实现价值最大化。该项目为其他国有企业的改制提供了借鉴，起到了示范作用。

（长治市产权交易市场供稿）

案例 13

深圳富春东方（集团）有限公司股权包转让项目

一、项目简述

2007年3月21日上午10点，深圳富春东方（集团）有限公司股权包拍卖会在浙江产权交易所（以下简称浙交所）交易大厅准时举行。经过1个多小时118轮的激烈叫价举牌，最终这场吸引了多家境内外竞买人参与的拍卖会由18号竞买人（深圳万科地产）以100500万元的价格成交而结束，成交价格比起拍价高125.59%。此标的的股权评估价值合计417766074.69元，未清偿负债和未解除担保金额共计2281649943.36元，拍卖起拍参考价44549万元。

本项目荣获2007中国国际工业博览会"产权交易最佳策划奖"一等奖。

二、具体做法

为确保深圳富春东方（集团）有限公司股权包拍卖转让的成功举行，浙交所做了大量的组织工作：

一是专门成立了以姚上毅总经理为总负责人、以部门骨干为主要成员的项目运作组，对项目进行了专题研究和精心组织；对拍卖会进行了全面的布置和分工，实施了全所总动员，实现了国有资产的极大保值增值。

二是针对标的公司其他原股东为维护自身合法权益而提出的要求，在浙交所的建议下，转让方合理地修改了受让条件，确保了项目进场交易公开、公平、公正地组织实施。

三是为保证进场交易能顺利地进行，将转让方从受制于原有意向方的窘境中解放出来，增强对交易成功的信心，浙交所创纪录地联合了18家拍卖会员共同参与项目的推荐和招商；借助浙交所和拍卖会员的客户网络寻找潜在意向方，并通过和会员单位的创新型合作及配合，最终为项目带来包括万科在内的3家（注：项目最终的报名意向方为4家）有诚意、有实力的意向方。这些实力买家的参与为转让标的的最终大幅增值带来了明显的动力，也体现出浙交所采用的创新型（拍卖）会员合作模式蕴涵的巨大能量和创造力，能够为国有资产的保值增值提供高效的服务。

四是针对转让标的对受让方的资金实力、风险承受能力的要求很高的现实状况，为确保所有意向方都能在同时充分了解转让标的及其蕴涵的价值和风险的情况下参与竞买，从而真正将那些具备雄厚资金实力、坚强风险承受能力的意向方挖掘出来，在项目征集意向方期间，浙交所积极配合转让方对受让条件的内容向意向方进行了耐心的解释，并多次组织意向方对标的进行全面细致的了解，令其做到心中有数、大胆参拍。

五是为避免拍卖当天到场人员较多而造成现场混乱的情况，浙交所专门在拍卖当天请来保安人员维护现场秩序，入场人员需凭券入场。组织方努力确保竞买人在一个气氛热烈而又井然有序的竞价环境中理智地参与竞买，还在拍卖过程中不断提醒竞买人注意投资风险，以免受现场热烈气氛影响而做出非理智的应价行为。这些措施的及时采取，一方面有助于竞买人理智出价，控制投资风险，避免不必要的损失；另一方面也让最后的成交价格能真正体现出标的的市场价值，进而最大限度地发挥出公开挂牌对国有产权交易市场价值的发掘功能。

六是拍卖成交后，浙交所组织转、受让双方于拍卖会结束当日当场签订了有关交易合同，确立双方具有法律约束力的权利义务关系。此后，浙交所按时出具了相关交易凭证，确保整个项目转让顺利完成。

三、创新点及启示

本次转让为境外公司国有产权在浙交所进行公开挂牌转让的首次尝试。在转让前，浙交所通过与外经贸、外汇管理等部门咨询、沟通和联系，对转让过程中可能面临的诸多问题和风险进行了分析和研究，并设计出应对方案，为项目挂牌后的竞买人报名、成交价款结算、外经贸部门审批、工商过户铺平了道路。根据以往经验，竞买人一般都在报名截止日临近时才会出面办理有关报名手续，这就使得对竞买人的资格审核工作成为交易所一个不小的难题。为此，浙交所在竞买材料中专门向竞买人提示：竞买人提交的材料及竞买人主体的身份、资格的合法性、有效性和受让成功是否能获得有权部门的认可都由竞买人自行负责确认，交易机构对竞买人提交的有关材料和主体资格仅做形式审核。采取这一措施，为产权交易机构居间开展产权交易服务合理规避了法律方面的风险。

公开挂牌、进场交易是在国有产权转让中实现国资保值增值的最佳方式。本次拍卖标的通过浙交所交易平台的公开挂牌、宣传推荐，总共吸引了4家有实力的竞买人参与正式竞拍，而这其中又有3家是交易所通过新型合作的方式吸引进来的。一方面，说明随着浙交所公共交易平台社会认知度的不断提高、客户群体的不断扩大，已经有越来越多的客户习惯于通过浙交所的网站了解、参与浙江省国资转让项目，浙交所作为省属国资转让主渠道的功能和地位日益得到体现和加强。另一方面，说明交易机构采取的新型会员合作模式蕴涵着极大的创造力和能量，能为国有资产的保值增值提供高效的服务。

合理设定受让条件是对各方权益的有效维护和保障。在本次转让中，对标的受让条件的合理设定有效地杜绝了特定指向性情况的出现，扩大了意向方的征集范围；为有实力买家的进入奠定了良好的基础，为实现国资的大幅增值提供了动力；同时，由于在条件设计时已预先考虑了标的公司其他原有股东的合法要求，妥善处理了出让方和原股东的相互关系；为成功转让后标的的交割、过户铺平了道路，有效维护和保障了包括转、受让方在内的各方的合法权益。

（浙江产权交易所供稿）

案例 14

企业增资扩股进场"零突破",
中国产权交易市场增添"新动力"

——潍坊亚星集团有限公司增资扩股项目

自 1921 年创立至今,潍坊亚星集团有限公司已经走过了近百年的发展历程,这家以研制和生产经营新型化学材料为主业的老牌企业,几乎见证了中国改革开放的历史进程。从一家初创时微不足道的民营企业,到如今成为主导产品生产规模居世界首位的行业龙头企业,潍坊亚星集团在 2008 年迈出了企业战略发展的关键一步。

2008 年 6 月,潍坊亚星集团通过山东产权交易中心(以下简称山东产权)完成增资扩股,引进两家韩国战略投资者,获得 7270 万元的增资额,为稳固企业自身核心竞争力奠定了基础。这是产权交易市场开展增资扩股业务的第一例,实现了国有增量产权进场交易"零"的突破,也开了增量产权交易外币结算的先河,为全国产权交易市场建设积累了宝贵经验。

一、市场理念拓展,吸引第一例企业增资扩股进场交易

潍坊亚星集团有限公司的前身是潍坊化工厂,以研制和生产经营新型化学材料为主业面向全球的高科技化工企业,产品进出口及技术服务等业务遍布五大洲 40 多个国家和地区。其主导产品的生产装置和技术全部从德国引进,拥有四套世界级技术水平及生产经营规模的化工装置,具有强大的市场竞争力。潍坊亚星集团下属 10 多家全资、控股或合资子公司,其中亚星化学是中国 A 股市场上著名的上市公司。2007 年,潍坊亚星集团为进一步提升市场地位,强化海外营销渠道建设,并引进行业先进技术、工艺,促进产品结构的优化调整,拟通过增资扩股方式引进战略投资者,并于 2008 年初获得山东省国资委和潍坊市国资委批复。

期间,山东产权积极拓展该项目进场。但在 2008 年初,企业增资扩股业务在中国产权交易市场尚未有先例,由于欠缺国家政策法规的明确规定,遇到较大阻力。在全国范围内,唯一可循的是《国务院办公厅转发国务院国资委〈关于进一步规范国有企业改制工作的实施意见〉的通知》(国办发〔2005〕60 号),要求国有及国有控股企业(包括全资、控股子企业)增量引入非国有投资,应当通过产权交易市场、媒体或网络

等公开企业改制有关情况、投资者条件等信息，择优选择投资者。尽管增资扩股业务缺乏政策支持，但在山东产权及潍坊办事处的积极争取下，利用产权交易市场阳光增资的市场化思路逐渐被潍坊亚星集团所接受，最终潍坊亚星集团有限公司增资扩股项目通过山东产权公开挂牌交易。2008年6月，潍坊亚星集团有限公司分别与韩国大一素材株式会社、韩国湖南石油化学株式会社签订协议，两个意向增资方分别向潍坊亚星集团增资6609万元、661万元。至此，山东产权首例增量产权交易项目顺利成交，实现了交易品种的新突破。

二、创新延伸服务，开创产权交易市场股权直接融资功能

作为中国产权交易市场增资扩股业务的开山之作，潍坊亚星集团项目在中国产权交易市场发展过程中具有里程碑式意义。项目的成功得益于山东产权未雨绸缪，做了大量的准备工作。

一是制度保障。2007年以来，按照国务院国资委产权管理工作"应进必进、能进则进、规范进入、操作透明"的要求，山东产权在省国资委指导下，于2007年底在全国率先制定了《增资挂牌交易业务流程》，规范了企业增量产权交易行为，为增量产权进场交易提供了制度保障。该业务流程明确规定了国有及国有控股企业吸收社会资本增资扩股，增量引入投资者的行为须由标的企业原出资人在产权交易市场发布公告，公开征集并择优选择投资者。这为企业引入战略投资者提供了更加透明、公开的信息平台；明确了公告期限不少于20个工作日，以及公告信息所含内容，为不合规交易设立了有效屏障；明确了山东产权根据拟增资方的数量和出资人的要求组织交易，保证了交易的公正，确保企业找到最佳的投资方；同时，明确指出在严格审核、规范操作的基础上，由山东产权专用账户作为交易双方资金结算账户，保证双方资金安全，保障投资资金及时到位。按照该流程进行操作，能有效规避增资进场交易中的种种不规范行为，通过各种制度规定，有效解决现实中的各种纠纷与问题，防范交易风险，确保为拟增资企业引入最佳投资方。

二是市场支撑。该项目的成功也是山东省产权交易市场"五统一"的成果。从2005年起，山东产权着手开展全省产权交易市场整合工作，并运用市场化手段将全省各地市产权交易机构全部改造为山东产权办事处，构建了统一监管机构、统一信息发布、统一交易规则、统一审核鉴证、统一收费标准的"五统一"产权市场交易及监管体系，实现了全省产权交易市场整合统一。山东产权在济南、烟台、潍坊、济宁、滨州、菏泽设立了办事处，形成覆盖省、市、县，辐射周边省份的全方位立体化市场网络。统一的交易大平台增强了优势资源的集中和筛选能力，保证了全省范围的资源可以有效及时地从市场中流转增值，并且统一的市场体系不断凸显市场发现价值、发现投资人的功能。该项目由山东产权潍坊办事处引入，在山东产权这个大平台上最终实

现各方共赢。

三是服务引领。该项目的成功还得益于山东产权广阔的交易网络，以及深挖项目价值、积极推介的市场服务。在接到该项目后，山东产权充分挖掘项目潜在价值，制定了翔实的宣传方案，并利用与国内外众多知名企业、投资银行、风险投资基金、投资机构等建立紧密的合作关系和遍布全球的投融资网络，积极联系对潍坊亚星集团增资扩股项目有意向的投资方，为企业寻找符合条件的战略投资者。经过努力，以及与融资方的充分沟通，本着优中选优的原则，征集到了两家符合条件的外资投资方，帮助企业引进资金的同时，为其丰富了海外市场营销渠道，并引进了行业领先技术及工艺。

此外，由于当时增量引入外资的结汇账户在山东省外汇管理局尚属空白，该项目操作中还遇到了如何为企业解决外汇结算的难题。为此，山东产权多次与省外汇管理局、省国资委、省工商局、省监察厅、潍坊市国资委等部门及时沟通，提出了最有效最安全的解决办法，即以山东产权交易资金专用账户为结汇账户，保证了项目方的利益和投资方的资金安全，确保了交易双方得以在较短的时间内迅速、有效、安全地完成产权交易和资金过户。

三、投行化思维，不断探寻新常态下的新动能

产权交易市场作为长尾市场，其交易资源存在碎片化、分散性的特点，需要交易机构广开渠道，通过"挖水渠疏导""小脸盆转运"等方式把这些分散、零碎的资源逐渐纳入到市场中来。为此，山东产权精准实施"点上提升、线上延伸、面上聚优、立体突破"的战略布局，打造各类资源有效聚集的营销渠道。通过联系一个单位，做成一个项目，并以项目为抓手逐步延伸服务，最终完善了整个业务品种的"生态"体系。潍坊亚星集团有限公司增资扩股项目通过山东产权成功交易也得到了各级监管机构的高度认可，在这一案例的示范引导下，山东省国资委全面试点省属企业增资扩股进场交易，实现了增资扩股业务进场规模化。与此同时，山东产权依托平台资源、信息、金融要素聚集优势，不断延伸与优化市场服务功能，利用市场化手段吸引更多的市增资扩股业务进场交易。截至目前，山东产权已累计完成增资扩股项目近百宗，帮助企业直接融资480多亿元，并为企业引进了大量先进技术、优秀人才和科学的管理模式，创造了一大批市场经典案例。

近年来，山东产权以交易业务为基础，积极探索基于互联网"线上、线下"相结合的非标准化、区域性、基础资本市场建设，形成了产权交易市场发展新理论、新业态、新道路，构建起具有中国特色的资本市场新模式，为经济社会发展增添了新动能。

（山东产权交易中心供稿）

案例 15

托管一家金融企业，为股东融资 157 亿元
——江西银行股权登记托管项目

股权登记托管是指具有公信力的托管机构接受非上市股份公司的委托，代替公司履行置备股东名册的法定义务，记载并确认股东对股权所有权及其相关权益产生、变更、消失的法律行为。2008年9月19日，江西省产权交易所与江西银行签订《股权登记托管协议》。10年来，共计为江西银行股东办理股权质押项目206笔，融资总额达157亿元。

江西银行（原南昌银行）股份有限公司（以下简称江西银行），是在南昌原有多家城市信用社的基础上，由南昌市政府财政局发起，于1997年12月由中国人民银行和中国银监会批准设立的地方银行。江西银行成立时，存在股东人数众多、股东情况复杂、股东确权不清等问题。

2004年底，江西省产权交易所就开始筹划建立非上市股份公司股权托管登记平台。2005年4月12日，《江西省人民政府办公厅抄告单》（赣府厅抄字〔2005〕10号）明确："经省政府研究，同意江西省产权交易所增加对全省非上市股份有限公司股权（含国家股、法人股、自然人股）托管业务。"江西省产权交易所在反复协商的基础上，于2008年9月19日与江西银行签订了《股权登记托管协议》。根据省政府授权，江西省产权交易所为江西银行股权管理做了以下五方面工作。

一是发布信息公告。江西省产权交易所与江西银行签订《股权托管协议书》后，即在双方网站公布股权登记托管信息，并在有关报刊媒体上发布江西银行股权登记托管公告。

二是股权初始登记。江西省产权交易所根据江西银行提供的《公司章程》《企业法人营业执照》《股东名册》及法定代表人身份证复印件等法律文件，对全部股权进行初始登记。在初始登记后，江西省产权交易所向江西银行出具正式的《股东名册》，向全体股东出具《股权托管卡》，并将各类原始材料记入电子簿记系统。10年来，江西省产权交易所合计为江西银行11000余户股东办理了股权初始登记。在2015年底江西银行吸收合并景德镇商业银行期间，江西省产权交易所工作人员驻扎景德镇，为原景德镇商业银行股东办理股权确认工作，其工作能力和服务态度赢得了股东的高度好评。

三是股权变更登记。10年来，江西省产权交易所为江西银行办理了3200余笔、近

10 亿股的股权变更登记，包括股权转让变更登记、股权置换变更登记、遗产继承等股权变更登记。变更登记后，江西省产权交易所出具《股权托管卡》，将变更资料记入电子簿记系统，并向江西银行通报股东变更情况。期间，江西省产权交易所主动提供上门服务，为数十位 80 多岁行动不便的老人上门办理股权变更业务。

四是股权质押融资登记。江西省产权交易所主动衔接工商部门，为江西银行股东办理股权质押融资登记有关工作：①提供登记托管凭证；②出具《股权质押告知函》；③办理股权冻结手续；④出具《股权质押变更告知函》；⑤出具《股权质押注销告知函》；⑥出具《股权质押撤销告知函》；⑦保全出质股权。10 年来，江西省产权交易所累计为客户办理股权质押 206 笔，质押股数 44.98 亿股，融资总额达 157 亿元。2012 年 2 月，为泰豪集团有限公司以持有江西银行的 8000 万股权质押融资 4 亿元；2013 年 8 月，为股东苏州市相城城市建设有限责任公司以持有江西银行的 5042.49 万股权质押融资 6 亿元；2017 年 11 月，为股东江西众邦经贸有限公司以持有江西银行的 8000 万股权质押融资 4.6 亿元。

五是上市服务工作。截至 2017 年末，江西银行实现了对江西全省 11 个市、63 个县的全覆盖，县区网点覆盖率达到 87%。在江西银行筹备上市过程中，江西省产权交易所全力配合做好员工股清理工作。在江西银行 2017 年 8 月 21 日开始向香港联交所提交 H 股上市材料期间，江西省产权交易所工作人员加班加点 3 个多月，协助江西银行整理了近一万名股东的资料，解决了提交材料时间紧、任务重的难题。

江西省产权交易所基于对江西银行等托管企业的股权结构和未来发展规划，多次升级股权托管系统，包含股权登记、托管、质押、配股、流转、冻结、分红等股权信息管理工作模块，完成业务系统下沉到设区市办事处，实现全省动态管理、实时监测、在线操作。

据统计，江西省中小企业数量已超过 110 万家，吸纳从业人员超过 770 万人，占全省就业人数比例超过 70%，对 GDP 的贡献率达 55.4%。非上市股份公司通过股权登记托管，有利于盘活"静态"资产，促进企业融资发展；有利于出质股权变现，防范贷款风险；有利于清晰股权，提高股权管理效率；有利于完善企业治理结构，提高重大事项决策能力；有利于形成股东合力，促进企业做优做大做强；有利于优化上市后备企业，促进区域资本市场发展。

（江西省产权交易所供稿）

案例 16

公开、透明、规范、高效，产权交易市场助力奥运资产阳光交易

——第二十九届北京奥运会资产处置项目

2008年至2009年，在国际金融危机造成全球经济低迷的背景下，北交所成功处置了2008年第29届北京奥运会资产，处置收益逾1.9亿元，为北京奥运会画上了圆满的句号。在此过程中，北交所凭借在企业国有资产交易业务中积累的经验，广泛披露项目信息，深度挖掘资产价值，创新地采用现场拍卖和网络竞价相结合的交易方式，实现了奥运资产经济效益和社会效益的双丰收，为公共资产阳光交易提供了经典范例。

一、项目背景

2008年8月8日至8月24日，第29届夏季奥林匹克运动会在北京成功举办。在北京奥组委长达7年的运转期内以及北京奥运会期间，产生了一批奥运资产，其数量多达数十万件，种类十分庞杂：既有奥运缶这类为公众所熟知的"明星"，也有公务用车、办公家具等资产。为传承奥运精神，保存奥运文化遗产，实现公共资产的保值增值，北京奥组委决定对奥运资产进行市场化处置。经过认真考察，最终选定北交所为2008年北京奥运会奥运资产公开处置的唯一平台。2008年6月25日，北京奥组委与北交所签订《北京奥组委资产处置服务合同》，国家大型集会资产首次进入中国产权交易市场进行公开处置。

二、项目操作

1. 分门别类确定处置方式

自2008年8月5日组织第一场奥运资产拍卖会开始，至2009年2月，北交所共举行9场拍卖会，所涉及奥运资产包括家具、家电、公务用车等，处置数量超过50万件，成交价格近3000万元，增值率超过30%。

2009年2月27日，北交所接到北京奥组委通知，要求在20天内完成对全部奥运缶的处置工作。考虑到奥运缶是北京奥运会开幕式的重要道具，具有聚焦社会关注的

明星效应，不能生搬硬套其他奥运资产的处置方式，北交所专门针对奥运缶设计了处置方案。北交所不仅充分考虑外部市场环境、目标购买人群、法律风险等影响交易效果的因素，还邀请营销、拍卖、法律和历史方面的知名专家对方案进行反复推敲，为提升奥运缶的市场价值奠定基础。

2. 多策并用挖掘资产价值

2008年，受国际金融危机的影响，中国艺术品市场购买力显著下降，成交额首次出现负增长；进入2009年，艺术品市场继续下行，仍没有反弹的迹象。在如此低迷的市场环境下，如何保证奥运缶的顺利处置，成为北交所亟待解决的问题。为充分挖掘奥运缶的潜在价值，北交所开展了三个方面工作：①针对奥运缶的收藏价值，北交所采访了中国收藏界的知名专家，获其高度肯定，认为"奥运缶见证了历史、参与了历史，因而有其特定的价值，可被视为具有当代文物特征的收藏品"，为广大投资者提供了权威参考。②针对大部分奥运缶存在残损的情况，北交所联系了奥运缶的制造厂家，协调其为购买者提供维修服务，最大限度保证奥运缶的完整性，大大提升其收藏价值。③北交所为奥运缶制作铅封，添加"电子身份识别卡"——作为北京奥运会开幕式道具缶的唯一"身份证明"，防止其他机构和个人非法仿制，有效保护奥运缶的知识产权及竞买人的合法权益。

3. 多路并进推介项目信息

在接到北京奥组委关于奥运缶处置的通知后，北交所随即全面展开宣传推介工作：一方面，通过召开新闻发布会、在网站上发布项目信息等方式，充分发挥电视台、电台、纸媒、网站的信息覆盖能力，广泛挖掘潜在投资人；另一方面，通过现场展示和网络展示等手段，向社会各界充分展示奥运缶的基本情况和收藏价值。一系列推介工作取得实效。在首场拍卖活动开始之前，包括中央电视台在内的各类媒体针对奥运缶拍卖的报道已经超过万条，新浪、搜狐等主要门户网站均在首页加挂了奥运缶拍卖活动报道的专栏，奥运缶拍卖一时成为社会各界津津乐道的热点话题，报名参加竞买的意向投资人络绎不绝。

4. 匠心独运创新交易方式

为充分发现市场价格，北交所通过两次现场打包拍卖活动与一次单缶网络竞价活动分批对奥运缶进行处置。这种现场拍卖和网络竞价相结合的交易方式，不仅能够有效激发投资人的竞买热情，而且达到细分市场的效果，可满足不同购买人群的需求。机构投资人可通过现场拍卖方式批量购买，而网络竞价方式则能满足全球买家的竞买需求。

2009年3月8日，奥运缶第一场竞买活动在北交所举行。活动采用现场拍卖的方式，将奥运缶分别按照10个、20个、30个、50个的数量进行打包，共计53个标的、

1000个缸。最终，历经8个半小时，来自全国各地的439位买家对奥运缸开展了数千轮的激烈竞价，以5244.7万元总价成交，成交均价高达5.24万元，奥运缸的第一场竞买活动旗开得胜。

2007年3月15日至16日，第二批90个奥运缸的网络竞价活动通过北交所网络竞价系统进行。活动中，北交所首次采用"动态报价"的交易模式，构建起集中化标的展示和分布式参与竞价的实时交易环境，系统 7×24 小时不间断运行，每个奥运缸在"动态报价大厅"中一经挂牌，即允许竞买人交纳保证金、获取报价账户、从互联网上参与报价，进行实时交易。该活动是中国产权交易市场首次采用动态报价的方式组织的大规模竞买活动，打破了传统竞价活动中"离散化""场次式"的概念，创造了并行竞价场次最多（同时开启90场竞价活动）、参与人数最多（500多人同时竞价）、涉及地域最广（全国29个省区市的竞买人）、竞价时间最长（26小时）等多项纪录。该项目成交均价为14.26万元，奥运缸的最高成交单价达到28.8万元，增值超过260倍。

2009年3月18日，奥运缸第三场竞买活动在北交所举行。受前两场竞买活动的影响，此次现场拍卖更为激烈。奥运缸成交均价达到12.93万元，比第一次现场拍卖5.24万元的成交均价高出147%。

从总体上看，先后累计有1041个机构或个人参与奥运缸的竞买，成交总额1.1915亿元，成交均价7.88万元，较起拍价平均溢价7064%，1500个奥运缸实现大幅度增值。

三、项目成效

2008年6月25日至2009年6月30日，北交所共组织奥运资产专场拍卖会25次，处置奥运资产70万件，资产评估值6261.4996万元，成交金额18951.58万元，增值率达202.67%，奥运资产实现价值最大化。第29届北京奥运会共计盈利约10亿元，其中通过北交所处置的奥运资产收益逾1.9亿元，北交所为北京奥运会的完美收官做出了贡献。

同时，该项目中穿插的"爱心赠缸"活动，取得了良好的社会反响。奥运缸拍卖信息发布后，北交所收到一封署名为"南京夫子庙小学少先队员"的来信，提出申请："我们是南京夫子庙小学的少先队员，得知奥运会开幕式中的缸将要拍卖非常兴奋，作为传承孔子教育思想的学校，如果能有这样的缸意义很重大。全校师生决定拿出3万元，希望购买10个缸。"为了满足南京夫子庙小学师生的心愿，同时考虑到北交所对奥运缸没有赠予权，且按照交易规则不能为意向竞买人筹集资金的情况，经研究，北交所向社会各界发出爱心捐赠的倡议。最终，在第一场拍卖活动中，苏州新东方汽配城竞买成功后，当场决定赠予南京夫子庙小学两个缸，圆了该校全体师生的奥运缸梦，得到社会各界的广泛关注和认可，也提升了产权交易市场的知名度和影响力。

四、项目启示

经过多年发展,产权交易市场立足规范和创新,围绕构建市场服务体系、强化互联网技术支撑、塑造交易所品牌形象、增强人才队伍建设等重点工作,全力提升交易所的服务功能。在实现"国资全覆盖"的基础上,成功将业务拓展至其他公共资源交易,以及非公领域的产权资源非标准化配置领域,取得良好交易效果和社会效应,这是北京奥组委最终选择产权交易市场处置奥运资产的关键因素,也是产权交易市场不负重托、圆满完成使命的重要支撑。

今后,产权交易市场应继续勤练内功,坚守为国有产权结构调整和各类要素流转服务的根基,坚守非标准化资本市场的定位,继续服务国资国企改革,服务政府部门资产阳光管理,服务国家战略、经济结构调整和改革发展稳定的大局,为中国经济转型升级和社会和谐发展贡献更多的智慧和力量。

(北京产权交易所供稿)

案例 17

有效发布信息、精准选用竞价方式，
实现国有资产增值

云南天素投资有限公司 45% 股权、云南产业投资管理有限公司 45% 股权项目是受云南省属企业的委托，在云南产权交易所有限公司（以下简称云交所）精心策划、组织实施下，借助云交所市场平台，灵活运用创新的交易方式，采用一次报价交易。该项目的成功转让，为继续推进云南省国有企业股权借助市场化平台转让起到了良好的示范作用。

一、项目简介

云南天素投资有限公司成立于 2009 年 7 月，注册资金 3 亿元，注册地为昆明市南屏街 4 号云南信托大厦 A 座 14 楼，主要从事项目投资、投资管理、咨询。该公司长期股权投资 12 家子公司。

云南产业投资管理有限公司前身系昆明博闻证券投资咨询有限责任公司，于 1997 年 7 月经中国证监会批准成立，是当时云南省唯一具有证券咨询执业资格的公司。2009 年 7 月，根据各股东签署的分立协议，以 2009 年 5 月 31 日为基准日进行存续分立，分立为云南产业投资管理有限公司和云南天素投资有限公司。分立后的云南产业投资管理有限公司注册资本为 1000 万元，设有北京分公司和深圳分公司，进行财务顾问、企业并购、资产重组和产权交易、法律的咨询服务、清算服务、证券投资咨询服务。

该项目涉及投资项目多、涵盖领域和地域广。涉及投资资产管理、典当拍卖、化工、生物制药、矿业、高新技术等领域。涉及云南、北京、大连、深圳等多个地区，跨度大，难度高，影响力大，引起了社会各界特别是投资界的极大关注。

二、交易过程

1. 交易准备

因该项目涉及原有股东保留优先购买权问题，在相关交易环节的设计上要兼顾

《公司法》与国资转让相关法规。按照全国各地交易机构对优先权人股东行权方式的做法，有要求优先权人必须进场行权的，也有优先权人在场外行权的。

鉴于场外行权方式转让方及交易机构较为被动，云交所提出希望原股东进场行权。云交所向原股东充分解读了《企业国有资产法》，根据其中第54条的规定，"国有资产转让应当遵循等价有偿和公开、公平、公正的原则。除按照国家规定可以直接协议转让的以外，国有资产转让应当在依法设立的产权交易场所公开进行"，并结合项目情况，对原股东行权方式进行了规范。原股东表示支持并做出如下承诺：①需通过云交所场内行使优先购买权；②如未在报名期限届满时报名，可视为无报名意向，并放弃优先购买权；③如该项目采用网络竞价方式竞价，与其他竞买人一样登录竞价系统，按竞价系统设定程序行使优先购买权。

2. 方案设计

鉴于云南天素投资有限公司长期股权投资共12家公司，股东关系相对复杂，且部分子公司升值潜力巨大，云交所在公告中专门就这几家子公司的股权结构用简单明了的树形图予以说明。

在挂牌前，云交所根据此转让项目母子公司之间股权关系比较复杂，涉及金额较大，潜在投资者素质较高、可能对竞价的时间和效率比较在意且善于心理战的特点，专门召集项目会议，分析各种竞价方式；充分利用各地交易机构及云交所探索的经验，集体研究确定若产生2个意向受让方则采用一次报价的竞价方式。

一次报价是指各报价人在约定的报价时间段内通过竞价系统仅可提交一次有效报价。竞价系统在一次报价过程中，不显示任何报价人的报价记录。报价时间截止后，网络报价平台按照"价格优先、时间优先"的总体原则，自动判断最高有效报价。保留优先购买权的公司原股东可在最高有效报价基础上决定是否行权：若行权，则该股东为受让方；若放弃行权，则最高有效报价人为受让方；若无有效报价，则该报价项目未受让成功。

一次报价一般适用于管理层或原股东参与报价的项目或参与报价的各方对标的项目的心理价位相差较大的项目。让竞买方一次把心理价位报足，避免项目成交价还没有达到报价人心理底价的情况，充分地用市场化手段挖掘项目潜在价值。转让方在听取云交所采用一次竞价的理由后，最终采纳了云交所的建议，并积极配合，解决了前期准备工作的各种障碍。一次报价方式在云交所网站发布公告时就予以明确。同时，在报名人报名、递交竞买文件及竞买现场演练等环节都一再提醒各报名人，确保各买家都清楚本次竞价各方均只有一次报价的机会，让参与各方提前知晓并理解规则。

3. 广泛征集受让方

项目挂牌后，云交所积极扩大转让信息覆盖面，采取了以下措施：

一是在云南经济日报、春城晚报、中国证券报、大连晚报、新商报（大连）等省内、国内及标的股权重点涉及地区有影响力的报刊媒体上发布了产权转让公告。

二是有针对性地向标的公司涉及的行业内近20家龙头企业及与标的公司有关联的相关企业以电邮或传真的形式发送了项目推荐书，并及时进行回访及跟踪。

三是云交所还在北京产权交易所、上海联合产权交易所、重庆联合产权交易所、浙江产权交易所等全国产权交易机构网站上同时发布了产权转让公告。

整个征集受让人过程，云交所尽最大努力用点对点、面对面的方式，基本涵盖了国内有实力及有意向的投资者。截至公告期满，有近30家潜在投资者同云交所就本项目进行了咨询。报名期截止，项目成功征集到省内外6家报名人的正式报名，按照要求在报名后递交保证金的报名人有三家，其中一家为标的公司的原股东。征集受让人推荐工作取得了非常好的效果，成功将项目转让引导到竞价的环节，为国有资产的保值增值创造了良好的条件。

4. 成功竞价

云南天素投资有限公司45%股权、云南产业投资管理有限公司45%股权项目一次报价专场按照预定程序于2011年6月9日在云交所交易大厅进行。竞价现场，云交所邀请了转让方、产管办和公共资源交易中心及公证处的相关工作人员进行现场监督、指导。竞价开始后，2家非优先权意向受让方在一次报价中产生的最高报价为38000万元，比挂牌价30000万元增值8000万元。最终，原股东在最高报价的基础上按程序行使了优先购买权，以38000万元竞得该标的，比标的评估价29871万元增值了27.21%，充分体现了产权交易市场的价格发现功能。

三、经验总结

一是价值发现是产权交易市场的重要功能，而只有透明的信息披露制度与统一规范的交易规则，才能打破行业与地域的局限，在更加宽广的范围内发现投资者，更好地实现价值发现功能，真正实现资源的最优配置。在此项目中，云交所根据项目的实际情况，有针对性地最大范围地进行征集受让人，取得了良好效果，并最终形成竞价，实现了国有资产的保值与增值。

二是作为业界创新交易方式，一次报价在该项目的转让过程中发挥了重要的作用：①竞价程度加深，竞价结果准确；②无须拍卖师，减少了对竞价过程的人为控制，竞价更加流畅；③实现意向受让方分离，有利于独立思考判断；④没有观众席影响，最大限度地减少了场外人员的干扰；⑤交易过程更加客观，操作更加规范，竞价过程科学，便于留存；⑥降低了交易成本。

三是为涉及优先权人的项目积累了经验，既保障了国有资产转让时的最大效益，也充分尊重了《公司法》赋予优先权人的权利。

云南天素投资有限公司45%股权、云南产业投资管理有限公司45%股权项目创造了云交所的多个纪录：截至2011年，采用电子竞价方式成交的金额最大的股权项目（成交额3.8亿元）；截至2011年，采用电子竞价方式增值额最大的股权项目（增值8000万元）；同时，也是竞价时间最短、产生竞价结果最迅速的项目。竞价结果超出转让方预期，各方均比较满意，取得了良好的经济效益和社会影响，大大提升了云交所交易平台的影响力。

（云南产权交易所供稿）

案例 18

常州股权托管中心高质量服务上市后备企业

——江苏江南农村商业银行股份有限公司股权托管项目

健全产权交易规则和监管制度，推动产权有序流动是保障和促进市场主体发展的有效途径。常州产权交易所自 1996 年成立运行以来，始终坚持服务经济、服务大局，不断拓展服务功能、提升服务层次，并于 2009 年设立常州股权托管中心有限责任公司（以下简称托管中心），专业从事常州市非上市股份公司、有限责任公司及股份合作制企业的股权集中托管工作。作为常州市唯一一家从事非上市公司股权托管登记与管理的专业服务机构，托管中心不断以规范的业务流程、先进的资料管理系统以及专业化的运作团队，为常州市非上市企业提供包括股权初始登记、股权账户管理、分红派息、信息披露等相关高效、优质和多元服务。

一、项目背景

2009 年成立的江苏江南农村商业银行股份有限公司（以下简称江南农村商业银行），是由常州市辖内原 5 家农村中小金融机构（武进农村商业银行、溧阳农村合作银行、常州市区农村信用合作联社、常州市新北区农村信用合作联社、金坛市农村信用合作联社）在自愿的基础上，按照市场化原则组建而成。该行主要以农民、居民、小微企业、农业龙头企业及中小企业为重点服务客户，在服务"三农"发展、支持农村信贷工作中发挥重要作用；是中国银监会确定的二级资本债券和资产证券化发行试点单位，并在 2014 年英国《银行家》杂志公布的全球银行业排名中位列 431 位，进入全球银行 500 强，在中国银行业中排第 44 位，在农村商业银行中排名第 8，在江苏省农信系统排名第 1。

江南农村商业银行股东人数众多，逾 7000 人。为进一步规范公司股权管理，专注公司主营业务发展，提高企业经营管理水平，江南农村商业银行与托管中心多次磋商，并达成最终合作意愿，将其 438400 万股本及股东名册委托托管中心统一管理。

二、项目操作

为了确保各项托管工作一步到位、避免返工，托管中心与江南农村商业银行充分沟通，细致梳理托管实施步骤、信息采集要点、公司确权登记等各方面的难点，结合自身标准化文本及流程，打出了一套"组合拳"。

（一）量体裁衣、分批确权，夯实托管基础

1. 科学确权，理顺股权结构

确权是托管的第一步，也是最重要的一步，是对股东身份和持股数量等基本信息的采集和校验，是所有工作的基础。为确保股东信息"数据库"一次成型，综合考虑江南农村商业银行股东人数多、分布散、情况杂等各种情况，托管中心专门制定了《江南银行股份有限公司股权托管——初始登记业务工作手册》。

2. 核查确认，满足合法合规

以工作手册为确权工作指导大纲，以江南农村商业银行49家支行及总行为登记确权网点，发布确权公告后分批分次接受股东的现场确认。对股东资格进行核查，使其符合法律法规要求。

确权工作规范了股东所持有的股份，解决了权属争议或潜在纠纷等问题，从而依法维护了江南农村商业银行股东的合法权益，为其理顺了股权结构，明晰了股权权属。

（二）多措并举、标准管理，确保托管快速、高效

1. 自主研发多功能股权托管操作系统

随着信息化建设步伐的加快，托管中心有效实施业务管理电子化，通过自主研发的股权托管操作系统，将江南农村商业银行的企业信息及股东信息、各类托管业务进行电子化管理，使得股权初始登记、股权变更登记、股权质押登记、办理及挂失股权证、股权查询、股权管理信息披露、股权依法冻结与解冻、代理股权权益分派、股东信息资料变更等股权登记业务与股权管理业务都可以在信息系统中予以实现。

2. 全面建立标准化股权托管制度体系

为保证整体托管工作正确无误、高效便捷，托管中心于确权工作开展之前与风控部门对接，建立了有关股权托管的ISO质量管理体系，其中包含了规范化的操作流程及标准化的作业文件，以保障服务质量，为具体托管工作有序开展提供了有效支撑。

3. 全面细致、高效组织，顺利完成托管工作

针对7000多人、单户十几条资料及近十万个信息录入和核检工作，托管中心通过股东性质分类、有效编码分组、录检交叉校对等合理化分工安排，历时一个月，以零差错完成了所有托管工作。

三、增值服务

除基础托管业务服务以外，托管中心还为江南农村商业银行提供红利派发服务。

2012—2017 年期间，为其开展现金分红、送股、配股等多种红利派发业务。红利发放要求"准确、快速、无误"，即按照红利发放总盘子准确地发放至每一位股东，按照发放时间节点要求快速到账，按照红利账号分毫不差地实施。在江南农村商业银行托管期间，托管中心累计为该行股东配送股数 36.32 亿股，发放红利达 19 亿元。

流通是股权的天然属性。为满足股东的交易需求，常州产权交易所为有转受让需求的股东提供股权交易招商服务，并为其交易资金、交易过户整个交易环节提供监管服务，有效促进了江南农村商业银行股权健康、持续、高效流转。同时，也为充分发掘其市场公允价值、改善公司股权结构发挥了重要作用。

江南农村商业银行股权优质。为满足股东的融资需求，托管中心为股权质押融资业务提供股份质押登记服务。与提供贷款的金融、担保机构合作建立了股权质押融资贷款业务模式，有效缓解了部分股东融资难、融资成本高等问题，为其直接融资、间接融资创造合法高效的环境。在江南农村商业银行托管期间，托管中心累计为其股东办理质押融资业务涉及股数 8.8 亿股，涉及金额 30.36 亿元。

四、项目启示

对江南农村商业银行而言，实现股权登记托管一是有利于其规范运作，节省管理成本，提高经营管理水平；二是维护股东合法利益，从而保障其安全稳健运行，促进其持续健康发展；三是吸引各类社会资本，优化股权资源配置，促进产业与金融资本融合，扩大其知名度。托管中心共托管江南银行股本 80 亿，累计完成股权变更登记 1140 笔，涉及股数近 12 亿股。

目前，托管企业江南农村商业银行已经启动 IPO 程序。下一步，托管中心将以服务江南农村商业银行成果为样板，整合各类资源，持续开拓创新。在大力拓展非上市公司股份制企业股权登记托管服务的基础上，依托常州产权交易所和母公司常州创业投资集团的综合优势，与相关专业机构联动，进一步完善和丰富常州地区股权托管交易市场服务功能。全面为进场托管企业配套提供股权交易、股权质押融资、产学研对接、转板等增值服务；努力为主板、中小板、创业板、新三板和境外等多层次资本市场输送优质的上市公司；有效发挥直接融资和优化配置资源方面的重要作用，积极助推地方产业结构调整和区域经济高质量、高水平发展。

（常州产权交易所供稿）

案例 19

私募增资与公开挂牌相结合，
创新融资新模式

——沈阳鼓风机集团股份有限公司增资扩股项目

一、背景介绍

根据国务院《关于进一步规范国有企业改制工作的实施意见》（国办发〔2005〕60号）等文件规定，2010年，沈阳鼓风机集团股份有限公司通过沈阳联合产权交易所市场平台，经过发布增资扩股信息、投资人资格审核、确定增资价格、组织增资签约、实施股权集中登记托管等程序，成功协助企业引进11家战略投资者，募集资金近10亿元，认购价格较每股净资产溢价75%。企业实施增资扩股后，各投资者从不同角度支持、促进企业跨越式发展，协同效应显现，企业经营效益等各项指标连创新高。本项目采用私募增资与产权交易市场公开挂牌相结合方式，创新企业融资新模式，既符合国有企业改制相关政策规定，又规避了企业公开募集资金的政策风险，并且满足了企业保护核心商业秘密的特殊要求。该项目的成功交易，充分体现了产权交易市场发现投资者、发现价格和风险防范的功能优势，探索出了一条可在行业内推广复制的业务模式。

二、交易过程

挂牌公告：通过沈交所网站、上海证券报、中国证券报等媒体公告了《关于诚邀机构投资者进行投资的公示》。公示内容主要包括：①企业基本情况；②机构投资者应当具备的资格和条件；③选择机构投资者的方式；④公示期、报名及咨询地点、报名程序、报名要求。

意向投资人登记：公告期满，共有来自全国各地54家有意向的机构投资者进行了报名登记。投资者涵盖金融、产业、私募、创业等类型投资公司、基金公司及实体产业企业，其中绝大部分为行业内的佼佼者。

投资人资格审核：沈交所、政府相关部门、行业专家、保荐人、律师等各方面专家组成评审小组，对已报名的各机构投资者的资质、条件等进行充分评议和审核，确定 36 家机构投资者符合投资条件。

双向尽职调查：在沈阳市开设多个资料室，接受符合投资条件投资者的一般性尽职调查。同时，增资方也委托中介机构对所有投资者进行尽职调查。

征询申购金额和申购价格：向符合条件的投资人征询投资意向金额和投资价格。经评审，确定主投、跟投所需资金及询价区间。

确定主投与跟投：向进入询价区间的 12 家投资者深度披露企业信息，企业高管和核心业务部门接受投资者访谈。进入询价区间的机构投资者向沈交所缴纳履约保证金。由评审委员对机构投资者的报价和《综合建议书》进行充分评议和审核，确定作为主投、跟投和战投的机构投资者及入股价格。

签署股份认购协议、完成工商登记变更及登记托管：投资方与标的企业签署《股份认购协议》，通过沈交所全额缴纳股份认购款，办理新公司工商登记变更手续，并由沈交所所属的股权登记托管公司对新公司全部股权实施股权集中登记托管，保障了公司各方股东的合法权益。

通过上述步骤，最终有 11 家机构投资者成功入股标的公司。机构投资者共认购股份总额 2.6 亿股，募集资金近 10 亿元，认购价格较每股净资产溢价 75%。

三、策划重点

标的企业沈阳鼓风机集团股份有限公司为沈阳市国有控股装备制造业大型骨干企业，拟在本次增资扩股后申请主板上市。这就要求增资扩股操作程序、方法既要满足国有资产管理的有关规定，又不能对企业上市融资产生障碍；既要确保国有资产保值增值，又要着眼企业长远发展选择最适合的投资者。因此，沈交所在增资方案设计中采取了"三阶段披露信息""两阶段报价，合理拆分投资额度""综合评审，择优确定投资者"的策略，满足了各方要求，实现了多方共赢。

一是三阶段披露信息。第一阶段：面向社会公众，公开挂牌，广泛发布信息。披露的信息不包括具体的增资额度、增资价格，也不接受意向投资者对公示信息之外其他信息的了解，相当于沈交所认证投资人的征集，规避了公募的嫌疑。第二阶段：对通过资格审核符合投资条件的 36 家机构投资者定向发布信息，公布财务、生产、销售等数据，征询意向投资金额和投资价格。第三阶段：对进入询价区间的 12 家投资者深度披露企业信息，企业高管和核心业务部门接受投资者访谈，现场考察企业生产经营状况。

二是两阶段报价，合理拆分投资额度。第一阶段：向符合投资条件的 36 家机构投资者征询意向投资金额和投资价格。根据申报情况，分析确定主投投资额度为 2 亿元，跟投投资额度为 5000 万元，并划定询价区间。此举既降低了投资人参与投资的资金门槛，有利于报出更高价格，又不至于股权过度集中或过度分散，有利于企业长远发展。

第二阶段：通知进入询价区间的 12 家投资者提报最终意向增资价格和《综合建议书》。

三是综合评审，择优确定投资者。评审小组根据预先制定的评审方案，结合 12 家投资者的报价、《综合建议书》等进行评审，以无记名投票方式确定 3 家投资者为主投，7 家投资者为跟投，1 家机构为战投，并计算得出最终增资价格。

四、项目启示

本项目是国有大型企业通过产权交易市场增资扩股引入战略投资者并实施企业改制上市的典型案例，充分体现了产权交易市场发现投资者、发现价格的功能。事实证明，产权交易市场可以充分利用自身的企业国有产权交易平台的信息披露优势，以及公平、公正、高效率、低成本的特点，在国企增资扩股改制上市中发挥重要作用。项目的成功给了我们以下两方面启示：

一是产权交易市场要不断累积和充分发挥信息平台、公信力平台优势。沈交所利用现代化传媒手段及充分发挥市场多年积累的战略合作机构、多层次的会员队伍优势，在短短 15 天信息公示期内，就征集到了 54 家高端机构投资者，体现了产权交易市场企业融资的高效性，实现了国有资产的保值增值，为增资成功打下了坚实基础。

二是产权交易市场要结合非标化特点，不断创新交易模式。本项目采用了产权交易市场公开挂牌与私募融资相结合的方式，兼顾了国有资产管理规定和定向募集的要求。完成增资扩股后，对企业股权提供集中登记托管服务，协助企业规范股权管理，为推进企业上市奠定基础。产权交易市场只有不断创新业务模式，拓展服务功能，才能实现可持续发展。

（沈阳联合产权交易所供稿）

案例 20

发挥市场融资功能，全方位服务客户

——鞍山银行股权并购、融资项目

2010年夏天，沈阳联合产权交易所（以下简称沈交所）受托挂牌转让鞍山银行51.49%国有股权。沈交所秉承"全方位服务"客户的理念，充分发挥市场的推介、融资功能，克服项目规模大、股权转让溢价高、受让方自有资金有限等一系列难题，全程服务项目，保障了项目的顺利完成。

一、项目概况

鞍山银行股份有限公司（以下简称鞍山银行）系辽宁省鞍山市所属商业银行，是由几家国有单位控股的地方全资国有金融机构。近年来，随着东北老工业基地的振兴，鞍山银行以其区域银行灵活、快捷、高效的运行机制，创造出了骄人业绩，跨入全国三级B类行之列，成为支持鞍山经济发展的重要力量。2010年7月，按照"积极引进战略投资者，合理调整股本结构，实现股权多元化"的发展战略，鞍山市政府决定以每股2元价格，委托沈交所对鞍山银行51.49%国有股权对外挂牌转让，转让总金额达到22.66亿元。这是沈交所有史以来交易额最高的金融资产项目。

本项目操作难点主要有三个：一是根据银行业监管部门有关规定，商业银行股权多元化后，对单一投资者或关联投资者所持股份有不超过20%的额度限制，因此难以吸引拟大比例持股的投资机构。鞍山银行在域外知名度不高，其他地区中小投资者对其经营情况缺乏了解。二是企业评估净资产增值率25%，在此基础上又溢价14.3%挂牌，股价远超出当时转让行情，一般投资者接受难度较大。特别是当时该银行一小股东拟在沈交所单独挂牌处置其持有的股权，虽然数量仅为200多万股，但拟挂牌股价却低于政府确定的转让价格的四分之一，这将导致项目无法运作。三是受全球金融危机影响，企业投资欲望下降，资金普遍短缺，并购融资困难是项目运作的最大不利因素。为此，沈交所充分借鉴多年处置金融资产的经验，制订了一系列服务方案和预案，为项目的顺利实施奠定了基础。

二、化整为零，降低项目实施难度

在全面分析了当时经济形势及投融资市场现状之后，根据国家关于省市商业银行股东管理的有关政策法规，沈交所与鞍山国有资产管理部门共同确定了拆分股权、分包挂牌、分步实施的运作原则。第一批挂牌转让上份为1133亿股，分成17个不等份股权包，投资者可以根据国家政策和自身需要任意组合摘牌，以最大限度方便中小投资者参与并购。沈交所还主动与鞍山银行拟单独处置股权的个别股东协商，签订了其处置价格与交易所挂牌价格保持一致且同步实施的合作协议，既确保了项目按期实施，又防止了国有资产流失。

三、宣传推介，成功引进投资人

充分披露信息，征集到意向购买人，是项目成功的关键。沈交所根据项目特点量身定制了多渠道宣传推介方案，除指定省级平面媒体外，还在《金融时报》《中国证券报》等全国性报刊上刊登挂牌公告；在沈交所网站上设置了内容丰富、图文并茂、包含视频宣传片的宣传专页，编写了2000字的新闻专稿，全面介绍鞍山银行基本情况、股权结构和发展远景规划，供新闻记者报道；在新浪产权网站图片新闻、精品项目推介、重点项目推介等栏目刊登公告信息新闻报道；与国内10余家重点产权交易机构网站开展联手推介，合作寻找意向受让方；对重点客户提供全程服务，全力配合意向投资者开展尽职调查。经过强力宣传，先后有20余家国内有实力的公司和投资机构前来咨询、洽谈。沈交所根据客户需求，事先做好准备工作，预先整理出尽职调查提纲，与出让方及鞍山银行落实相关资料和咨询人员，使客户在最短时间内就可拿到所需要的尽调资料。沈交所主管领导和项目负责人还多次陪同客户到鞍山银行开展尽职调查，千方百计地为客户营造周到、高效、规范的服务氛围。经过努力，项目取得突破性进展，2011年5月27日，省内一家知名民营企业办理了购买标的4.4亿股、转让金额8.8亿元股权的摘牌手续。6月17日，双方正式签署股权转让合同，该企业按合同约定交纳了首期30%保证金，剩余成交价款待中国银监会批准后在场内一次性结清。

四、融资服务，破解后续资金困局

由于全球金融危机影响不断加大，该项目在上报中国银监会等待批准期间，项目摘牌人后续筹措出现了一定问题。沈交所了解情况后，立即启动相关工作预案，发挥市场融资功能，经过细致工作，为受让方引入了一家信托投资机构作为合作伙伴，双方很快达成融资协议。2011年12月12日，中国银监会关于鞍山银行股权转让的批复下达，就在项目可以结算交割时，该信托投资机构却因审批程序原因，原定融资方案无法按期获批，项目又入困局。沈交所在最短时间内，又为买受人联系新的融资渠道，成功引入了另一家信托投资机构，同意通过以受让方购买的银行股份做质押的方式提供并购贷款支持。但并购贷款资金支付与股权质押的时间差致使项目难以操作，同时转受让双方的合同也面临无法履行而失效的风险。沈交所组织有关各方认真研究：一是组织双方签署了关于成交价款支付时间的补充合同、承诺书等要件，在法律层面上确保双方签署的产权交易合同支付日期合法有效，同时也为二次融资赢得了操作时间。二是提出了第三方资金托管服务方案：交易双方委托沈交所为提供资金监管的第三方，信托机构将并购货款先期打入沈交所账户，由沈交所提供全程监管服务。待买卖双方股份转让办完工商变更及股权质押手续后，沈交所再按照信托机构划款确认指令，将监管资金支付至出让方指定账户。经过综合运作和多方配合，三方签署了《资金监管委托协议》。至当年12月30日，鞍山银行第一期4.4亿股、8.8亿元的国有股份在沈交所顺利完成转让交割。

本项目的成功转让，是沈交所适应新形势下国有企业改革发展的实际需求，深入挖掘产权交易市场产权转让与融资服务两个功能，创新开展产权交易全方位服务的重要成果。场前服务方案切合实际，适度分拆股权适应客户；场中服务推介措施得利，成功引进投资人；场后融资搭桥服务虽一波三折，但有备出击，融资方案破解资金困局。项目中，沈交所根据投融资各方的需求，充分发挥市场在引导、调节、撮合、配置等方面的综合作用，为企业提供全方位服务的实践效果良好。沈交所全方位服务客户的理念，坚持不懈地在交易各阶段、各环节上提供市场服务的做法值得推广。

（沈阳联合产权交易所供稿）

案例 21

创新公共资源交易模式

——广州市中小客车增量指标竞价项目

2012年7月，为缓解交通拥堵、落实公交优先、改善城市大气环境，广州市委、市政府做出了对广州市中小客车实行总量调控的战略性决策，实行"摇号+竞价"的中小客车增量指标配置模式。广州产权交易所（以下简称广交所）受委托，配合广州市中小客车总量调控的部署，组织增量指标竞价活动，并在时间紧、任务重、保密要求高的情况下，在短短的一个月内设计出既能体现市场竞争机制，又能引导竞买人理性出价的网络竞价方式；同时完成了相关竞价规则的制定，以及系统开发、人员配置、场地设置、竞价演练等多个环节准备工作。广交所借助产权交易平台，充分运用网络竞价的产权交易模式，打造了具有广州特色的公共资源创新竞价模式。

一、背景介绍

广州对中小客车实行总量调控，有效融合了北京单纯摇号和上海单纯竞拍做法的优点，摇号分配在一定程度上体现了社会公平的价值取向；而竞价分配解决了部分个体对车辆的刚性需求，使得配置方式更加科学合理，保障来自不同领域市民的不同需求得到满足。

增量指标是一种特殊的公共资源，参与增量指标竞价活动的竞买人又是在广州市这一经济发达省会中心城市中有购车需求的众多市民或单位。因此，增量指标竞价活动区别于一般的产权交易项目，与社会民生密切相关，受到社会各界的广泛关注。竞价模式的设计是否合理、合法，竞价平台能否使广大市民方便、快捷和公平、公开、公正地取得增量指标，显得至关重要。

二、主要做法

广交所高度重视增量指标竞价活动。为更好地配合该项工作的顺利开展，广交所成立专项工作小组，负责组织中小客车增量指标竞价活动。在时间紧、保密要求高的情况下，工作小组针对交易环节、交易时间、资金监管等核心问题进行反复研究、推敲。按照"依法、公正、透明"的原则相继完成了制定组织实施竞价的相关规则、流程、指引、应急预案和各项规章制度，逐步落实了人员配置、场地设置、结算银行的选定、竞价系统建设等工作。

1. 设计竞价模式，让竞买人以简易便捷的方式参与竞价活动

为了更好地以公平、公开、公正的方式配置增量指标这一公共资源，让有购车需求的广大市民和单位以便捷、易懂的方式参与竞价活动；同时充分考虑到竞价参与人的数量，在综合比较上海等地的竞价模式后，广交所遵循既充分体现市场竞争机制，又能引导竞买人理性出价的总体思路，设计了国内独一无二的网上竞价模式。具体为：报价不统一安排场所，竞买人凭有效编码及报名时填写的手机号码进行资格激活后，自行登录竞价系统进行报价。在规定的竞价时间段内，竞买人可以报价1次、修正报价2次，以最后一次有效报价为准。竞价时间截止，竞价系统自动将竞买人的有效报价按照"价格优先、时间优先"的成交原则排序，确定买受人。按当次增量指标投放的数量所对应的报价由高到低依次确认买受人，买受人中的最低有效报价为当次竞价入围价格。该入围价格档若存在多人的情形，则采取时间优先原则确定该档买受人。买受人的报价为其竞得增量指标的成交价。竞价时间截止后，按照成交原则计算出竞价成交结果，通过竞价系统公布最低成交价、平均成交价、最低成交价的报价人数、最低成交价的成交人数及竞价系统服务器记录的最后一名买受人的报价时间共四项信息。

广州竞价模式没有实时公布当前最低报价的环节，而是分两次公布当前平均价格给予竞买人做修改报价的参考。这种模式既可以让竞买人充分报出其对获得指标的最大心理承受价位，又可通过参考平均价格修改报价，引导竞买人报价回归相对合理水平，有利于增量指标的增值，从而实现公共资源的最大效能；同时，可有效防止竞买人集中在竞价最后时段出价，既保证竞买人在规定的时间内实现有效报价，又充分考虑服务器承受瞬间并发流量的压力，降低竞价系统风险，确保竞价顺利进行。

2. 建设竞价系统，为网络竞价平台提供坚实可靠的软硬件基础

竞价系统建设主要包括软件系统开发及硬件设备配备两大工作。

软件系统开发方面。广州市中小客车增量指标竞价系统作为公共资源平台，涉及广大竞买人的信息安全，保密性较强，且竞价环节设计具有很强的专业性。为确保系统能在较短时间内按技术要求如期完成开发，实现与广交所现行系统的顺利对接，最大限度降低系统开发风险，广交所组织了具有多年网络竞价系统开发经验的供应商进行竞价系统的研发工作，有效确保系统开发的专业性和安全性，在并发量和网络安全设置方面均达到了一流水平。

硬件设备配备方面。因广州市中小客车增量指标竞价系统需要支持大规模的并发访问量并实现不间断访问的需求，故系统对机房、网络及安全系统的要求极高。为最

大限度实现数据中心和系统的配套兼容性,避免重复建设,减少硬件设备的采购资金,节约项目成本,广交所采用了在现有机房配置的基础上进行升级扩容的硬件建设模式,从而在较短时间内高效完成了"小汽车号牌竞价管理系统""网络竞价系统"等多个交易系统的建设,统一网络和安全及数据存储和容灾设备的采购、安装、检测和调试。这样,既确保了竞价活动的顺利启动和长期运作,又能与原有系统有效衔接,实现统一部署管理。

3. 选定结算银行,保障竞价资金交收、核算的高效和安全

增量指标竞价保证金和成交价款的收、核工作量大、涉及面广、情况复杂,广州市交委提出的保证金本息全额退还要求,极大地提高了资金结算的难度。为确保资金结算工作安全、高效完成,广交所对多家银行进行严格筛选,最终选定中国银行作为保证金结算银行。经过夜以继日的谈判、磨合,广交所与银行之间建立了一套完善的数据交换机制。同时,银行根据竞价工作的需求,启用了一套独立的竞价保证金核算运作系统,成功实现竞价保证金结算各环节的无缝对接。

4. 组织竞价演练,确保竞价活动的顺利进行

增量指标竞价具有广泛的社会效应,直接影响到广州市社会民生的和谐稳定。为确保竞价活动的顺利举行,各项工作落实到位,各环节对接顺畅,广交所按照板块管理、部门落实、责任到位的原则,制订了详细的竞价演练方案。同时,为完善应急管理机制,应对紧急情况、突发事件及系统平台软硬件设备运行过程中可能出现的风险,广交所制定了周密的应急预案,并组织全所员工开展了五次增量指标竞价的综合演练,涉及人员近1000人次。通过反复演练,及时发现问题,进行整改,为首期竞价活动的成功举办奠定了坚实基础。

5. 制定保密措施,保障竞价活动的公平、公正

为加强竞价工作信息保密管理,保证竞价活动的公开、公平、公正性,防止和杜绝参与机构和人员发生泄密事件,广交所在加强原有保密制度的基础上,专门制定了《广州产权交易所中小客车增量指标竞价工作保密规定》。其中明确规定:该项工作保密义务主体范围包括参与竞价工作的相关员工,以及结算银行、系统研发、业务外包等机构和人员;根据保密义务主体的不同,严格规定了保密信息范围包括但不限于竞价工作相关文件信息、竞买人及买受人信息、结算专户相关信息、软硬件技术信息、外包业务信息,以及其他涉及中小客车增量指标竞价工作应当保密的信息;还规定了违反保密规定应当承担的法律责任。此外,广交所还与参与竞价工作的员工、结算银行、系统研发机构、硬件购置机构、业务外包机构等主体签订了保密协议,要求相关机构、岗位和人员对竞价工作采取"专人经办""系统保密""屏蔽式管理"等高度保密措施,围绕竞价工作形成了"从制度到措施,从机构到人员"的多层有效保密系统。

6. 配备客服热线和人员，满足竞买人对竞价活动的咨询需求

有别于传统的产权交易项目，参与增量指标竞价的竞买人是有购车需求的普通市民和单位。为及时解答广大竞买人关于增量指标竞价活动的咨询，广交所组建了广州市中小客车增量指标竞价热线客服中心，配备了11名专业客服人员，并在广州交通服务热线96900下设竞价客服专线11个座席答疑。竞价热线客服中心自2012年8月开通运作，至2018年5月，共接入中小客车增量指标竞价业务咨询近713711万宗，为广大市民提供了优质专业的标准化咨询服务，有效指导市民通过互联网参与竞价活动。该中心已被广州市交通信息指挥中心授予"2017年度信息化服务管理标兵单位"荣誉称号。

三、项目成效与启示

广州市增量指标竞价活动从2012年8月至2018年5月已举办70期，共成功配置近28万个增量指标，筹集了近56亿元的市财政非税收入。该款项将专项用于城市公共交通事业支出，为广州市缓解交通拥堵状况、落实公交优先战略、改善城市大气环境提供支持和保障。

广交所作为国内首家承接中小客车总量调控业务的产权交易机构，通过最大限度地调动各方资源，在短时间内搭建竞价平台，以及根据本地实际情况创造性地设计出广州市中小客车增量指标竞价模式、组织公众参与大型竞价等各方面所形成的经验，将为国内其他交易机构利用产权市场交易平台、盘活政府公共资源、争取非税收入提供借鉴。

四、项目点评

广州市中小客车增量指标竞价项目，充分体现了产权交易机构作为"为实体经济服务，为社会服务"的专业机构，能够利用自身市场化、专业化的特点，为公共资源的有序流转提供优质、高效的服务；能够通过交易方式创新和产权交易网络平台，比普通拍卖机构和传统拍卖模式更有能力和效率促进公共资源的增值，实现公共资源的最优配置；能够满足受让方以"公开、公平、公正"的方式获取公共资源的服务要求，有效地配合了政府职能转换和区域经济结构的转型升级。

（广州产权交易所供稿）

案例 22

创新交易方式，项目亮点频显

——甘肃天水岐黄药业有限责任公司42.6%国有股权转让项目

一、项目背景

甘肃天水岐黄药业有限责任公司（以下简称岐黄药业）成立于2002年12月26日，其前身为甘肃省天水制药厂，始建于1958年。目前，该公司是甘肃省内品种最全、剂型最合理的重点中药生产企业，是甘肃省天水市"10强50户"企业及市农业产业化重点龙头企业。因政府国有股退出企业的要求，对天水市工业和信息化委员会持有的42.6%国有股份进行公开转让。

二、运作过程

业务部门在争取到项目之后，对标的进行了大量的走访和实地考察。根据掌握的实际情况，运用SWOT方法对项目进行了认真研判，并制定了一套切实可行的转让方案。

（一）对项目进行详细分析

1. 优势

一是岐黄药业是天水市"10强50户"企业和天水市农业产业化重点龙头企业，是甘肃省陇药产业重点生产企业，2008年被评为中国甘肃医药保健行业十大品牌，并且通过了国家GMP认证和澳大利亚TGA-GMP认证，在省内甚至全国知名度都较高。

该企业生产的口服液、苁蓉浓缩丸、中药片剂、阿胶等9个剂型在国内市场占有较高的市场份额，尤其是其独家生产的国家级新药苁蓉通便口服液，获得中国妇女儿童四十年金奖、首届全国老年用品博览会金奖、甘肃省优新产品、新技术成果一等奖，并被列为国家中药保护产品及国家首批OTC品种，独家产品劳克结核丸为国家保护品种和甘肃省名牌产品。

近年来，该企业坚持走教育科研型的道路，推行全面质量管理，建立健全质量保证体系，不断完善检测手段，产品质量稳定提高。当归浸膏片、参五味子片、阿胶、牛黄解毒片、银翘解毒片、结核丸、葡萄糖氯化钠注射液、人参蜂王浆等产品连年被评为省优质产品。"天水"牌阿胶由于选料精细、工艺先进、品种优良而被誉为"西胶"。该企业充分利用当地资源，生产开发的参博力康片、抗饥消渴片、结核丸、萎胃必泰片等新产品前景广阔。在产品的开发方面，该企业走上了"研制一代、生产一代、调研一代、储备一代"的良性循环轨道。

二是该企业拥有148个国药准字号药品品种的生产能力，同时拥有"天水"牌、"劳克"牌等省内著名商标。在国内申请一个国药准字号非常艰难，一种新药从研究到上市销售最短要10年，其中研究药物的成分、动物实验、做成药片等剂型后进行稳定性考察最少3年，到国家申请临床试验审批最少1年，开始临床试验最少4年，到国家申请生产到上市2年，这还不包括发现药品有效的时间。通常，发现一种药品有效需5至10年不等。

三是本次转让的880万元国有股份为天水市工业和信息化委员会持有，占总股本的42.6%，是相对控股股东。

四是该企业按照天水市委、市政府的统一部署，本次转让实施后将以项目为依托，积极开展出城入园工作，未来在园区内投资新建符合GMP要求的厂房；彻底改善企业的生产环境，两年内达到3亿元生产规模，3至5年达到5亿元以上。该企业被天水市委、市政府列入力争上市的企业，有着良好的发展前景和预期。

2. 劣势

一是企业近年来注重产品研发，对自己的独有销售渠道和市场网络投入较少，很多产品依赖外来销售机构代销代售，导致企业成为别人的来料加工基地，没有市场主导权。

二是该企业是将天水制药厂有效资产重组后组建，历史包袱较为沉重，现有职工531人；其中离退休人员215人，在册职工316人（在岗278人，内部退养17人，停薪留职21人）。

三是近七八年来，因为流动资金缺乏，该公司产成品绝大多数为易货产品销售，即以产品给原料供应商抵账，继而由销售处回购再做二次销售，致使企业存在很多债务问题。

（二）投资人定位

关于投资人，主要有以下几个要求：①岐黄药业虽然知名度较高，但投资人主要集中在甘肃和周边省份。②转让方提出的受让条件要求能充分利用岐黄药业现有资源，延续主业，延长产业链，把岐黄药业做大做强。③为做大做强重组企业，岐黄药业有限责任公司现在拥有的148个国药准字号必须在天水区域内进行生产，不得在天水区域外的其他地方委托生产。④意向受让方必须为合法存续的企业法人，要具备良好的企业经营管理水平、商业信誉、财务状况和支付能力，近三年平均销售收入不低于人民币2亿元。

根据这些要求，项目团队将宣传推介的范围集中在甘肃、陕西两省，选择在甘肃省产权交易所网站、西部产权交易所网站、兰州晨报、青海产权交易所网站等媒体发布《产权交易公告》，并向天水市内有资金实力的企业尤其是制药企业及标的企业原股东进行了定向推介。针对主要的意向投资人，重点宣传了标的企业所拥有的国药准字号、企业发展前景等标的潜在价值。

（三）交易方式选择

基于转让方对标的企业存续发展方面的多项要求，以及对职工安置的严格要求，一开始项目团队建议转让方采取综合评审的方式，以便突出意向受让方除了转让价格以外的其他软实力因素。但随着工作的深入，工作人员了解到，意向受让方很有可能集中出现在天水当地，而且是关联行业，资金实力可能不相上下，极有可能相互认识。为了防止围标、串标的发生，项目团队向转让方建议采取网络竞价的方式，同时用报名承诺的方式解决企业存续发展、职工安置等受让条件的限制。

公告期内共产生5家意向受让方，分别是：甘肃扶正药业、甘肃天水昊峰集团控股有限公司、天水华圆制药有限公司、西安碑林药业（未按规定时间交纳交易保证金）、甘肃瑞霖医药有限公司。

在项目运作过程中，为了防止意向买受人串通，在报名受理和网络竞价培训环节，采取工作人员逐户上门服务的方式，收取有关资料并对意向买受人进行网络竞价培训；在竞价实施环节，为方便转让方及时掌握项目竞价进程，首次采用异地网络竞价模式，在标的所在地进行网络竞价。

（四）实施现场竞价

2012年10月12日，岐黄药业42.6%国有股权项目网络竞价结束，历经48小时51分59秒，经过254次报价，该标的最终以7530万元人民币成交，较挂牌价880万元增值6650万元，增值率755.68%。

三、成效及启示

岐黄药业42.6%国有股权转让项目，是甘肃省产权交易所（以下简称甘交所）首次采用异地网络竞价方式操作的项目，取得了巨大的成功，开创了甘交所多项纪录：254次的报价次数刷新了甘交所网络竞价次数的纪录；755.68%的高溢价率也成为甘交所国有股权类转让项目的新高点。

该项目的成功，得益于项目团队的服务创新——创造性地采用异地网络竞价模式，在标的所在地进行网络竞价，并为转让方和意向竞买人提供上门服务；做到了主动服务、贴心服务，真正体现了产权交易机构作为市场平台的服务功能。

通过该项目的运作，我们清楚地认识到，要做好产权交易工作，必须要将现代技术和全方位服务充分结合起来，真正实现国有产权交易的阳光操作。

（甘肃省产权交易所供稿）

案例 23

京沪高铁部分股权转让项目

京沪高速铁路（简称京沪高铁），作为京沪快速客运通道，是中国"四纵四横"客运专线网的其中"一纵"，也是中国《中长期铁路网规划》中投资规模大、技术水平高的一项工程。线路由北京南站至上海虹桥站，全长1318公里，总投资约2209亿元，设24个车站，运行时速达300km/h。2008年4月18日正式开工，2011年6月30日通车，北京到上海最快只需4小时48分，是世界上一次建成线路最长、标准最高的高速铁路。

2005年，铁道部确定了"政府主导、多元化投资、市场化运作"的铁路投融资体制改革总体思路：2005年7月，铁道部出台了《关于鼓励支持和引导非公有制经济参与铁路建设经营的实施意见》；2006年6月，铁道部推出了《"十一五"铁路投融资体制改革推进方案》，明确提出铁路投融资体制改革的总体目标和政策措施，并积极推进。本次股权转让公开，就是为了广泛吸引社会资本参与铁路建设，构建多元投资主体共同建设铁路的格局。

2010年2月10日，京沪高铁4.537%股权以60亿元人民币的价格在北京产权交易所挂牌转让，在当时是全国国有产权交易史上交易额最大的项目。

九汇华纳受转让方中国铁路建设投资公司（下称中铁投）委托，代理该项目挂牌交易。中铁投隶属铁道部，是京沪高铁公司第一大股东，持股比例为56.267%。

如果此次转让完成，中铁投的持股比例将降为51.73%，仍占有绝对控股地位。京沪高铁第二大股东和第三大股东为平安资产管理有限责任公司和全国社会保障基金理事会。上述两家企业持股比例分别为13.913%和8.696%。

一、项目特点、难点及解决措施

接受委托后，九汇华纳迅速成立由总经理亲自挂帅的专业项目团队，多方协调统筹，合理设计有针对性的交易方案与实施路径；利用公司投融资平台、产权交易所等信息平台寻找意向投资人；与交易所及转让方进行沟通，解决交易中可能存在的各类问题。

1. 交易额大，受关注度高

本次交易额60亿元人民币，当时是产权交易所成立以来最大的项目。京沪高铁当时属于在建工程，项目有相当的敏感性。为了做好保密工作，九汇华纳与转让方签订了《保密协议》，同时向转让方提交了《服务承诺函》。

为了把项目做好，九汇华纳就项目的相关情况向交易所的高层领导做了汇报；交易所领导给予高度重视和大力支持，并派出专业团队和九汇华纳并肩作战。

为了让此次股权交易有序进行，避免不必要的市场波动，九汇华纳对整个交易过程做了缜密的安排，包括与媒体的互动。为响应媒体的关注，九汇华纳的项目团队撰写了新闻稿《关于中国铁路建设投资公司转让京沪高速铁路股份有限公司部分股权的说明》，并在中铁投的网站上同步登出，收到了良好的效果。

挂牌后，九汇华纳对媒体的报道进行了密切跟踪，对其中可能影响到股权顺利交易的一切内容进行了收集整理，并及时通报给委托方，得到委托方的好评。

2. "汇兑损益"的影响

由于本项目对外资背景的投资人不设限，交易资金可能用外汇支付。而我国对资本项目的外汇管制非常严格，一旦外资收购，则涉及到商务部、外管局等政府部门的审批，时间周期较长，期间汇兑损益难以避免。为避免国有资产损失，九汇华纳在交易条件的设置上做了特别的安排，设定了在实际交割日用与60亿元人民币等值的外币进行结算的交易要求。事实证明，九汇华纳的这种安排是完全正确的，充分保障、维护了转让方的利益。

3. 项目耗时长，服务上的连贯性和及时性是个挑战

因项目需要发改委、商务部等政府部门的审批，后期还需要到外汇管理局开设资本结算账户并结汇，时间跨度超过一年。为了保质保量地完成任务，九汇华纳专门安排两人跟踪服务，协助转让方办理外汇结算及工商变更登记事宜。

二、项目启示

一是充分准备，周密安排。鉴于项目重大、影响面广，九汇华纳从一开始就高度重视、精心准备，专门成立了项目组；为在交易过程中可能出现的各种情况制定预案，从而保证了项目的顺利进行。

二是发现问题，及时沟通。九汇华纳对在材料准备、挂牌交易、受让摘牌、合同签署、资金结算等环节中发现的各种问题，及时向包括转让方在内的各相关方做及时通报并征询他们的意见，为项目的顺利推进营造了良好的合作氛围。

三是围绕中心，延伸服务。为了项目的整体推进，九汇华纳在委托事项之外，提供了大量卓有成效的延伸服务，包括组织签约、外汇结算、工商变更、媒体互动等，使各项工作得以有条不紊地进行，达到预期目标。

（北京九汇华纳产权经纪有限公司供稿）

案例 24

湖南本土老牌商业集团
引入战略投资者，实现再次腾飞

湖南长沙中山集团有限责任公司始建于 1932 年，其前身为湖南国货陈列馆，1984 年更名为长沙市中山百货大楼，是旧时长沙商业文化的象征，也是长沙市"中华老字号"国有商业企业。1993 年 6 月，该企业改组为湖南中山集团股份有限公司，2000 年后因经营困难，在岗职工和退养职工 2000 多人面临失业和停发工资。为了维护社会稳定，经市政府批示，湖南商业龙头企业友阿集团垫资解决了湖南中山集团股份有限公司的银行债务及职工安置问题，并对其实施托管经营。2008 年 9 月，该企业变更为湖南长沙中山集团有限责任公司。2010 年，市政府批示湖南长沙中山集团有限责任公司经营性国有资产在长沙联交所公开挂牌交易，严格依法依规依程序操作。

长沙联交所承接此项目后，立即召开专题会议，成立工作小组，对交易涉及的各个环节进行周密部署。深入转让方核实资产情况，了解其实际需求，因涉及职工安置、债权债务处理等问题，需合理设置受让方的资格条件，确保最终受让方履行相关义务。转让信息发布后，即引起社会广泛关注，省内外各大媒体竞相报道，除湖南友阿控股以外，王府井、步步高、平和堂等商业巨头也前来咨询洽谈。最后，由友阿控股以挂牌价 4 亿元成功受让。

友阿控股负责人表示，为了避免未来的同业竞争问题，大股东将在这次收购行动完成后，尽快将这部分资产注入上市公司友阿股份。并购后，友阿控股将立即启动中山商业大厦（现为春天百货长沙店）的改扩建工程。对中山大厦进行合理开发，拟投资 6 亿元，历时 2 年，建设新春天百货。新春天百货是集写字楼、商场、停车场于一体的现代化综合服务型大厦。新春天百货改造后，经营面积由 1 万多平方米增加到近 5 万平方米；商品品牌总量由过去的 300 个增加到 700 多个；新增就业岗位 1000 多个；年销售额突破 6 亿元，利税达到 7000 万元左右。

长沙联交所在湖南本土老牌商业企业中山集团改制转型过程中，深度了解其发展需求，充分披露信息，挖掘项目优势，与国内多家商业巨头沟通洽谈，最终找到了合适的投资方，帮助其实现再次腾飞。长沙联交所经营团队专业、精准的服务得到交易各方的充分肯定，为下一步打造区域产权交易资本市场奠定了坚实的基础。

（长沙联合产权交易所供稿）

案例 25

福建省三明市煤气公司增资扩股引进战略投资者

2014年2月,福建省产权交易中心(以下简称中心)成功完成三明市煤气公司增资扩股项目,为三明市煤气公司引入燃气行业实力雄厚的民营企业入股。项目融资3.2亿元、占项目公司49%股权,较评估值1.83亿元溢价1.37亿元,增值率达75%,取得了良好的经济效益和社会效益。

一、项目概况

三明市煤气公司成立于1990年,注册资本金8791万元,是三明市管道燃气运营的公用事业单位(企业化管理),主营业务为管道煤气供应。经过十几年的发展,三明市煤气公司已形成较为完善的管网输配系统和市场,但气源不足、建设资金短缺、现代企业制度不健全等方面的问题限制着公司发展。为引进先进的经营和管理理念,加快促进企业建立完善现代企业管理制度,同时解决阻碍企业发展的气源和建设资金不足等问题,经三明市政府批准,三明市煤气公司对外增资扩股引进战略投资者,引进社会资本,加快推进了当地市政公用事业体制改革。

2013年12月,中心受三明市国资委委托,公开挂牌三明市煤气公司增资扩股引进战略投资者项目,实施国际招商。项目挂牌期间,中燃投资有限公司、华润燃气投资(中国)有限公司、港华燃气有限公司等多家国内外燃气巨头参与了项目的尽职调查。2014年2月,各投资方递交了投资申请文件,经综合评审,最终中燃投资有限公司以32000万元的投资报价胜出,成为中选投资方。中燃投资有限公司是中国燃气控股有限公司(香港联交所主板上市公司,以下简称中国燃气)在大陆全资设立的投资性公司。中国燃气是目前中国最大的跨区域管道燃气运营商之一。中国燃气承诺,将充分利用在城市管道燃气经营方面的经验、技术、资金及气源等优势,加快推进三明市公用基础设施工程建设速度和天然气事业发展,力争在2020年前全部完成三明市天然气利用工程。

二、项目特色

(一)组建专业团队,提供全方位服务

为实现本次招商引资专业化、规范化、国际化运作,三明市国资委经多方比选,

鉴于中心有运作公用事业项目成功案例，且自身平台具有较强国际影响力和项目实施能力，最终选定中心作为本次招商引资的市场服务平台。因本项目涉及企业改制、增资扩股、特许经营权授予等诸多复杂问题，为提高招商引资工作效率，中心以开放包容的心态，牵头组织相关咨询机构、律师事务所等专业机构组建本项目专业工作团队，为招商方在招商引资、国有股权增资扩股及财务、法律等方面提供全方位、专业化服务。工作团队通力协作、充分发挥各方优势，为项目圆满成功提供了强有力的支持。

（二）精心策划，实现多方共赢的局面

项目工作团队在协助三明市国资委进行全球招商过程中，进行了充分的市场调查，帮助招商方深入了解潜在投资人的信誉、实力和经验。在政府有关部门的指导下，工作团队精心策划，制定出三明市煤气公司企业改制和引进战略投资者的整体方案。

1. 建立合理化引资模式

原三明市煤气公司是三明市管道燃气运营的公用事业单位，职工为事业编制。本次企业改制既要实现引入社会资本组建合资公司，投资建设市政公用设施，按照现代企业市场化模式运行；又要保证职工队伍的稳定，维护职工的利益。这是本次招商引资的工作难点。工作团队根据实际情况，制定出合理的引资模式：三明市煤气公司以经财务审计的账面净资产投资设立全资子公司，以新公司为主体对外增资扩股，引进战略投资者组建合资公司，合资公司承接全部债权债务；三明市煤气公司事业单位性质不变并保留职工原有身份，与合资公司签订用工协议，职工自主选择进入合资公司工作；三明市住房和城乡建设局与合资公司签署特许经营协议。通过该引资模式设计，不仅顺利完成了企业的改制，维护了企业稳定并促进了企业发展，而且保障了职工权益，保证了企业职工队伍的稳定。

2. 设置合理的前置条件

能否引进实力雄厚的城市管道煤气运营商作为本项目的战略投资者，帮助当地政府提升公共产品的供给能力，是本次招商引资成功与否的关键。工作团队经过充分的市场调研，对投资人在经济实力、融资能力、气源供应能力、城市管道煤气运营经验、未来发展规划等方面设置了合理的前置条件。在实现充分竞争的前提下，保证了引进的投资者有能力推进当地公用基础设施工程建设速度和天然气事业发展。

3. 建立共赢合作机制

维护各方利益，建立长效共赢的合作机制，是本次招商引资的重要着力点。燃气公司是公共产品的提供者，项目实施后既要避免社会资本"高溢价中选、公众高价买单"的现象，又要切实维护投资人的利益。工作团队对股权比例设置、合营期限和特许经营期限、期满后资产处置、财务安排、合资公司章程等核心内容进行了科学的安排。一方面，最大限度地维护公共利益，合资公司由当地政府相对控股，占股比例

51%，在董事及管理层人员设置上，当地政府也具有一定的发言权，涉及公共利益事项，当地政府具有一票否决权；同时，要求投资者引进先进技术，促进企业提升管理水平和运行效率，并利用自身融资能力，改善当地公用基础设施，完成"煤改气"工程，为公众提供清洁、高效能源产品。另一方面，切实保证投资者的合理利益，投资者以股东的身份参与合资公司的实际运营，按照出资额承担相应风险，并通过公司章程保证其因企业成长为自身带来的合法利益，降低了政府违约带来的投资风险，有效地实现了投资与风险的隔离。

4. 点面结合、精准招商

规范、充分披露招商信息是本次招商引资的重要环节。中心作为本次招商引资的市场服务平台，充分发挥产权交易平台的信息集聚和资本集聚功能，通过点面结合，线上、线下广泛发布招商信息。一方面，组织各新闻媒体单位召开项目推介会，通过专业网站、海内外报刊等主流媒体，对招商项目进行信息发布，实现最大范围的覆盖；另一方面，项目招商团队在前期市场调研的基础上开展项目路演活动，对潜在的投资人进行实地考察和现场沟通，实行精准招商；同时，中心协助投资人做好尽职调查，统一渠道、统一口径，向所有投资人开放项目资料库，方便意向投资人充分了解引资项目情况，确保投资人取得信息的对等与对称，提高投资人的竞争信心，便于其做出科学的投资决策。最终，本项目吸引了中燃投资有限公司、华润燃气投资（中国）有限公司、港华燃气有限公司等多家国内外燃气巨头。

三、项目启示

三明市煤气公司改制和引进战略投资者项目作为2014年福建省大力推行PPP融资模式试点工作以来首个成功落地的项目，对于推进PPP融资模式试点工作具有较强的示范和借鉴意义。该项目通过产权交易市场平台，以市场化的运作方式，引入社会资本参与公共项目建设，实现了国有资本和私营资本"公私合营"的有效方式，盘活了存量国有资产，推进了当地公用事业体制改革。

1. 实现股权多元化

在推进国企改革过程中，三明市煤气公司通过增资扩股引入了实力雄厚的战略投资者，实现了企业股权多元化，这有助于按照现代企业制度推进国有企业不断完善法人治理结构，并在体制、机制上不断创新，形成适应市场经济的高效管理模式；同时，充分发挥社会资本的专业、技术和管理优势，实现了政府和社会资本的合作，达到了多方共赢的局面。

2. 拓宽融资渠道

公用事业存在风险小、利润稳等优点，成为社会资本青睐的投资领域。本项目的成功运作，为三明煤气的设施建设、管网铺设、"煤改气"改造等项目拓宽了融资渠道、提供了建设资金，有助于加快市政基础设施建设，有效提高公共服务的质量和效率，促进当地公用事业持续发展。

（福建省产权交易中心供稿）

案例 26

深圳市高新投集团有限公司增资 40% 股权项目

深圳联合产权交易所（以下简称联交所）自 2014 年底受深圳市高新投集团（以下简称高新投）委托，以全流程投行服务推动高新投增资 40% 股权项目成功落地。高新投本轮增资由海能达股份、恒大企业集团及深圳远致富海投资共同认购增资份额，共计实现融资金额 265210.5 万元。

一、项目难点与特点

高新投是深圳重要的市属国有专业金融机构，也是国内公认的优秀担保公司。此次增资既要保证国有控股地位，又要通过引进社会资本建立有效的市场化激励机制。因此，股权释放的比例和投资人类型的设定将成为方案设计的核心。联交所经过充分的了解和调研，根据实际情况，最终确定对外释放股权比例为 40%，并分类征集投资者：A 类投资者应当具有较强的投资运营能力、境内外资本市场运作能力及带来潜在业务的能力；B 类投资者在技术、管理、市场、人才等方面具备明显优势。

二、项目亮点与创新点

本次高新投增资扩股项目与一般的国有企业项目相比，投资规模大，对投资方的资本实力提出了更高要求。联交所在此次项目中创新地采用分类引进投资人方法，虽然丰富了未来股东资源的优势配置，但成交投资人数量的不确定性进一步增加了项目难度系数；比如，不同的投资人数量和投资金额对应的股权比例、增资价格的确定、同股同价问题等都对联交所提出了一定挑战。对入选的投资方，联交所采用一对一竞争性谈判方式，邀请行业内专家组成谈判小组与投资方分别开展竞争性谈判。一对一的谈判方式有利于为企业争取更多主动权和优势资源投入。联交所针对重点、难点问题集中细化研究，不断完善融资方案，克服重重困难，确保项目交易成功。

高新投成功实现本轮增资目标，极大地提升了企业主体信用，2016 年，已成为国内唯一获多家知名评级机构认定的 3A 信用等级创新型金融服务集团。此次增资项目的成功运作，为进一步提升高新投的行业竞争力、改善公司治理结构、提高治理水平、建立市场化的激励机制，以及为未来登陆资本市场打下了坚实的基础。

（深圳联合产权交易所供稿）

案例 27

创新推介服务为中新大东方股权转让
增值 23.36 亿元

2015 年 9 月 18 日，中新大东方人寿保险有限公司（以下简称中新大东方）50%股权在重庆联合产权交易所（以下简称重庆联交所）历经近 5 个小时 721 次网络报价，最终以 39.39 亿元成交，增值 23.36 亿元，创下了重庆市国有企业股权转让增值额新高，成为中国产权行业国有企业股权转让增值额较高的项目之一。

一、项目简况

中新大东方是中外合资企业，2006 年在重庆注册成立，注册资本 10 亿元人民币，由重庆市城市建设投资（集团）有限公司、重庆市地产集团、大东方人寿保险有限公司（外资企业）及重庆财信企业集团（民营企业）分别持股 25%。

随着保险行业竞争日趋激烈，中新大东方逐渐陷入发展瓶颈。2014 年 9 月，中新大东方为扩大经营规模拟通过重庆联交所进行增资。在正式挂牌前，重庆联交所主动开展推介服务，为中新大东方对接了大量的投资方。虽然中新大东方最终没有进行增资，但前期的推介服务为此次股权转让的大幅增资创造了重要条件。

二、交易概况

重庆联交所在接到项目资料后，建立了项目经理每周与转让方电话、上门拜访的常态化联系机制，及时了解项目的最新进展，详细记录重点事项。重庆联交所高度重视中新大东方股权转让项目，组织精干的工作团队，从公告挂牌、市场推介、组织报名到网络竞价做了大量工作，做到了市场发动精准高效、交易流程严谨合规、交易环节真实留痕、投资人信息严格保密。在一个多月的交易过程中，项目组在对企业情况及行业发展趋势进行深入分析的基础上，形成了上万字的推介资料；通过中国证券报、和讯网、环球财经等 10 多家有影响力的专业媒体，以及集团门户网站、微信平台等互联网渠道联合发布资讯；对北、上、广、深等发达地区的上百家央企及大型民营企业进行了定向推介，最终创下了 39.39 亿元的成交价，实现了 23.36 亿元的增值。

三、服务创新

本次股权转让中,重庆联交所化被动为主动,开展了积极主动的推介,不再局限于旧有的推介方式,而是以"互联网+"的新推介模式结合定向推介,力求做到推介精准有力,吸引有效投资人。针对 2015 年互联网金融异军突起,各种金融牌照获取难度增大,相应的价格也水涨船高,特别是对于部分传统行业企业,金融牌照更是价值千金这一情况,重庆联交所主动开展精准推介,向多家传统行业企业推介该项目,重点推介保险牌照的前景和价值。

挂牌期间,重庆联交所接收全国各地电话咨询及现场咨询高达 50 余次。30 多家央企和大型企业反馈投资意愿,重庆联交所各级人员持续与其中 20 多家投资方积极对接,征集到中信国安集团有限公司、恒大地产(南昌)有限公司、四川大地实业集团有限公司和龙光基业集团有限公司参与最终竞价。中新大东方项目网络竞价会于 2015 年 9 月 18 日 15 点开始,一直持续到 19 点 45 分,历时 4 小时 45 分钟,累计报价 721 次,竞价激烈程度在大额股权交易项目中非常罕见。最终,恒大地产集团(南昌)有限公司以 39.39 亿元竞得中新大东方 50% 股权,比挂牌价 16.03 亿元增值 23.36 亿元,比股权对应净资产 2.99 亿元增值 36.4 亿元,溢价 13.2 倍。

四、项目启示

重庆联交所作为重庆市国有产权阳光交易平台,在重庆市委、市政府的坚强领导和重庆市国资委的正确指导下,开展积极主动的推介服务,创新推介模式,通过专业的市场推介、规范的交易组织和高效的网络竞价,坚持"立足重庆、辐射中西部、服务全国"的发展理念,打破地域限制,为探索国有产权公开、公平、公正交易,实现国有资产保值增值,助推国有经济结构调整、转型升级做出了应有的贡献。

(重庆联合产权交易所供稿)

案例 28

社会投资+员工持股，助推红棉乐器升级上市

2015年12月，广东红棉乐器股份有限公司（以下简称红棉乐器）在广州产权交易所（以下简称广交所）第三方交易公共服务平台通过公开市场方式，以每股人民币1.36元的价格与5家社会投资者及69名管理层、技术管理骨干分别签订了《股份认购协议》。这标志着红棉乐器增资扩股项目顺利完成，为红棉乐器进入新三板挂牌上市夯实了基础。广交所受理该项目后，第一时间抽调业务骨干组成专项工作小组。通过组织全面的市场分析调查，制定严谨的增资交易方案，提供专业的综合解决方案等配套服务，最终为红棉乐器征集到发展战略契合、经营理念一致的投资者。该项目也是广交所继"珠江钢琴""南方碱业""数安时代""广哈通讯"后，又一例典型的以"公开市场方式"引入社会投资者和"核心团队持股"完善股权激励机制的成功案例。

一、充分了解行业特性，梳理企业增资需求

本项目增资企业红棉乐器系国家大型综合性乐器生产及文化出口的高新技术企业，始创于1957年，拥有红棉、高歌、江韵、红小宝、满天红棉等多个著名品牌。为充分贯彻落实党的十八大及十八届三中、四中全会精神和广州市国资委关于"资产资本化、资本证券化"工作部署，优化企业股东结构，稳定核心管理团队，完善股权激励机制，推动企业规范运作及可持续发展，红棉乐器通过增资扩股方式拟引入不多于5家社会投资者及70名管理层、技术管理骨干持股各1000万股（各占总股本的10%），并要求实现最终在新三板挂牌上市。

广交所在接受红棉乐器的委托后，迅速成立专项团队为红棉乐器的增资扩股事宜展开调查，提供专业综合咨询服务。广交所团队通过对项目进行深入分析，发现项目具有以下特点与难点：

一是分门别类，厘清增资需求。由于红棉乐器有增强公司竞争力、提高盈利能力及实现品牌最大化的需求，为此，对社会投资者的征集不应仅仅局限在财务投资者类型上，合作关系稳定、综合实力强、能为红棉乐器发展带来高成长性的企业（战略投资者）尤为重要。同时，对于战略投资者类型的征集，应结合企业自身需求来选定。

二是综合考量，研判定价机制。本次增资扩股设定了投资者名额及认购股份上限，但未对下限进行规定，如出现投资者不足或认购不足的情况；为保证项目能继续推进，

应有措施对未被认购的股份进行处理。前期只以"每股净资产的评估价"作为定价基础，没有明确每股发行价格，发行价格以挂牌后确认的成交价格为准。红棉乐器为股份有限公司，本项目理论上最多可引入 75 个单位的投资者。根据股份公司"同股同价"的原则，必须将所有意向投资者的报价归整到统一的价格作为成交价格（发行价）。

三是有的放矢，规范交易行为。由于红棉乐器有新三板挂牌需求，其后续申报还需接受相关部门的审核。为此，本次增资扩股作为其"三板道路"上的其中一步，须严格按照《公司法》《证券法》《国资法》《国务院办公厅转发财政部、科技部关于国有高新技术企业开展股权激励试点工作指导意见的通知》及广州市对于国有企业增资扩股及员工持股的相关规定来执行。

四是万无一失，严保资金安全。根据红棉乐器及会计师事务所的要求，所有投资者的增资款须先进入广交所账户进行资金监管后，再进红棉乐器的验资账户。对于员工增资扩股部分，资金量虽不大但较为分散，容易因员工逾期支付或金额有误而造成违约。

二、精准设置交易条件，创新制定服务方案

根据广州市对国有企业混改及员工持股的相关规定，本次增资扩股须上报广州市人民政府国有资产监督管理委员会进行审批。为此，广交所组织了多次与红棉乐器、三板挂牌的主办券商、法律顾问、会计师事务所的专项会议，对项目细节进行分析，对公开挂牌模式、意向方资格条件、投资者的遴选方式、价格订立机制等进行深入探讨，制定了切实可行的公开交易方案。

1. 采用"5+1"模式有序转让

本次增资扩股，红棉乐器向社会投资者和员工各发行 1000 万股股份，如仅作单一标的挂牌 2000 万股，会增加确认成交价格的难度；如定价机制不合理，有可能出现员工的报价决定最终股份认购价格的情况。为此，经与红棉乐器研究，本项目确定分开时间、分开标的进行挂牌，标的一面向社会投资者，标的二面向经"红棉乐器管理层及技术管理骨干持股人员资格评审委员会"审核符合资格的管理层、技术管理骨干。

根据红棉乐器发展高端乐器产品的战略规划，打造国际品牌的定位及互联网+职能乐器的发展需求，将面向社会投资者征集的标的分为"生产代理类（150 万股）""品牌策划类（30 万股）""乐器软件开发类（120 万股）""电商及文化产业类（300 万股）""国有产业投资基金类（400 万股）"五大类分别进行征集，并订立每个类别须认购的股份数量。务求使红棉乐器在实现筹募资金目的的同时，能从不同的领域征集到能为其提供相关资源与帮助的合作伙伴。

2. 合理制定定价机制

根据股份公司"同股同价"的原则，投资者的股份认购价格应相同。广交所认为，员工报价属于可控范围，但在征集社会投资者的过程中，投资者会根据认购数量、资金实力等因素报出不同价格。为此，本次股份认购价格将仅从社会投资者类别中产生，管理层及技术管理骨干类别将在项目挂牌时提出"社会投资者认购价格为员工认购价格"的交易条件，作为员工认购股份的前提。

由于社会投资者类分了五小类别进行挂牌，每类的投资者报价均可能不同，为此，经与券商及红棉乐器商榷，订立了"最终投资方所报价的加权平均值作为最终成交价格（即认购价格，计算公式为：以每个类别最终投资方的报价计算的每个类别总投资额之和/本项目被认购的总股份份数）"的定价机制，并作为交易条件，将成交价格有效地统一起来。

3. "易入精出＋兜底机制"最大限度认购股份

由于红棉乐器急需募集资金用于乐器制造及平台建设，本次增资扩股的首要目的是让增发的股份能顺利被认购。为此，对社会投资者的基本资格条件，没做严格设定。只要是在国内注册合法存续的经济实体，与红棉乐器无明显商业利益冲突，无重大违法行为和诉讼事项的意向方均能参与。但在保证有意向方参与的情况下，每类别均制定了严格的评分标准对意向方的综合实力进行打分，务求选出最优质的合作伙伴。

由于采用了"5＋1"分开挂牌模式，如社会投资者部分仅能部分成交，会直接导致员工认购股份的比例增大，从而突破员工持股的经审批的上限。为此，"5"能否全部成交成了整个项目的关键。经与红棉乐器多次讨论，社会投资者部分订立了"要么全部成交，要么标的收回"的原则。为满足执行，设定了"社会投资者总数至少为1家，且国有产业投资基金类必须有符合条件的投资者认购，否则标的收回"的认购原则，及"如出现个别类别空缺导致份额不足部分，由国有产业投资基金类企业认购"的兜底机制，让原可获得最大份额的财务投资者兜底认购。

4. "报价—评审—定价"精心遴选投资人

由于选取了"易入精出"，在对应类别有意向投资者参与的情况下，均不以报价作为选定最终投资者的唯一考量因素，还需综合考量意向投资者的整体实力。为此，本项目采取了"报价—评审—定价"的模式：①每个类别意向投资者对其类别股份认购价格进行密封报价；②广交所组织专家评委，按类别对意向投资者的报价（权重20%）及整体实力（权重80%，包括业务收入、销售额、项目数量、信誉等）进行综合打分，产生每个类别最优的投资者；③以每个类别最优投资者各自的报价取加权平均值得出最终成交价格（认购价格）；④根据"社会投资者认购价格为员工认购价格"原则确认最终响应的员工名单。

5. 先资审后挂牌，确保员工有效持股

为稳定员工团队，避免挂牌后出现对资格审核结果产生争议的情况，方案中提出由红棉乐器组建"红棉乐器管理层及技术管理骨干持股人员资格评审委员会"对员工认购资格及认购额度进行审核，并报广州市国资委审批。员工类别在正式挂牌时仅向特定对象征集，符合资格的管理层、技术管理骨干可在公告期内到广交所办理投资意向登记手续，但认购份额不得高于审批额度。

三、有效发动公开市场，凸显平台服务价值

1. 利用平台辐射功能，广泛发动公开市场

红棉乐器增资公开交易方案得到了主管集团广州工业发展集团有限公司的充分认可，并顺利获得了广州市国资委的审批通过。红棉乐器增资扩股（战略投资者）项目和红棉乐器增资扩股（管理层及技术管理骨干）项目分别于2015年10月29日和2015年10月30日在《南方日报》及广交所网站进行了信息发布，经过充分的市场发动，有多家社会投资者表达投资意向。

2. 严格遵守法律法规，切实把握操作流程

由于红棉乐器专业性较强，其所需合作伙伴的类型并非一般社会专家可以评判。为此，在获得广州工业发展集团有限公司同意的情况下，广交所仅从专家评委库——乐器文化类中抽取专家，与红棉乐器委派的代表共同组成了评审委员会。该操作既严格遵守《广东省企业国有产权转让管理实施意见》（粤国资产权〔2004〕110号）中"社会专家不少于成员总数的三分之二"的规定，又把部分选择权归还增资企业本身。

最终，广州市威柏乐器制造有限公司、广州摩根商务服务有限公司、广州乐弥信息科技有限公司、广州市安乔服饰有限公司、广州越秀基美文化产业创业投资基金合伙企业（有限合伙）五家公司及合计69名管理层、技术管理骨干被确认为最终投资方。广交所于2015年12月30日对这两个项目出具了《产权交易证明》。

3. 有效监管交易资金，整体防范项目风险

本次增资款由广交所进行全额资金监管，并按《股份认购协议》的约定划转至红棉乐器验资账户进行验资。由于员工参与人数较多且金额琐碎，该部分价款能否顺利划转一直是红棉乐器的头等大事。为统一操作，提高服务质量，经广交所与红棉乐器及双方开户银行协商，在获得员工授权的前提下，由银行直接从员工工资户划转对应增资款，从而不会出现员工忘记打款或打错金额的情况，避免了违约事项的发生。

广交所协助红棉乐器制定方案、准备挂牌材料、安排挂牌、寻找投资者、组织报价、安排专家评审、成交签约、资金监管、出具鉴证，提供了全流程服务，得到红棉乐器及广州工业发展集团有限公司的好评。

四、体会与思考

随着国资委 32 号令的颁布及国家对国有混合所有制企业开展员工持股相关政策的出台,地方国有企业的改制已进入全面加速期。多个省市已出台地方发展混合所有制经济的指导文件,引入战投,开展员工持股成为主要手段,"资本化""证券化"也成为国资改革的重要方向。作为产权交易机构的我们,更应发挥自身拥有丰富国有产权交易操作经验、熟知国有产权交易法律法规的优势,努力开拓市场,更好地为国企改革服务。

(广州产权交易所供稿)

案例 29

大连产权交易所试水 PPP 项目进场交易

一、市场分析

自 2014 年起，我国开始在政策和实操层面规范和推广 PPP 模式。如何在 PPP 项目大面积铺开的大势下寻找自身的切入点，是大交所一直在思考的问题。为了在种类繁多的 PPP 模式中找到适合产权交易机构的切入点，大交所积极走访大连各级财政部门，基本掌握了大连地区 PPP 项目数量、性质和分布情况，并进行了认真的梳理和研究。

经过比较分析，我们认为 PPP 业务与产权交易市场的深度融合还需要一段时间，产权交易市场应当分阶段、分层次地开拓 PPP 业务市场。众所周知，PPP 项目运作方式主要包括委托运营（O&M）、管理合同（MC）、租赁—运营—移交（LOT）、建设—运营—移交（BOT）、建设—拥有—运营（BOO）、购买—建设—运营（BBO）、移交—运营—移交（TOT）、改建—运营—移交（ROT）、区域特许经营，以及这些方式的组合等。具体运作方式的选择主要由 PPP 项目类型、融资需求、改扩建需求、收费定价机制、投资收益水平、风险分配基本框架和期满处置等因素决定。

在 TOT 模式下，由于涉及存量国有资产移交至社会资本或 SPV（特殊目的机构）这一环节，其实质为国有资产的转让行为。按照《企业国有资产法》和 32 号令等有关规定，TOT 的第一个"T"即第一次移交，原则上应进入产权交易机构进行。因此，以 TOT 方式将存量资产转化为 PPP 模式的运作方式，在现阶段与大交所现行业务体系契合度最高，是大交所当前可重点挖掘的 PPP 业务领域。

二、业务实践

在这一思想指导下，大交所开始重点关注 TOT 模式的 PPP 项目，并为 PPP 项目定制全流程的咨询和交易服务。

一是加强咨询服务功能。大交所充分发挥律师事务所、会计师事务所、咨询公司等服务机构的专业优势和资源优势，提升整个市场的专业服务水平，在项目酝酿期就提前介入，为委托方提供咨询服务。目前，已入库各类机构和专家 200 余家（位），涵盖法律、投融资、财务、评估、技术等领域。

二是信息定向投放。大交所利用多年来积累的丰富的投资人资源，根据 PPP 项目所处行业及建设需求进行定向投放，促进信息对称，推动项目成交。

三是规范项目交易。大交所对 PPP 项目进行全程的规范性审核，确保整个交易行为在交易程序、材料内容、成交手续等各方面合规有效，得到了交易各方的好评，也为进一步深入 PPP 市场奠定了基础。

三、项目实施

为响应国家大力发展政府与社会资本合作模式的号召，盘活大连市政府存量资产，缓解财政当期支出压力，大连市建设投资集团有限公司按照市财政的指示，会同市交通局，拟通过 PPP 模式改造基础设施存量项目，以基金等社会资本投入置换财力资金，并解决后续建设资金来源。结合大连市公用事业和基础设施建设情况，按照存量优先、先试点后推广的原则，选定"202 路轨道线路延伸工程"和"快轨 3 号线工程"资产，开展 PPP 模式试点工作。

根据市政府的批准意见，建投集团作为 PPP 项目实施机构，组建两个项目公司：大连市和顺轻轨管理有限公司，承接"202 路轨道线路延伸工程"资产；大连市金石快轨管理有限公司，承接"快轨 3 号线工程"资产，并负责整体方案的具体实施及履约管理。建投集团通过分别转让其持有的和顺轻轨、金石快轨的 41% 股权和部分债权的形式，引入社会资本。

2015 年 12 月 22 日至 2016 年 1 月 19 日，该项目在大交所挂牌公告，挂牌金额 41.77 亿元，最终由大连市建投基础设施投资中心（有限合伙）摘牌。该项目也是大交所成交金额较高的项目之一。2016 年 9 月，另一宗 TOT 模式的 PPP 项目大连松木岛污水处理厂资产转让项目通过大交所挂牌成交，进一步丰富了大交所开展 PPP 业务的实操经验。

目前，全国 PPP 综合信息平台项目库共收录 PPP 项目 7600 余宗，项目金额 11.7 万亿元，其中辽宁地区达到了 100 余宗、近 2000 亿元，市场容量巨大。通过不断深入开展 PPP 业务，产权交易市场将进一步发挥资本市场的功能，实现资产流转与融资服务的双轮驱动。

（大连产权交易所供稿）

案例 30

江西中江集团 100% 股权增值 23.2 亿元成功转让

2015 年 5 月 15 日，包含 51% 国有股权的江西中江集团有限责任公司 100% 股权转让项目，经过江西省产权交易所产权网上交易系统 82 轮激烈竞价，最终由北京同创九鼎投资管理股份有限公司以 41.49592 亿元竞得。成交价与评估值相比增值 23.2 亿元，其中国有资产增值 11.832 亿元。

一、项目概况

江西中江集团有限责任公司（以下简称中江集团）是一家股权多元化国有控股企业，持有上市公司中江地产 72.37% 的股份。中江集团股权结构中国有股权占比 51%，其中江西中江控股有限责任公司（以下简称中江控股）持股 48.81%，江西中医药大学持股 2.19%；其余 49% 股权由民营企业大连一方集团和 24 位自然人持有。

2013 年 4 月 23 日，为做大主业，提高国有企业核心竞争力，中江控股联合江西中医药大学以 9.156827 亿元的挂牌价，在江西省产权交易所（以下简称省产交所）首次公开挂牌转让中江集团 51% 国有股权（含中江控股 48.81% 和江西中医药大学 2.19% 国有股权）。在省国资委审核同意的转让方案中，规定该项目采用省产交所产权网上交易系统竞价交易。该项目在第一次挂牌期间没有征集到足额的意向受让人。2013 年 12 月 30 日，中江集团 51% 股权第二次在省产交所公开挂牌。期间，曾因上市公司中江地产"紫金城"地产纠纷等有关事项申请中止挂牌，并于 2014 年 2 月 17 日恢复挂牌。截至挂牌期满，共征集到两位意向受让人，但由于意向受让人未按要求交纳交易保证金而不具备竞买资格，无法组织网上竞价。

2015 年 1 月 21 日，经过重新评估，中江集团 100% 股权以 25.47423 亿元（评估值为 18.29592 亿元）在省产交所第三次公开挂牌转让，挂牌期间同样没有征集到意向受让人。2015 年 3 月 27 日，中江集团 100% 股权以评估值 18.29592 亿元作为挂牌价第四次在省产交所公开挂牌转让，至挂牌期截止，省产交所共收到八位意向受让人的书面申请，有四位意向受让人交纳了交易保证金，取得竞买资格。2015 年 5 月 15 日，北京同创九鼎投资管理股份有限公司通过网络竞价以 41.49592 亿元成功竞得该项目。在报请江西省人民政府和国务院国资委批准后，2015 年 9 月 22 日，省产交所为交易双方签发了交易凭证，交易双方随后完成了股权转让工商变更登记手续。至此，中江集团

100% 股权转让完成了所有法定程序，最终项目增值了 23.2 亿元，国有资产增值了 11.832 亿元。

二、主要做法

中江集团股权转让为江西省重大国企改革项目，主要目的是引进外部资本。在转让过程中，既要考虑国有资产的保值增值，又要考虑有利于吸引省外战略投资者，利用其优势产业资源解决企业历史遗留问题，做大做强本省企业。针对前几次公开挂牌未能成交的情况，江西省国资委、中江控股及省产交所多次召开协调会，决定根据前期挂牌所掌握的有关情况，调整转让方案，最终促成项目顺利成交。

1. 对标的企业重新评估

经历前几次公开挂牌，中江集团的资产评估报告已于 2013 年 12 月 30 日到期，原评估报告已无法反映企业真实的价值。为规范中江集团股权转让工作，转让方中江控股于 2014 年委托专业评估机构重新对中江集团资产进行评估，为中江集团 100% 股权转让重新确定了定价依据。根据评估结果，中江集团资产总额为 29.129433 亿元，负债总额为 10.833513 亿元，净资产为 18.29592 亿元。所以，第四次公开挂牌转让价格确定为 18.29592 亿元。

2. 调整股权转让比例

根据前两次公开挂牌接触的意向受让人的反馈意见，中江集团 51% 股权转让最大的问题在于如何解决好"紫金城"项目的历史遗留问题。据了解，要解决好"紫金城"项目的历史遗留问题，需要的资金量非常大。省产交所认为，调整股权转让比例，将中江集团 100% 股权进行转让有利于征集到更多有实力的意向受让人；同时，股权的高度集中更有利于股东提高决策效率，高效地筹措资金解决"紫金城"项目的历史遗留问题。

3. 广泛地披露项目信息

鉴于中江集团 100% 股权转让项目涉及金额巨大，对受让人的资格条件及资信状况要求较高，为更广泛地征集意向受让人，实现国有资产转让价值最大化，省产交所决定扩大宣传，增加信息覆盖面。除了在省产交所网站、公共微信平台、省级经济类报刊进行宣传外，还通过中国证券报、长江流域产权交易共同市场网站和上海产权交易所、北京产权交易所、重庆联合产权交易所、江苏产权交易所、浙江产权交易所、福建产权交易所、四川联合环境交易所、安徽产权交易中心、内蒙古产权交易所等兄弟机构网站发布转让信息。通过上述做法，在项目挂牌截止日前终于征集到八位意向受让人，为项目的最终成交发挥了至关重要的作用。

4. 周密组织安排网上竞价

项目挂牌截止后，为了防止信息泄露，省产交所要求意向受让人将交易保证金汇入不同的指定银行账户，最终共有四位意向受让人缴纳了交易保证金。在竞价准备工作上，省产交所交易部门派专人为四位意向受让人发送竞价密码，并分别对合格的意向受让人进行了网上交易培训，签订了竞价协议书。在竞价组织工作上，一是将合格的意向受让人安排在不同的房间，有效隔离围标、串标风险；二是在每个房间安排了两台电脑，一台备用，同时上线，并安排了一名工作人员现场指导；三是竞价现场配备了备用电源，防止突发停电而中断交易；四是竞价现场还安排了公安人员和省产交所工作人员维持秩序，防止围标、串标，确保竞价顺利完成。

三、项目启示

1. 进场是企业国有产权阳光交易的前提

《企业国有资产法》规定，"除按照国家规定可以直接协议转让的以外，国有资产转让应当在依法设立的产权交易场所公开进行。"《企业国有产权转让管理暂行办法》和《金融企业国有资产转让管理办法》规定，企业国有产权转让应当在依法设立的产权交易机构公开进行。《江西省产权交易管理办法》规定："本省所属国有、集体产权的交易，必须在江西省产权交易所进行。"中江集团100%股权转让项目说明，在企业国有产权转让过程中，进场是关键环节。进场交易可以使国有产权转让项目通过省级以上国资监管机构选择确定的交易机构，发布产权转让信息，广泛征集受让人，在更大范围发现买主、发现价格，防止暗箱操作和寻租行为；同时，可以从源头上预防和治理产权交易领域腐败问题，实现企业国有产权阳光交易和资源优化配置，促进经济健康发展及社会和谐稳定。

2. 程序规范是国有产权阳光交易的制度保障

国务院国资委《企业国有资产评估管理暂行办法》规定，经核准或备案的资产评估结果使用有效期为自评估基准日起1年。中江集团股权转让项目在第一次资产评估报告到期后，进行了第二次资产评估。翻阅中江集团股权转让卷宗，我们了解到在项目进场前，转让方严格履行了可行性研究、制定了产权转让方案、内部审议决策、转让行为审批、资产评估和评估报告备案程序。项目进入省产交所后，严格履行了挂牌审核、信息披露、征集意向受让人、网上竞价、签订交易合同和价款结算等程序。该项目已获省政府批准和国务院国资委批准，省产交所已签发交易凭证，最终交易双方完成了股权工商变更登记手续。事实说明，规范的程序是中江集团100%股权实现阳光交易的制度保障。

3. 广泛征集意向受让人是竞价交易的基础

实行产权网上竞价，有利于防止围标、串标行为，可以充分挑起竞价，最大限度地促进国有资产保值增值。在江西省国资委审核同意的转让方案中，规定本项目采用省产交所产权网上交易系统进行竞价交易。在中江集团100%股权转让项目操作中，前三次公开挂牌转让期间都未征集到转让方案规定的足额意向受让人。为此，省产交所加强了信息发布工作，在中国证券报、长江流域共同市场和兄弟省市产权交易机构网站广泛发布中江集团100%股权转让信息，最终征集到八位意向受让人。实践说明，广泛征集意向受让人为项目的竞价成交奠定了坚实基础。

4. 合理的加价幅度是国有资产大幅增值的关键

为做好中江集团100%股权网上竞价工作，省产交所与中江控股商定，将加价幅度定为1000万元或1000万元的整数倍。对于挂牌价为18.3亿元的项目来说，这种加价幅度只是挂牌价的0.55%左右，显然较小。但考虑到四家合格竞买人资金实力各有差异，双方认为这种加价幅度有利于充分调动竞买人的竞买热情。实践证明，这种估计符合四家竞买人的心理预期。在网上竞价过程中，北京同创九鼎投资管理股份有限公司作为资金实力最强的一家，一开始就以志在必得的姿态，在报价中加价2000万元、3000万元，到了40多轮报价后，屡屡加价5000万元，试图以大幅加价逼退竞争对手；但是另一家竞买人紧跟其后，以1000万元的最小加价幅度咬住不放，最终竞价达到82轮。实践说明，合理的加价幅度，在中江集团100%股权增值23.2亿元成交过程中起到了关键作用。

（江西省产权交易所供稿）

案例 31

湖南省湘交院置业发展有限公司房产包销与土地合作开发联动项目

2015年12月24日上午，长沙市金湘苑小区一期未销售房产包销项目（以下简称房产包销项目）和交通勘察设计大楼建设及长沙市望城区月亮岛街道中华岭村一宗商住用地开发征集战略合作伙伴项目（以下简称土地开发合作项目）签约仪式，在湖南省联合产权交易所（以下简称湖南联交所）交易大厅隆重举行。委托方湖南省湘交院置业发展有限公司（国有独资企业，以下简称湘交院置业）和合作方长沙金德置业发展有限责任公司的签约代表与嘉宾们脸上洋溢着笑容，大家共同见证了房产包销项目和土地开发合作项目顺利成交这一喜庆时刻。

一、项目概况

房产包销项目和土地合作开发项目的委托方均为湘交院置业。委托方的需求主要有两个：一是为了顺应业务发展的实际需要，须尽快通过市场化的办法筹集资金建设交通勘察设计大楼；二是鉴于房地产持续低迷的市场行情，为降低经营风险，委托方希望引入真正有实力的专业化房产企业，以迅速回笼在金湘苑小区一期未销售房产上的投入资金。作为交易对价，合作方能获得一宗商住用地的全部开发收益和超出房产包销底价的房产销售收益（合作方承担全部税费）。

房产包销项目的基本内容是：一期未销售房产共包含未销售住宅101套（建筑面积为19830.14平方米）、商铺（建筑面积为3560平方米）和车位380个。包销底价为人民币13850万元（不含一期未销售房产的营业税及企业所得税等一切税费，该税费由包销方承担）。也就是说，委托方全权授权委托包销方负责销售一期未销售房产，包销方应当按照公告的约定期限支付相应的包销价款（若只有一个意向包销方，则包销价款为13500万元；如果有两个或两个以上的意向包销方参与竞价，则包销价款为最高出价），包销方由此取得包销权，包销方支付全部包销价款和税费后，其余销售款由包销方依法支取。该项目本质上是一种整体打包委托销售房产行为。

土地合作开发项目的基本内容是：合作方代委托方建设交通勘察设计大楼，采用包资金投入、包工包料、保质量、包进度、包安全事故、包现场文明施工、包资料的大包干承包方式。设计大楼建成后，委托方向合作方返还不超过 3000 万元的建设费用。在此前提下，合作方取得委托方名下一宗面积为 67021.1 平方米的商住用地的开发权，合作方在承担土地开发全部税费的基础上，获得该土地开发的全部收益。该项目本质上是一种融资交换行为。

二、运作亮点

（一）重视国资交易法规宣传，全力促成项目进场实施

房产包销与土地开发合作项目之所以能进场交易，离不开湖南联交所对国资交易法规宣传的高度重视。起初，由于委托方并非省国资委监管企业，且对国有资产交易的相关法规了解不多，因此并不确知通过何种方式可以依法依规运作该项目，一度认为可以直接通过招投标、直接委托拍卖公司或者自行登报等方式征集合作方。湖南联交所获悉项目信息后，积极与委托方进行了充分沟通，详细而深入地阐明了上述项目实质上是一种国有资产交易活动，应当按照《企业国有资产法》《企业国有产权转让管理暂行办法》等法律、法规的规定，进入产权交易机构公开进行。委托方为国有企业，其主要领导对项目的规范运作也十分重视。经过湖南联交所系统的法规宣讲，委托方完全同意项目按照国有资产交易的相关规定组织实施，由此项目得以顺利进入湖南联交所挂牌公开征集合作方。

事实上，项目成交后，委托方对湖南联交所优质、高效、专业的服务给予了高度肯定。合作双方均深有感触地表示，通过湖南联交所公开交易，整个操作程序公开透明、过程公正、资金安全，让人感到放心，没有后顾之忧。

（二）合规与创新并重，集思广益设计最优挂牌方案

房产包销和土地开发合作项目并不是常规性的产权转让（买卖）行为，而是要征集房产包销合作方和土地开发合作方（假如房产包销项目不采取包销模式而采用资产转让的形式，则必定会产生较大的税费负担），在业务操作方式上，这两个项目与普通的产权转让明显不同。为确保项目合法、合规进行，湖南联交所及时召开公司层面的风险控制专题会议，认真研究项目运作模式，优化交易流程，在合法、合规的前提下，提出了满足委托方实际需求的项目挂牌交易方案。

1. 合理分解项目，相对独立运作

起初，委托方拟将房产包销项目和土地开发合作项目作为一个项目进行挂牌交易。湖南联交所经过认真分析后认为，两个项目相对独立，属于两种不同的经济行为，并且各自确定合作方的标准难以融合（房产包销项目是选取包销报价最高者，而土地开发合作项目是选取返还大楼建设费用报价最低者）。因此，应分成不同的项目挂牌，这

样法律关系更为清晰，更有利于吸引有不同需求的投资者参与其中，提升项目的成交率。最终，委托方欣然采纳了湖南联交所的合理建议。

2. 两个项目相对联动，最大限度满足委托方需求

虽然分成了两个相对独立的项目，但土地合作开发项目成交可能性远大于房产包销项目，而委托方又迫切希望能回笼房产包销项目资金。在确认不存在法律障碍的前提下，考虑委托方合理的需求，在土地开发合作项目公告中明确："如房产包销项目在公告期内未征集到包销方，则本项目合作方必须按房产包销项目公告的要求包销一期未销售房产，并在签订本项目《合作开发协议》的同时签订《包销协议》，包销价款为人民币 13850 万元。"同时，有针对性地做出安排：房产包销项目与土地开发合作项目的挂牌公告截止时间错开 1 个工作日。也就是说，房产包销项目公告截止期先到期一日，以便在土地开发合作项目公告期截止时，能确定房产包销项目是否有意向包销方报名。

对土地开发合作项目的合作保证金的交纳数额也做了合理区分：①意向合作方已报名参加房产包销项目并交纳了包销保证金 4000 万元的，则交纳土地开发合作项目合作保证金数额为人民币 2000 万元；②意向合作方未报名参加房产包销项目的，则交纳土地开发合作项目合作保证金数额为人民币 6000 万元。

由于房产包销项目与土地开发合作项目进行了相对的联动挂牌，因此，针对不同报名情况的意向合作方设置不同的合作保证金，在数额上看似存在"差别对待"，但实质上是公平的。因为两种类型的意向合作方最终缴纳的保证金数额均为 6000 万元，并不存在"照顾"一方、"歧视"另一方的问题。

3. 参照产权转让模式，确保项目顺利成交

委托方因为行业特性，对招投标方式非常熟悉，因此在项目接洽前期，曾建议采用招投标方式运作项目。湖南联交所经过充分论证，认为参照产权转让挂牌的方式更为合适，原因在于：一是采取挂牌转让的方式，程序清晰明确，更易操作；而采取招投标方式，存在把简单问题复杂化的倾向。譬如，房产包销项目，实际上委托方最为关心的是谁能出价更高，就把销售代理权交给他，没有其他选择合作方的维度。二是按照现行法律规定，"通过资格预审的申请人少于 3 个的，应当重新招标；投标人少于 3 个的，不得开标，招标人应当重新招标"。实际上，项目能否征集到 3 个有诚意的意向合作方是完全没有把握的，这明显不利于项目的顺利成交；而委托方建设交通勘察设计大楼的时间非常紧迫，不能再往后拖延。三是即便采取招投标方式，对招标文件中选择合作方的资格条件及评判标准也难以确定，且难以保证评判标准的公正性。

4. 针对项目特点，审慎实行反向报价

土地开发合作项目公告明确约定，由委托方向合作方返还建设费用；返还建设费

用起始价（挂牌价）为人民币 3000 万元，报价最低的意向合作方将被确定为合作方。

如在公告期内只公开征集到一个意向合作方，则该意向合作方被确定为合作方，返还费用起始价（挂牌价）即为湘交院置业最终需返还合作方的建设费用。

如在本公告期限内征集到两个及以上符合条件的意向合作方，则按照网络竞价（反向报价，即从 3000 万元往下报价，最低可报到 10 万元；每次报价减少的幅度为 10 万元的整数倍，一次最多可报 10 万元的 50 倍）的交易方式最终确定合作方。以人民币 3000 万元为返还费用起始价（挂牌价），所报湘交院置业需返还建设费用金额最低的意向合作方被确定为合作方，其所报金额为湘交院置业最终需向合作方返还的建设费用金额。

为避免产生误解和发生不必要的争议，公告中特别提示：报价系统可接受的最低报价为 10 万元整（即：如有意向合作方先报出 10 万元报价，则其他意向合作方将不能再报出低于 10 万元的报价，该最先报出 10 万元的意向合作方成为合作方）。

由于是第一次采取反向报价方式，为确保反向报价顺利进行，湖南联交所还对报价系统进行了反复测试，对各种可能出现的情况进行了模拟，做到"未雨绸缪"，提前发现、解决问题，为正式报价打下坚实基础，确保报价活动顺利进行，万无一失。

三、成效及启示

房产包销与土地开发合作项目是湖南联交所首宗进场征集房产包销和土地开发合作方的创新性项目。该项目的顺利成交，再次彰显了湖南联交所作为国有产权交易平台的强大公信力和招商力，为湖南省国有企业深化改革、国有资产处置和市场融资探索了新的模式；同时，为湖南联交所开展创新性业务积累了宝贵经验，坚定了湖南联交所拓展创新性业务的决心。

（湖南省联合产权交易所供稿）

案例 32

引入民营资本，告别单一体制

——四川沱牌舍得集团有限公司 38.78% 股权转让及增资扩股项目

一、项目概况

2015 年 11 月 2 日，经过网络竞价会后近 3 个月的尽职调查和多方谈判，四川沱牌舍得集团有限公司（以下简称沱牌舍得集团）、四川省射洪县人民政府（以下简称射洪县政府）和天洋控股集团有限公司（以下简称天洋集团）在西南联合产权交易所（以下简称西南联交所）正式签署《股权转让及增资扩股协议》。历时 12 年的沱牌舍得集团战略重组工作尘埃落定：民营企业天洋集团以人民币 38.22 亿元获得沱牌舍得集团 70% 的股权，其中 10.375 亿元受让沱牌舍得集团 38.78% 存量股权，27.845 亿元参与沱牌舍得集团增资扩股，从而成为沱牌舍得集团和四川沱牌舍得酒业股份有限公司（A 股上市公司，以下简称沱牌舍得酒业）的实际控制人。

签约后，射洪县政府按照规定，将战略重组事项逐级上报至国务院国资委等部门审批。2016 年 4 月，沱牌舍得项目获得国务院国资委批复同意。同年 5 月，沱牌舍得集团职工代表大会以 96% 的赞成率高票通过职工安置实施方案后，沱牌舍得集团将全部交易款项支付完毕，并推动职工安置工作顺利完成。同年 6 月 30 日，沱牌舍得集团 38.78% 股权转让及增资扩股项目股权交割仪式在西南联交所举行。随着工商变更、资产清算移交，新的三会一层组建完毕，沱牌舍得集团的重组战略终于圆满完成。

沱牌舍得项目是四川省国有企业混合所有制改革的经典案例，也是西南联交所"国有企业发展混合所有制经济项目发布平台"上线以来单宗成交金额最大的项目。该项目成交价较评估金额增值约 26.03 亿元，溢价率达 213.46%，创下目前四川省国企混改的最高增值额纪录。

二、项目亮点

在沱牌舍得集团实现"从封闭走向开放、从西部走向世界、从商品买卖走向文化消费、从国有独资走向混合所有、从资产沉淀走向资本裂变、从行政管控走向市场运作"的跨越过程中，西南联交所采用市场化运作方式，充分发挥服务功能，优化要素资源配置，助力社会资本与白酒产业实现有效对接，起到了"跳板与平台"的关键支撑作用，得到了相关各方的高度认同。

1. 创新提供投行化服务

一是结合资本规律优化交易架构。引入投资者对沱牌舍得集团进行战略重组，要增强沱牌舍得集团的资金实力，更要推动其完成体制变革。西南联交所与射洪县政府等相关方进行多次论证、研究后，将原定"沱牌舍得集团100%股权转让"方案调整为"射洪县政府向投资者转让所持沱牌舍得集团38.78%股权，同时由受让股权的投资者对沱牌舍得集团进行增资扩股"的战略重组方案。一方面，转让价款专项用作在册职工的安置费用，增资扩股资金专项用于企业生产经营和品牌运营，有效解决了公司资产重组困境。另一方面，民营资本取得实际控制权后大刀阔斧地解决体制僵化、机制落后等顽疾，释放企业内在活力，实现长期可持续发展。而地方政府在出让实际控制权的同时保留了一定的持股比例，通过交易后的运营改善实现了国有资本的二次增值。

二是增设特别条款，为企业发展护航。为确保国有资产保值增值及企业的稳定、健康与可持续发展，西南联交所等相关方积极建议，促成射洪县政府在与投资方签订的《股权转让及增资扩股协议》（以下简称《协议》）中创新性地增设两个特别条款：首先，为确保企业混改后持续稳定发展，《协议》要求投资方十年内未经射洪县政府书面同意，不得通过沱牌舍得集团减持沱牌舍得酒业股权，不得以任何方式转让所持有的沱牌舍得集团股权，否则射洪县政府有权解除《协议》。其次，为加强国有资产监管、防范企业经营风险，射洪县政府在《协议》中约定"股东会做出特别决议，必须经全体股东一致通过"；同时，将沱牌舍得集团及其下属子公司对外提供担保和借款纳入特别决议，保证地方政府对相关事项拥有一票否决权。该条款是对《中共中央关于全面深化改革若干重大问题的决定》中"探索实行特殊管理股制度"精神的具体落实，意在有效防范控股股东掏空企业，确保企业未来持续、健康发展。

2. 深耕细作，充分发挥资本市场功能

一是精细化完成项目包装策划工作。西南联交所历时两年，全程参与该项目的决策流程，在交易结构等重大方案设计过程中发挥建设性作用；深入挖掘项目价值，多渠道广泛推介并通过公司投资人资源库进行精准营销，吸引到大量潜在受让方的关注，其专业素质和服务能力受到了各界肯定。

二是充分发挥公开市场功能。西南联交所在项目推进过程中充分尊重意向买受人的需求，尽力协调地方政府和沱牌舍得集团配合。一方面，西南联交所在两次挂牌公告期间暂停挂牌4个月，让潜在投资者在充分了解项目信息的同时，认真分析，审时度势，形成成熟的竞价计划。另一方面，西南联交所在此期间全面、深入把握客户需求、市场状况等信息，有针对性地建议地方政府适当调整受让方条件、降低受让方参与门槛，最终实现市场化地充分定价。

三、项目成效及启示

1. 产权交易市场是资本市场的一部分，具有发现投资人、发现价格的双重功能

传统的产权交易项目中，项目方往往已在场外自行联系到意向受让方并完成具体谈判，仅仅借助产权交易机构完成公开处置流程，既谈不上公平、公正，也没有充分发挥市场应有的功能和属性。在沱牌舍得集团的股权转让项目中，西南联交所通过多元化宣传推介渠道，吸引多家意向受让方报名，大大节约了场外"一对一"寻找交易对手的成本，避免了监督缺位下的国有资产流失风险。天洋集团联系西南联交所登记报名前，与地方政府、标的企业、西南联交所等相关主体并无接触，但在公开竞价中经历 203 轮挂牌，以高额溢价中标，充分体现了产权交易市场发现投资人、发现价格的资本市场功能。

2. 促进要素资源流转，优化企业战略布局

自 2003 年沱牌舍得集团启动战略重组工作后，射洪县政府多次拟将其持有的沱牌舍得集团 100% 股权转让给不同的投资者，但最后均不得而终。西南联交所跟进项目 2 年后即推动项目实现成交，利用沱牌舍得集团的品牌、技术、现有产能优势，与天洋集团的资金、营销渠道、体制管理优势充分匹配，优化企业战略布局，激发出"1+1>2"的合作效益。

3. 混改效果良好，推动当地经济社会发展

按照沱牌舍得集团的战略重组方案，射洪县政府所得交易价款在支付解除职工劳动合同的经济补偿金和职工社会保险费等费用后，将主要用于交通基础设施、城市基础设施及配套项目建设和民生改善等方面，有利于带动射洪县相关产业和地方经济的发展。另外，射洪县政府借助混改出让实际控制权，完成了从"管资产"到"管资本"的转变，有利于政企分开，使其从微观经济活动中转移出来，强化宏观调控、经济调节、市场监管等职能，进一步加强社会公共管理和公共服务职能。

2016 年，沱牌舍得酒业营业收入较上年同期增长近三成；营业利润较上年同期增长 5.6 倍；净利润较上年同期增长 10 余倍。2017 年一季度，沱牌舍得酒业归属于上市公司股东的净利润 4085 万元，同比增长约 2.4 倍。实践证明，改革取得了超预期的良好效果，为沱牌舍得酒业的可持续和谐发展奠定了坚实基础，向天洋集团及射洪县政府交出了一份满意的答卷。

（西南联合产权交易所供稿）

案例 33

协调跨境监管机制，助力国企扬帆远航

——南洋商业银行680亿港元股权交易项目

近年来，伴随改革开放不断深入，中国企业"走出去"步伐不断加快。一方面，一批中国企业通过国际化，参与全球市场竞争，拓展市场空间，提升市场份额；另一方面，通过国际合作和海外收购并购业务，中国企业获得了部分先进技术和管理经验，弥补了与国际先进水平的差距，并在此基础上进行创新完善，迅速进入相关行业国际领先水平，在与国际企业竞争的过程中不断提升自身实力。同时，这些"领头羊"企业还将国际化过程中获得的先进技术和管理经验反哺国内，带动了国内相关行业整体水平的提升。

尽管"走出去"的队伍日益多元化，但国有企业仍然是中国企业国际化的主力军。国际化提升了国企的综合素质和业务能力，通过国企国际化，国家战略的执行得到了有力的支持，国企海外子公司成为国家"一带一路"倡议的重要抓手，在项目所在地发挥着重要的桥梁和纽带作用。但同时，国际化也对国企管理提出了更高的要求。如何在国企国际化过程中，尤其是在收购并购过程中确保依法合规，维护国家利益，切实实现国有资本的保值增值，为监管机构、国有企业提出了新的课题。2010年，财政部金融司下发《财政部关于加强国有及国有控股金融企业境外资产和财务管理有关问题的通知》（财金〔2010〕81号，以下简称《通知》），对金融企业境外资产和财务管理各项事务进行了指导，并特别对境外收购转让事项提出了相关合规要求。《通知》下发后，金融企业跨境收购转让业务得到了规范，各企业在《通知》基础上结合本单位业务实践，对自身业务流程进行不断完善，企业内控和管理水平得到了进一步提升。在此基础上，涌现出了一批金融企业跨境资本业务的典型案例，对后续同类业务起到了良好的示范作用。其中，2015年中银香港有限公司通过北京金融资产交易所转让南洋商业银行有限公司100%股权项目具有很强的代表性。

一、项目交易背景

中国银行（香港）有限公司（以下简称中银香港）是一家在香港注册的持牌银行，于2001年9月12日在香港设立。中银香港合并了中国银行在香港地区持有的包括

中国银行香港分行在内的十家银行的业务,持有在香港注册的南洋商业银行和集友银行的股份权益,并承担香港地区发钞行职能。2002年7月25日,中银香港完成在香港联交所主板上市,成为香港地区重要的金融上市公司。

南洋商业银行原为中银香港的全资子公司。中银香港成立之初,在中国内地有中银香港、南洋商业银行和集友银行三个品牌,相互之间在业务上存在一定重叠,在开展业务过程中存在民众将中银香港和中国银行混淆的情况。在此背景下,2006年中银香港对内地业务进行了梳理,进行了二次改制:将原有的中银香港内地业务并入南洋商业银行,南洋商业银行成为中银香港在内地的主要平台及主打品牌,在内地开展全面的银行业务。

作为国有商业银行对外的最主要窗口,中国银行在国家"一带一路"倡议实施过程中承担着重要的金融职能。2014年,中国银行开始对海外业务进行梳理和整合,决定将中银香港作为中国银行在东盟地区开展业务的桥头堡。对中银香港的业务进行深度梳理后,中国银行剥离中银香港内地业务,将其并入东盟地区业务资源,增强区域业务优势,使之能够更好支持人民币国际化和"21世纪海上丝绸之路"建设实施。在此背景下,中银香港决定采用市场化方式,对其所持有的南洋商业银行股份进行整体转让。

二、项目实施情况

中银香港本次转让南洋商业银行股权项目情况十分特殊,相比其他一般收购项目,具有显著特点,主要表现在:

一是中银香港是香港当地的货币发行银行,在当地金融市场具有举足轻重的地位。中银香港是香港当地主要的金融上市公司之一,属于重要的红筹股,还是中国银行执行国家"一带一路"倡议在东南亚的桥头堡。本次交易对转让方意义重大,稍有闪失,将对香港当地金融市场的稳定产生巨大影响。

二是交易涉及内地与香港的金融监管,法律合规性要求非常高。本次交易涉及香港上市公司主体,要满足香港当地金管局对标的企业平稳过渡、维护当地金融市场稳定的要求,而且要符合香港联合交易所对上市公司的管理规定。此外,最终受让方还要符合境内监管审批机构的收购主体资格并取得审批。交易涉及财政部、银监会、外管局、人民银行跨境工作室、香港金管局、中国银行总部及境外交易执行公司、各投资人集团总部及境外收购执行公司等多个方面,需要兼顾各监管机构意见,平衡各交易参与方商业利益,实现难度巨大。

三是转让方需要满足国有资产转让相关程序要求。因为转让方中银香港是中国银行境外子公司,属于国有资产出资范畴,所以相关资产转让必须符合《财政部关于加强国有及国有控股金融企业境外资产和财务管理有关问题的通知》的规定,确保交易过程真实合规。

四是转让方为上市企业，需要保护公司小股东利益，注意舆论影响；同时，由于转让标的为商业银行金融机构，网点、员工众多，服务客户广泛，转让过程需要确保南洋商业银行经营、客户、员工的平稳、有序过渡，业务经营不受影响，切实维护金融行业秩序稳定。

在此情况下，中银香港抽调骨干业务人员组成专门项目组，专门负责转让相关事项；同时，为确保交易过程符合内地、香港两地不同监管体系相关监管要求，中银香港组建了强大的顾问团队。由中银国际和高盛亚洲有限公司出任财务顾问，并由金杜律师事务所和高伟绅律师事务所分别提供内地和香港的法务顾问。为确保交易符合财政部金融企业国有资产转让的相关规定，根据《金融企业国有资产转让管理办法》（财政部令54号）、《财政部关于贯彻落实〈金融企业国有资产转让管理办法〉有关事项的通知》（财金〔2009〕178号），经慎重选择，中银香港选择北京金融资产交易所（以下简称北金所）作为中介机构进场交易挂牌转让，并由北金所提供相关服务。

事实证明，中银香港的这一转让安排不仅确保了交易过程依法合规，还对提升交易效率起到了切实有效的作用。北金所是中国人民银行批准的债券发行、交易平台，财政部指定的金融类国有资产交易平台及中国银行间市场交易商协会的指定交易平台。北金所业务范围涵盖债券发行与交易、金融企业股权、债权、抵债资产交易、委托债权投资交易、债权融资计划等，为各类金融资产提供从信息披露、登记、交易到结算的一站直通式服务。在金融企业股权转让方面，北金所具有丰富的经验，先后承接完成了中信建投证券有限公司53%股权、华夏基金管理有限公司51%股权、中国华闻投资控股有限公司55%股权、中华联合保险控股股份有限公司60亿股股份等项目在内的多项在国内具有重大影响力和示范效应的交易项目。在产权交易行业，北金所一枝独秀，其完善的信息化系统建设和良好的风控能力，以及通过大型项目累积的丰富经验，为本次项目的成功实施提供了保障。

北金所加入项目团队后，公司方面高度重视，由董事长牵头抽调精干人员组成团队，开展项目团队内部沟通协调，介绍国内产权交易制度流程，共同完成了交易条件和受让资格的确定及相关方案的报送，并承担了投资人尽职调查和交易前询价服务；在提供相关服务的同时，北金所还切实履行了独立第四方职责，确保整个交易流程依法合规。此外，因为本次转让是首单国有企业整体转让所持境外金融企业股权项目，北金所结合自身经验开展了必要的交易机制创新，如创设《股权交易流程告知函》告知各方权利义务，设立尽职调查保证金确保屏蔽无关交易方，设立项目代号进行前期保密等。经实践检验，这些创新在项目推进过程中均起到了积极有效的作用。

在各方的积极努力下，南洋商业银行100%股权项目最终在北金所顺利完成，中国信达资产管理股份有限公司旗下信达金控与中银香港签订南洋商业银行100%股权转让协议，信达金控以 680 亿港元现金收购南洋商业银行全部股份。该项目是中国产权交易史上首个国有金融企业持有的境外银行整体股权在国内官方指定交易平台公开挂牌转让的项目，并以 680 亿港币一举刷新了中国并购市场金融企业资产交易项目的交易规模纪录。

三、项目总结及启示

在上级主管部门及相关监管机构的指导下，经转受让双方、中介机构及产权交易平台多方共同努力，南洋商业银行股权交易项目顺利完成。2015 年 5 月 30 日，转受让双方完成交割，标志着项目取得圆满成功。本项目在国内外金融市场造成了轰动性效应，具有重大意义。同时，作为首个国有金融企业持有的境外银行整体股权在国内官方指定交易平台公开挂牌转让的项目，具有较强的示范作用。

一是转受让双方达到了双赢的效果。转让方中银香港通过本次交易剥离了部分境内业务，从而能够将公司发展重点集中到东盟区域，对落实公司战略决策，配合国家"一带一路"倡议起到了积极的推动作用；受让方信达集团通过本次交易拓展了集团金融业务领域，有助于完善业务模式，巩固核心业务领先优势，打造特色资产管理和综合金融服务品牌，不断提升服务实体经济能力和市场竞争实力。

二是本次交易是中国金融行业尤其是国有金融企业在国际金融市场上的一次集体展示。转受让双方集合相关专业中介机构团队，迅速、高效、圆满地完成了各项工作，转让过程符合内地、香港各项法律法规；交易过程对价格实现充分发现，符合转受让双方的利益。交割过程平稳有序，有力地维护了香港地区的金融稳定，并保护了上市公司中小股东及交易标的企业职工及服务客户的利益；未对两地金融秩序造成不良影响，媒体反映良好，取得了较好的社会效应。

三是本次交易严格依照财政部对于金融企业国有资产转让的相关规定，作为首单达成的境外国企通过产权交易平台转让持有非上市境外银行股权项目，示范效应显著。本项目的成功达成，充分表明境外国有企业通过产权交易平台进行股权转让的可行性，证明国内部分金融产权交易机构完全有能力承接类似项目进场交易。同时，交易机构在本次转让项目具体操作过程中为确保交易顺利达成而进行的部分交易机制创新，经总结后可在类似项目中进行推广。

（北京金融资产交易所供稿）

案例 34

助力金融安全网体系建设，
促进国有资产保值增值

——中华联合保险控股股份有限公司 60 亿股股份转让项目

金融，是国民经济的重要组成部分，是经济体系的血脉所在。金融行业的健康顺畅运转，关系实体经济能否快速健康发展，是国家的战略安全所在。基于金融行业的重要地位和行业自身特殊性，金融行业企业尤其是系统重要金融企业，难以采用市场化运作和退出机制。国际通行做法是建立金融安全网，对金融机构准入、运营、救助、退出进行全方位风险防范，从而确保不发生系统性金融风险，对金融行业和整个国民经济造成灾难性后果。

目前，我国正在积极探索建立金融安全网体系，其中，对问题金融企业的救助和退出是构建金融安全网的重要课题，也是确保整个安全网实现自体循环的关键节点。中国保险保障基金公司（以下简称保险保障基金）在北京金融资产交易所（以下简称北金所）完成的中华联合保险控股股份有限公司（以下简称中华保险）60 亿股股份转让项目，就是对我国金融安全网体系建设的一次有益尝试。

一、洞悉市场，敏锐把握项目机遇

2015 年 5 月底，在服务客户过程中，北金所获悉保险保障基金欲转让中华保险 60 亿股股份（以下简称中华保险 60 亿股股份），凭着丰富的项目经验及敏锐的市场洞察力，经公司领导决定，迅速成立了项目团队快速跟进。

为争取该项目，北金所项目团队前后共参加大小会议和谈判 30 余次；对转让方提出的项目审批、挂牌、转让等方面的一系列问题，都给予了专业、细致的解答；利用在中国人保转让中国华闻 55% 股权转让项目、华夏基金股权转让项目等大项目中积累的丰富经验，积极协助转让方拟定了报财政部的转让方案，使该项目顺利通过了财政部审批。最终，北金所赢得了中华保险 60 亿股股份转让项目。

二、把控节奏，最优设计转让方案

中华保险的前身是新疆兵团农牧业生产保险公司，2006 年进行股份制改造后，分设为中华控股和中华财险。2008年，中华保险经营形势严峻，风险隐患不断扩大。为防范风险，维护稳定，2009年初，保监会要求保险保障基金推动中华保险重组。2011年，保险保障基金出资60亿元注资重组中华保险，并引入战略投资者中国东方资产管理公司。近年来，中华保险控股各子公司平稳较快发展，中华财险居财险行业第五位；中华寿险获得保监会批复筹建并于2015年7月29日正式挂牌运营。根据集团整体战略规划，中华保险计划2016年在两地上市，保险保障基金按照规定在上市前退出。

基于上述实际情况，在制定项目挂牌方案过程中，转让方提出疑问：本次交易资产规模较大，对受让方资质要求较高，究竟能否征集到合格投资人？带着转让方的疑问，北金所项目团队兵分多路，针对重点投资人进行了一对一的项目推介和调研。综合各潜在投资人的反馈，考虑投资人的多种投资需求（如有的投资人资金充足，青睐保险股权，倾向于做战略投资者；有的投资人看好保险行业，希望通过财务投资每年获取稳定收益），并结合监管政策等因素，经过多次市场分析和商讨，北金所项目团队最终提出了将中华保险60亿股股份分拆成30亿股、10亿股、10亿股、5亿股、5亿股五个标的同时挂牌转让的建议，并得到转让方的认可和采纳。

三、细致工作，确保项目顺利成交

2015年11月30日，中华保险60亿股股份分5个标的在北金所网站同时挂牌，并于同日在《中国证券报》进行了公示。同时，北金所项目团队针对重点投资人有针对性地进行一对一推介。由于北金所工作细致，加之拆分方案适应市场需求，该项目得到了投资人的积极响应，并在20个工作日内就成功征集到17家有效意向投资人报名参与竞买。因中华保险60亿股股份项目的社会影响重大，北金所领导对该项目高度重视，期间董事长和总裁先后组织了2次专项协调会，部署了公司相关部门配合项目团队开展竞价服务准备工作。在北金所高层的大力支持下，项目团队与相关部门就保证网络竞价环境问题先后召开了5次工作会议。最终，以精心细致的交易方案和扎实高效的服务，保证了中华保险60亿股股份五个标的在北金所全部实现竞价成交。

项目竞价后，北金所项目团队认真为转、受让双方组织各项交易工作，包括协助各转、受让方签订产权交易合同及向财政部、保监会报送相关材料，向转、受让方出具产权交易凭证，资产过户、交割，向各受让方收取、划转交易价款及服务费等。该项目涉及交易资金金额巨大，涉及意向受让方较多，先后办理交易价款划转事宜共计45次，累计划转资金金额436.02亿元，最终于2016年全部顺利完成。

该项目挂牌价103.2亿元，成交价144.05亿元，溢价40.85亿元，成为2009年财政部颁布《金融企业国有资产转让管理办法》（54号令）以来金融国有资产交易市场增值金额最大的项目，成功实现了金融国有资产的保值增值，社会效益和经济效益巨大。同时，北金所提供的专业、细致、高效的服务，赢得了财政部、保监会，以及转让方保险保障基金和受让方中国中车、辽宁成大、富邦人寿等参与竞价的投资人等各方的一致好评。

四、示范效应强，将对国内产权交易市场产生积极影响

中国保险保障基金转让中华保险 60 亿股股份项目，示范效应很强，将对国内相关市场产生积极影响。

一是充分体现了我国产权交易市场的建设成果。本次北金所细致、高效的组织及最后竞价场景的火爆，充分体现了我国产权交易市场近年来发展建设的成果。经过十多年的建设，我国产权交易市场日趋成熟，以北金所为代表的行业领先交易机构不断完善流程和机制，为转受让双方提供优质服务，很好地执行了交易平台的信息流通和价格发现职能，是我国金融场外市场不断完善的有力证明。

二是最大限度地发现市场价格，促进国有资产增值。本次股权转让项目的五个资产包，合计竞价溢价 40.85 亿元，项目溢价率高达 39.58%。作为国有金融企业，中国保险保障基金本次转让股份严格依照财政部相关政策法规执行，最终交易结果也体现了现行监管体系、监管政策在防止国有资产流失、促进国有资产保值增值方面的重要作用。

三是我国金融风险防范体系建设的一次有益尝试。对比国际流行的以行业基金方式建立"救助—运行—退出"的金融风险防控体系，我国目前在问题金融机构市场化退出方面还有待发展。本次转让验证了救助基金通过市场化方式退出的可行性，部分业务经验也将为未来相关行业政策法规制定和市场操作规范建立提供了良好的实验参考。

（北京金融资产交易所供稿）

案例 35

"互联网+"助力央企异地资产一次性成功转让，实现保值增值

2015年11月12日，吉林长春产权交易中心（以下简称中心）受一汽资产经营管理有限公司委托，公开处置位于天津市南开区华苑小区18套房产。最终，为期半年多的该宗交易项目完美落幕，18套房产一次性成功转让。18套房产挂牌标的额共2302万元，共实现增值183万元，平均增值率7.9%。

一、项目背景

自2011年中心与一汽资产经营管理有限公司合作以来，项目业务量逐年递增，而本次处置房产系中心开展业务以来省外业务中数量最多、数额最大的一宗项目。

二、具体操作

1. 把握方向，做好本职服务

自该项交易资产四月份进场后，中心业务部门工作人员积极与委托方进行沟通协调。采用"互联网+"模式进行市场化运作，主动做好线上线下服务，深入标的所在地走访和进行市场询价；在项目正式挂牌及交易过程中，搞好项目的推介与宣传、信息咨询、专业指导。吉林长春产权交易中心热情周到的服务，赢得了委托方和竞买参与者的信赖，为项目成功转让奠定了基础。

2. 实地走访，为房产挂牌做好前期充足准备

房地产行业时值阶段性低潮时期，工作难度可想而知。面对一系列困难，中心领导高度重视，几次召开业务讨论会，安排部署相关工作，指定专人负责该项目的具体工作。自2015年4月份开始，中心派员前后7次奔赴天津开展具体工作，与一汽集团及资产占有方多次沟通需求，解决问题；同时，冒着酷暑实地走访现场，以及当地房产交易机构、银行、公积金中心、房产中介等，掌握了房屋过户的流程和费用、贷款情况、市场价格等第一手资料，并就房屋评估价格、具体交易方式、市场推介等方面撰写了具体翔实的建议和方案。由于天津市房地产中心不承认中心出具的鉴证书，中

心又多次联系吉林省相关部门、天津一汽公司等,解释中心的鉴证手续,最终使得天津市房地产中心同意承认中心出具的鉴证手续。专业的服务、热情的态度、满意的效率使中心赢得了一汽集团的信任,项目标的在 10 月末进入中心实行公开挂牌交易。

3. 实地驻扎,积极走访,精心制定方案

项目公开挂牌后,中心成立专人登记小组赶赴天津,在地华里 1 号楼设立办公室,进行现场办公及宣传。到达天津之后,小组人员仔细查看了地华里 18 套房产,并认真地对每一套户型朝向、适合的人群加以匹配。同时,小组人员将公告内容、户型图、登记流程等相关材料贴在了地华里小区的公告牌上,引来许多竞买人的关注。因为许多意向方是第一次通过网络竞价的方式来购买房屋,所以对竞买保证金、网络竞价流程、瑕疵声明等信息产生了疑虑。小组人员专业的操作规范、耐心的讲解,慢慢地打消了竞买人的疑虑。小组成员周末轮流到办公室值班,对每一位前来咨询的意向人,都进行热心周到的服务,得到了意向人的好评。他们还设立了 24 小时工作电话,随时为竞买人答疑解惑。在 11 月 9 日、10 日、11 日三天的现场展示标的期间,共有百余位意向者查看房产,现场极其火爆。

转让 18 套房产项目在进入网络平台期间(2015 年 10 月 29 日 9:00—2015 年 11 月 11 日 15:00),共有 32 人报名并缴纳保证金参与竞买,最终地华里 1 号楼 18 套房产一次性拍卖成功,成交率达到了 100%。其中,17 套房产得到了增值,共增值 183.4 万元,平均溢价率达 7.38%。18 套房产中:标的 1 号楼 8 门 703 室,挂牌价为 138.55 万元,经过 101 次报价竞争,最终以 171.15 万元成交,溢价率达到 23.53%,是本次标的中溢价率之最;标的 1 号楼 8 门 803 室,挂牌价为 139.92 万元,经过 157 次激烈报价竞争,最终以 160.32 万元成交,限时报价时间长达 40 分钟,成为本批转让房产项目中报价次数最多的标的。

三、项目启示

在本次转让房产过程中,产权交易市场以信息化系统为支撑,在较短时间内发现投资人,发现价格,为一汽交出满意的答卷。同时,公开处置房产使得更多百姓参与进来,彰显了产权交易市场的公信力,打消了百姓对房产拍卖"暗箱操作"的疑虑。

该资产转让项目的完美落幕,为中心处置异地资产提供了宝贵的经验,也为中心与一汽集团的合作奠定了坚实的基础。一汽集团表示,后续将有更多的资产进入中心,以实现国有资产的保值增值。中心将以专业、高效的服务助力央企资产保值增值。

(吉林长春产权交易中心供稿)

案例 36

合肥市污泥资源化利用 BOO 项目

2014年2月10日,合肥市污泥资源化利用BOO项目在合肥市产权交易中心圆满完成。该项目是合肥市产权交易中心近年来积极发挥产权交易平台在"PPP"(政府与社会资本合作)项目中重要作用的又一次成功尝试,再一次证明产权交易市场作为投融资、要素资源聚集平台,完全能够为PPP模式提供更多的融资管道和途径。

一、项目背景

为解决日益扩大的污泥处理处置问题,实现污泥"稳定化、减量化、无害化和资源化"的处理处置目标,合肥市政府决定采用BOO(建设—拥有—运营)模式来建设污泥资源化利用工程,即政府负责提供市政建设用地(使用权期限同特许经营期限)及行业监管,并按照特许经营协议支付污泥处理处置费;由社会投资人支付征地等前期费用,并负责项目投资、建设和运营管理工作。

合肥市污泥资源化利用BOO项目特许经营期26年(含建设期),采用"热水解+厌氧消化+脱水干化"处理工艺,建设规模为日处理污泥200吨(含水率80%)。投资人拥有干化后污泥、沼气等副产物的所有权、处置权和收益权;对于预处理达标的废水项目公司,无须额外支付污水处理费。该项目融合了政府出建设用地、社会投资人投资+建设+特许经营和政府支付等诸多环节,既不同于一般的工程项目,又不是政府采购项目,更不是土地使用权出让项目,为产权交易平台介入提供了可能。

二、项目操作

2013年12月3日,合肥市产权交易中心争取到该项目后,立即组建了项目小组,倒排时间计划表,全速推进项目。按照上级要求,结合该项目特点,采用公开招标+资格审查+综合评分+一次性报价方式,遴选并确定最终的社会投资人。

项目小组首先确定招标方案,拟定招标时间计划表,定岗、定人、定时,责任到人。2013年12月3日至25日,合肥市产权交易中心先后组织了三次沟通协调会,召集委托方、咨询公司和部分专家详细对接项目需求,厘清招标文件主要条款,并按照时间节点倒排计划安排表，层层落实，责任到人；组织专家讨论拟定项目技术参数、资格条件和评分细则；根据项目需求和项目实施目标，制定招标文件，力求招标文件更科学、更合理；提前做好邀请国内一些知名污泥处置处理方面的资深专家参与后期评审的准备工作。

项目小组争分夺秒，在招标文件相关条款初步拟定后，于 2013 年 12 月 27 日进行了标前公示（预公告），以征求潜在社会投资人对招标文件的资格条件设置、评分细则和有关技术参数的意见和建议。预公告后，项目小组共收到意见和建议三条并及时与委托方沟通，在对招标文件进行完善和补充后，于 2014 年 1 月 9 日发布了正式招标公告。截止答疑期前，项目小组收到 7 条有关招标文件的疑问和建议等，并及时按要求发布了答疑和澄清公告。

三、项目结果

2014 年 2 月 10 日上午九点，合肥市污泥资源化利用 BOO 项目开标。上海同济普兰德生物质能股份有限公司等三家单位递交了投标文件。评审中，三个投标人均通过资格审查，大连东泰产业废弃物处理有限公司技术标得分最高，湖北国新天汇能源有限公司商务标得分最高，各家报价均低于招标控制价 270 元/吨（按含水率 80% 计，下同）。经过评委会 6 个多小时认真不间断评审，湖北国新天汇能源有限公司综合得分最高，被确定为预成交人，成交单价为 208.88 元/吨，总成交价为 3.9645 亿元。

2014 年 2 月 18 日下午 14 时 30 分，由合肥市产权交易中心组织的预成交人、委托方、交易监管部门和咨询机构项目约谈会如期召开。作为本项目的业主方，合肥市排水办公室代表介绍项目的有关情况和相关疑问，预成交人湖北国新天汇能源有限公司给予了有关解释，并表达了实施"合肥污泥资源化利用工程 BOO 项目"的信心和决心。合肥市公共资源交易监督管理局代表要求双方尽快签订合同，并要求委托方积极配合预成交人尽快落实该项目的征地、规划、报建等报批工作，尽快使项目落地生根。

四、项目启示

本项目采用 BOO 形式是根据其准经营性或非经营性项目特点来确定的，BOO 项目也是 PPP 项目的一种存在形式。新形势下，产权交易平台是完全可以介入的。

一是产权交易市场是国有产权流转的平台，而 PPP 模式最终形成的大部分都是国有产权（国有资产、国有股权）。产权交易平台提前介入 PPP 项目，符合国有资产交易相关法律法规的精神。因此，产权交易市场能够为 PPP 模式下的国有产权提供流转平台服务。

二是产权交易市场是实现混合所有制经济的重要途径，而 PPP 模式就是通过"公私合作伙伴"方式实现混合所有制经济的。这正是《企业国有资产交易监督管理办法》（国务院国资委、财政部令第 32 号）提出来的新形势下国有资产交易新动向。因此，PPP 模式完全可以借助产权交易市场来征集"合作伙伴"即社会资本，从而实现混合所有制经济发展。

三是产权交易市场是要素资源市场化配置的场所、投融资平台，而 PPP 模式内含了投融资需求、要素资源的聚集。因此，在 PPP 模式退出机制形成的过程中，各类产权、股权交易市场能够为社会资本提供多元化、规范化、市场化的退出通道，进而拓宽社会资本投融资渠道。

（合肥市产权交易中心供稿）

案例 37

中国物流有限公司增资 39.178% 股权项目

北京中招国际拍卖有限公司（以下简称中招拍卖）接受中国诚通控股集团有限公司（以下简称诚通集团）委托，负责与诚通集团、中国物流有限公司（以下简称中国物流）及产权交易所进行沟通，对中国物流增资扩股中存在的问题、难点以及挂牌后可能会出现认购不足等情况逐一进行研究讨论，并制定了《中国物流有限公司第二次增资扩股改制挂牌交易操作方案》。为了能够制定出切实可行的操作方案，中招拍卖充分与诚通集团、中国物流沟通，了解标的企业及增资方的要求，并对标的企业所属行业的发展概况、行业政策、行业投资人的投资方向和意愿进行了详尽调查。

一、项目背景

1. 现场调研

首先，中招拍卖工作人员到诚通集团和中国物流进行沟通和了解，取得集团拟定的《中国物流有限公司第二次增资扩股改制实施方案（讨论稿）》，中国物流撰写的《中国物流有限公司第二次增资扩股定向募集股金说明书》，以及其他相关程序性文件，如集团批复、法律意见书、评估报告、职工代表大会决议等。

2. 市场调研

除上述在诚通集团及中国物流取得的文件外，中招拍卖还通过网络搜集物流行业的政策（如《物流业发展中长期规划（2014—2020年）》《促进物流业发展三年行动计划（2014—2016年）》）、研究发展报告、行业新闻、中国物流基本情况等。

根据上述调研情况，中招拍卖草拟出工作方案并提出问题，又带着问题走访行业专家。根据专家的建议及自身对项目的研究分析，中招拍卖认为中国物流增资符合政策规定及行业规划，同时融资企业发展状况健康，增资成功的可能性很高。中招拍卖对此充满信心。

二、拟定《操作方案》

通过沟通了解，中招拍卖获得以下信息：

股东方：原股东共计 8 个，其中参与此次增资的共计 4 个，拟超过原持股比例增资的共计 1 个。

融资企业：拟参与增资的企业数量多，行业背景及公司性质不同。针对此种情况，经过多轮次讨论，确定了如下方案。

1. 投资人种类设定

为了中国物流今后的战略发展，结合目前老股东的实际情况，最终决定将投资人分为三类，即老股东、战略投资人、财务投资人。

老股东，指截止挂牌日前中国物流已有股东。《中华人民共和国公司法》第三十四条规定：公司新增资本时，股东有权优先按照实缴的出资比例认缴出资。依据此条款，老股东在此次增资扩股中，有权优先按照实缴出资比例认缴出资，超过部分参与竞价。

战略投资人，指已经与中国物流建立业务合作关系的大客户，或未来公司战略布局中的战略合作方，或具备优质物流行业管理经验和技术能力的企业。战略投资人能为将中国物流打造成为"以铁路集装箱和公路干线运输为主，以供应链管理为方向，面向烟酒类快消品、装备制造业物流服务的领军品牌，以及集团、其他央企和重点行业中大客户的主要物流供应商"提供管理、资金、渠道、技术等资源支持。此类投资人的加入将对中国物流今后的战略发展起到非常积极的作用。

财务投资人，指中华人民共和国境内依法设立并有效存续的企业组织。

2. 标的设定

本轮增资扩股原则上应保持控股股东的实际控制人地位。中国物流大股东诚通集团拟参与增资扩股的金额合计 5.31 亿元，其中：诚通集团对中国物流借款 2.60 亿元，第一次增资扩股期间应归属诚通集团的损益 0.56 亿元，2013 年中国物流应分配给诚通集团利润 0.15 亿元，现金增资 2 亿元。诚通集团参与第二次增资扩股后，仍将保持第一大股东和实际控制人地位，持股比例拟定为 40%。本轮增资完成后，第二大股东和第三大股东合计持股比例不得超过诚通集团 30% 的持股比例。

结合上述要求，最终将需要挂牌征集的 39.178% 股权分割为不等额的 10 个标的，并根据标的种类设定了投资人准入条件。

（1）报名 B 类标的（战略投资人）应具备的基本条件

一是中华人民共和国境内依法设立并有效存续的企业组织（以营业执照、组织机构代码证、税务登记证为准）。

二是资信证明：投资人提交不低于认购标的对应股本金额的银行存款证明。

三是至少满足以下条件之一：①与中国物流建立长期业务合作关系（以与中国物流签订的 1 年以上的业务合同为准）；②能为中国物流提供所需业务资源（如烟酒、纺织、化工产品、五金交电等生产、销售企业，以营业执照中的经营范围为准）；③以中国物流为主要物流供应商（以 2013—2014 年中国物流业绩排名为准）；④具备优质物流行业管理经验和技术能力（企业管理人员中拥有取得物流师资质 5 年以上或高级物流师资格的优先），能与中国物流分享物流行业的管理与技术经验。

（2）报名 C 类投资人（财务投资人）应具备的基本条件

一是中华人民共和国境内依法设立并有效存续的企业组织（以营业执照、组织机构代码证、税务登记证为准）。

二是资信证明：投资人提交不低于认购标的对应股本金额的银行存款证明。

三、确定《操作方案》

对于诚通集团提出的挂牌后可能会出现认购不足等情况，经过讨论，形成了"关于《中国物流有限公司第二次增资扩股改制挂牌交易操作方案》补充说明"。具体如下：

一是如果出现认购不足情况，以最终实际认缴出资额进行工商变更登记，各股东股权比例相应提高，诚通集团所占股权比例不低于 40%。（具体数额体现在《增资协议》和新《公司章程》中）

二是如果出现某个 B 类标的无人认购的情况，将对该标的进行分割后转为 C 类标的（分割后的标的最大不超过 5%），供 B 类、C 类意向投资人认购，并按照 5 个工作日为一个周期延长一个周期，以接受新意向投资人报名。（依据：《企业国有产权交易操作规则》第二十条）

综上，经过多方共同努力，最终制定出完整的《中国物流有限公司第二次增资扩股改制挂牌交易操作方案》，并依照执行。

四、挂牌流程

1. 产交所实施挂牌

中招拍卖于 2015 年 4 月 16 日将全部增资扩股所需资料提交交易所。交易所于 2015 年 4 月 17 日在平台进行挂牌，挂牌期限为：2015 年 4 月 17 日至 2015 年 5 月 18 日。

2. 推介

挂牌后，联系人应保持手机 24 小时开机，要能耐心、详细解答咨询者的问题。

五、挂牌结果

截至 2015 年 5 月 15 日 17：30 报名截止时间，共有 12 家企业法人报名。中招拍卖及时向委托方提交了"关于《中国物流有限公司第二次增资扩股改制挂牌征集投资人》情况汇报"及投资人提交的资格证明文件，得到委托方批准后，交易所开始组织竞价。

2015 年 5 月 18 日，经过竞价，最终共有 11 个企业法人（含三个联合体）成为本项目最终投资人。

增资后，中国物流新增注册资本 117552 万多元，募集资金 160694 万多元（含集团公司等原股东参与增资），圆满实现《中国物流有限公司第二次增资扩股改制实施方案》确定的目标。

六、经验总结

通过本次中国物流增资项目的成功运行，中招拍卖总结出以下经验：

1. 业务创新与传统经验相结合

在中国物流本次增资扩股项目运作过程中，中招拍卖指定有着丰富国企改制工作经验的公司副总及项目总监牵头，熟练掌握国家相关法律法规和政策的工作人员参与，凭借多年拍卖工作经验，结合本项目具体情况，制定了一系列可行性工作方案。

根据投资人认购意愿及中国物流实际情况，将挂牌标的划分为多个标的，是增资扩股项目操作实践中的一项创新举措。从竞价情况看，此举是成功的、可行的。

2. 沟通及时，合作各方通力合作

中招拍卖积极、主动地与相关方联系，及时、完整地转达各方要求。在制定《操作方案》的过程中，召开多次讨论会，设定多种方案供中国物流选择，《操作方案》更是数易其稿。最终，将四种增资扩股方案优化成一种。

本项目最终的成功离不开多方的积极配合。诚通集团深入研究领会国家有关法律法规及国资委关于国企改制的政策，制定《中国物流有限公司第二次增资扩股改制实施方案》，并对中招拍卖制定的《中国物流有限公司第二次增资扩股改制挂牌交易操作方案》提出建设性意见。集团公司工作人员对于需要回复、批复的文件，在第一时间给予答复和批准，为本项目顺利完成打下坚实基础。

中国物流管理层和工作人员在挂牌前做了大量扎实有效的工作：根据要求及时提供挂牌交易所需要的各种文件，前往外地股东处沟通、签署文件；向潜在投资人介绍增资项目情况，并及时通报中招拍卖。本次增资目标的超额完成，他们功不可没。

交易所作为本次增资项目的交易机构，充分发挥自身融资功能，整个交易过程体现了"公开、公平、公正"的原则，以及交易系统的便捷性。交易所审核部将审核"前置"，加班加点对提交的文件随到随审，加快了项目进程，保证了项目保质保量按时完成。

（北京中招国际拍卖有限公司供稿）

案例 38

平衡国资转让与股东优先权，实现各方共赢

——江阴天江药业有限公司5.5%股权转让项目

2015年5月，江阴科技新城投资管理有限公司所持江阴天江药业有限公司5.5%股权转让项目通过江苏省产权交易所（以下简称江苏产交所）竞价成交，成交价5.665亿元，比评估值溢价1.265亿元，溢价率29%。

该项目虽然属于参股权转让，但标的金额较大，情况复杂，涉及多名股东优先受让权等问题。江苏产交所在保证转让方、股东和外部投资者多方权益的基础上，结合项目特点制定出相应的转让方案，顺利促成项目竞价成交。

一、项目背景

标的企业江阴天江药业有限公司成立于1998年，注册资本9455.5556万元，拥有10名股东，其中转让方持有标的企业5.5%股权。

标的企业总部坐落于江苏省江阴国家高新技术产业开发区，是国内第一家也是生产规模最大的中药配方颗粒生产研制企业。标的企业年总生产能力达25000吨以上，连续多年年销售量以30%以上速度递增，市场占有率在同行业中名列第一，是国家中医药管理局批准的"首家中药饮片改革试点单位"，是国家食品药品监督管理局批准的首批"中药配方颗粒试点生产企业"之一。标的企业技术研发力量雄厚，曾先后完成多项国家级科研课题，对中药配方颗粒的质量标准研究与生产制作工艺研究均处于国际领先水平。

二、项目特点

一是本次转让股权份额虽小，但具有一定的投资价值。标的企业研发生产中药配方颗粒顺应中医药现代化发展方向，属于国家重点扶持产业，市场需求较大。标的企业具有较高的产能和利润率，拥有市场垄断优势，具有良好的发展前景。

二是标的企业股东数量较多，对本次股权公开转让态度分化。在公告挂牌前，3名股东明确放弃优先受让权；4名股东明确不放弃且承诺通过公开交易程序在江苏产交所竞价场内确认是否行使优先受让权；另有2名股东未明确且未承诺通过公开交易程序

在江苏产交所竞价场内确认是否行使优先受让权。在这种情况下，可能产生多种征集结果，且不适用江苏产交所制定的股东场内行权程序。一旦交易程序设置不当，股东优先受让权未充分考虑，将会产生很大的风险。

三是个别股东专门提出转让方须遵守标的企业内部对股东优先受让权的特别约定。根据此约定，转让方对外转让股权将面临更多程序上的要求，另外约定的30个工作日的股东行权时间跨度更长，对转让方案的制订有较大影响。江苏产交所向转让方了解到，此约定在转让方持有标的企业股权之前达成，已间隔多年，转让方对此并不知情。故亟须在制订交易程序前明确此约定对本次股权转让是否有约束力。

三、转让方案

（一）不设置受让方资格条件

在转让方提出对意向受让方设置资格条件后，江苏产交所与其深入沟通，了解到转让方本次交易旨在收回投资收益，实现价值最大化；同时，江苏产交所考虑到本次小比例股权转让不会对标的企业未来经营和股东间合作产生影响，按照国资转让公开、公平的原则，建议其不设置条件。转让方最终接受了江苏产交所的建议，为后续竞价转让、溢价成交打下基础。

（二）灵活设置交易程序，充分保证股东优先受让权

江苏产交所通过查证，其他股东所述内部约定的协议并未在工商局备案，相关股东优先受让权内容也未在公司章程中体现，但由于间隔时间较长，转让方已难核实在出资时有无签署遵守该约定的相关承诺文件。后经与转让方沟通，为防范风险、避免日后出现纠纷，保证国有资产安全转让，江苏产交所确定将结合内部约定的要求来设置交易程序。

由于该项目同时涉及多名股东不放弃优先受让权，且并非所有不放弃优先受让权的股东都承诺通过公开交易程序在江苏产交所竞价场内行权，江苏产交所在多次与律师及转让方研讨沟通后，在遵照国有资产转让程序的前提下，结合公司法规定以及标的企业内部约定，根据不同征集情况设置以下交易程序：

1. 未征集到外部投资者的情况

根据公司法，向股东以外的人转让股权时才涉及股东优先受让权。所以，在此种情况下，将根据正式提交报名申请的股东数量确定交易方式，只有1名股东报名且交纳保证金的以协议成交；2名或2名以上股东报名且交纳保证金的，股东之间通过竞价方式确定受让方。

2. 征集到外部投资者的情况

为充分保证股东优先受让权利，江苏产交所根据本项目上述实际情况决定采用非

网络的竞价（一次报价）方式确定受让方。

首先由确定资格并交纳保证金、签署收购承诺函的外部投资者书面提交一次报价，其中最高有效报价作为标的企业股东行使优先受让权的同等价格。江苏产交所书面通知所有未明确放弃优先受让权的股东，股东自收到书面通知之日起 30 个工作日内（遵照标的企业内部约定期限）书面确认是否在同等条件下行使优先受让权，该同等条件包括但不限于交纳保证金、签署收购承诺函且以不低于外部投资者的最高有效报价进行收购，未按规定确认的视为放弃优先受让权。同等条件下只有 1 名股东主张行使优先受让权的，该股东成为受让方；同等条件下不止 1 名股东主张行使优先受让权的，由各股东协商确定各自的购买比例，协商不成的，按照转让时各自的出资比例行使优先受让权。股东均不行使优先受让权的，报最高有效报价的外部投资者成为受让方。

3. 充分进行信息披露

在符合国资规定的基础上，结合标的企业内部约定，制订公告中有关交易标的的基本情况、交易条件、重要事项、保证金设置等内容，并在公告中披露上述交易方式。公告内容确定后，在正式挂牌前函告所有未明确放弃优先受让权的股东有关交易程序以及行使优先受让权的同等条件（包括程序上的同等，即按规定时间交纳交易保证金、签署收购承诺函，以及实质上的同等，即转让价格、转让数量、交付转让价款的时间及方式、违约责任等），并将公告内容作为附件。为充分保证股东权利，消除日后纠纷隐患，在函件送达股东 10 个工作日后再发布公告。

4. 加强风险防控

分别在外部投资者与股东需签署的收购承诺函中明确其应遵守的交易程序。

公告挂牌后，该项目吸引了投资者的广泛关注，并通过产权交易市场征集到 1 名符合公告要求的外部投资者。江苏产交所按照事先设置的交易程序组织交易，最终标的企业 1 名股东在同等条件下主张行使优先受让权，该股东成为受让方，成交金额为 5.665 亿元，项目顺利成交。

四、总结分析

回顾该项目，虽然交易时间较长，但是最终顺利解决了所有的疑点和难点，不仅使转让方实现了资产保值增值，也充分维护了标的企业其他股东应享有的权利，同时体现了产权交易平台规范制度、价格发现、中介服务的价值。每一宗项目都是经验的积累，江苏产交所通过该项目总结了不少心得体会。

一是防范风险是根本，实现共赢是目标。应在保证国有资产安全有序流转前提下遵循有关法律法规要求，保护各方利益。

二是为保证项目顺利进行，应提前考虑所有可能出现的风险并制订解决方案。

三是应与转让方充分沟通，尽量不留信息盲点。根据项目特点设计多套可行性方案，并注重转让方需求，与其共同选择相对优的方案。同时，在转让过程中根据实际情况及时调整转让方案。

四是提高效率与防范风险兼顾。根据实际情况精简程序，但在重要节点上应充分考虑风险。

（江苏省产权交易所供稿）

案例 39

石嘴山市属国企改制项目首次进场，
交易取得可喜成效

2014年11月24日，宁夏石嘴山市环境保护研究所（以下简称石嘴山环保所）整体产权转让项目在宁夏科技资源与产权交易所（以下简称宁夏科源产交所）公开挂牌。作为石嘴山市深化企业改革重点推进项目，通过进场交易以网络竞价的方式成交，实现增值109.82%，标志着石嘴山市国企改制首次进场交易取得圆满成功。这对于当地产业结构调整，提升市属国有企业活力和竞争力，以及实现国有资产保值增值具有重大意义。

一、项目背景

石嘴山环保所是由石嘴山环境监测站出资设立的企业，具备乙级环境影响评价资质，并取得环境影响评价咨询服务资格。党的十八大和十八届三中全会后，石嘴山市以中央和地方的会议精神为指导，以国家环保部和石嘴山市委、市政府有关文件精神为方针，为认真落实中央及地方关于深化混合所有制改革的部署和要求，对市属环保所进行政企分开、脱钩改制。经资产评估、研究并制定改制方案，报主管部门批复同意后，石嘴山环保所整体产权转让项目在宁夏科源产交所公开挂牌，转让底价为人民币448万元。

二、主要做法

石嘴山环保所整体产权转让项目在进场前已将固定资产全部划转给原出资单位，石嘴山环保所主要技术人员也已离职，此次产权转让仅剩企业的股权和资质，评估价值偏高。石嘴山市政府、国资委对首次挂牌成交并未报太大信心，并做好了降价再次挂牌的准备。为此，宁夏科源产交所业务骨干牵头成立了专项工作小组，针对这一项目的特性制定了一套行之有效的实施方案。

1. 突出项目亮点，多种渠道推介项目，广泛征集意向受让方

据了解，石嘴山环保所具备的环境影响评价资质仅剩一年有效期，产权转让周期长及后续变更存在不确定性必然会影响资质的有效期限。另据环保部制定的《建设项

目环境影响评价资质管理办法》要求，环评机构资质取得、延续具备较多苛刻条件，不少意向投资人因此顾虑颇多。

针对以上问题，宁夏科源产交所专项小组认真研究了相关行业情况，对政策法规做了详细解读，深入挖掘项目亮点，为投资人答疑解难，打消其顾虑，树立投资信心。宁夏科源产交所与兄弟机构合作，面向全国发布项目公告，并在全国环保行业网站推送项目信息，利用线上、线下多种媒体广泛征集意向受让方。经积极推介，在项目公告期间内，共有宁夏、北京、内蒙古等地的10余家意向投资人致电咨询项目信息。

2. 制定保密措施，确保交易活动公平、公正

为了维护产权交易的公开、公平、公正，宁夏科源产交所于项目进场前在原有的保密制度基础上，增加了针对此项目的保密规定。

宁夏科源产交所专项小组对小组成员就咨询电话接听、意向受让方报名登记、系统信息录入等工作进行明确责任分工。针对可能存在的多个意向受让方同时来交易所现场报名的情况，宁夏科源产交所分别设置了三个互不相连的报名室。

通过"专人专办"和"屏蔽式管理"等措施，有效避免了业务人员泄露报名信息的情况，从而让真正有意向参与项目的意向受让方能够在不受干扰的情况下参与交易活动。

3. 组织竞价测试，科学制定竞价规则，实现超额增值

2014年12月19日该项目挂牌期满，共征集到6家符合条件的意向受让方。为保障网络竞价活动顺利举行，各项工作有序顺畅开展，宁夏科源产交所以专项小组牵头，制定了详细的竞价方案，充分预估竞价活动中存在的各种问题，并组织产权业务及技术部门员工对竞价系统进行测试，确保竞价活动万无一失。宁夏科源产交所还就竞价规则与转让方及其主管部门反复确定，建议以延长竞价时间、降低加价幅度的方式促进充分竞价。

2014年12月23日下午2点30分，石嘴山环保所项目的网络竞价活动在宁夏科源产交所网络竞价平台上按期开始。竞价开始后的短短8分钟里，最高报价就已达到500万元，在限时报价结束时，最高报价已超出转让底价近200万元。

下午4点，限时报价结束，进入自由报价时段，竞价更为激烈。各意向受让方出价不相上下，在短暂的180秒延时不断加价，短短20分钟时间里，报价次数竟多达64次。4点18分，项目报价达到890万元，比挂牌价格翻了一番，几秒后，报价便突破900万元大关。4点22分，石嘴山环保所项目最终以940万元成交，涨幅109.82%，累计报价次数达99次。

三、取得成效

宁夏科源产交所严格依法依规服务石嘴山市属企业深化混合所有制改革，在项目

进场前挖掘项目亮点，进场中维护交易秩序，竞价前预估各种风险。通过充分研究、精心准备，成功实现石嘴山环保所股权增值转让，收益远超过预期，得到石嘴山市政府、国资委、环保局等各方面领导的充分肯定。《石嘴山日报》在要闻头条上重点报道了此次产权进场成功交易的情况，聚焦国有资产进场交易取得的成效。该项目的成功运作，充分展示了国有产权交易资本市场在企业混改中所起到的重要作用，极大提振了地方政府对企业进场混改的信心。

  实践证明，国有产权通过公开、透明、规范的国有产权交易平台有序流转，不仅可以促使资源优化配置，实现国有资产保值增值，更有利于构建现代企业制度，提升企业实力和竞争力，对形成良好的信用基础和市场秩序、完善社会主义市场经济体制具有重大意义。

（宁夏科技资源与产权交易所供稿）

案例 40

产权交易助力上海自贸区战略，
区内首个国有地块高溢价成交

2013年10月16日上午，中国航空器材集团公司（以下简称中航材集团）所属上海浦东航空实业发展公司整体产权及中航材集团对其1072.35万元债权项目，在北京产权交易所（以下简称北交所）竞价交易大厅高溢价竞价成功，这是中国（上海）自由贸易试验区（以下简称上海自贸区）自2013年9月29日成立以来的第一宗区内地块成交项目。

一、项目背景

中航材集团是国务院国资委管理的中央企业之一，是中国民航六大航空运输及保障集团之一，是专门从事飞机采购及航空器材保障业务的专业公司。近30年来，公司为国内各大航空公司购买和租赁飞机共计2000余架；进口了数量众多的各种机场配套设施、专用车辆及大型的空中交通管制系统和校验设备等。

作为该产权项目的管理部门以及转让操作部门，中航材集团规划发展部根据2012年集团工作会议精神，在全面考虑中国航空器材上海有限公司及标的企业上海浦东航空实业发展公司的实际运营情况后，组织集团各相关职能部门进行了科学论证，最终决定公开挂牌转让航空实业整体产权及集团对其全部债权，以便迅速回笼资金，推动中航材集团在其他业务领域的发展。

该项目拟转让的标的企业主要资产为位于上海市外高桥保税区美盛路55号的15亩工业仓储地，占地面积为10005平方米，地上建筑共有5栋，总建筑面积为14395.49平方米，主要用于仓储、展示、办公等。项目地块距离6号线地铁站步行只需5分钟，距离上海自贸区管委会2.8公里。标的企业全部净资产评估值为6309.29万元。适逢2013年8月22日国务院正式批准设立上海自贸区，该项目所在的外高桥保税区正位于国务院划定的自贸区范围内。

二、项目运作历史沿革

早在2012年上半年，中航材集团就在北交所组织下进行了该项目的预挂牌招商推荐活动。作为北交所首批"中央企业全要素综合服务特邀服务机构"、连续多年拥有"十佳会员"荣誉称号的北京九汇华纳产权经纪有限公司（以下简称九汇华纳）嗅觉敏锐，认为该项目是个好项目，主动出击，为中航材集团提供有关国有企业改制政策、国资产权转让法规、国资产权交易操作流程等咨询服务，并组织旗下房地产研发部精兵强将赴现场进行实地考察，编写了该项目的《投资价值分析报告》。中航材集团规划发展部领导极为关注该项目的招商情况，多次参与项目招商方案策划。2012年11月与12月，九汇华纳北京总部携上海办事处共同为中航材集团在上海市组织了两场投资人专项推荐会。

2013年3月，九汇华纳拜会中航材上海公司领导，就项目推荐情况做详细汇报。中航材集团经过研究，决定正式委托九汇华纳作为该项目的产权经纪委托会员单位。在该项目进行挂牌资料准备期间，九江华纳借助北交所平台第二次进行预挂牌招商推荐，并择时正式挂牌。

经过中航材集团领导的周密策划，以及九汇华纳的认真准备，该项目终于在2013年8月29日以超出评估值近一倍的1.2亿元的价格在北交所正式挂牌。

挂牌期间，九汇华纳充分利用上海自贸区的概念，进一步修正《投资价值分析报告》并加大推介力度，向不下上千家企业和个人进行了各种方式的推介，前后组织几十拨投资人前往现场调研。

截至2013年9月28日挂牌期满，九汇华纳共征集到6家符合受让资格条件的意向受让方，其中有4家意向受让方法人交纳了交易保证金。按照网络竞价实施方案的约定，该项目于2013年10月16日在北交所网络竞价大厅进行公开竞价。经过总计81轮次的激烈角逐，该项目最终以2.3亿元成交，溢价1.1亿元，溢价比例91.67%，与中航材集团备案的资产评估值相比，溢价率高达211.58%，与最初的账面资产相比，更是溢价23倍。中航材集团规划发展部领导也来到北交所竞价交易大厅，观摩了网络竞价全过程，并现场指导网络竞价工作。

竞价现场全体到场嘉宾、工作人员以及旁观者都为该项目的精彩竞价投以热烈的掌声，一者工业用地竟然拍出了1500万元/亩的价格，为国有资产大幅度增值而高兴；二者为受让方慧眼识珠而喝彩；三者为作为中国国有要素市场建设的排头兵产权交易所及产权经纪会员，发挥"通过公开竞价修正资产评估价格"这一独有功能而欢欣鼓舞。

2013年10月23日，由北交所主办、九汇华纳协办的该项目签约及资料交接仪式在上海自贸区隆重举行。

鉴于该项目是上海自贸区设立以来的首宗产权交易项目，也是首个土地流转项目，又是少有的高溢价项目，中航材集团及北交所、九汇华纳的领导都高度重视。中航材集团孙博副总经理、规划发展部冯春燕总经理，北交所吴汝川董事长、朱戈总裁，九汇华纳徐世湘董事长等都亲临签约仪式。部分中央企业领导、私募基金等机构亲临现场证签。中央电视台、上海东方卫视、时代周报、中国证券报、上海证券报等国内知名媒体进行了现场报道。CCTV13、CCTV2 迅速以"上海自贸区首个地块高溢价成交"为题做了报道，东方电视台、国内大量媒体纷纷转载或做了深入连续报告。一时间，上海自贸区首个地块项目成交的消息传遍大江南北。

该项目的高溢价成交，不仅整体提升了上海自贸区的土地价值，更向自贸区现有土地和房产持有者（大部分是国有企业）传达了积极乐观的信号。

为确保该项目完满收官，作为北交所自 2012 年以来一直主推的"中央企业全要素综合服务"的践行先锋，九汇华纳在签约仪式结束当天即与上海自贸区相关职能部门积极沟通，全面调研上海自贸区后续土地变性等配套扶持政策的落实；同时向上海自贸区相关领导全面介绍了该项目成交的全过程。为此，上海自贸区管委会有关领导对产权交易平台及产权经纪机构所起的作用给予高度认可，表示会积极配合做好后续各项工作。

三、项目的现实意义

上海自贸区建设是国家战略，是先行先试、深化改革、扩大开放的重大举措，意义深远。这项重大改革以制度创新为着力点，重在提升软实力，各项工作影响大、难度高。

上海自贸区建设不仅仅是完善自由贸易功能，更重要的是试点投资和金融的自由化，无疑将吸引国内外大量的企业进驻。但是，据业内专家估计，区域内大部分土地已经被开发完毕，可供开发的土地仅有 10% 左右，而且大部分是工业用地，升值潜力最大的商业用地不多。

上海自贸区原有土地规划按功能区块划分，但上海自贸区挂牌后，欲在区内开设业务的国内外企业蜂拥而来，因而土地供求矛盾极大。以外高桥为例，基于保税区的性质，区内土地多以仓储、物流等工业用地为主，区内办公项目不足。由于区内新增土地有限，现存土地又以工业用地为主，通过改变土地性质"盘活"既有土地解决"地荒"的问题，显得迫在眉睫。

该项目正面临上海自贸区成立以来的招商土地奇缺之际，极可能为政府解决上海自贸区内商业地块地荒破题，即积极创新区内土地政策，将工业地产直接转为商业地块。该项目的顺利成交，客观地说，推动了上海自贸区地荒问题的解决；也可以说，这是中央企业国有资产产权交易助推国家战略实施的又一例证。

九汇华纳作为致力于为国有企业提供服务的专业机构，在中航材领导、交易所领导的支持下，通过认真细致的筹划和艰苦的推介工作，让原本很难盘活的闲置资产高溢价成交，让国有资产大幅度增值。经过九汇华纳不断地创新服务，协同组织签约仪式及媒体报道、与管委会领导沟通、协助受让方利用土地与自贸区管委会谈判，一件简单的产权流转项目，不仅成为利用产权交易平台盘活国有资产的典范，同时成为国家自由贸易区战略实施的一个重要里程碑。

（北京九汇华纳产权经纪有限公司供稿）

案例 41

国资新政推动油气改革
增资金额最大项目成交

——中石化川气东送天然气管道有限公司增资项目

2016年12月12日，中国石油化工股份有限公司（以下简称中石化）旗下子企业中石化川气东送天然气管道有限公司（以下简称川气东送管道公司）与其投资方——中国人寿保险股份有限公司（以下简称中国人寿）、国投交通控股有限公司（以下简称国投交通）签订增资协议，融资总金额达228亿元。至此，32号令发布以来中央企业进场单笔融资金额最大的项目通过北京产权交易所（以下简称北交所）圆满完成。

一、项目背景

我国是能源消耗大国，能源种类主要为石油和煤炭。面对日益严重的环境污染等问题，近年来，我国越来越重视天然气等清洁能源的利用。川气东送管道是继西气东输管线之后又一条贯穿我国东西部地区的管道大动脉。该工程西起四川达州普光气田，东至上海，于2007年8月底正式开工，2009年全线贯通投产运行，管道全长2229公里。该管道包括一条干线、一条专线及五条支线，途经四川、重庆、湖北、江西、安徽、江苏、浙江、上海6省2个直辖市，设计年输气能力120亿立方米。川气东送工程是我国继三峡工程、南水北调、西气东输、青藏铁路之后又一重大工程，作为天然气管道运输的标杆性项目，其市场前景十分广阔。2013年、2014年和2015年，川气东送管道分别实现输气量75亿立方米、79亿立方米和83亿立方米。同时，川气东送管道的一期及二期增压工程正在建设规划中，全部达产后预计可为中石化增加销售收入200亿元。

2016年8月，为更好地激发企业活力，补充发展资金，中石化决定对川气东送管道公司实施增资扩股。川气东送管道公司注册资本金10000万元，根据增资方案，川气东送管道公司共释放50%股权，募集资金总规模不少于200亿元人民币，单个投资方的投资金额不得少于10亿元，并且全部为现金增资。该项目募集的资金，将全部投入到川气东送管道项目的管线建设等相关固定资产投资。

该项目是中石化继2014年在油品销售终端推行混合所有制改革后，在油气管网领域的又一大动作,是国家油气行业改革的重大突破;对改变油气行业的产业结构、投资结构,盘活国有资产、提升国有资产效率具有非常积极的作用。

二、项目操作

1. 运用"点面结合"推介手段,充分发挥产权交易市场投资人发现功能

2016年8月初,川气东送管道公司增资项目在北交所挂牌。该项目因广阔的市场前景和较强的连续盈利能力,受到不少投资者的青睐。但要在更大范围内寻找到合适的战略合作伙伴也并非易事。

为最大限度地发现投资人,北交所采取"点面结合"的推介手段对项目进行全面推广:一是通过报刊、门户网站、电视传媒等多种途径,为项目广泛征集投资人;二是结合项目特点,北交所在整合和分析多年交易数据和投资人数据库后,有针对性地对市场上资产量较大的险资、券商等金融机构和大型民营企业实行点对点的推介。经过广泛推介,北交所共收到近30份意向投资人提交的《投资意向书》和《保密承诺函》。通过融资方审核,最终确认10家意向投资人的资格。

2. 采用竞争性谈判的遴选方式,充分发挥产权交易市场的撮合功能

在项目操作过程中,北交所不仅进行政策和规则解读,还充当了交易各方的沟通纽带,同时是各方谈判的组织者和撮合者。在前期方案设计上,针对此次增资面对的大多是财务投资人、许多商务条款还有待磋商等问题,北交所建议融资方采用竞争性谈判的遴选方式,这也成为北交所开展增资业务以来第一单采用竞争性谈判方式并顺利实施的成功案例。选择竞争性谈判的方式,一方面有利于交易双方在谈判过程中对商务条款进行灵活调整;另一方面,对于谈判过程中可能遇到的问题和阻碍,北交所可以居中撮合,并对谈判过程进行监督和规范。

3. 增设公布报价结果交易环节,充分发挥产权交易市场规范交易功能

为保证项目顺利推进,北交所在合法合规的前提下,根据项目特点和难点,协助融资方对交易方案进行修改和完善。北交所意识到,此次增资面对的意向投资人主要集中在金融领域的大型机构,存在一定串标风险。为此,北交所特意增设公布报价结果的交易环节,通过科学的流程设计,有效避免串标的可能性,保证交易规范进行。

三、项目结果

通过增资公示、投资人遴选等交易流程,2016年12月12日,川气东送管道公司与中国人寿和国投交通签订增资协议。其中:中国人寿投资金额为200亿元,持股比例为43.86%;国投交通投资金额为28亿元,持股比例为6.14%。

这些实力企业的加入,不仅为川气东送管道公司注入了大额发展资金,还组成强

大的股东阵容：中国人寿是国有特大型金融保险公司，业务范围涵盖寿险、财产险、养老保险（企业年金）、资产管理、另类投资、海外业务、电子商务等多个领域，并通过资本运作参股了多家银行、证券公司等其他金融和非金融机构，是我国资本市场最大的机构投资者之一；除了石油公司之外，中国人寿是唯一一家持有长输管道股权比例超过40%的投资者。国投交通则是国家开发投资公司的全资子公司，是一家专门对港口、铁路、路桥等交通基础设施项目公司进行控股参股经营的投资控股型公司，入股该项目标志着国投交通首次进入石油天然气管道领域。

中石化网站披露的信息显示，川气东送管道公司2017年的主营业务收入为56.4288亿元，资产总额为362.4345亿元，天然气管输商品量为119.1244亿立方米。增资后，生产经营各项指标较增资前均实现较大幅度增长，混改成效明显，为其他央企推进混合所有制改革提供了一个绝好的样本。

四、项目启示

1. 产权交易市场的平台资源是增资业务顺利推进的重要助力

产权交易市场及其平台资源，是增资业务顺利推进的重要推动力。例如，北交所多年积累的投资人资源中有可能存在意向投资方，两百多家会员单位也能让北交所挖掘潜在投资人的能力呈倍数放大。川气东送管道公司增资项目便是通过北交所发现了诸如杭州锦江、平安系等多支有实力的民营财团，合计报价300多亿元，约占全部报价的三分之一。

2. 产权交易市场的信息发布功能是增资业务顺利推进的有力保障

在以往的场外交易中，由于信息不对称，最合适的战略合作伙伴往往失之交臂：融资方采取传统的信息发布方式，信息发布范围较窄；而一些符合条件的意向投资人经常因信息不对称而失去投资机会。同时，在场外交易中，投融资双方通过谈判来博弈，在谈判中确定增资条件、增资价格等要素，处于资金需求端的融资方因缺少广泛的信息发布空间，往往处于劣势。企业通过产权交易市场增资，项目信息能够得到更有效、更广泛、更充分的扩散，有利于为项目寻找到最优质的投资方，有利于推动投融资双方的顺利合作。

3. 产权交易市场规范高效的服务特质是增资业务顺利推进的关键因素

产权交易市场作为资本市场的重要组成部分，正成为银行信贷和证券市场之外企业融资的又一优质平台。川气东送管道公司增资项目的圆满完成，就是产权交易市场实现多方共赢、促进多方价值最大化的充分体现。

对融资方而言，该项目在投资报价公布会上拟认购资金总额超过1200亿元，最终融资金额高达 228 亿元，实现大幅度增值；大大充实了融资方的资金实力，增强了中国石化天然气管网的建设能力，改善了融资方的资本结构和治理结构，提高了管理运营能力，为今后的持续快速发展奠定了基础；而且为电力、铁路等其他垄断行业开放竞争性业务提供了可借鉴、可复制的案例。

对投资方来说，中国人寿作为国内具有代表性的险资龙头企业，通过此项目创造了单一保险机构直接股权投资规模和持股比例之最，充分发挥了保险资金周期长、量大、稳定的优势，为保险资金支持实体经济发展、助推供给侧结构性改革提供了新范例；而国投交通则实现了对石油天然气管道领域的首次投资。

对监管机构而言，该项目是 32 号令发布后的最大单笔增资项目。该项目的成功，是中央和国资监管部门结合国有经济发展形势，通过顶层制度设计，科学管理和引导国有资产监管的重要成果，是国企改革思路正确性的一次有效验证。

对产权交易市场而言，在项目操作过程中，北交所积极发挥桥梁纽带作用，在方案设计、市场推介、交易撮合方面深度参与，最终促成项目顺利成交，既体现了服务能力，也为产权交易市场操作融资规模如此之大的增资项目积累了经验。这说明，在"一带一路"等国家和区域发展倡议之中，产权交易市场扮演的角色必将越来越重要，发挥的功能必将越来越强大。

（北京产权交易所供稿）

案例 42

渤海证券增资 52 亿元扩股 15 亿股项目
在天津产权交易中心成功落地

2017 年，该项目荣获中国产权交易资本市场最具影响力案例奖，并得到评委和行业的高度评价：天津产权交易中心（以下简称天津产权）成功运作渤海证券增资 52 亿元扩股 15 亿股项目的重大影响力，并不仅在于项目本身属于金融行业，融资额度大、市场关注度高、操作风险大、溢价率高；更重要的是，在项目受到市场青睐的情况下，天津产权以专业化、市场化的服务，创新地对项目科学合规拆细、合理定价，率先把簿记建档、荷兰式招标定价方式引入产权交易市场增资项目，并开发了专门的线上竞价交易系统。这些探索必将在产权行业产生示范效应和深远影响。该项目的成功运作，充分体现了天津产权在企业增资、业务创新方面的专业服务能力和水平，充分发挥了天津产权的资本市场平台作用。

一、项目背景

为了进一步扩大资本实力，引入新的战略合作伙伴，尽快实现上市目标，渤海证券按照市政府、市国资委对上市工作的部署，拟在上市前分两轮增资 40 亿股。在 2015 年底完成原股东和市属国资首轮增资 24.33 亿股后，第二轮增资拟通过在产权交易市场具有较大影响力的天津产权募集社会资本 15.67 亿股，折合资金约 50 亿元人民币，占增资后总股本的 19.5%。

二、项目难点及方案策划亮点

此次增资项目与以往不同：①渤海证券属于金融行业，而且是天津市重要的投行类金融机构，社会关注度高；②增资额度大，时间紧，需在金融监管机构批复文件时限要求内完成增资；③既要引入多家投资人，又要满足同股同价要求，需要对股本进行合理的拆分并探索新的定价方式；④由于增资方的金融机构属性，对股权设置方案和投资人资格提出更高的要求，项目操作风险大。对此，天津产权、天津实物转让调剂市场项目团队主动服务、精心设计、大胆创新，成功以"簿记建档"定价方式运作了渤海证券增资扩股项目，取得很好的效果。此举充分发挥了产权交易市场"投行+

平台"的服务功能，得到两级国资委和企业的充分肯定和好评。

一是借鉴"簿记建档"，创新投资方遴选方式。为满足渤海证券对公司制法人最低认购1亿股、最高认购8.037亿股、有限合伙制基金最低认购1.5亿股、最高认购8.037亿股的要求，按照渤海证券增资扩股19.5%（1566844816股）的投资者资格和股权设置要求，天津产权打破传统多次报价的竞价方式，借鉴股票"簿记建档"定价方式，按照"价格优先、时间优先"的原则，采用一次性报价方式定价。

二是大胆打破不合理业务规则条框，市场化、专业化运作。按照增资扩股业务的特点，修改完善天津产权的增资扩股业务规则。适应企业增资扩股行为决策规则，满足增资扩股业务的专业化、市场化需求，帮助企业引入战略投资者，最大限度地为企业提供高效、便捷服务。

三是开发专门增资扩股交易系统，做好项目路演推介。根据项目竞价方式的特点和要求，天津产权认真组织有关部室研究开发了专门的增资扩股竞价交易系统，将荷兰式招标的定价思路引入产权交易市场增资项目；同时多渠道、多方式对项目进行推介，提供专业化的竞价服务，确保交易规范、公开、公平、公正。

四是成功溢价引入6家投资人，实现超募和国有资产保值增值。项目公示期为2016年6月16日至7月13日，公示结束后共有6家意向投资方符合要求并确认进入竞价环节。项目挂牌价格为3.16元/股，通过竞价，最终成交价格为3.3元/股。

五是两步出具增资凭证，有效防范交易风险。渤海证券分别与6家最终投资者签订增资协议并完成相关程序后，天津产权先为其出具了金融监管部门审核用的增资扩股证明；待审核通过并收到渤海证券关于该项目的验资报告后，天津产权于2016年9月出具了最终的增资扩股证明。

项目基本融资信息

计划认购量（股）	1566844816
有效认购量（股）	1632000000
最终认购量（股）	1566844816
超募（股）	65155184
计划增资额（元）	4951229618.56
最终增资额（元）	5170587892.8
超募额（元）	219358274.4

三、项目启示

做好增资扩股业务是提升产权交易市场融资功能的重要抓手。中发〔2015〕22号文件和国发〔2015〕54号文件将产权交易市场纳入我国多层次资本市场的重要组成部分，32号令将增资扩股业务与国有股权交易、国有资产交易一同纳入产权交易市场进行交易，并将增资扩股业务作为打造产权交易资本市场的新开端。渤海证券增资扩股前期的运作虽然在 32 号令出台之前，但完全吻合 32 号令精神，这充分说明天津产权完全具备做好增资扩股业务、帮助企业融资、引入社会资本、引进战略投资者的能力。下一步，天津产权将认真贯彻有关文件精神，不断提升市场融资功能，把自身打造成市场化、专业化的资本市场，为国企国资改革、混合所有制经济发展做出新的贡献。

（天津产权交易中心供稿）

案例 43

打通境内外资产交易渠道，凸显产权交易市场集聚资源、对接资本、发现价值功能

一、项目基本情况

本项目转让方为江苏省某省级机关（以下简称转让方），项目标的为位于香港特别行政区内的一套房产，该房产由个人代持，产权实际控制人为转让方。根据江苏省相关要求，为进一步盘活闲置国有资产，经江苏省机关事务管理局批准，对该房产进行公开转让。2016年6月，转让方委托江苏省产权交易所（以下简称产交所）公开处置该套房产。

标的坐落于香港铜锣湾礼顿道1号愉景楼，建筑面积为120.21平方米，距离香港铜锣湾商业区仅10分钟步程，交通便利，生活便捷，基础设施发达，房屋本身保养良好，物业配置齐全。但由于该房产处于境外，在交易、变更、资金结算等流程上与境内房产有很大不同，客观上加大了处置难度。

二、项目难点和风险点

接受委托后，为保障本次处置工作顺利进行，2016年6月28日，产交所工作人员赴香港铜锣湾地区对该房产进行了实地查看，并与香港当地律师会面，咨询香港房地产买卖的有关规定和惯例，了解香港房产的特殊性及两地法律体系的差异。调研工作结束后，产交所工作人员认真分析标的处置存在的难点和风险点：

1. **手续复杂且交易成本不确定性高**

由于香港房产的特殊性及两地法律体系的差异，在交易流程中，存在如下几个问题：①转让方产权代持人出境赴港办理变更等手续的难度较大，可能性低。②境内产权交易机构出具的房产交易鉴证材料不被香港房产管理机构所认可，办理房产变更时还需要由香港律师行出具交易鉴证书，这增加了买卖双方的鉴证成本。③如在内地组织标的挂牌竞价，受过境、体制差异、时间限制等因素的影响，香港居民到内地办理报名等手续很不方便，意愿较小，且大部分人对境内的网络竞价系统也不熟悉；若在香港组织境外交易，由于法律体系和规章制度的差异，可能会大大增加交易周期和

交易成本。

2. 资金结算手续烦琐

房产处置过程中遇到的资金结算问题主要有以下几种情况：①如买方为非港居民，则需支付22.5%的房产购置税，这对买方的资金要求较高，购房成本也较高，且所有款项的结算需要通过香港银行账号进行；而由于外界与香港存在结汇、反洗钱等机制的障碍，非港居民在香港开立个人账户及开立账户后款项汇入境内的结算手续都非常麻烦，存在失败风险。②如买方为香港居民，一般会选择按揭贷款方式购房，而原则上国有资产处置款应一次性付清。即使确定以按揭贷款形式付款，需要由贷款银行将款项定期划入律师行专户，再由律师行汇给房屋所有者或所有者的授权委托方，这与非港居民情况相同。大额、多批款项转入境内账户较为困难。③境外款项能否顺利通过外管局结汇进入境内账户，存在不确定风险，且境内外资金结算遇到的阻碍可能会影响房产处置工作的顺利进行。

3. 标的需求面窄

对于大部分非港居民。标的吸引力不大：①非港居民购买香港房产，需支付较高比例的房产购置税（一般为房价的22.5%）。②该房产为二手房，处于闹市区，周边环境一般。通常情况下，具备该等资金实力的人士不会选择购买香港境内闹市区的二手房。③即使有子女就读等因素需要经常赴港，大部分会选择在深圳离口岸较近的地区，如沙田、罗湖等地购房。④香港房价由于政策影响处于下跌趋势，影响其投资价值。⑤非港居民购买此套房产后长期居住的可能性较低。⑥根据香港本地法律，闲置超过三年的房产会由香港土地管理部门发函至房屋所有人，若限期内未取得回复，管理部门将对该闲置房产进行公开处置。

对于临近的深圳居民。该标的具有一定吸引力：①深圳居民因工作需要长期驻港或者需经常赴港人员较多，该部分群体有在港置产需求；②由于香港房产处于下跌趋势，但深圳房产当期处于上升趋势，深圳一套房产总价接近千万元的很多，且深圳居民总体富裕程度较高，对该价格接受度较高。

对于香港居民。由于该房产的所有权人在大陆，且最终交易款需汇入境内账户，因此香港居民参与意向受让该套房产在交易和资金结算方面均存在不便。但由于香港居民购买在港房产的税负较低，在港办理变更等手续也较为便利，因此该部分群体参与受让该套房产有一定可能性。

综上，我们认为：虽然该标的总体需求面窄，但在港工作且居住在深圳客户群积极参与竞买该房产可能性较大，香港居民参与受让该房产也有一定可能性。

4. 标的推介有一定难度

标的推介有一定难度：①如选择香港房产中介机构推介，则交易成本很高（香港中介机构向买卖双方各收取成交价款的百分之一作为中介费）；②由于需求面窄，交易所传统的推介渠道和方式可能效果不明显。

此外，由于香港和内地法律的差异，标的在资产评估机构选择及房产变更手续上存在不同。根据香港房产交易要求，香港房地产买卖中的房产评估通常由银行进行，该套房产通过多家香港本地银行评估的价格为1050万~1170万港币；但是根据内地国有资产管理要求，评估需由有资质的第三方评估机构进行。房产变更手续方面，香港房地产无类似于大陆房产证的产权证明；关于标的的所有信息均留存于合同中，买卖双方完成变更直接写入合同，并在香港房产相关管理部门留档备查。

三、项目处置方案

在掌握了香港当地房产交易规则，把握了处置工作中的难点和风险点之后，产交所制定了以内地客户为主、兼顾香港潜在客户群的处置原则，并围绕这一原则进行了处置工作。

1. 资产评估

鉴于该项目的国有资产性质，最终决定该项目的资产评估由国内符合要求的评估机构完成。产交所将经省有关部门确认的资产评估机构库向转让方推荐，由转让方从库中按规定选取符合要求的第三方评估机构对标的进行评估后出具评估报告。评估结果报省机关事务管理局备案。评估价格以人民币金额列明，作为转让底价。

2. 房产变更中涉及的境外事项

因转让方出境不便，产交所建议转让方委托香港律师楼作为该房产合同鉴证代理人。由委托代理人赴宁，与转让方签订委托代理协议，由委托代理人代理转让方办理房产变更过程中的涉外流程。

3. 资金结算

为避免出现境外资金结算等问题，各方研究讨论后敲定处置过程中涉及的交易保证金、交易价款、交易服务费等款项一律以人民币在产交所指定境内账户结算。产交所收到交易价款后，向委托代理人（香港方律师）出具收讫证明。委托代理人即可认定交易双方已经付清款项，无须再通过香港境外账户进行结算。

4. 信息公告和推介

根据以内地客户为主的处置原则，交易所选择了针对潜在客户群进行精准推介的方案。项目信息公告主要通过产交所国内渠道发布，征集意向受让方和开展竞价通过产交所平台进行，推介的重点目标是深圳客户群。考虑到香港居民参与受让该套房产也具有一定可能性，产交所建议转让方在香港报刊对该套房产做一定的宣传。

四、交易过程

产交所起草转让公告，经转让方和江苏省机关事务管理局确认后在产交所网站发布转让公告。通过公开征集，最终征集并确定了深圳一居民为最终受让人，成交价格为人民币 1056.03 万元（高于香港当地律师预估价格）。

产交所随即开展后续工作。经甄选，选定锦天城（南京）律师事务所作为项目法律顾问，选定史蒂文生黄律师楼作为香港地区的代理机构，签订委托代理协议。全权委托代理机构办理房产变更在港手续，省去了委托方赴港办理的烦琐流程。

在所有准备工作协调完毕的情况下，香港律师于 2017 年 12 月 7 日赴宁，接受转让方委托，全权代理转让方在香港办理房产变更的一切事宜。

香港律师接受委托后，即审验香港房产资料，同时将资料带回香港到相关部门核对。经香港律师楼的审验，发现产权持有人的身份证号码由原来的 15 位升到现在的 18 位。香港律师提出该事项是一个瑕疵，如得不到解决，不但会影响合同的签订，受让方也可因此要求标的降价。香港律师提出解决方案，要求转让方房产代持人到公证处公证原号码与新号码为同一人，并将公证书送到外交部领事司进行认证。交易所积极配合转让方办理了身份证号码公证，并最终通过外交部领事司认证。

2018 年 3 月 13 日，香港律师第二次赴宁，鉴证转让方签署房屋转让合同。同日，产交所通知受让方将房屋价款交纳至产交所指定账户。在收到全部房屋价款并由转让方确认后，产交所将到账凭证传至香港律师处，香港律师在港启动交割流程。

2018 年 3 月 15 日，香港律师在港与受让人委托律师会面，鉴证受让人签署房屋转让合同，并将房屋钥匙交给受让人，启动房屋移交手续。

2018 年 4 月 10 日，标的房产在香港办理好房产移交手续，交割完成，标志着整个项目的产权转让环节圆满结束。

五、启示及意义

该项目是产交所首例香港资产处置业务。产交所在项目处置过程中积极为交易各方提供高效优质的服务，认真组织调研、拟定处置方案、协调各方工作，严控各类风险，最终保障项目顺利成交。总结经验，主要有以下三点：

一是项目前期详细深入的调研分析是基础。在接受委托后，产交所即派人员到香港查看标的状况，获取房产基础资料，进行初步审验，了解香港房产交易相关法律规定等，在此基础上，准确把握了标的处置的难点，为项目顺利成交打下基础。

二是制定合理处置方案是关键。香港法律与内地法律是两个相对独立的法律体系。在交易过程中，既要符合香港房产的变更规范，又要符合国有资产进场交易相关法律的规范，还要考虑跨境交易引起的交易成本增加。初步调研分析后，包括委托方在内的各方都觉得该项目成交难度很大。产交所与转让方、批准单位和律师进行了充分沟通，多次召集各方研究处置方案，经过反复推敲，最终明确了以内地客户为主、兼顾香港潜在客户群的处置原则，并根据这一原则确定了标的挂牌形式、挂牌地点、推介方案、结算方式、中介机构的选择等事宜。事实证明了标的处置方案的正确性。该方案既符合相关法律规定，又满足转让方和监管部门的要求，同时还具备便于操作、方便资金结算和成交变更、节约交易成本等优点，促进了国有资产的保值增值。

三是必须加强部门间的协调与配合。标的在交易过程中涉及省外办、外交部领事司等诸多部门，遇到了一些事先未预料到的政策性障碍。另外，鉴于该项目为江苏省首个行政单位资产跨境处置事项，包括产交所在内的相关部门既无惯例可循，也无处理经验。因此，处置过程中加强部门协调，发挥各方积极性，争取各方支持显得尤为重要。产交所积极做好协调工作，加强与相关各方的联系，共同应对交易过程中出现的各类问题，推动了项目的顺利进行。

该项目彰显了产交所集聚资源、对接资本、发现价值的平台优势，以及高效的业务能力与优质的服务水平；实现了国有闲置资产的保值增值，为产交所处置异地、境外资产积累了宝贵的经验。

（江苏省产权交易所供稿）

案例 44

方正东亚信托有限责任公司 57.51% 股权转让项目

一、项目简介

2016年,武汉光谷联合产权交易所(以下简称光谷联交所)成功操作了一宗金融企业股权转让项目——方正东亚信托有限责任公司(以下简称方正东亚信托)57.51%股权转让项目,成交金额500000万元,为武汉本地金融企业争取到一块宝贵的金融牌照,为其做优做大做强做出了贡献。

方正东亚信托是中国银监会于2010年1月23日批准重组成立的非银行金融机构,前身为武汉国际信托投资公司,2010年11月26日正式开业营运,其股东为北大方正集团有限公司(持股70.1%)、东亚银行有限公司(持股19.99%)、武汉金融控股(集团)有限公司(持股10%)。本次转让方北大方正集团有限公司拟转让其持有的方正东亚信托57.51%的股权,评估值为499180.19万元,评估报告已经中华人民共和国教育部备案。该项目于2016年3月8日至2016年4月5日挂牌,挂牌价为500000万元,出让方为北大方正集团有限公司,受让方为武汉金融控股(集团)有限公司。

二、操作亮点

1. 投行思维深挖项目卖点

随着金融市场的不断完善及发展,目前已有越来越多具有地方政府背景的信托公司纳入地方金控平台的旗下,不断整合地方金融资源、打造金控平台为己所用,比如湖南财信,旗下拥有湖南信托、吉祥人寿、财富证券等多家金融机构。

在众多金融牌照中,信托牌照有独特的优势,是稀缺资源。自2007年以后,银监会没有发放过新的信托牌照,供应有限凸显牌照价值。此外,信托被称为"实业投行",拥有最为宽松广泛的投资范围,能够整合运用几乎所有的金融工具,行业机制灵活。

2. 专业化服务赢得客户信赖

转让标的为金融企业股权,其持有者北大方正集团公司隶属于北京大学,交易行为除须报经教育部审批外,整个交易流程还须接受银监会、商务部监管。从光谷联交所获悉市属项目信息到争取转让方项目进场挂牌交易共跨越两年历时四个月，期间反复谈判，过程跌宕起伏。起初，转让方对光谷联交所的规模、交易品种、金融资质和从业能力等多个方面提出质疑并拒绝将项目纳入光谷联交所交易。光谷联交所为确保项目进场交易，克服各种困难，多措并举。一方面，向省金融办、省财政厅做书面汇报；另一方面，组成专班应对，归纳整理光谷联交所历年金融项目交易案例，并报省金融办及财政厅加以核实，制作交易方案供转让方审核。最终，光谷联交所成功打消转让方疑虑，赢得转让方信赖，项目成功进场并完成挂牌交易。

3. 光谷联交所金融属性得到验证

该项目的成功交易创光谷联交所成立至今单宗项目多个纪录：①单宗项目成交金额之大前所未有；②信托与银行、保险、证券一起构成了现代金融体系，信托股权进场交易前所未有；③金融属性的行政事业资产进场交易前所未有。光谷联交所多层次的资本市场的服务能力得到验证，对今后业务转型具有重要意义。

4. 为地方国企服务能力得到进一步提升

在该项目中，为了寻找合格的意向受让方，光谷联交所定点精准地开展定向推荐，最终武汉金控集团成为本次股权转让的受让方。方正东亚信托57.51%股权花落武汉，为武汉本地金融企业争取到一块宝贵的金融牌照，为其做优做大做强做出了贡献。

三、项目启示

武汉金融控股（集团）有限公司作为武汉市地方政府的金控平台，本次受让方正东亚信托57.51%股权后，共持有方正东亚信托67.51%股权，已居绝对控股地位。在武汉金控平台发展的背景下，信托公司灵活的投融资能力有很大的施展空间。方正东亚信托的大股东变更，成为难得的一次由央企转至地方金控平台的案例。该项目的成功运作，彰显了光谷联交所的综合实力和市场竞争力，锻炼了队伍，提升了服务能力和业务素质，使光谷联交所向多元化业务模式转型迈出了重要一步。

（武汉光谷联合产权交易所供稿）

案例 45

青岛城市建设投资集团
7家公司股权及债权转让项目

2016年12月12日，青岛慧博置业有限公司90%股权、青岛慧成置业有限公司90%股权、青岛慧典置业有限公司90%股权、青岛慧鼎置业有限公司90%股权、青岛慧杰置业有限公司90%股权、青岛慧联置业有限公司90%股权、青岛慧泰置业有限公司90%股权及债权转让项目在青岛产权交易所（以下简称青交所）圆满完成。项目最终以41.84亿元高溢价成交，其中股权增值8.4亿元，增值率高达130.41%。

一、项目背景

7家公司成立于2013年，均为青岛城市建设投资（集团）有限责任公司（以下简称城投集团）下属全资子公司，营业范围均为地产开发经营，旅游项目及旅游资源的开发、建设，酒店管理，房屋租赁和销售。7家公司的主要资产为土地，位于青岛市红岛经济开发区，土地面积74.76万平方米。城投集团拟转让7家公司各90%股权，并要求收回债权27亿元。

二、项目操作

1. 科学制订转让方案，保障交易合规开展

鉴于该项目金额较大、情况较为复杂，在项目挂牌前，青交所严格按照相关业务制度，积极与转让方沟通，协助转让方制定产权转让方案及公告披露内容事项，解决本项目面临的难点问题。

首先，因7家公司处于同一地块，必须将7个标的捆绑转让；而7个公司在交易系统里面又不能简单合并，必须作为独立的项目分别出现。为解决这个问题，在制定转让方案时，青交所建议转让方对7个标的提出同一交易条件，即"意向受让方申请受让本标的同时，需申请另外6个标的的股权"，从而解决标的打包转让的问题。

其次，转让方希望在转让股权的同时，收回转让方对标的企业的借款。青交所建议转让方在转让方案中对借款、抵押、土地闲置情况及其他不确定因素进行充分披露；为保证在股权转让的同时完成偿债，建议将债权价值合并到每个项目的转让底价中，

股权和债权都通过产权交易所结算。

2. 精准推介，全力挖掘优质受让方

近年来，各级国有企业积极响应中央调控房地产市场的政策，对地方项目整合重组的步伐明显加快。青交所的此类交易项目逐渐增多，受到全国大型房地产企业的广泛关注。青交所通过完善业务规则、提升信息化水平等方式，主动提升服务能力，完善平台服务功能，建立了丰富的投资人资源库。

7家公司所处地块地处青岛市高新技术开发区，升值潜力巨大。从预披露开始，青交所便利用网站、微信公众号等多种渠道对项目进行重点推介，全力挖掘优质受让方，为项目高溢价成交奠定基础。

3. 精心组织，持续提升交易效能

项目挂牌期间，先后有10多家意向受让方到青交所查阅项目资料、咨询相关问题，青交所均予以悉心解答。公告期满，项目征集到多家具备雄厚实力的意向受让方。挂牌结束，万科、融创、保利、新城按时交纳保证金，进入竞价环节。2016年12月12日，在青交所的精心组织下，7家公司项目网络竞价激烈进行。最终，经过1.5小时100多次的报价，新城成功竞得7家公司的股权，成交价格41.84亿元，股权增值8.4亿元，增值率高达130.41%。

三、项目效果

从整体上看，7家公司90%股权最终以41.84亿元高溢价成交，为青交所近年来增值额最高、成交价最高的转入项目。这一结果大大超出转让方的预期，为转让方超额收回了投资。

在该项目中，青交所通过完善的交易制度对业务进行全流程规范，对投资人进行精准推介，利用合理的交易模式推动项目取得良好的交易效果，充分体现了交易市场强大的市场功能。

（青岛产权交易所供稿）

案例 46

晋湘联合挂牌，放大价值发现

——山西省产权交易市场做出大文章，再创新佳绩

一、项目简介和交易回放

融新创达公司股权结构为上海潞安投资有限公司（以下简称潞安投资）持有51%股权、湘电集团置业投资有限公司（以下简称湘电置业）持有49%股权。该公司核心资产为"融新科技中心"在建房地产项目，该项目主体已封顶，项目主体包括六栋甲级写字楼、两栋商业楼，占地面积23578.3平方米，总建筑面积为181402.16平方米。项目地块是中关村科技园区内一块商业金融用地，建成后将为园区提供商务配套服务和展示场所，为高科技企业总部提供办公场所。该项目于2016年9月6日至10月9日预挂牌，11月1日至28日正式挂牌。

历时36分34秒，经62轮激烈角逐，2016年11月30日10时36分，融新创达公司100%股权项目通过山西省产权交易市场（以下简称山西产权）以25.2亿元成交，比挂牌价增值6.2亿元，创山西产权成立以来单个项目最高溢价。该项目通过网络竞价平台由上海一企业法人成功受让。

二、主要做法和工作体会

回顾3个多月、100多天的工作，我们的主要做法和体会有以下几点：

一是两地股权捆绑，放大价值发现。标的公司的股权分属山西、湖南两地的省属企业，如果各自分别转让，不仅程序多、费用高，其整体价值也不能较好地发现。对此，经与标的公司两股东及湖南联交所磋商，采取两股东捆绑转让、两交易机构联合挂牌的形式，转让融新创达公司100%股权。此方案较好地考虑了标的公司高达23亿元的巨额债务处置和职工安置工作，有利于维护国有资产权益和有效实现产权交易市场的价值发现功能。

二是广开推介门路，引入实力强的投资人。项目挂牌后，晋湘两地产权交易机构充分利用既有资源，启动各种推介渠道。通过与北交所、深圳联交所、山东产权交易中心等同业产权交易战略合作机构及其重点会员单位签订《产权交易招商合作协议》，以业务合作的方式，发挥各自优势，广泛征集意向受让方，在实现产权交易市场的价

值发现功能上形成了合力。在项目挂牌期间，先后有 30 余家投资人进行了电话咨询，有近 20 家投资人进行了现场咨询，有八九家投资人到省产权交易市场进行了多次交流咨询，最后，经审核，有两家全国知名房地产企业和一家投资基金成为合格意向受让方，取得了竞买资格。

三是增强法治思维，提供周延服务。2016 年 7 月 1 日，《企业国有资产交易监督管理办法》（以下简称 32 号令）正式施行。面对 32 号令带来的交易种类、交易规则、机构职能的新要求和两地交易机构的差异性，许多工作都需要探索和完善。为此，晋湘两地交易机构派出各自精兵强将，组成联合工作小组，严格落实 32 号令的实质要求。本着"于法周延、于事简便"的原则，历时 2 个多月、近百次的沟通、修订，最终，经双方律师审核，在项目正式挂牌前确定了项目专属交易文本 15 份，为项目顺利进行打下了坚实的基础。在报名审核阶段，创新方式，增加电子预审环节，减少现场审核；在正式竞价前，提前指导意向受让方进行注册并模拟操作。这些服务创新，既提高了工作效率，又保证了项目的顺利完成。在遇到疑难问题时，两地交易机构及时向各自上级主管请示汇报，均及时得到了指导和帮助。

三、思考和探索

32 号令的出台，对国资监管提出了新要求，为国企改革提供了新舞台，对交易机构赋予了新使命。新形势下，产权交易机构如何主动地服从国资监管"放管服"的整体要求，如何更好地服务国有企业的优化重组和布局调整，如何在推动混合所有制改革和减少企业层级、出清僵尸企业中发挥应有作用，等等，都需要不断思考、探索和改进。结合融新创达公司股权转让项目，对照 32 号令的新精神，我们认为，以下三方面值得思考和探索：

一是合理设置交易保证金。产权交易保证金是指在交易过程中，产权交易主体承诺遵守市场规则和交易约定，在发生违规违约行为时作为赔偿相关主体的经济保证，由转让方设定，一般不超过转让标的挂牌价的 30%。保证金的设置不宜过高，否则有变相设置资格条件的嫌疑；但也不宜过低，否则对违约行为缺乏有力的约束。要根据项目特征按比例设置合理的保证金上下限，在控制项目风险的同时，节省投资者的资金，提高投资者资金的使用率。在本次融新创达项目中，转让方初步提出的保证金为 5.8 亿元，几经协商，下调为 3.8 亿元。从实际报名情况看，3.8 亿元的保证金确实限制了一部分投资人。如果能降低本项目交易保证金至 1 亿元，合格的意向受让方估计会超过 10 个。这样，本项目的溢价空间也许将再次打开。

二是合理创新信息披露告知方式。本次项目较为复杂，涉及法律、财务、工程进度、人员安置、债权债务处置等方方面面，不同意向投资人有不同的关注点。鉴于这种情况，我们认为可以合理扩大信息披露范围，积极摸索信息披露方式，对于未在转让公告中披露的信息，通过一对一告知、现场告知等方式，确保满足意向受让方需求。比如，在本项目中，我们先后接到有关方面的正式书面函件12份，有的明确提出要求信息披露。对此，我们聘请律师对32号令相关条款进行专门研究，采取不同方式予以处理：有的直接转给转让方，建议其与有关方面沟通解释；有的直接回函有关方面，提出明确意见。从目前看，均起到了较好效果。

三是合理延展调解职能。32号令第五十八条规定，企业国有资产交易过程中交易双方发生争议时，当事方可以向产权交易机构申请调解。结合实际工作，我们认为产权交易机构的调解职能可以适当地向前、向后延展。向前应该调解信息公告发布内容、交易程序、意向受让方确定、交易方式选择、交易条件设置等可能存在争议的事项；向后可以向转受双方提供交接过渡期等环节的见证推动等。这就要求产权交易机构以居中人的身份，合理解释，居中调解，避免争议扩大后再行调解，确保交易行为尽快完成。

（山西省产权交易市场有限责任公司供稿）

案例 47

国有企业混合所有制改革的"山东模式"

——山东省交通运输集团有限公司混改项目

山东省交通运输集团有限公司（以下简称山东交运）是山东省首家启动集团层面混改，实现集团整体改制、职工持股试点及引进社会资本三大效应的省管企业。混改完成后，原本是国有资本100%持股的山东交运实现国有资本持股37%（保留第一大股东地位）、战略投资者社会资本持股33%、职工持股30%的混合所有的格局。山东交运也成功引入包括普洛斯、建信投资、长城资本、尚信资本、山东国赢等具有产业协同效应和行业领先优势的社会资本。山东交运混改的实施和落地成为山东省国企改革的试金石，也成为国企混改的"山东模式"。

一、"双试点"催生改革机遇，山东交运寻求涅槃重生

山东交运虽然在山东的交通运输行业地位显著，但在充分竞争的市场环境下，国有企业的决策慢、效率低、资产利用率不高、机制不灵活等弊端凸显，已经直接影响到企业的生存和发展。近年来，山东交运面临着前所未有的发展压力，集团资产情况复杂、权属企业众多、人员众多等问题阻碍了企业前进的步伐。截至2015年末，山东交运拥有分公司37家、二级子公司16家、三级子公司14家、参股公司8家，员工达5000多人。虽然形成了客运为主体，集物流、旅游、汽车后服务、三产、港航等关联产业于一体的业务格局，但是在激烈的市场竞争环境下，受高铁、航空等客运影响，山东交运客运主业业务持续下滑。而且山东交运在省管企业中的地位也在逐年下降。山东交运曾经是山东省国资委全资的国有独资公司、省属一级企业，在2016年，其30%股权被划转到山东省社保基金理事会，其70%股权被划转到山东国惠投资有限公司（以下简称国惠投资），由此成为国惠投资的二级公司，之前省属一级企业的光环彻底消失。山东交运的管理层深刻认识到问题的严重性，认为亟须注入新鲜血液、引进先进管理理念和优质的产业配套资源，解决企业内外的发展问题，加快企业转型升级。由于山东交运谋生存、图发展必须从机制、体制、市场等多方面全方位地进行改革，因此混改是其突围的重大契机。经过多方的努力，山东交运最终被确定为山东省首个"双试点"（混改试点和职工持股试点）企业。山东交运混改启动，各方力量汇集，全

力助推山东交运焕发生机。由山东产权交易中心（以下简称山东产权）旗下山东国赢资产管理公司（以下简称山东国赢）与山东福道投资有限公司（以下简称福道投资）共同组建的产权顾问专业团队，为山东交运混改提供全流程服务。

二、难点重重不破不立，山东交运混改破旧立新

企业的改革改制"牵一发而动全身"，山东交运混改也不例外。清产核资、划拨土地、职工持股、职工安置分流、战略投资者遴选等诸多问题同时摆在改革者的面前。要解决问题，就需要变通、变革和创新。在项目推进实施过程中，山东交运的混改并没有墨守成规，而是在各方的大力支持下，大胆尝试寻求突破。混改的"山东模式"，不破不立。

1. "存量+增量"混改方案设计，不断破旧立新探索"山东模式"

以山东产权为代表的产权顾问团队经过调研分析，针对山东交运和潜在战投的实际情况，突破现有模式，设计了"存量+增量+职工持股"的混改方案，全力推动混改进程。"存量+增量"模式也成为山东交运混改的一大亮点。"存量+增量"方式就是公开进场转让存量资本与引入增量社会资本同步进行，一方面通过增资扩股引进战投与核心骨干持股，一方面出售部分存量给二者。这样既控制了引入资金规模，也解决了员工入股资金压力大的问题。存量方面，山东省社保基金理事会完全退出，其享有的标的企业股东权益1.62亿元由战略投资人认购，国惠投资享有的1.26亿元股东权益由员工持股平台认购。增量方面，新增1.39亿元增资额度。其中，6237.57万元的份额，将允许不少于两家战略投资者认购；其余7754.34万元的份额，则面向员工持股平台，由职工认购。最终，国有股权在保值增值基础上，出让股权获取转让收益，补偿改制成本；增资为企业后续发展带来新的资本，存量与增量被新进投资者认购，实现股权多元化和科学股权比例。

2. 顶格设计职工持股，与战投市场价格同股同价

山东交运职工持股是按照《关于国有控股混合所有制企业开展员工持股试点的意见》（133号文件），以及《山东省属国有企业员工持股试点工作实施细则》等的规定顶格设计，职工持股比例30%、单一个人不超过1%，持股范围为管理层核心骨干员工。通过合伙企业方式设立持股平台，科学制定平台股权流转机制，确保能进能退、岗变股变，保证股权激励作用的持续、有效。内部员工股权比例标准为岗位，职级高、责任大的岗位，对应职工可持股比例较高，同时对关键技术岗位骨干员工也设置持股权利。员工持股与战略投资者市场形成的投资价格同价同股。山东交运核心团队和骨干180多人组成了四个职工持股平台，入股山东交运。员工持股平台按照与战略投资者同股同价的原则出资2.04亿元（其中：包含原国惠投资享有的1.26亿元和新增的

7754.34万元的份额），占混改后集团注册资本的30%。山东交运的职工持股方案顺利实施，极大地推动了混改的进程。

3. 双向清产核资，展现"真实"的山东交运

企业的核心价值之一就是资产，梳理核实企业资产，给投资者展现一个"实实在在"的交运，使其投有所值，是改制企业必须要面对的问题。一方面，审计中介机构按照委托对山东交运进行全面的清产核资，梳理企业的资产情况。另一方面，山东国赢和福道投资产权顾问团队相关人员按照审计中介机构出具的清产核资的意见草稿，根据山东交运下属企业的实际情况，充分运用会计准则等相关规定，对山东交运产业的资产情况等进行了大量梳理、核实、校对工作，并将梳理结果提交山东交运和中介机构，作为出具审计报告的参考。另外，对山东交运非主业的部分资产进行改制或者剥离。提前剥离改制了一批产业关联度不高的企业和资产，提高了交运资产的"实度"和"净度"。剥离资产由国惠投资继续持有，改制资产通过山东产权市场化转让，回笼了部分资金。

4. 划拨土地政策省市联动，混改团队创出改制新路径

山东交运作为老牌的国有企业，拥有大量的土地资产。但是由于历史原因，划拨土地遗留问题很多，权属不明、四邻不清等情况比较严重，特别是各级政府的划拨土地政策不统一，土地无法正常纳入改制资产，导致无法确定资产价值，混改进程一度停滞。混改团队的专业人员充分调研省级和济南市的改制企业的土地政策，积极协调省、市两级国资监管机构函商，由山东交运共享市属国有企业改制政策，一篮子解决划拨土地政策问题。山东交运划拨土地通过边改制边出让的方式，彻底解决了划拨土地四邻不清、权属不明的历史难题，划拨土地全部纳入改制范围。土地出让问题的解决，直接提升了山东交运混改的底气，大批土地都在济南市的核心位置，成为山东交运引进战略投资者的一大筹码。

5. 合理分流人员，员工安置和费用支付探索新方式

根据山东交运员工自愿，对离退休5年的职工全部进行内部退养分流，减轻企业后续发展人员老龄化和机构臃肿的问题，得到了广大员工的支持。为了落实分流人员安置费用和审批程序问题，混改团队进行政策研究、案例调研，组织协调公关，人员分流安置及费用支取取得突破，并得到相关部门的认可。最后，根据相关政策规定，山东交运将离休干部费用、内退人员费用、工伤人员费用等1.3亿元劳动保障费用从净资产中计提，并负责支付。为保证按期、及时、足额地支付或缴纳各项职工安置费用，山东交运专门设置银行专户对计提的安置费用进行管理，计提的费用分期划入专户，专户内资金专款专用，由混改后企业按时支付。

三、产业协同、商业提升、共赢发展，山东交运与战略投资者建立发展共同体

战略投资者引进是企业混改成功的关键。混改方案设计时就确定了山东交运引战的原则，侧重引入产业协同、商业提升、产业开发等投资者和资本运作投资者。对产权顾问团队来说，要吸引适合的战投就得挖出山东交运的真东西和真实力，既要有即期利益，又要有远期发展前景。即期利益就是山东交运拥有的土地资源，其部分土地紧邻济南大型CBD等核心位置，主客运站都有搬迁土地置换的预期，升值潜力很大，成为战投眼中的"香饽饽"，是引战成功的重大保障；远期发展前景就是山东交运客运、高中低端的汽车租赁服务、兔兔快运、散单物流等在山东依然处于霸主地位，机制改变后会有较长足的发展。对投资者来说，需要看到山东交运的发展前景和内在动力。山东交运行业地位明显，资产扎实，管理团队团结稳定，股权多元化将带来体制机制转变，产业升级发展与资本市场助力相结合，未来具有经济效益提升和上市的良好预期。对山东交运来说，为充分发挥新进投资者资源优势，促进改制后企业实现持续、稳定发展，山东交运混改引入了战投对于山东交运反向对赌的机制，并进行了有益的探索性尝试，取得较好效果。虽然战投都是以基金平台入股，但是每家战投都穿透到基金的实体企业，对交运的物流、旅游、网约车和汽车后服务产业发展进行了相应的业绩承诺，将战投的利益和国有股东、职工的利益完全捆绑，形成优势互补、系统发展的局面。

2016年6月15日，山东交运混合所有制改革项目在山东产权公开征集战投。经过公开遴选，最终引进的三家社会资本都是以私募基金的形式投资山东交运，分别是济南国惠兴鲁股权投资基金合伙企业（有限合伙）出资3400万元，占比5%；济南福道长瑞股权投资基金合伙企业（有限合伙）出资7480万元，占比11%；新余国寿尚信健隆投资中心（有限合伙）出资11560万元，占比17%。山东交运混改完成后，注册资本变更为6.8亿元。其中：国惠投资出资2.516亿元，持股37%；四个员工持股平台出资2.04亿元，持股30%；三家战投基金平台出资2.244亿元，持股33%。战投基金内的社会资本包括物流国际巨头普洛斯、首汽约车（团队）、建信投资、长城资本、尚信资本、山东国赢等多家战略投资者。普洛斯作为一家国际知名的新加坡外资企业，是全球领先的物流基础设施和服务提供商，对交运在营的传统客运、城市出租车及物流产业的结构优化调整、经营模式创新升级等方面起到了积极的促进作用。普洛斯将在物流、土地开发、商业模式创新等方面与山东交运开展业务合作，推动山东交运物流业务成为重要利润源；建信投资、长城资本等战投将在投资融资、上市等方面为山东交运提供增值服务；国惠投资作为山东省改革发展基金，通过子基金济南国惠兴鲁股权投资基金入股山东交运，为山东交运提供资本运作、资产证券化等方面的增值服务。

四、产权顾问+投行，产权交易市场服务国企混改的"山东模式"

山东产权统筹旗下山东国赢，与福道投资组建的以产权顾问为核心的交运混改团队一起，从混改方案的优化、实施方案的推进、部分资产剥离、职工安置方案落地、划拨土地的处理、"存量+增量+职工持股"交易方案的设计、战投基金组建、战略投资者遴选等多方面为山东交运混改提供全过程、全方位、体系化的专业服务。山东产权和旗下山东国赢在混改过程中扮演了交易平台、产权顾问、基金战投三个重要的角色。在战略投资引进方面，山东国赢与福道投资一起发起设立了专项混改基金济南福道长瑞股权投资基金，引进长城资本、国赢资本、济南国投等投资山东交运，为山东交运引入基金战投。山东产权"平台+投行"的战略得以快速实施，并逐步向山东省国企复制，形成了相对成熟的产权交易市场服务国企混改的"山东模式"。

2017年9月22日，山东交运在济南召开年度第三次股东大会，确认混改产权交易结果，通过新公司章程，表决100%通过新一届董事会、监事会成员，标志着山东首单省级国企混合所有制改革项目圆满收官。山东交运混改的成功，对国内国企改革改制产生重大影响，成为国企混改的"山东模式"；山东产权服务国企混改的"山东模式"成为行业典范。

（山东产权交易中心供稿）

案例 48

湖南省国龙外贸实业公司等 49 户债权资产包转让项目

2016 年 10 月 26 日,财政部委托中国农业银行湖南省分行(以下简称省农行)处置的湖南省国龙外贸实业公司等 49 户债权资产包(以下简称国龙债权资产包)项目在湖南省联合产权交易所(以下简称湖南联交所)挂牌转让,转让底价为 6287.2 万元。该项目在公告期内通过网络媒体等途径广泛征集意向受让方,并成功征集到多名竞买人。2016 年 11 月 24 日上午 10 时,网络竞价会在湖南联交所举行。经过 110 轮激烈竞价,最终以 10307.2 万元成交,增值 4020 万元,增值率高达 64%,买卖双方对交易过程均表示十分满意。

一、全面开启金融机构资产处置服务

随着市场化的不断深入,不良资产问题逐渐成为我国经济界的一个焦点。由于国有银行产权属于国家,其不良资产实际上不是银行而是财政的,因此,国家财政承担了巨大的风险责任。如果国有银行的不良资产比例过高,不仅可能导致银行出现风险,还将直接影响中央财政的收入和信誉。

湖南联交所作为湖南省唯一的由省人民政府指定的省级产权交易机构,是各类资产处置的专业化交易平台。2016 年 5 月,湖南联交所与省农行签订了《业务合作框架协议》,全面开启了公开处置金融机构各类资产的新模式,最大限度地规范处置程序,发掘资产价值,吸引众多投资者竞相购买。自签约以来,湖南联交所已为农行各分支行发布预挂牌招商公告 34 宗、正式挂牌招商公告 8 宗,挂牌金额合计 2.13 亿元,本息合计 51.9 亿元。

二、银行不良金融债权的特殊性

一是银行处置不良金融债权或者金融资产管理公司收购该类资产,具有很强的政策性。银行不良金融债权的转让,不能完全等同于一般民事主体之间的债权转让行为,具有高风险、高收益的特点,与等价交换的市场规律有较为明显的区别。不良债权交易的实物资产,不是一般资产买卖关系,更是一种风险与收益的转移。

二是银行不良金融债权一般是以资产包形式整体出售转让的。资产包内各不良金融债权的可回收比例各不相同，而资产包一旦形成，即具有不可分割性，都是整体出让。因此，有意向竞买资产包的主体将资产包整体买进后，如需解除合同，也必须整体解除，将资产包整体返还。银行不良金融债权的受让人在将资产包中相对优质的债权变卖获益后，又通过诉讼请求部分解除合同，将资产包中其他债权返还的，法律上是不予支持的。资产包的风险与收益是整体性的，有利于银行对打包资产进行整体的平衡处置，能将相对优质的资产和不宜处置的劣质资产同时捆绑处置。

三是不良金融资产转让协议之目的是公平合规地完成债权及实物资产的顺利转让，在未对受让人是否能够清收债权及清收债权的比例做出承诺和规范的情况下，受让人以合同预期盈利目的不能实现为由提出解除合同的诉讼请求，人民法院不予支持。因此，意向受让方的充分尽调是十分必要的。

三、项目资产包简介

本次批量转让的国龙债权资产包属于财政部委托中国农业银行股份有限公司清收处置的资产包，该资产包是农行上市前股改剥离给财政部的不良资产。项目转让方为中国农业银行股份有限公司湖南省分行营业部（以下简称省农行营业部），国龙债权资产包包含省农行营业部对湖南省国龙外贸实业公司等49户的贷款债权资产。截至2016年8月24日，国龙资产包共包含49户债权；其中，法人贷款22户，自然人贷款27户（无农户和个人消费性贷款）。债权合计（含美元折合人民币，美元兑人民币根据当日汇兑中间价6.642元）1746887721.65元；其中，本金498448384.06元，利息1247672783.59元，其他债权766554.00元。

国龙债权资产包中有保证担保的31户，担保债权本金29741万元；有抵押的14户，抵押债权本金10295万元。主要抵押物为房产和土地使用权。抵押房产面积约35566.47平方米，其中商业用房约20061.65平方米、厂房约4783平方米、写字楼约649平方米、办公楼约7843.66平方米、车库约2229.16平方米；抵押土地使用权面积27296.8平方米，其中工业出让地21154.8平方米、划拨地6142平方米。

四、充分酝酿，设计最优挂牌方案

湖南联交所与省农行积极商讨，从多方面就国龙债权资产包转让项目进行充分考量与分析，在合规与创新并重的前提下，集思广益设计最优挂牌方案。在《债权转让公告中》充分披露项目的亮点及瑕疵，确定了受让方的确定方式为："如公告期间（2016年10月26日至11月22日）只征集到1个符合资格的意向受让方，则该意向受让方成为后备受让方。根据中国农业银行股份有限公司关于委托资产处置的规定，湖南省联合产权交易所将在本公告截止日的次日在湖南省联合产权交易所网站补登公告，补登公告期为 7 个工作日，本公告截止日期与补登公告截止日期一致。该补登公告期内，如没有其他竞买人报名，则后备受让方成为受让方，并与转让方签订《委托资产批量转让协议》。补登公告期内，如有其他竞买人报名竞买，则另行举行网络竞价会确定受让方，网络竞价会的开始时间为 2016 年 11 月 24 日上午 10 点。后备受让方须与其他竞买人参加网络竞价会，并以不低于人民币 6287.2 万元报价（其他竞买人已报价或有更高报价的，本项保证失效）。"

五、多渠道宣传，寻求更多竞买方参与

对于国龙债权资产包这样大金额且有收益预期的债权包转让项目，如果公告期内只有一位受让人，只能按挂牌价转让，那湖南联交所作为全省最大的产权交易平台聚拢投资人和价格发现的功能将无从谈起；同时，还将直接影响到今后省内其他金融机构金融资产的进场。

为此，湖南联交所通过各类信息披露渠道，把此项目资料尽可能详细地向潜在受让人推介，如积极走访各大有潜力的金融资产管理公司，分析挖掘项目内在价值，秉承公正、公平原则，做好转受让双方的沟通协调工作。

持续走访产生了预期的效果。挂牌公告期间，多家全国性的资产管理公司和地方资产经营公司均详细咨询了标的情况。最终共征集到三家符合资格的意向受让方参与竞价，通过"发现买家"促进"发现价格"，为实现该资产包项目的增值成交提供了有力的保障。

六、贴心服务协调双方意见，公开竞价发现资产价值

依照交易规则，如果出现两个以上的意向受让方，则须以竞价方式产生最终受让方。为此，湖南联交所为三个意向受让方做了大量有针对性的报名咨询、竞价辅导、解释说明工作，使各意向受让方都能够及时提供合规受让材料，完成报名手续。同时，通过对转让方和意向受让方大量耐心细致、富有创造力的工作，协调双方意见趋于一致，最终实现网络竞价确定受让方。

在竞价当日，根据竞买人的不同情况，湖南联交所为到现场竞价的竞买人提供安静封闭的竞价专室；为未到现场竞价的竞买人配备专门人员随时咨询，保证了竞价的顺利进行。在 30 分钟自由报价时间之后，出现了连续一个多小时的紧张激烈的延续报价状态。通过 110 轮的激烈竞价，最终以 10307.2 万元成交，增值 4020 万元，增值率高达 64%。

七、经验与启示

金融是现代经济的大动脉，而银行是金融业的核心。在当前的经济环境下，各国有和商业银行都面临着不小的不良资产处置压力，这是我国银行业走向市场化、商业化及全球化的重要障碍。不良资产造成国有银行经营状况恶化，导致亏损，资本金逐渐减少，使之发展受限制。不良资产的存在更使国有银行在国有信用的支持和掩盖下潜伏着巨大的危机，因此处置不良资产是当前各大银行的当务之急。湖南联交所作为省级产权交易平台，应该更进一步明确自己服务实体经济的定位，扮演好服务者的角色。

一是通过与省农行的合作，拓宽业务品种。以成功处置省农行多个具有代表性的债权资产包为依托，湖南联交所扎实做好转让不良资产的相关工作，提出风险点，掌握不良资产转让的特殊性，抓住市场机会，主动走出去，与更多金融机构建立合作。目前，湖南省联交所已与华融湘江银行总行、建设银行湖南省分行、长城资产湖南省分公司等多家金融机构签订了全面合作协议，引进了更多相关项目进场；同时，各银行处置不良资产的途径大大丰富，产权交易机构成为银行规范、公开、高效、增值处置各类资产的重要平台。

二是充分发现投资人。湖南联交所通过报刊、网站、会员等多种渠道，尽可能详细地披露资产包的转让信息，使更多有实力的投资商参与竞价。社会资本充分参与不良资产的处置，促进了金融债权资产的保值增值。

三是积累不良资产处置转让经验。湖南省联交所严格按照"三公"原则及产权交易规则运作，每一个细小环节都严格规范操作，保证了整个交易过程按预想的最佳路径行进。转让方、受让方放心进场、大胆竞价的事实，证明全程规范运作非常重要。国龙债权资产包成功转让的经验，为省农行后续资产包的进场成交提供了有力保障，也为之后其他金融机构资产进场转让提供了有益借鉴。

四是完善产权交易平台市场化功能。湖南省联交所不断丰富交易品种，以满足区域内各类产权的需求（包括金融资产的流转需求和各类投资人的投资需求）；不断改进服务水平，为市场参与各方提供方便快捷的服务；不断完善技术手段，充分利用现代信息技术提高市场效率和降低交易成本，以此实现信息共享、利益共担，为区域经济共同发展增添新途径。

（湖南省联合产权交易所供稿）

案例 49

深圳南山热电保壳成功、资产溢价转让

2016年10月,深圳南山热电股份有限公司(深南电A000037,以下简称南山热电)将其所有的中山市深中房地产投资置业有限公司75%股权(以下简称深中置业)及中山市深中房地产开发有限公司75%股权(以下简称深中开发)委托深圳联合产权交易所(以下简称联交所)挂牌整体转让。挂牌价格合计人民币7828.4001万元。挂牌项目吸引万科集团、阳光城地产等多家房地产企业参加拍卖。经过254次不断举牌,最终以10.3亿元的价格成交,溢价率达1216%,加上承接的债务部分,实际成交价格达25亿元。

一、项目难点与特点

一是南山热电为上市公司,需要在年底前保住上市公司资格,而上市企业资产转让需经过一系列上会审批过程,审批时间长,但面临"保壳"要求必须在挂牌3个月内完成交易,时间压力大。

二是项目挂牌价格合计是7000多万元,但是受让方还要承担两个企业对原股东的债务和利息,总计约为134187万元,项目的溢价压力大。

三是交易的保证金设定压力大,一旦意向方违约,南山热电将无法完成"保壳"任务,过高的保证金又会提高意向方门槛,降低交易的参与度。

二、项目亮点与创新点

整个项目难度大,复杂程度高。面对南山热电的"保壳"要求和时间限制,联交所精心设计交易方案:

一是转让标的的设置。在转让股权的同时,设置债务承接受让条件,避免南山热电提出的股权+债权一并作为标的转让的不合理性。

二是基于"保壳"前提,依据股权对应转让价格及债务总额设置交易保证金,排除受让方违约以致无法"保壳"的风险。

三是选择现场拍卖,通过对现场竞价氛围的调动,使转让标的形成充分竞价。

基于上述各方面条件的设定,联交所通过广泛征集意向客户,吸引到万科、阳光城等多家企业参与竞价。2016年10月17日，在联交所拍卖厅举行拍卖，经过254次不断举牌，最终以10.3亿元成交，溢价率达1216%，加上承接的债务部分，实际成交价格达25亿元。本次交易使南山热电成功保壳，实现了资产价值最大化；同时，另一方股东中山兴中集团有限公司（国有企业）的积压资产得以盘活，实现双赢。

（深圳联合产权交易所供稿）

案例 50

东部公交 3024 辆纯电动公交客车更新解决方案

2016 年 3 月，深圳市东部公共交通有限公司（以下简称东部公交）为解决纯电动公交车投放瓶颈问题和现有营运未到期非纯电动公交车辆处置问题，委托深圳联合产权交易所（以下简称联交所）进行 3024 辆纯电动公交客车采购。联交所发挥制度优势，按照"混合租赁＋回购"新模式，在短短一个月内，顺利完成东部公交截至目前标的最大的采购项目。标的总额近 45 亿元（含财政补贴），中标价格下降 1.53 亿元。

一、项目难点与特点

一是东部公交本次公开采购有 5 个标的，共 3024 辆纯电动公交客车，采购预算约 20 亿元，是企业历年纯电动公交客车采购中规模最大的一次。

二是采购工作时间只有一个月，采购标的技术标准复杂，要在短时间内保证采购工作的公开、公正、公平，联交所和东部公交都面临重大挑战。

三是结合本次采购标的的特点和采购需求，联交所配合东部公交在原来"混合租赁"基础上，进一步创新采用"混合租赁＋回购"采购模式。混合租赁是融资租赁和租赁相结合的方式；回购是指成交供应商在交付标的物同时，对采购标的对应的 1922 辆旧车进行回购。是否能征集到合适的供应商，双方均面临重大挑战。

二、项目亮点与创新点

自接到东部公交项目通知后，联交所立刻召开工作会议，倒排各项工作时间表，及时发布采购公告，公开征集意向供应商。为确保本次专家评审工作的公正性和权威性，联交所借助市政府采购专家库的力量，随机抽取 14 名外部专家参与本次评审，评审专家名单严格保密。本次纯电动车项目评审分为三个部分，分别为综合评审、技术评审和商务评审。每个意向供应商每个标的的总得分由综合评审得分、技术评审得分、商务评审得分组成，以每个标的综合得分最高的意向供应商作为成交供应商。

2016 年 4 月 12 日 0 时 30 分，公开采购综合评审结果正式公布。联交所作为第三方受托机构，向各方公开宣读各标的成交供应商、备选供应商名单及评审得分。成交公示期间，仅接到南京金龙公司关于商务报价得分电话咨询一次，并未收到任何书面投诉文件。采购工作顺利完成。

总结本次采购工作，主要有以下意义：①有效降低采购成本，维护国有资本权益。本次采购实际成交价较采购预算下降 7.82%，下降最大的一个标的达到 31.03%。②创新采用"混合租赁+回购"方式，将新车采购价格与旧车回购价格完全分离，不仅可以降低东部公交车辆置换的成本，还能保证企业轻资产运营，有效防止了国有资产流失。③本次采购工作制度严谨，操作规范，评审过程公正公开，评审结果公正透明，为联交所开展国企大宗商品采购业务提供了良好示范。

（深圳联合产权交易所供稿）

案例 51

规范林权交易，助推林改健康发展

——丽江市玉龙县集体林权流转项目

随着云南省集体林权制度改革的不断深入，近年来在云南省凸显了一些新情况、新问题。2016年6月，《焦点访谈》连续报道云南省部分地区存在林权流转不规范、管理服务不到位等问题；同年7月，国家林业局针对流转市场乱象问题及时出台了《关于规范集体林权流转市场运行的意见》（林改发〔2016〕100号），明确了集体林权流转程序，细化了行政监管内容，同时对家庭承包的林权转让做出了限定。集体林权制度改革是盘活农村存量资源、调动农民发展林业积极性的根本手段，是加快农村资源向资本转变、发展壮大农村集体组织经济、促进农民增收致富的有效途径。完成明晰产权、承包到户的主体改革任务，只是集体林权制度改革的第一步，要真正实现生态受保护，农民得增收，没有工商的资本、生产技术及管理经验的进入，是很难完成的。在此过程中，云南产权交易所有限公司云南林权交易中心（以下简称林权交易中心）致力于通过有效市场化手段，推动云南省森林资源资产的有序流转和优化配置；同时规范流转交易市场运行，协助林业主管部门有效推动集体林权流转工作有序开展，促进林权流转市场健康发展，在深化云南省集体林权制度改革中发挥了积极作用。

一、项目背景

2016年11月，丽江市玉龙县林业局按照县人民政府的要求，在调查过民意以后，计划将玉龙县鲁甸乡新主村3.8万亩林权进行流转。通过此次流转盘活林业资源，带动农民脱贫，同时把此次流转作为玉龙县开展集体林权改革的试点工作。根据流转的效果，及时总结经验，继续扩大本县集体林权改革成果，使更多的农户从林权上获益。但县林业局从未开展过集体林权流转工作，对规范流转交易程序不清楚，同时受到"大理、临沧"事件的影响，工作推动出现障碍。经过与云南省林业厅对接，及时联系上了林权交易中心，并对项目相关情况进行了介绍。玉龙县鲁甸乡本次拟流转的3.8万亩林权共涉及新主村4个村民小组151户农户，权属属性为家庭承包，林地性质为天然商品林地。按照农民的意愿，决定将所持有的林地使用权、林木所有权及使用权进行转让。

林权交易中心经过研究分析认为，项目存在三个方面的难点：①《关于规范集体林权流转市场运行的意见》（林改发〔2016〕100号）指出，"家庭承包林地，以转让方式流转的，流入方必须是从事农业生产经营的农户，原则上应在本集体经济组织成员之间进行，且需经发包方同意"，这在政策上限制了家庭承包的林权受让范围。换言之，要把受让范围缩小到农村，甚至本经济组织内，可以预料此项目是无法完成交易的。②受到天然林禁伐政策的影响，项目林地的用途只能定位为林下经济开发，林地上森林资源在流转后不能直接产生价值，只会成为一种附加价值。因此，受让方必须具备种植、养殖等林下生产经营能力。③项目涉及农民户数多，在流转方式、流转价格、流转期限等方面存在差异，工作协调难点大，项目复杂程度高。

二、项目运作

（一）交易前期准备

1. 加强信息化建设，构建"管理、交易、服务"一体化高效服务平台

林权交易中心以"服务林农、便民惠民"为原则，以建设"云南林权社会化服务体系"为目标，不断建立和完善林权流转运行机制，创新业务拓展模式。以当地林权管理服务中心为核心，建立省、市、县三级林权流转信息共享平台，完成林权流转规范化、林权管理信息化建设工作，构建了一套完整、规范、简便的林权流转"一站式"服务体系。形成与当地林权管理服务中心的高效协作，将林权交易业务进行联动，实现林权流转信息查询、审核与受理、林地勘察、信息发布、交易、鉴证、权属变更等一站式服务。

2. 承包林权回归集体统管

根据《中华人民共和国农村土地承包法》第二十九条"承包期内，承包方可以自愿将承包地交回发包方"的规定，经充分论证，最终认为通过自愿放弃承包权回归集体统管的做法是目前符合法律规定的最有效的方法，能有效解决家庭承包不能对外转让的限制。同时，回归后由集体经济组织来进行流转，很大程度上可以降低流转交易工作的复杂程度。要进行林权回归必须遵循两个原则：一是本小组内部成员必须全部同意将承包林权回归集体统管；二是流转所得价款必须平均分配。为统一思想，4个小组在乡人民政府、村委会的指导下分别召开了村小组会议，针对林权回归、价款分配进行了讨论，全票通过。会议决议完成后，151户农户向县林业局提出了林权回归申请，并委托第三方林业调查规划设计机构对林权权属、林地现状进行核查。对核查结果审核无误后，县林业局将登记申请提交县人民政府进行批准，并在村小组进行了公示。林权交易中心为保障此项工作的顺利完成，实地走访并召开座谈会听取农户意见，为林农做了大量的政策宣传、解答工作。最终，林地的使用权、林木的所有权及使用

权顺利回归到本集体经济组织名下。

3. 制定流转方案

林权交易中心配合县林业局为村小组制定了流转方案。方案包括：①明确流转宗地的基本情况；②通过林权交易中心公开挂牌以转让方式流转；③流转价格不低于评估值且为挂牌底价；④流转期限为30年；⑤价款一次性支付。同时，为维护森林资源安全和林区社会的和谐稳定，有效利用资源发展产业，避免单纯以采伐林木、炒买炒卖林地、闲置林地、囤积林地等投资目的流入方进入，在方案中对流入方制定了准入条件：①流入方必须是在玉龙县内注册、具备林业生产经营能力、有一定的实体经济和技术力量的公司；②流入方在流转时需提供符合当地林业产业发展规划的生产经营方案，方案必须由县集体林权制度改革领导小组审核通过；③流入方用于经济开发的林地不少于流转林地总面积的20%，并且5年内不得再次流转。针对农户最关心的补偿问题，也进行了设定：一方面，制定林地在流转期间国家建设征收占用林地、林木及附属物补偿费的归属原则；另一方面，明确了流入方可享受国家、省、市对开发林业的扶持资金和优惠政策，但国家安排的政策性补偿资金由原权属集体经济组织享受。

4. 流转行为批准

流转方案由乡人民政府审核后，在村委会、村小组进行了公示，并由村小组委托云南省森林资源评估协会的会员单位对拟流转森林资源资产进行了评估，评估结果由协会专家审核通过提交县林业局；评估工作完成后，县林业局及时召集村委会组织召开了集体林权流转村民会议，会议全票通过了流转方案，并选举产生了村民小组代表，负责林权流转相关工作；会议同时表决通过了资金分配方案。林权交易中心受邀见证了会议全过程；按照流转行为批准程序，乡人民政府根据小组会议决议材料，核准了本项目的流转行为。至此，该项目进场交易准备工作全部完成，历时4个月。

（二）进场交易阶段

林权交易中心考虑到项目受让条件的苛刻，在制定流转方案的同时，拟定了项目招商计划，在正式挂牌前一个月进行了全国范围内的招商。通过产权信息平台与合作渠道相结合的方式，主要针对北、上、广三地进行，有效征集到了意向投资方。意向投资方是上海的一家从事实业投资的集团公司，投资领域涉及林业、环保、能源，并一直关注云南的林业项目。但意向投资方未真正进入云南进行项目投资，原因有两个：一是地方林业产业政策不明晰，投资风险大；二是林权流转市场混乱，流转风险大。投资方认为，通过林权交易中心进行此项目受让，一是林权的流转是农民的真实意愿反映，权属清晰、价格透明、流转批准程序规范到位；二是交易条件、受让条件明确，避免后续纠纷产生；三是交易流程规范高效，交易成本有效降低。同时，投资方在县林业局的配合下，对现地进行了踏勘。根据玉龙县林业产业发展规划，结合当地环境气候、自然条件，拟定了林业生产经营方案，并按要求在玉龙县注册成立了玉龙瑞景林业有限公司（以下简称瑞景林业），作为集团在云南投资林业的平台。

2017年5月2日，玉龙县鲁甸乡新主村3.8万亩林权项目正式挂牌；瑞景林业于5月17日正式向林权交易中心提出受让申请，并且林业生产经营方案已获得玉龙县集体林权制度改革领导小组批准；5月27日挂牌截止，瑞景林业以988万元成功受让此项目；6月5日与转让方签订了集体林权流转合同，按照约定一次性付清了交易价款。在林权交易中心的精心策划和组织实施下，历经6个月，顺利完成了项目流转。该项目的成功对玉龙县扩大集体林权制度改革的成果起到了积极的推动作用，瑞景林业严格按照经营计划及流转合同，利用先进的生产技术及管理模式，带领村小组成员开展林下重楼种植，同时利用农村剩余劳动力组建了一支15人的管护队伍，对森林资源进行有效管护。经过近一年的生产经营，得到了政府和民众的高度认可。为扩大生产经营，瑞景林业在2018年上半年通过林权交易中心完成了新主村另外11个村小组、3.3万亩的林权流转。瑞景林业表示，林权交易中心的参与使他们有效降低了流转风险，高效流转；并对林权交易中心的工作给予了高度评价，对云南林业投资充满信心；下一步将会继续进行投入，利用森林资源、区位优势进行森林旅游、森林康养等项目的开发。

三、项目启示

集体林权流转因其复杂程度高，需要林权交易中心对进场交易前置工作进行有效的把控。从项目不难看出，正因为有林权交易中心的介入，节约了投资的时间成本，控制了流转风险。一方面，在项目进场交易前，林权交易中心已经完成了大量的沟通协调工作，配合推进项目顺利进场挂牌；另一方面，流转程序规范到位、行政监管有效，避免了流转事中、事后风险以及纠纷的产生。林权交易中心认为，要规范有序推进集体林权流转，完善流转行为审批程序是十分重要的。在此过程中，林权交易中心充分发挥服务功能，积极参与过程协调，通过有效的沟通，消除了政策上的障碍，确立了准入条件，使项目流转具备可操作性。

按照云南省完善集体林权制度改革实施意见的目标要求，到2020年，全省集体林业良性发展机制基本形成，实现森林资源持续增长、森林生态安全得到保障、林产业健康发展、林农持续稳定受益的总目标。瑞景林业的进入既增加了林农的收入，又充分调动了林农发展林下经济的积极性；既保护了森林资源，又带动了当地经济发展，为当地林业扶贫树立了典范。实现当地政府、企业、农民三方共赢，有效维护了农村社会和谐稳定，符合云南省集体林权制度改革的目标要求。

林权交易中心认为，集体林权制度改革与国企改革一样，要经历一段艰辛历程，需要我们通过大量的实践来推动改革。正因为目前法律顶层设计的不完善，政策、法律滞后，行政管理部门无法有效制定行业政策，导致流转工作不能顺畅推动。因此，需要林权交易中心充分发挥其服务功能，规范市场交易行为，促进行政监管高效有力，切实保障流转各方合法权益；为实现森林资源持续增长、森林生态安全得到保障、林产业健康发展、林农持续稳定受益而不懈努力。

（云南产权交易所供稿）

案例 52

跨市场运作，助力华龙证券成就年度新三板最高融资纪录

2016年12月27日，由甘肃省产权交易所（以下简称甘交所）担任咨询顾问的华龙证券股份有限公司（以下简称华龙证券）增资扩股项目（以下简称华龙增资项目）顺利完成，以2.61元/股价格于新三板市场成功增发股份36.87亿股，募集资金96.22亿元。增资完成后，华龙证券注册资本从26.4亿元增至63.27亿元，实现跨越式增长。华龙增资项目是产权交易机构首次以咨询顾问身份参与、以证券公司为融资主体、在新三板市场上进行、融资金额创年度最高纪录的重大增资扩股项目。该项目的成功运作，标志着我国产权行业金融化、投行化发展趋势的不断深化，为产权行业通过发挥资本市场功能履行国有资产保值增值职能的探索创新写下了浓墨重彩的一笔。

一、兼具三重属性，华龙证券增资难度系数高

本项目融资方华龙证券成立于2001年，是由甘肃省人民政府组织筹建，经中国证监会批准的综合类证券经营机构，主要业务涵盖证券经纪、投资银行、证券投资咨询、咨询顾问及中国证监会批准的其他业务。华龙证券作为甘肃省唯一省属券商，在甘肃金融市场具有重要地位，在全国资本市场也具有一定影响力。2016年，随着证券公司业务创新不断深化，市场竞争日趋激烈，证券市场创新业务开展所需资本金准入条件不断提高，华龙证券日益感到扩充资本与招募战略投资人的必要性与紧迫性。经测算，公司需要扩充注册资本38亿元，募集资金100亿元左右，方可满足自身发展需求。

作为在新三板挂牌的国资证券公司，华龙证券同时具备"国资""省属重点企业""新三板挂牌企业""金融机构—证券公司"等多重属性。其增资扩股行为受到来自甘肃省委省政府、中国证监会、全国中小企业股份转让系统有限责任公司等主管部门从国资监管、证券市场监管到挂牌交易机构监管三方面的监督管理。增资扩股业务流程必须同时符合《企业国有资产法》《证券法》《企业国有资产交易监督管理办法》等法律法规以及新三板关于增资业务的相关规定，必须同时满足国资监管部门、证券市场监管部门的监管要求，还必须同时实现甘肃省委省政府对本省金融企业的发展规划。

由于上述特点，华龙增资项目于启动阶段即面临较大困难。与此同时，由于我国资本市场体系尚待健全，相关法律法规的协调性、系统化尚待完善，华龙增资项目即使成功启动，其运作过程仍存在较大的合规风险，可谓"红线密布"，稍有不慎，项目即有流产可能。华龙增资项目作为华龙证券重大企业经营举措，关乎甘肃省社会经济发展全局。如何在合法合规前提下充分发挥市场作用，实现国有资产保值增值，切实提高企业市场竞争力，成为摆在甘肃省各界人士面前的重大课题。何时、何地以何种方式启动并运行华龙增资项目，牵动着甘肃省各有关方面的心。

华龙证券充分意识到该项目的严肃性、复杂性与操作难度。2016年6月，华龙证券向甘交所明确表示意向，邀请甘交所担任本次增资扩股项目的咨询顾问，负责项目咨询及竞价支持服务工作。

二、跨市场运作，甘交所面临严峻挑战

甘交所接到华龙证券邀请后，立即组织专业团队进行项目分析，得出以下结论：

一是华龙增资项目具有金额巨大、社会关注度高、参与方众多、竞价过程复杂等突出特点，且涉及证券市场与产权交易市场的跨市场运作。华龙证券作为在新三板挂牌的国有企业，其增资扩股行为涉及产权和新三板两个市场，跨场运作并完成无缝对接难度较大。

二是华龙定增项目需考虑因素较多。根据甘肃省政府甘政函〔2016〕164号、甘国资发改组〔2016〕365号文件，以及"新三板"规定和融资方的要求，本次竞价必须满足以下条件：①增资完成后，甘肃省人民政府国有资产监督管理委员会及其下属企业或其他省属企业总持股比例不低于增发完成后总股本的35%；②募集总资金不高于100亿元；③增资股数不多于380000万股；④发行价格不低于2.61元/股；⑤新进单一股东及一致行动人持股比例不超过60000万股；⑥新进投资者不超过35家；⑦充分保证原股东的优先认购权。

在本次增资扩股项目运作过程中，甘交所既要满足"新三板"市场对于定向增发事项的种种限制性规定，又要在满足上述规定的前提下，通过市场化手段保证融资方关于甘肃省国资持股比例的底线要求。市场化竞价、国资持股底线与发行价格下限构成了本次增资的突出矛盾和难点。而上述难点在加入原股东是否放弃优先认购权的不确定性后，使项目变得异常复杂，需要进行多种可能性测算并根据多种情况准备多套方案同时进行可行性论证。时间紧迫、项目复杂、工作量巨大、沟通交流工作繁重等不利因素使甘交所面临着巨大的压力与严峻的挑战。

三、"投行 + 平台"服务方式，以市场化手段创新地开展投资方遴选工作，实现成功融资

1. 方案制作

甘交所组织华龙增资项目团队（以下简称项目团队）以驻场工作方式为华龙证券提供咨询顾问服务。项目团队与华龙证券增资负责人及参与本项目的中信证券新三板投行团队、甘肃正天合律师事务所、瑞华会计师事务所等中介机构进行了深入细致的沟通与探讨，以期找到在多重机构监管与多方面法律法规规定下达成华龙证券增资扩股战略目标的最优路径；形成了"先竞价再综合评议""先综合评议再竞价""综合评议""一次性密封报价方式竞价""竞争性谈判"等多套方案，同时制定了多样化的原股东优先权行使办法、竞价办法等一系列配套措施，供华龙证券结合自身需求进行选择。从 2016 年 8 月 24 日到 11 月 7 日，甘交所共为华龙证券提供咨询和竞价方案 50 余次，并根据实际情况修订方案数十次。

2. 系统定制

通过与甘交所及各中介机构的深入沟通，华龙证券最终选定以"先综合评议再竞价"的方案推进增资扩股工作。为保障项目顺利完成，同时满足"新三板"市场定向增发的规定与产权交易市场公开交易的要求，实现华龙证券增资目标，甘交所经过充分论证，邀请兄弟机构常州创业投资集团（以下简称常创集团）共同参与针对华龙增资项目的增资扩股系统开发。经过甘交所与常创集团的深入沟通和共同努力，增资扩股系统初版于 2016 年 10 月初开发完成。根据融资方需求变化，甘交所与常创集团分别于 2016 年 10 月中旬、下旬完成了增资扩股系统第二版及最终版的开发。新开发的系统具有以下特点：①投资方报价全程透明，竞价过程全程显示，竞价结果即时产生；②实现了一次密封报价的网络化，为类似项目的实施开创了可行路径；③操作简单，界面友好，即使无操作经验的竞价方，也可迅速掌握系统操作方法并投入使用。

3. 组织交易

在做好充分的前期准备工作后，甘交所于 2017 年 11 月 8 日在甘肃国际会议中心举办了华龙证券股份有限公司定向增发竞价会暨签约仪式。会议现场使用针对该项目定制研发的增资扩股系统，在融资方选定的投资人范围内，通过公开竞价的方式来确定最终增发价格。通过现场的系统录入及演算，只有在 2.61 元/股这一价位可满足本项目所设定的全部前置条件，确定本次定向增发的最终价格为 2.61 元/股。兰州市公证处对此次竞价过程进行了全程公证，保证了本次定向增发竞价工作的合法合规。

4. 成功融资

众所周知，2016 年新三板融资难度较上年明显提高。在挂牌企业数量破万、同比

增加超过一半的情况下，截至 2016 年 12 月 29 日，新三板共 2581 家公司完成股票发行，发行次数 2914 次，募资总额为 1374 亿元，略高于 2015 年融资规模（1216 亿元）。事实上，自 2015 年末 PE 等机构"圈钱"被监管层叫停之后，2016 年以来，百亿级别的融资已销声匿迹，偶尔有个别公司甩出这样的超级大单，也是要么终止，要么一波三折。即便是独角兽神州优车，百亿定增也数次延迟认购。

与此对比鲜明的是，在如此"资本寒冬"下，本次华龙证券定向增资逆势而上，最终以 2.61 元/股的价格成功发行了 38 亿股，共募得资金 96.22 亿元。这是 2016 年新三板挂牌企业最大规模定增。此次定增，除了公司在册的 20 名股东认购外，还有 33 名外部投资者蜂拥认购（包括读者传媒、陇神戎发和盛达矿业三家上市公司，山东国投、甘肃国投、兰投控股和甘肃公航旅、甘肃金控等八家各地国企，以及金石资本等众多知名的专业投资机构）。此次股票发行之后，控股股东甘肃金控集团的持股比例降至 16.18%，但仍为华龙证券第一大股东。甘肃省国资委间接持有华龙证券 35.69% 的股份，仍为华龙证券实际控制人。可以说，本项目圆满完成了甘肃省政府下达的各项融资目标。

本次增资扩股交易的成功组织获得了相关中介机构与华龙证券领导的高度评价。中信证券某高级副总裁评价："本次增资项目的成功运作，堪称资本市场定增项目的典范。"融资方高度评价："华龙证券的成功增资，是华龙证券发展历程中的重大里程碑，甘肃省产权交易所通过方案设计与竞价组织，很好地履行了咨询顾问职责，实现了产权交易市场与新三板市场的跨市场对接，这在资本市场尚属首例！"

四、项目启示

1. 产权交易机构应认真分析，找准定位，利用自身优势开拓市场

产权交易机构在国有产权交易领域经过多年耕耘，对国有产权交易过程中涉及的法律、法规、政策具有较高的研究水平，对国有产权交易流程具有深厚的实际操作经验积累。同时，产权交易机构具备资本市场独有的非标网络竞价系统与业务开展流程。上述二者构成产权交易机构的"比较优势"，帮助产权交易机构增加"提供咨询及竞价支持的咨询顾问"的资本市场新角色定位，并以此为抓手助力自身业务创新与市场开拓。

2. "产权交易市场+新三板"国有资产交易模式值得产权行业共同探索

产权交易市场作为与证券市场平行的资本市场，拥有国有资产交易的丰富经验，熟稔国有股权转让和增资扩股等国资交易的相关法律法规；具备先进的交易系统、完善的交易规则体系和多种交易方法，拥有全国产权交易市场投融资联动网络的优势，已经成为具有强大公信力的国资交易公开市场，具备为新三板企业国资交易服务的充

分条件。新三板作为非常重要的场外资本市场之一，拥有高效、安全、快捷的股份交割和资金结算系统。通过"产权交易市场＋新三板"模式有序对接两大市场操作规则和交易流程，共同操作挂牌企业国有资产交易，有利于扬长避短，同时让交易更合法、更安全、更符合"三公原则"。

（甘肃省产权交易所供稿）

案例 53

"资产转让 + 经营权配套 + 合作开发"
实现政府系统非办公类闲置资产变废为宝

2015年起,黑龙江省政府启动全省政府系统非办公类资产集中清理和处置工作。在黑龙江省财政厅的统一指导下,按照"宜租则租、宜卖则卖、宜重组则重组"的原则,通过黑龙江联合产权交易所(以下简称黑龙江联交所)市场平台逐项施策、分类处置,取得了良好的效果。其中,长寿国家森林公园旅游服务中心转让项目采取的"资产转让 + 经营权配套 + 合作开发"模式具有很好的代表性,为其他非办公类资产尤其是景区资产处置提供了参考和借鉴。

一、项目背景

1. 转让标的基本情况

2016年5月,黑龙江联交所接受黑龙江省林业厅所属事业单位黑龙江省濒危野生动物救护繁育中心宾西林场(以下简称宾西林场)委托,对哈尔滨春夏秋冬长寿生态旅游服务有限责任公司(以下简称春夏秋冬公司)100%股权及长寿国家森林公园旅游服务中心在建工程(以下简称在建工程)进行捆绑转让。其中:春夏秋冬公司注册时间为2013年9月18日,注册资本为600万元人民币,经营范围包括旅游景区管理、会议管理、中型餐馆。在建工程位于长寿国家森林公园内,经黑龙江省林业厅黑林地许准〔2012〕054号批复征占用林地8.2公顷,现已批复并使用建设用地1.4368公顷,剩余6.7632公顷。在建工程于2012年3月开工,2013年4月停工,建筑面积21081.64平方米,占地面积14368平方米。已建设项目包括1#至9#楼主体工程、室内外装饰工程、配套工程和室外管网配套工程,其中1#楼、2#楼、8#楼、9#楼全部完工,3#至7#楼只完成土建主体和外立面装饰,有《国有土地使用证》,没有办理《房屋所有权证》。经过评估和审计,转让标的评估值为21111.45万元。

2. 长寿国家森林公园基本情况

长寿国家森林公园位于哈尔滨都市度假休闲带的黄金节点,距哈尔滨市39公里,约50分钟车程。公园总占地面积2483公顷,公园内天然林面积2175公顷,蓄积量163125立方米,森林覆盖率为95%,有各种野生植物860种,并分布有黑龙江省60%

的乔灌木藤本乡土树种。公园现有四大景区，二十余处景点，同时建有露天沙滩浴场、休闲娱乐广场、梅花鹿饲养园和旅游服务中心、吉华长寿山滑雪场等。1993年，经原国家林业部批准为国家级森林公园，2005年被黑龙江省国土资源厅批准为地质公园，2006年晋升为国家AAA级旅游风景区，2011年被重新定位为"长寿休闲时代"。《公园总体规划（2016—2025）》也已编制完成，规划公园建设用地46公顷，目前已开发利用6.1公顷，投资方可利用的公园规划建设用地39.9公顷，其中23.7公顷公园规划建设用地已经由宾县国土资源局纳入旅游服务设施用地规划，其余公园规划建设用地可按国家规定进行征占。2011年和2014年，公园分别钻探地热温泉两眼，深度分别为1640米和1800米。目前，公园年接待游客10万余人。

二、第一次挂牌处置

2016年6月，黑龙江联交所对转让标的进行第一次挂牌公告。鉴于项目标的额较大、位置特殊（景区内）、省政府领导非常重视、社会各界特别关注等原因，为做好处置工作，特申请延长挂牌公告期为30个工作日。通过省内多个报刊、兄弟省市交易机构网站、黑龙江联交所微信公众号、黑龙江联交所全员微信朋友圈等多渠道、多手段宣传招商，专门联系新浪网通过四大板块，即新浪网——看龙江要闻区、新浪黑龙江PC端、新浪黑龙江微信号、新浪网兄弟站点——新浪吉林、新浪内蒙古、新浪北京、新浪海南，以图片和文字相结合的方式进行优先持续多日高频推介，全方位披露标的信息，广泛征集潜在投资人。在挂牌公告期内，黑龙江联交所接受电话咨询超过160人，宾西林场在标的现场接待潜在投资人达50多人。但在挂牌期满后，无一意向受让方报名，转让未能成功。

第一次挂牌结束后，黑龙江联交所第一时间与曾经咨询该标的的多位潜在投资人进行了沟通，征询他们未参与受让的原因并征求他们的意见和建议。几位潜在投资人的反馈结果是：一是转让标的主体为在建工程，已闲置多年，后期装修改造投资太大；二是在建工程还未到验收阶段，产权证照不全，后期风险较大；三是在建工程位置处于长寿森林公园里侧，如单纯购买资产，经营价值不高。

三、制定配套政策

综合考虑潜在投资人的反馈意见，遵循省政府关于非办公类资产优先用于发展旅游、养老、健康产业的指导意见，黑龙江联交所及时与省林业厅、财政厅沟通，省林业厅与宾西林场召开多次协商会议，后经省政府协调会议研究通过，宾西林场针对转让标的提供配套政策：转让成交后，宾西林场以长寿国家森林公园的经营权、林场两眼温泉、公园内的旅游服务设施、道路、场地、房屋等作为主体，受让方可自主选择

"合作开发"或"租赁经营"模式，发展生态旅游、医养结合和休闲度假等绿色产业。

1. 模式一：合作开发

一是受让方以转让标的作为出资与宾西林场注册公司经营，合作开发建设、经营管理宾西长寿国家森林公园项目，双方按出资比例分享利润，分担亏损、风险和责任。双方可自愿另行以现金增加出资入股。

二是由宾西林场协调对公园内的吉华滑雪场，按评估机构的评估价格由受让方购买。如协商不成，宾西林场可根据受让方需求在宾西林场范围内协助建设新滑雪场，也可协助建一处狩猎场。

三是合作期为20年。期满后，由双方确定是否继续合作。如不继续合作，根据有关政策和程序进行股权退出。

2. 模式二：租赁经营

一是宾西林场将长寿国家森林公园的经营权、林场两眼温泉、公园内的旅游服务设施、道路、场地、房屋等公园内构筑物及其辅助设施租赁给受让方经营。

二是租金按年支付。第一年租金为600万元，每年递增5%，五年为一周期；满五年后，根据当时市场变化及物价水平重新确定第一年的租金额，仍然按5%比例递增，依此类推。

三是租赁期限为20年。期满后，由宾西林场根据当时的有关政策确定是否继续租赁。如继续租赁，按照规定要求重新进行招拍挂，同等条件下可优先考虑受让方。

四、第二次挂牌处置

1. 挂牌公告

按照省政府协调会议要求，黑龙江联交所经与省林业厅、宾西林场协商，确定从2017年3月3日起对转让标的进行第二次挂牌公告，固定挂牌公告期为20个工作日。在挂牌公告期满后，如未征集到意向受让方，则不变更挂牌条件，按照5个工作日为一个周期延长，直至征集到意向受让方，或委托方有特殊要求时另行截止。

2. 招商宣传

第二次挂牌公告时，除了采用第一次挂牌时的省内多种报刊、兄弟省市交易机构网站、黑龙江联交所微信公众号、黑龙江联交所全员微信朋友圈、新浪网等方式，黑龙江联交所又大大拓宽了宣传招商范围。一是在生活报、黑龙江日报同步发布公告，每周发布两次，且在公告期内连续发布；二是通过东北网同步宣传转让标的；三是指定专人以电话形式同步告知潜在投资人；四是针对省内外多个做旅游、养老的公司进行定向推介，如黑龙江省旅游集团、哈尔滨文旅集团、中青旅控股股权公司等。

3. 咨询展示

第二次挂牌公告时，黑龙江联交所安排经验丰富、熟悉该项目的人员负责咨询工作，宾西林场党委书记亲自负责现场接待、展示和洽谈工作。据宾西林场党委书记反馈，除了第一次挂牌公告时曾经咨询过的，第二次挂牌公告期内又新增27位潜在投资人，分别到长寿山森林公园实地查看了转让标的，对后期合作或租赁事宜进行详细咨询和探讨。其中，70%以上的潜在投资人表示拟采取合作开发方式共同经营。

4. 解除顾虑

截至2017年3月30日，即固定挂牌公告期满，又无人办理受让登记手续，公告按照5个工作日为一个周期进行延长。在延长期间，黑龙江联交所及时与四位曾有很大意向的投资人进行沟通，其中，有一位黑龙江省内投资人是因对转让标的的权证不全、后期合作等事宜有顾虑。鉴于此种情况，黑龙江联交所立即与省林业厅、财政厅沟通，安排该投资人与省林业厅、财政厅相关工作人员进行见面协商，以书面形式达成初步意见；待该投资人真正成为受让方后，该书面意见作为主要内容写入产权转让合同中。

5. 项目成交

在第三个延长周期内（2017年4月17日至4月21日），有两家意向受让方办理受让登记手续并交纳了4222.4万元保证金；其中一位是新加坡控股的投资公司，该公司在报名前又分别安排律师、会计师事务所等专业机构人员连续三天到黑龙江联交所和转让标的现场进行详细尽调。2017年4月24日，黑龙江联交所以网络竞价方式组织两家意向受让方进行公开竞价。最终，转让标的以21112万元成交，受让方是新加坡控股的投资公司。

6. 后期跟踪

转让成交后，黑龙江联交所与交易双方沟通得知，受让方曾经多次试图进入国内景区投资均未成功。黑龙江省旅游资源丰富且省委省政府支持力度较大，他们已关注黑龙江的旅游、养老产业很长时间。此次省政府能拿出长寿国家森林公园如此重要资产，并提供20年经营权和合作开发这么好的配套政策，是他们没有想到的。此次受让成功后，受让方拟采取合作开发方式，与转让方共同经营管理，以充分发挥转让方的政策优势、地方人脉关系和受让方的资金优势、运作经验。为做好该项目，他们已聘请新加坡经验丰富的策划公司进行策划，拟从哈尔滨宾西引入轻轨直入长寿山，未来将其打造成为哈尔滨半小时范围内春夏秋冬四季旅游胜地和哈尔滨人的后花园。

五、项目启示

景区资产是非常优良的资源，但该项目主体是在建工程，已闲置多年，因存在未经验收、证件不全、后期改造投资大等瑕疵，投资风险较大，潜在投资人顾虑较多。

但在委托方提供公园20年经营权和合作开发等配套政策后,该项目立即具有较大吸引力,最终实现闲置资产变废为宝。该项目对其他闲置资产尤其是景区资产借鉴意义较大。针对此类项目,产权交易市场应当综合考虑,结合项目情况和投资人潜在需求,争取委托方提供相关配套政策,力促项目成交,实现国有资产尤其是闲置资产价值最大化。

(黑龙江联合产权交易所供稿)

案例 54

交易+融资，精准服务国企改革

——黑龙江金健天正粮食有限公司66%股权转让项目

2016年是国企改革的推进年，在黑龙江省委省政府的领导下，黑龙江省国资委积极贯彻落实习总书记两次对龙江建设与发展的指示精神，加快推进国企改革工作。要求出资企业下大功夫做好"老字号""原字号""新字号"三篇文章，奋力走出国企发展的新路子。

作为黑龙江省国资委出资企业，省外贸集团不等不靠，率先主动发力，重点在"老字号"和"原字号"上做文章，围绕黑龙江省粮食由种得好向卖得好创新发展，拟利用其所属二级子公司黑龙江省天正粮油食品进出口股份有限公司（简称转让方）在国内引进有实力的粮食企业进行战略合作，并确定了以尚志分公司的相关资产进行出资设立黑龙江金健粮食有限公司（简称标的公司），公开挂牌转让标的公司66%股权的操作方案。方案明确了目标：一是力争在秋收前完成挂牌交易，引入战略投资方，以确保标的公司年内实现正常运营；二是筹集资金将尚志分公司的资产过户并注入到标的公司，加快推进企业改制。

由于交易工作需要在黑龙江联交所完成，黑龙江联交所秉承"精准服务"理念，创新交易模式，采取交易与融资相结合的方式，主动为转让方解决融资难问题，最终顺利完成企业改制并实现交易。9月27日，转让方和上市公司金健米业股份有限公司所属的全资子公司金健粮食有限公司（简称金健公司）正式签订股权转让合同，转让标的公司66%股权，成交价格为4300万元。回顾交易过程，黑龙江联交所主要做了两件事。

一、主动服务，做好交易

为加快推进交易，黑龙江联交所充分调研、精心策划，为省外贸集团提供精准方案。一是提供咨询。转让方为多家国有股东共同持股的企业，应由持股比例最大的国有股东即上海牛奶（集团）有限公司负责履行相关批准程序。为避免企业走弯路，黑龙江联交所多次与转让方召开协调会，梳理决策和交易程序，保证交易工作有序进行。二是理清状况。由于转让方资金紧张，未能及时将尚志分公司的资产过户并注入标的公司，导致评估、审计、律师等机构无法及时出具书面意见。了解到这一状况后，黑龙江联交所主动与转让方、中介机构沟通，梳理资产状况，确保了交易全程每个环节无缝对接。三是确保公平。由于有潜在投资方表达了受让意愿，为了确保交易公平，交易行为经得住推敲，黑龙江联交所不仅没有量体裁衣，还降低门槛挂牌、最大范围披露信息、保证交易的公平与公正。四是打消疑虑。公告期内，金健公司第一个提出受让申请，但没有响应产权转让公告中受让条件的全部要求，同时提出带有附加条件的受让要求。由于临近挂牌截止时间，且仅有金健公司一家意向投资方提出受让申请，为促进成交，黑龙江联交所多次就交易程序和交易规则进行规范性解答，最终对方放弃设置附加条件。

二、提供融资，雪中送炭

由于转让方缺少改制资金，致使改制工作延后，进而影响到交易工作。为解决企业的资金紧张问题，黑龙江联交所依托下设的金融资产交易平台，探索开展金融创新。一是创新设计融资渠道。转让方以标的公司股权进行质押、以标的公司资产处置收益权进行融资；均信担保公司提供合法担保手续；黑龙江省农信社以购买标的公司资产处置收益权的方式提供融资；黑龙江联交所配合进行资金监管，保证交易价款优先用于偿还融资款。二是保证融资顺利。该融资服务属创新业务，参与各方都没有操作经验。首先，黑龙江联交所提前与金融机构和担保机构沟通，充分论证了操作的可行性。其次，黑龙江联交所充分介绍项目情况，合理设计程序规避风险，打消了参与各方的顾虑。最后，黑龙江省农信社既有均信担保公司进行担保，又有黑龙江联交所进行资金监管，具有参与的积极性；均信担保公司可得到足额的国有资产作为抵押物，降低了担保风险；转让方积极推进交易，确保了及时还款。最终，转让方成功获得短期融资。

在项目操作过程中，黑龙江联交所充分发挥"交易+融资"的市场优势，深入挖掘产权交易市场潜能，坚持不懈地在交易各阶段为企业提供精准服务，发挥了产权交易市场的并购融资平台作用，获得了参与各方的一致好评。

（黑龙江联合产权交易所供稿）

案例 55

北京融新创达投资开发有限公司 100%股权转让项目

在湖南省联合产权交易所（简称湖南联交所）和山西省产权交易市场有限责任公司（简称山西产权）的精诚合作和精心策划下，北京融新创达投资开发有限公司（简称融新创达）100%股权转让项目于2016年12月顺利成交。该项目转让底价19亿元，成交价为25.2亿元，增值6.2亿元。

一、项目背景

融新创达成立于2011年6月9日，股权结构为：上海潞安投资有限公司（简称上海潞安投资）持有51%股权、湘电集团置业投资有限公司（简称湘电置业）持有49%股权。主要资产为位于北京市朝阳区望京广顺北大街与来广营路交汇处东北角的融新科技中心在建工程项目。该项目主体已封顶，主体包括六栋甲级写字楼、两栋商业楼，用地性质为商业综合用地、占地面积23578.3平方米、建筑高度≤100米、总建筑面积为181402.16平方米，地上建筑面积117888.09平方米、容积率≤5、建筑密度不大于50%、绿化率28.98%。项目地块是中关村科技园区内一块商业金融用地，建成后可为园区提供商务配套服务和展示场所，为高科技企业总部提供办公场所。

二、打破区域限制，创新联动模式

融新创达的股东有两个：湘电置业（49%）和上海潞安投资（51%）。其中，湘电置业是湖南省国资委监管，上海潞安投资是山西省国资委监管。按照惯例，49%股权和51%股权将分别在湖南联交所和山西产权市场挂牌交易。

湖南联交所与湘电置业就挂牌事项进行了多次沟通。双方共同的顾虑是：如果49%股权与51%股权分别在两个交易机构挂牌，49%股权极有可能因没有控股权而卖不上价，甚至无人问津。而且，即便成交，最终49%股权的成交价也很有可能远远低于51%股权的成交价，有国有资产流失的嫌疑。最终，湖南联交所提出：将两个股东持有的股权一并转让，即转让100%股权，实现标的价值的最大化。得到湘电置业认可后，双方立即将此想法共同向湖南省国资委进行汇报，得到了湖南省国资委的高度赞同。

在此思路下，湖南联交所与湘电置业立即奔赴山西，与山西产权市场及上海潞安投资进行沟通交流，经过初步沟通，了解他们也正有此意。两个产权交易机构和两个股东一拍即合，四方达成一致——由湘电置业与上海潞安投资共同委托湖南联交所和山西产权市场联合挂牌转让融新创达 100% 股权；同时，在湖南联交所和山西产权市场网站发布公告。

三、精心策划，共同制定合理转让方案

1. 设置交易条件

截至 2016 年 5 月 31 日，湘电置业对融新创达享有的债权为借款本金人民币 23336.65 万元及利息 15091.778611 万元；上海潞安投资对融新创达享有的债权为借款本金人民币 44824.665 万元及利息 7851.787152 万元；潞安集团财务有限公司为融新创达发放的委托贷款本金为人民币 25000 万元。截至 2016 年 9 月 30 日，中信银行总行营业部对融新创达享有的债权为其向融新创达发放的固定资产贷款，贷款本金为人民币 99980 万元。中信银行贷款由湘电置业和上海潞安投资提供担保。

根据转让方的要求，为解决股权转让后债权及时收回的问题，两个交易机构决定在交易条件中设置债权收回的要求。在公告中，要求受让方在支付股权转让款的同时代融新创达偿还上述债务，并解除原股东在中信银行对融新创达提供的担保。

2. 设置尽调保证金

融新创达的主要资产为融新科技城在建工程项目。在建工程项目所涉内容复杂，投资方做决策前进行尽调，必然会进入企业查看项目所有相关材料，详细了解工程现状、项目立项、规划、用地指标、土地使用证等情况，并进入工地现场勘查。但对融新创达而言，在项目挂牌期间，在建工程仍在施工，投资者进行尽调必然会影响正常的施工秩序。因此提出，只接受有受让诚意的投资者进行尽调，以避免受到不必要的附加影响。

为解决这一问题，两个交易机构应转让方的要求，在公告中设置了相应条款：在公告期内，需要进行尽调的意向受让方需提交尽调保证金，如尽调后意向受让方对该项目没有受让意愿，意向受让方可以来函要求全额退还尽调保证金；如有受让意愿，则尽调保证金转为交易保证金。

四、精诚合作，共同招商，充分发挥产权交易市场的价值发现功能

两个交易机构相隔千里，分属不同的国资监管机构监管，不同的项目运作习惯，不同的格式文本……这些都是需要面对的现实问题。但本次是联合挂牌，必须将所有

的流程、格式等标准统一。为此,在项目挂牌前,两个交易机构多次沟通交流,本着"求大同,存小异"的原则,制作了联合运作备忘录。备忘录内容包括:项目挂牌前资料的准备和提交,项目运作过程中的流程节点,合同的签订、接受咨询、接受意向报名事项、保证金支付、受让方资格的审核、竞价的安排、人员安排、价款的结算及相关格式文本的统一等。

项目预公告后,两个产权交易机构便着手推广工作,各自通过自己的微信平台及朋友圈发布预公告信息。从投资人信息库中筛选意向客户,进行一对一短信以及电话推广,与其他兄弟产权交易机构接洽合作招商事宜,并引入了合作招商机制,最终征集到了来自上海和北京的三家国内知名企业。

2016年11月30日,融新创达100%股权项目网络竞价会在湖南联交所和山西产权市场的共同组织下顺利举行。竞价异常激烈,经过62轮轮番竞价,最终由上海久甄实业有限公司以人民币25.2亿元成功竞得,高出转让底价人民币6.2亿元,增值率为32.63%。

五、项目启示

该项目属于备受关注的房地产行业,标的公司位于北京四环,而且2016年下半年正值房地产行业出现一波小高峰。在两个交易机构的大力推广下,万科、恒基、金地集团、珠海金控、东旭集团等十几家知名企业高度关注,最终有三家资金雄厚的知名企业参与竞价。

该项目的顺利交易,得益于当时房地产行业的回暖,得益于两个交易机构和转让方选择了正确的交易方案和时机,也得益于两个交易机构的市场资源和人才优势的充分利用。

项目的成功运作,最终实现了共赢:转让方实现了较高的投资回报率,国有资产得到大幅度增值;受让方通过合法合规的方式受让了自己心仪地段的房地产项目,扩张了自身规模,提升了自身在行业内的品牌形象;两个交易机构通过这次合作也凸显了产权交易平台发现价格和发现投资者的功能。

(湖南省联合产权交易所供稿)

案例 56

创新竞价方式，推动传统
产业股权有序流转

——无锡太平针织有限公司47%股权转让项目

一、项目背景

标的企业无锡太平针织有限公司注册资本为220万美元，是一家中日合资的有限责任公司，其股权结构为：无锡金德资产管理有限公司持有60%股权，无锡市羊毛衫厂持有22%股权，日本MKJ株式会社持有18%股权。太平针织主营业务为中高端毛衫制造，是一家传统制造企业，按照混合所有制改革的要求，拟通过优化股权结构激发传统产业的积极性和创造性。

2016年9月2日，无锡金德资产管理有限公司、无锡市羊毛衫厂共同委托无锡产权交易所有限公司挂牌转让其持有的无锡太平针织有限公司47%股权，其中无锡金德资产管理有限公司转让25%，无锡市羊毛衫厂转让22%。此次股权转让会导致国有股东实际控制权发生转移，因此产交所严格按照国有资产交易的规定，按照信息预披露和正式披露分阶段实施，首次挂牌价格1229.34万元。

2016年10月8日，挂牌期满，未征集到意向受让方。于是转让方变更挂牌条件，降价10%以1106.41万元进行第二次公开挂牌。此次挂牌获得较高市场关注，最终征集到4家符合条件的意向受让方，其中1家为太平针织公司管理团队出资成立的合伙企业，1家为太平针织公司的外方股东，其余2家为外在投资者。

二、竞价实施

在制定竞价方案时，产交所既考虑了传统行业国有资产保值增值的需要，又不能损害中外合资企业原股东的法定权利，因此根据项目特点创新竞价方式，首次采用两阶段竞价模式。非原股东竞买人在第一阶段通过多次报价进行充分竞价，确定待定受让方和待定受让价格。为了避免竞价不充分，待定受让方仍有一次报价的机会确定最终报价。原股东竞买人在第二阶段决定在同等价格下是否行使优先受让权。

2017年3月14日，无锡太平针织有限公司47%股权专场竞价会顺利进行。多个一般竞买人经过电子竞价系统多次报价确定报价最高的竞买人为待定受让方,再由待定受让方进行一次最终报价,在此基础上向优先权竞买人征询是否行使优先受让权,最终由太平针织管理团队出资的企业成功竞得,成交价 1116.41 万元,较挂牌底价增值 0.9%。通过竞价设计,既保证了国有产权实现增值,又维护了原股东的权益,传统产业股权得以有序流转。

三、混改成效

本项目是无锡产交所举行的首个中外合资企业股权竞价项目,也是传统制造行业混合所有制改革的尝试。太平针织通过产交所混改后,激发内生动力焕发活力,多举措提升企业经营活力:自筹资金引进日本岛精 SDS – ONE APEX3 服装设计系统、引入德国产特殊花色缝制先进设备,对制造设备提档升级,提升生产效率。2017 年企业发展取得显著成效,主要经济指标创历史新高。1—10 月营收 12234.19 万元,比上年同期增长 26.81%,为上年年度实绩的 103.3%;产量 788221 件,比上年同期增长 29.27%,为上年年度实绩的 110.83%;利润总额 1058.15 万元,比上年同期增长 39.54%,为上年年度实绩的 116.49%。

四、项目意义

传统制造行业由于原辅材料价格、物流费用、生产技术、市场份额等因素,亟须通过混合所有制改革优化股权结构,提升经营活力。

产权交易市场作为优化资源配置的市场,应义不容辞承担起传统行业的改革优化工作,充分发挥平台优势,通过有效率的运作,使传统行业资源不受区域、行业、性质的限制,不断实现优化配置。

(无锡产权交易所供稿)

案例 57

无锡地铁国有产权转让增值 107.84%

——无锡广成地铁上盖置业有限公司 90% 股权及
10.26 亿元债权转让项目

2016 年 12 月 14 日下午 14 时，无锡广成地铁上盖置业有限公司 90% 股权及 1026852203.73 元债权项目电子竞价会在无锡产权交易所竞价大厅举行。经过 1 个小时 115 轮次报价，最终由香港绿地旗下子公司苏州润建置业有限公司竞得，成交价 227419.63 万元，较挂牌底价增值 118000 万元，增值率 107.84%。此次竞价创造了无锡产权交易所 2016 年单笔竞价项目标的最大、增值额最大、增值率最高几项纪录。

一、项目背景

2016 年下半年，无锡房地产市场持续升温，产权交易市场地产项目受到热捧。本项目转让底价 109419.63 万元，是无锡地铁集团有限公司转让的位于太湖新城雪浪坪的集地铁停车场、住宅、商业、办公、公寓于一体的大型综合地铁上盖物业。本项目毗邻太湖生态带，坐落于太湖新城与山水城之间，周边是无锡市太湖新城中心商务区、华莱坞、万达追梦城、长广溪湿地公园和雪浪山等，区位优越，交通便捷。

项目总用地面积为 16.5 公顷，总建筑面积约为 56 万平方米，目前已完成消防、交评、环评、能评预审查，地铁停车场盖板及上盖住宅停车场完成施工。

转让方此次转让 90% 股权及债权，旨在调整产业机构，集中精力做强做优主业，通过控股权的转让引进有实力的房地产商，打造"品质新城"，推动地方经济发展。

二、项目运作

鉴于此次转让标的较大，且为地铁上盖物业，对意向受让方的要求较高。为了征集到优质受让方且不违背公平竞争的原则，无锡产交所配合转让方制定了房地产资质、地铁上盖开发经验及实收资本三项资格条件，并按 32 号令的规定向无锡市国资委报备。

公告期间，中海、万科、华润、保利、绿地、龙湖等知名房地产商纷纷咨询了解相关情况，开展尽职调查。无锡产交所与地铁集团专门组建项目小组，负责解答与专题推介。挂牌期满后，无锡产交所配合转让方召集法务、财务及工程相关人员召开资格审查会，严格把关，最终确定了 4 家符合条件的意向受让方。随后，交易所与转让方之间密切配合，紧锣密鼓地制定了竞价方案，并于 2016 年 12 月 14 日组织了专场竞价，最终经过激烈角逐花落香港绿地。

三、项目意义

此次通过产权交易市场以股权转让方式实现土地使用权转让，一方面为转让方提供了便捷的操作方式且通过竞价方式实现国有资产大幅增值；另一方面为广大意向方提供了寻找合适投资项目的平台，实现多方共赢。

在该项目运作过程中，无锡产交所全过程参与转让方案设计、意向受让方资格审核、竞价方案制定、意向谈判等重要环节，规范高效完成各项工作，得到地铁集团的高度认可，产交所的影响力也得到提升。未来，产权交易机构应重视通过重大项目积累客户资源，不断吸引、聚集更多的资源、要素到产交所的平台上来。

提高资源配置能力、发挥融资功能是产权交易机构的首要任务。只有做到真正的市场化，才能更好地助力国企优化资源配置及结构调整，为区域性经济发展做出更大的贡献。

（无锡产权交易所供稿）

案例 58

股债捆绑"僵尸企业"处置项目

清理处置"僵尸企业"和解决历史遗留问题,是推进央企国企供给侧结构性改革的一项重要任务,是央企国企去杠杆的重要抓手,是瘦身健体提质增效的重大举措,是深化国有企业改革的重要内容组成。2016年国务院国资委摸底梳理出,中央企业需要专项处置和治理的"僵尸企业"及特困企业2041户,涉及资产3万亿元,涉及中央企业81家。本次北京华诺信诚财务顾问有限公司(以下简称华诺信诚)受托完成的贵州中电振华精密机械有限公司80%股权及14952万元债权转让项目即是"僵尸企业"处置的一宗典型案例。

一、项目背景

贵州中电振华精密机械有限公司(以下简称振华精机)是中国电子信息产业集团有限公司所属从事单螺杆压缩机的研制与生产控股子公司,致力于打破美国和日本对单螺杆压缩机技术的垄断,突破国际上对我国实施的中高压单螺杆压缩机产品和技术的禁运和封锁,推动我国压缩机行业重大技术进步。遗憾的是,振华精机及其控股子企业因为在生产运营过程中成本过高导致持续亏损,停产之后被国务院国资委列入企业自行组织处理的"僵尸企业",中国振华电子集团有限公司(以下简称振华集团)亦被要求在2017年度完成清理退出振华精机及其控股子企业两户僵尸企业。

二、预期目标

中央高度重视"僵尸企业"处置问题,提出了处置"僵尸企业"的路径与目标,明确了处置"僵尸企业"的基本原则。资产重组、产权转让、关闭破产是清理处置"僵尸企业"的主要路径,"重组救活为主、破产退出为辅"是处置"僵尸企业"的基本原则。所以,处置振华精机不仅仅是要为振华集团去腐立新,还要为剥离之后进行盘活做好对策,保证国有企业的保值增值。

本次振华精机的清理退出工作目标,是在有限的时间内统筹安排各交易前置环节,通过产权转让方式最大限度回收国有资产并完成振华集团的退出;最终实现振华集团深化国有企业改革,提高效率、增强活力,发展壮大国有经济的根本要求。

三、项目难点分析

华诺信诚于 2016 年 8 月成立项目组介入该项目，经过多次调研考察，总结梳理出该项目处置存在以下难点：

一是振华精机属于传统制造业，经营亏损原因主要在于企业前期研发投入成本过大、投资结构不合理。振华精机及其控股子公司深圳振华亚普精密机械有限公司（以下简称振华亚普）的两层股权结构分别设立在贵阳和深圳两地，造成日常产品生产、运输成本偏高，致使营业收入难以覆盖当期财务成本。振华集团作为大股东提供的财务援助不仅没能扭转局面，还进一步增加了负债金额，致使企业经营陷入恶性循环。

二是振华精机的负债主要由股东借款及银行贷款构成，其中振华集团提供的股东借款本息合计约 1.78 亿元，银行贷款约 7200 万元。因涉及金融债权，若没有提前取得该金融机构的同意，后续处置方向无论是采用哪种方式退出，都将遇到实质性障碍。

三是振华亚普在运营过程中涉及多项诉讼，诉讼金额 1000 多万元，该未决诉讼不仅会影响意向受让方的价值判断，还会导致振华精机项目无法采用破产清算方式完成退出。

四是项目总计可操作时间仅有 16 个月，在有限时间内不仅要并行解决上述多项难题，还要充分挖掘、展示振华精机自身的优势、亮点，征集到意向受让方并设定符合市场预期的交易底价，以保证处置计划的顺利完成。

五是振华集团与民营企业深圳市永利华创系统工程有限公司（以下简称永利华创）合资成立振华精机，其中振华集团持股 80%，永利华创持股 20%。本次振华集团已确定将所持全部股权对外转让，但永利华创虽表态同意此转让事项，却未明确是否愿意一并转让其所持振华精机 20% 股权。站在意向受让方角度考虑，在不具备掌控振华精机 100% 股权的前提下，无疑难以做出收购的决断，更遑论投后重新管理运营企业。

四、突破项目难题，实现成功交易

在项目处置过程中，华诺信诚项目组成员严格把握和坚持国资委关于"僵尸企业"处置的"市场化、法治化"原则、"一企一策"原则和"多措并举"原则，充分利用自身在执业经验、团队组织协调能力、项目投资价值分析、操作风险预警和对法规政策掌握等方面的优势，担负起振华集团赋予的艰巨任务和光荣使命，克服重重难关保质保量地按时完成了任务。

1. 五套方案助力确定最优处置路径

华诺信诚介入项目之初，振华精机虽背负大量负债导致净资产为负值，但其资产项下仍拥有土地、厂房、机械设备等固定资产，上千万的应收账款，以及压缩机生产资质、专利等无形资产。面对此种情况，华诺信诚并未直接开展招商工作，而是在全面了解企业信息后将资产划分为以"房产土地"为核心的固定资产及以"生产资质、专利技术"为代表的经营性资产，有针对性地为振华集团设计了五套整体处置方案，为振华集团的相关领导提供了充足的操作思路。

通过对五个方案的反复斟酌，从价值发现、成本节约和时间周期三个主要指标项上对方案进行横向可行性对比后，华诺信诚协助振华集团最终确定方案，着手评估土地、厂房、机械设备等固定资产的现金价值，以便实现国有资产价值最大化。

2. 深入调研挖掘企业价值

华诺信诚在确定操作方案后，立即对振华精机所属资产进行深度价值分析。围绕经营性资产交易这一点，研判同行业并购、跨行业并购下的企业价值，并通过对接压缩机行业协会、各压缩机生产企业、振华精机相关债权人、债务人等展示项目价值、求证价值区间。

经过测算，意向受让方在完成并购振华精机后如恢复生产，则需要额外筹集400万元左右资金。此外，振华亚普未结诉讼涉及1000多万元应付账款。而对于受让成功的振华精机而言，停产前的单螺杆压缩机产品尽管投入较大，但并未完成研发工作，无法按照既定目标投入军用生产用途。如以现有技术改投民用压缩机生产，从生产成本上无法对抗市场主流的双螺杆压缩机，且停产之后，振华精机所拥有的专利技术已不再具有领先地位。

通过对振华精机现有资产的盘点和未来生产潜力的预测，华诺信诚最终基于继续生产经营的需求判断意向受让方，估算振华精机股权及债权的重组后交易价值约为300万元。

3. 投行思维规划盘活思路

处置"僵尸企业"的一个重要手段就是推进优势企业或相对优势企业对其进行兼并重组。由于受到多种因素的影响，兼并主体往往对"僵尸企业"实施并购重组的动力不足，导致"僵尸企业"处置时很难从市场上寻觅意向受让方。

在征得作为转让方的振华集团同意后，华诺信诚不仅通过线下渠道采用对接压缩机行业协会、逐一联系全压缩机行业生产企业、行业杂志《压缩机》刊登项目挂牌交易预告信息等方式广泛征集意向受让方，同时利用华诺信诚自主运营的自媒体招商体系，将招商推介信息通过"找项目网"项目电商传播平台等渠道广为传播。其中，发行量达2万份的行业杂志《压缩机》是国内唯一一本定位比较高的压缩机专业读本。该杂志注重发行目标客户群，专注业内，读者覆盖行业90%以上人群，其中40%为使用压缩机的终端用户，20%为压缩机生产制造、组装厂，20%为各个品牌的代理商，10%为配件商，10%为其他。

经过持续一年的招商工作，华诺信诚累计与 267 家意向受让方进行了深入探讨，并多次陪同带看项目现场、反复验证此前得出的 300 万元投资价值这一判断。华诺信诚认识到由于压缩机的生产销售普遍存在应收账款催收难、原材料等成本不断高涨问题，压缩机全行业处于不景气阶段，同行业并购基本被排除在外，而与振华精机相关的经销商、下游客户由于经营状况不理想，也无富余资金并购。在排除了本项目同行业并购或债务人并购的可能性后，华诺信诚将招商重点放在与压缩机相关的领域上，以重新运营振华精机为方向重新考虑经营性资产运营价值，最终成功征集到一家机械设备贸易企业作为本项目重点意向受让方，开展后续谈判。

对接该意向投资方后，基于对意向投资方业务特性的了解，华诺信成设计了一整套企业后续运营方案。该方案体系中合理设计了实施并购后的现金流管理解决方案，即短期内通过催收应收账款筹集整改期间所需资金；长期经营中进一步精简业务规模，从生产压缩机整机改为仅生产核心部件，剔除冗余资产，实现轻装上阵。贸易型企业与生产型企业结合，两者业务上的搭配可以很好地实现互补，意向投资方可充分利用振华精机的负资产现状实现合理避税。

该方案因充分、合理地考虑了意向受让方的特点和需求，得到了肯定并进一步坚定了意向受让方实施并购的决心。

4. 巧用大数据紧凑交易流程

经过前期的债务重组，振华精机将所持房产、土地和机械设备采用协议转让、公开转让等途径变现，所得现金用于清偿债务。待债务重组结束，振华精机摆脱了金融债权问题，负债项下仅剩欠振华集团的债务 14952 万元。

经过评估，振华精机股权及债权评估值合计为 827 万元，高于市场所能接受的投资价值水平，项目的首次披露到期日为 2017 年 10 月 28 日。如按此前设想的以 10% 为降价阶梯逐步降价，则将面临不能如期完成清理退出任务的绝境。在此种境况下，华诺信诚提出突破降价阶梯的想法，项目首次挂牌后按照 32 号令规定上报降价方案，经集团审批通过后以 300 万元为新的挂牌底价挂牌，通过产权交易市场公开验证该价格合理性。

在降价设想得到振华集团首肯后，华诺信诚一方面运用产权交易大数据库汇集整理过往项目降幅超过 10% 的案例，作为降价请示附件上报集团决策；另一方面将项目时间规划反复与北交所沟通确认，最终在北交所的全力支持下用最短的时间衔接了前后两次披露公告，避免了因多次打折挂牌耽误时间。经过前后两次披露，合计 40 个工作日的正式公示，向市场充分披露了项目的情况及交易底价。项目最终征集到一家意向受让方，由北交所在 2017 年 12 月 5 日出具交易凭证，如期在 2017 年度完成工商变更。

五、项目启示

回首振华精机项目的处置过程，华诺信诚项目组成员并非简单汇集项目披露信息，通过北交所及自有招商渠道进行投放，而是首先从企业基本面入手，运用投行思维层层深入地了解项目情况、研判资产价值、探索交易障碍，规划解决路径和方案。在充分提炼价值点后科学选择招商方向，运用大数据库有针对性地遴选意向受让方。根据意向受让方需求的不同，结合项目特点设计不同投后运营方案，确保项目在依法合规前提下按时交付成交结果。

振华精机项目的顺利完成，标志着华诺信诚在为国企客户提供全要素综合服务方面再上一层楼，是华诺信诚"全程专注客户需求，统筹提升资产价值"的服务管理理念的完美诠释。

（北京华诺信诚财务顾问有限公司供稿）

案例 59

深圳中电国际信息科技有限公司
A 轮增资嵌套股转项目

本项目为首个按照《企业国有资产交易监督管理办法》（国务院国资委、财政部令第 32 号）规范要求进场挂牌实施的央企增资扩股项目，也是首个采用创新模式同时完成增资扩股嵌套产权转让事项的案例。

根据《关于深化国有企业改革的指导意见》等有关文件精神，中国电子信息产业集团有限公司所属深圳中电国际信息科技有限公司（以下简称融资方）作为国有全资公司，结合自身发展实际，于 2016 年 6 月 29 日通过北京产权交易所（以下简称北交所）公开挂牌增资项目，同时原股东中国电子器材总公司（以下简称转让方）转让 2954 万元注册资本对应股权。融资方通过增资扩股方式引进战略投资者、募集资金，并择机实现资产证券化。

融资方以 2015 年 9 月 30 日为基准日，通过北交所实施增资扩股，嵌套转让方同步实施股权转让。本项目有以下几个特点：

一是挂牌材料报送期间，国务院国资委、财政部联合签署的《企业国有资产交易监督管理办法》正在准备发布阶段。华诺信诚时刻紧跟国资监管要求的最新动态，不断设计优化项目方案，保证了项目挂牌后完全符合《企业国有资产交易监督管理办法》关于增资扩股项目的操作合法合规性要求。

二是增资扩股项目在交易所的成交案例数目有限，可参考案例屈指可数。

三是涉及增资和股转同步进行，对结果、价格双锁定的要求无前例可参考，极其考验操作方创新能力。

四是涉及员工持股，引入员工持股的路径还需反复商榷。

五是在不到 4 个月的时间内顺利完成审计、评估、集团备案程序，协调员工持股平台的投资流程，于公开市场中实现集团公司的战略规划安排。

一、预期目标

在初步了解融资方的需求后，华诺信诚迅速成立了项目组，第一时间与融资方见面详细沟通。经过与融资方几次交流会谈和对项目的细致梳理，项目组明确了融资方本次增资扩股项目的核心诉求：

一是统筹规划项目进程，在 2016 年 9 月底前完成融资方增资扩股项目，以融资方办理工商变更为标志。

二是遵循市场化原则，充分发挥"投行＋平台"服务功能，积极参与融资方案的策划和制定，切实帮助增资企业解决增资过程中遇到的难点、疑点，对项目实施中可能存在的风险进行预测和控制，以保证项目能如期高质量完成。

三是意向投资方通过公开市场征集，存在不确定性，在项目设计交易结构时需保持足够弹性，同时要协调多方，保证工作顺利实施。

二、操作过程

2016 年 6 月 24 日，国务院国资委、财政部联合签署了 32 号令，要求国有企业增资扩股项目规范进场交易。同月 29 日，深圳中电国际信息科技有限公司增资项目作为 32 号令发布前最后一单央企增资扩股进场项目，通过北交所网站发布公告，及时、完整、充分地履行各项信息披露义务。8 月 24 日公告期满。公告期间，一家战略投资方携手一家财务投资方向北交所递交了申请材料，成为意向投资方并最终成为本项目投资方；员工持股平台按照外部投资方价格同步参与增资，顺利签署了增资协议。

三、突破项目难题，实现成功交易

1. 缜密的流程管控助力客户急、重项目实施

2016 年 5 月中旬，华诺信诚接到项目正式启动通知，依据集团公司的战略规划，要求必须在 2016 年 9 月 30 日前完成工商变更程序；除此之外，本项目涉及员工持股，故在指导外部投资方推进工作的同时，还需协助员工持股平台完成入场投资的重要工作。如何在不到 4 个月的时间内成功协助中介机构完成审计评估工作、履行完毕集团公司的内部审批备案程序、协调员工持股平台的投资流程、合理规范地拟写申请文件，于公开市场实现集团公司的战略规划安排，成为本项目面临的重点及难点。

本项目中，增资扩股后融资方股权分别由原股东、战略投资者和核心团队持股平台持有，华诺信诚总结此前增资项目经验，提出员工持股平台增资的价格根据评估结果进场挂牌确定，并与战略投资者增资价格保持一致。引入战略投资者和员工持股平台的工作需要经过集团审批、审计评估及跟交易所和国资委商讨操作细节等程序，且在增资的同时还面临原股东转让股权、外部投资方征集情况的不确定性等难题。交易所此前并未接触过如此复杂的项目，在程序上无法参考以往交易结构，因而本项目格外考验操作者的流程管控能力、创新创造能力和沟通协调能力。

华诺信诚在充分领会整个项目交易意图的情况下，通盘设计项目实施方案和时间

规划，充分发挥自身流程管控能力优势，基于对集团公司、融资方、交易所内部管控要求、国家政策的深刻理解，从项目实际出发，科学精准规划，在项目推进过程中针对每个时间节点及相应的工作目标进度，随时与各方保持高度联动一致，积极协调审计、评估、律师等各专业支持单元的每项工作。

2. 财顾提供专业服务，大力协助意向投资方

在项目公告期间，华诺信诚在交易流程、资料准备细节等方面为意向投资方做了辅导和解答，并分析了增资交易过程中的问题与难点，协调投资方与融资方的需求点。在此期间，华诺信诚还与融资方合作开展了项目说明会和项目路演，尽可能地协助投资方完成尽职调查，最大限度地实现项目的顺利推进。最终，在各方的共同努力下，在预定日期前成功完成项目挂牌工作。

待项目挂牌结束后，华诺信诚严格按照既定的时间计划表，安排专人负责协调工作，努力推进项目。在理解客户要求的前提下，华诺信诚积极设计解决方案并征得北交所的支持。在符合国有资产监督管理要求前提下，满足了客户的实际需求，最终该项目在 8 月 24 日结束公示，顺利进入签约阶段。

3. 创新设计交易结构，实现股转、增扩嵌套并行操作

本次增资过程中遇到的诸多难题中，最花费时间和精力的当属股转与增扩事项同时并行，结果、价格双锁定的需求。就是说，在增资的同时，原股东中国电子器材总公司转让所持一部分股权，该股权的受让方应当与增资事项的投资方相同，且每一元注册资本折合成交价格完全一致。

由于此项需求关系到项目完成后能否实现预期股权结构，在产权交易市场中尚属首例，无相关经验可以借鉴。华诺信诚凭借对交易规则的深刻理解，前后设计了三大交易模型，经与国资委、北交所紧密沟通探讨，历经 50 次更新优化而最终定稿发布。

该方案最终定稿为"以增资扩股嵌套股权转让"交易模式，不仅充分考虑了股权转让和增资扩股在交易规则上的不同要求，还解决了"投资者结果统一、交易价格统一"难题，完美实现了项目相关方的需求。本项目为增资项目的规范操作开创了新的交易方式，树立了典范。

4. 提高经营效率，搭建多层员工持股平台结构

本次增资扩股工作涉及引入员工持股计划，鉴于该事项涵盖的员工数量较多，而传统的企业治理结构中对股东数量有着严格的规定，因此在不影响融资方股权多元化后的经营决策效率前提下完整引入员工持股是本项目的设计亮点之一。

经过反复沟通研讨，结合时间要求，最终确定采用设立有限合伙企业方式，同时通过搭建多层普通合伙人及有限合伙人的巧妙办法推进员工持股事项。通过该结构设计，确保了完整覆盖所有拟持股员工，同时最终投资融资方的主体仅为一家员工持股

平台，大大提高了融资方的日后运营决策效率。

5. 巧设操作方案，实现增资目标

本次融资方拟以公开进场挂牌方式同时征集战略投资者及财务投资者。为了满足融资方对不同类型投资方的要求，实现国有资产较大幅度保值增值，设定合理的投资方资格条件和完善的投资方择优方案，在项目推进过程中，华诺信诚与融资方密切联系，与交易所商讨，与国资委沟通，多次邀请交易所领导参与项目讨论，多次到融资方现场服务、出谋划策。

在资格条件设定和择优方案设计过程中，华诺信诚协助融资方梳理影响投资人选择的多维变量，分别列出可控点与不可控点，一一提炼操作思路与方案的优点与不足，针对不同类型的投资人采用分层设计对应资格条件的方式并进行可行性分析。通过组织多轮次谈判对各意向投资方进行全面、充分考察，以确定最优投资人。华诺信诚多次参与商务谈判，协助融资方以政策合规、方案最优化为前提，高效创新条件设立方法，确保企业混合所有制改革目标最终实现，为融资方提供专业、精准的技术支持与实操指导。

四、政策解读

自 2004 年 3 号令发布以来，国资委先后出台了《企业国有产权交易规则》（国资发产权〔2009〕120 号）等一系列文件。进一步规范企业国有产权转让行为，加强企业国有产权交易的监督管理，促进企业国有资产的合理流动、国有经济布局和结构的战略性调整，防止企业国有资产流失。在本项目筹备挂牌期间，国务院国资委与财政部联合发布 32 号令，对国有及国有控股企业、国有实际控制企业增加资本的行为做出了明确规定，要求在依法设立的产权交易机构中公开进行。

在 32 号令发布前，华诺信诚时刻跟进国资监管要求的最新动态，对项目方案不断优化，保证了项目在 32 号令发布后的操作合法合规。

（北京华诺信诚财务顾问有限公司供稿）

案例 60

中国电子系统工程总公司（中国电子系统技术有限公司）改制增资扩股项目

一、项目概况

党中央、国务院历来高度重视国有企业改革，一直把国有企业改革作为经济体制改革的重要内容。中国电子旗下中国电子系统工程总公司（以下简称融资方），是集团公司出资的二级全民所有制企业。近年来，融资方着力抓改革、脱困局、谋发展，为落实集团公司发展战略部署，实施混合所有制改制，募集3.5亿元至5.2亿元现金，成为国有控股的混合所有制企业，一系列工作在2016年6月底前完成。

融资方以2015年6月30日为基准日，先行改制为一人有限公司，然后同步实施增资扩股。本项目有以下几个难点：①增资扩股项目在交易所的成交案例数目有限，可参考案例屈指可数；②涉及改制和增资，并且同时进行，操作难度极大；③涉及员工持股，引入员工持股的路径和定价方式还需商榷；④目前相关的操作规则和政策还未成熟，在操作中许多问题需要不断跟交易所、国资委沟通解决。

稀缺的案例、紧迫的时间、部分待确认的内部程序及目前尚未成熟的规则和政策给融资方出了难题；项目操作各方秉承认真负责的态度，携手通力合作，于艰难险阻处充分发挥艰苦奋斗精神，才使项目在规定时限内顺利完成。

二、预期目标

在初步了解融资方的需求后，华诺信诚迅速成立了项目组，在第一时间与融资方见面详细沟通。经过与融资方几次交流会谈和对项目的细致梳理，项目组明确了融资方本次股权转让项目的核心诉求：

一是统筹规划项目进程，在2016年6月底前完成融资方增资扩股项目，以融资方办理工商变更为结束标志。

二是协助发现并解决项目推进过程中的难点，对项目实施中可能存在的风险进行预测和控制，以保证项目能如期高质量完成。

三是员工持股平台和意向投资方数量较多，在项目推进过程中需要及时协调各方，保证工作顺利进行。

三、操作过程

2016 年 5 月 6 日，融资方增资扩股项目通过北京产权交易所发布公告，6 月 3 日公告期满。公告期间，共有 5 个员工持股平台和 6 家战略投资方递交了申请材料成为意向投资方并最终成为本项目投资方，顺利签署了增资协议。

四、突破项目难题，实现成功交易

1. 缜密的流程管控助力客户急、重项目实施

2016 年 4 月中旬，华诺信诚接到项目启动通知，依据集团公司的战略规划，要求必须在 2016 年 6 月 30 日前完成交易价款的回收；除此之外，本项目涉及员工持股，还需完成协助 5 个员工持股平台入场投资的重要工作。本项目改制和增资同步运行，最后统一办理工商变更，完成改制和增扩的目标。如何在不到 3 个月的时间内成功协调中介机构完成审计评估工作，履行完毕集团公司的内部审批备案程序，协调员工持股平台的投资流程，合理规范地拟写申请文件，于公开市场实现集团公司的战略规划安排成为本项目的重点及难点。

本项目中，增资扩股后融资方股东分别为集团公司、战略投资者和核心团队持股平台。经过华诺信诚设计方案，员工持股平台增资的价格将根据评估结果进场挂牌确定，并与战略投资者增资价格保持一致。完成引入战略投资者和员工持股平台的工作需要完成集团审批、审计评估以及跟交易所和国资委商讨操作细节等程序，且融资方改制工作并未完全结束，交易所此前并未接触过如此复杂的项目，在程序上无法采用机械式操作，不可简单照搬套用。因而本项目格外考验操作者的流程管控能力、创新创造能力和沟通协调能力。

华诺信诚在充分领会整个项目交易意图的情况下，通盘设计项目实施方案和时间规划，充分发挥流程管控能力优势。基于对集团公司、融资方、交易所内部管控要求、国家政策的深刻理解，从项目实际出发，科学精准规划，在项目推进过程中针对每个时间节点及相应的工作目标完成进度，随时与各方保持高度联动和一致，积极协调审计、评估、律师等各专业支持单元的每项工作。

2. 提供专业服务，大力协助意向投资方

在项目挂牌期间，华诺信诚协助融资方对接几家意向投资方。在意向投资方提交投资申请过程中，华诺信诚针对交易流程、资料准备细节等方面为意向投资方做了辅导和解答，分析了增资交易过程中的问题与难点，协调投资方与融资方的需求点。在此期间，还与融资方合作开展了项目说明会和项目路演，尽可能地协助投资方完成尽职调查，尽力使项目向前推进。最终，在各方的共同努力下，在预定日期前成功完成

项目挂牌工作。

项目挂牌结束后，公司严格按照既定的时间计划表，安排专人负责协调融资方与投资方，努力推进项目。在客户提出特殊要求时，公司与北京产权交易所积极商议解决方案，在符合国有资产管理的要求下，满足客户的实际需求，最终该项目在2016年6月3日结束公示，顺利进入签约阶段。协助融资方在2016年6月30日前完成交易价款划转工作，成功实现集团的战略要求。

3. 合理安排操作，引入持股平台

融资方当前分别持有集团三级子公司A公司、B公司、C公司51%、51%和28%股权，四家公司目前主营业务均为工程业务，A、B、C公司在集团批准融资方改制增扩前都已经改制成为混合所有制企业。融资方本次增资拟引入核心团队，由融资方本部核心团队和A、B、C公司核心团队组成。为了保障融资方股权结构相对稳定，拟设置5个持股平台。

由于员工持股平台出资融资方的路径和价格均未确定，华诺信诚与融资方深度交流，了解各持股平台的背景，再结合交易所的试行规定和国家政策，与融资方反复讨论，最终确定员工持股平台出资融资方的价格根据评估结果进场挂牌确定，并与战略投资者增资价格保持一致。为了保证公平、公正、公开的交易原则，员工持股平台同样进场完成本次投资。华诺信诚在了解到集团公司和融资方的需求后，主动联系各家员工持股平台，向其细致讲述项目整体操作流程，对应时间计划安排和各阶段需要准备的申请资料，消除融资方的顾虑。最终，成功引入员工持股平台的投资。

4. 巧设操作方案，实现增资目标

本次融资方拟以公开进场挂牌方式征集6名战略投资者，引入5个核心团队持股平台。为了满足融资方对战略投资方的要求，设定合理的投资方资格条件和完善的投资方择优方案，华诺信诚在项目推进过程中，密切与融资方联系，与交易所商讨，与国资委沟通；多次邀请交易所领导参与项目讨论会，更是多次到融资方现场服务、出谋划策。

五、项目启示

1. 携手各方合作，统筹设计方案

虽然融资方增资扩股项目的启动时点处于增资扩股项目刚规范的阶段，但是通过项目各方的共同努力及交易所、国资委的配合，在不足三个月的时间内顺利完成诸多程序，这充分诠释了协作精神在国有企业增资扩股交易过程中的重要性。每宗项目的顺利完成都离不开各方的相互支持和协作。正是由于集团公司领导在审批、备案环节的大力支持，融资方和意向投资方积极地准备工作资料，北京产权交易所在交易流程中的高效配合，才使得项目顺利实现既定目标。

2. 夯实专业，优化流程，从容应对困难

本项目兼具改制和增资扩股同时进行、引入员工持股平台、政策管理特殊等情况。作为专业的财务顾问机构，华诺信诚团队近十年持续开展政策法规、交易流程、最新政策动态等方面的培训，使团队成员的执业能力不断提升，工作流程不断优化，故面对该项目团队仍能从容灵活应对。

华诺信诚提前介入项目，在项目推进过程中怀揣排除万难勇往直前的决心，用心总结每宗项目的不同特点并制定操作方案，从容迈过一道道门槛，为项目的顺利实施奠定坚实基础。

（北京华诺信诚财务顾问有限公司供稿）

案例 61

中包兰埔成混合所有制改革项目

南京兰埔成新材料有限公司（以下简称兰埔成新材料或企业）延续自 20 世纪 50 年代的老国企南京塑料二厂，成立之时，聚集了良好的技术和人才资源。近年来，由于塑料薄膜行业生存形势的恶化，企业陷入了连年亏损。为了拯救这个拥有悠久历史的老企业，中国包装总公司（以下简称中包总公司）在资金和政策上给予了大量扶持，但受困于企业旧有的僵化投资审批模式和经营管理模式，以及国有企业约束有余而激励不足的人力资源管理模式，企业并没有出现与扶持力度相匹配的转机。适逢党中央十八届三中全会提出发展混合所有制经济的新战略，中包总公司随即将兰埔成新材料选为混合所有制改革试点，主动提出通过放弃控股权引进民间资本——融合双方优势要素，建立现代企业制度；达到优化企业组织结构，激发企业内部活力，重塑企业核心竞争力，最终重建市场优势，重振企业。

兰埔成新材料的改制经历了一个漫长的过程。中包总公司为启动兰埔成新材料的改制工作，聘请北京九汇华纳产权经纪有限公司作为顾问参与设计改制路径、制定改制方案、实施改制事项，并成立改制领导小组和改制工作小组。整个项目从启动到获得集团批复历时 12 个月，改制工作小组针对改制方案进行数十次修改与调整。改制领导小组多次针对项目进行探讨与论证，探索全新路径、全新方案。通过各方共同努力，项目最终成功于上海联合产权交易中心挂牌。两家投资方通过竞争性谈判的方式成功联合摘牌并完成项目增资，增资金额为 6130.30 万元，所占股权比例达 60%。

此次混合所有制改制的顺利完成，是从集团到企业职工通力合作的成果，是内外资源有效协同运作的成果。该项目成功运作为中包总公司以至诚通集团后续的改革提供了诸多有益的启示，可供后来者借鉴。

一、项目基本情况

兰埔成新材料系由中包总公司全资子公司南京兰埔成实业有限公司（以下简称兰埔成实业）投资建立，兰埔成实业持有其 100% 股权。兰埔成新材料成立于 2003 年，主要从事双向拉伸聚酯薄膜、涂布深加工的研发、生产和销售，以及双向拉伸设备的设计与总成；企业注册资本 1200 万元人民币，截至 2014 年底，公司资产总额 1.28 亿元，净资产 3471 万元。

兰埔成新材料曾经经营业绩突出，但2012年之后受全行业产能过剩的影响，企业连续亏损。在此期间，中包总公司先后投入数千万元资金进行扶持，但仍未能扭转其亏损局面。此外，兰埔成新材料产业链完整，拥有较雄厚的技术开发力量，企业在高利润的特种膜领域研发卓有成效，部分领域达到国际先进水平，远超国内同行技术水准，并拥有9项专利。但受制于资金限制及国企僵化的投资审批程序和管理模式，企业的技术优势和产品优势无法转化为有效的生产能力。

因此，经多次研究讨论决定，通过混合所有制改革引进投资方。一方面，获得扶持企业发展的资金，可以让企业的技术优势转化为生产力；另一方面，释放控股权，通过现代企业制度的建立提升企业的管理水平。

二、改制难点

1. 企业陷入资金困境，靠自身力量难以摆脱

兰埔成新材料维持日常生产经营和开展产品研发需要大量资金支持，但是其改制前融资渠道狭窄，远不能满足企业的实际需要。在此背景下，已经陷入亏损局面的兰埔成新材料只能勉强维持，不可能通过必要的投资来改善产品结构，重建自身的竞争能力。

2. 局限现有体制机制，难以激发企业活力

兰埔成新材料的产品处于充分竞争市场，但国有企业机制不够灵活，项目决策机制僵化，决策程序复杂、漫长。体制导致兰埔成新材料在竞争手段上处于被动，以致企业在完全竞争的市场面前不断丧失机会。

3. 企业连年亏损，中包无力持续扶持

当兰埔成新材料出现亏损时，中包总公司给予了大量协助，先后多次支援兰埔成新材料数千万元借款用于渡过难关，并为企业融资提供担保。在企业连年亏损的情况下，中包总公司对企业领导层进行了必要的调整。虽然中包总公司对企业资金和政策方面的多重扶持取得了一定成效，但仍未能从总体上顺利扭转兰埔成新材料连年亏损的局面。

4. 维持企业人员稳定，助力企业持续发展

职工稳定是改制成功与否的关键因素。此次改制涉及400余名职工，安置人数较多。对国有股东来说，国企改制需要兼顾经济利益与社会影响：一方面需要确保国有资产保值增值；另一方面需要确保职工合法权益不受损害。兰埔成新材料改制项目不能单纯以转让股权获得股东权益为目标，还需要考虑如何为职工谋求生存和发展的机会。

三、改制实施路径

基于兰埔成新材料所处的行业现状，以及企业在经营、资金周转、市场竞争等各

方面面临的困难,改制工作小组多次赴南京进行实地调研,与兰埔成新材料经营班子一道对企业实际情况进行分析,并就分析成果与中包总公司领导班子反复探讨。最终,经过多轮决策,明确兰埔成新材料的改制实施路径。

1. 资产无偿划转

将兰埔成实业所持有的兰埔成新材料100%股权无偿划转至中包总公司。原因是兰埔成管理层力量相对薄弱,缺乏在现代企业制度中通过股东会和董事会发挥作用的经验,难以在引入投资方后的合资企业中充分发挥股东的作用,而中包总公司在当前股权结构中无法直接对企业施加影响。将兰埔成新材料上划给中包总公司,减少企业管理层级,有利于中包总公司在合资公司中充分发挥作用。

2. 股权无偿划转

兰埔成新材料的一条主要产品生产线所有权归属于兰埔成实业,将该部分资产及相关人员无偿划转至兰埔成新材料,使所有权和使用权合一,可增大兰埔成新材料的总资产和评估值。在释放同等比例股权的前提下获得投资方更多资金投入,有利于兰埔成新材料未来的发展。

3. 增资扩股

本项目在上海联合产权交易所公开挂牌,征集有实力以现金增资扩股的方式进入兰埔成新材料的投资方。各意向投资方需要在满足基本要求的基础上,通过竞争性谈判的方式争取成为兰埔成新材料未来发展的投资方。

四、改制成果

通过各方共同努力,兰埔成新材料增资扩股方案获得了中国诚通集团(以下简称诚通集团)的批复,并成功于上海联合产权交易所挂牌。大连和升集团与大连万亿投资有限公司通过竞争性谈判的方式成功联合摘牌并完成项目增资,增资金额为6130.30万元,持有股权比例60%。2016年4月底,兰埔成新材料完成工商变更,其股东包括中包总公司(40%)、大连和升集团(40%)及大连万亿投资有限公司(20%)。

五、改制亮点

1. 有效整合企业资产,提升企业增资价值

多年来,兰埔成实业与兰埔成新材料一直以同一标准实施统一管理,兰埔成实业一条生产线及生产线上140余名在职员工一直以租赁方式交由兰埔成新材料使用。中包总公司原计划在兰埔成实业层面进行增资扩股,但有关意向投资方考虑到兰埔成实业并不进行实质生产,提出对兰埔成新材料股权的收购意向。

改制领导小组考虑到投资方的要求，兼顾兰埔成实业实际情况和众多职工的利益，提出了独特的解决方案，即将兰埔成实业的生产线及相关人员无偿划转给兰埔成新材料，再将兰埔成新材料的股权上划到中包总公司。这样的解决方案一方面提高了兰埔成新材料的净资产值，有利于未来增资引入更为充沛的发展资金；另一方面中包总公司作为直接持股股东，能确保未来在与投资方合资经营过程中的直接有效监管。

2. 多途径甄选投资方，提高战略投资者引入概率

中包总公司在改制启动之初即确定了战略投资者的标准，即同时确保企业和职工的长远利益。基于此原则，兰埔成在改制方案制定的同时，通过多种途径积极寻找投资人。截至项目挂牌前，改制工作小组先后与12家意向投资方建立了联系，与其中9家意向投资方进行了谈判。

明确了各意向投资方的主要需求、投资计划及发展规划以后，改制工作小组为兰埔成新材料的股权比例释放、股权多元化的实现形式、未来发展等重要问题制定了可实施的路径。

多途径甄选意向投资方，一方面提高了引入投资者的成功概率；另一方面为成功完成增资扩股改制事项提供了有效保障。

3. 试用全新增资模式，获得战略合作伙伴

兰埔成新材料改制完成时，《企业国有资产交易监督管理办法》（国务院国资委、财政部令第32号）尚未发布，增资扩股项目尚不要求进场挂牌交易。但中包总公司为了公开、公平、公正地完成此次引资工作，最终决定进场挂牌交易。鉴于上海联合产权交易所（以下简称上交所）当时正在实施配合混合所有制改革的创新改革，诚通集团有关部门建议中包总公司和上交所合作，共同推进项目。

为了与适合企业战略发展的投资方成功携手，避免恶意抬价的事故出现，中包总公司在此增资项目中首次成功采用竞争性谈判方式。鉴于此，兰埔成新材料增资扩股项目受到了上交所的充分认可，并成为上交所经典案例。

4. 做好全面风险防控，顺利推进改制完成

在兰埔成新材料改制工作中期，一些非在岗职工和退休职工反应较大。虽然在职工代表大会中，该类职工的意见不占多数，可以不理会直接通过职工安置方案。但为避免产生不良社会影响，中包总公司特成立了历史问题解决工作小组，专门负责答复和解决有关职工的历史问题。历史问题解决工作小组与改制领导小组分立工作，有效减轻了改制领导小组的负担，保证了改制工作如期推进。

（北京九汇华纳产权经纪有限公司供稿）

案例 62

创新增资模式，助力首家民航混改取得突破

——东方航空物流有限公司增资项目

2017年6月，上海联合产权交易所（以下简称上海联交所）在国务院国资委产权局的指导下，协助中国东方航空集团公司下属东方航空物流有限公司（以下简称东航物流）顺利完成其增资扩股项目，标志着在电力、石油、天然气、铁路、民航、电信、军工七大领域的混合所有制改革试点中，民航领域混改工作率先取得突破性进展，首家民航混改企业在东航落地生根。

一、项目背景

作为东航物流混合所有制改革"三步走"总体方案中的核心阶段，东航物流增资项目的顺利完成是关系到东航物流混合所有制改革成败的关键环节。为保证增资挂牌交易的顺利进行，上海联交所在国务院国资委的领导下，在严格遵守企业国有资产交易相关法律法规和规则制度的基础上，设计制定了一套可执行的增资方案，成功使东航物流的注册资本由11.5亿元人民币增加至14.288亿元人民币，并顺利实现为东航物流带来更多社会资源及产业联动的混改需求。该方案有利于东方物流自身市场化机制的建立，助力其转型成为符合物流行业产业链整合趋势的现代航空物流服务集成商。

二、项目操作

1. 针对性策划，制定合理方案

上海联交所与标的企业进行了多次深入接触，结合其增资需求，从国家政策要求、法规适用、交易规则、成本控制、时间效率及企业中长期发展目标等方面全面考量，利用平台功能和专业优势，制定了个性化增资方案和操作时间表。

通过对东航物流企业经营发展战略及资金后续用途的分析梳理，上海联交所有针对性地为东航物流设置了战略投资人与财务投资人同时引入的模式。根据物流行业现状及未来发展趋势，上海联交所设计了三类契合东航物流发展战略的投资人类型，即第三方物流业（3PL）投资人、物流地产业投资人和快递快运业投资人。这三类战略投资人将有助于东航物流在现有货运业务的基础上，依靠第三方物流、物流地产、跨境

案例 62 》》 创新增资模式，助力首家民航混改取得突破
——东方航空物流有限公司增资项目

电商及传统快递等功能配套，走出了一条引领全球航空物流的转型发展之路。

根据上海联交所设计的增资方案，增资完成后，东航物流将与投资方实现优势互补、股权结构均衡有序，具有健全的法人治理结构和完善的现代企业制度。

在项目进场的推进中，上海联交所为东航物流量身订制了增资扩股方案，在公开、公平、公正的前提下，引导非公有资本向优质国有企业流入，完善了标的企业股权的多元化混合。方案策划的缜密和依法合规，赢得了增资方、投资方及社会各界的赞誉。

2. 创新模式，增资扩股附带股权转让同步实施

东航物流增资项目与此前增资项目的不同之处在于，需要通过一次性增资扩股实现多种形式的混合所有制改革：引进外部投资人，改善公司治理结构，激发公司市场竞争力；开展员工持股计划，使员工与公司共享发展成果，实现企业内部市场化改革目标；通过股权转让，满足原股东资金回笼等需求。

上海联交所经过审慎、细致的全方面考虑，为增资企业设计了"增资扩股附带股权转让"的创新方案。"增资扩股附带股权转让"，可以帮助原股东回笼资金，助力东航集团整体战略部署；以增资扩股引进战略投资者，形成资源优势互补和协调发展；开展核心员工持股计划，有助于增强企业内部活力。

3. 开展市场化精准推介，充分发掘潜在投资人

为广泛寻找潜在投资人，上海联交所积极发挥平台功能，以路演、定向邀请等多种形式开展市场推介。根据投资人分类，分别组织意向投资人同增资企业开展场外谈判。先后有数十家投资人与东航物流就项目展开接触。上海联交所协助投融资双方开展尽职调查，尤其是配合东航物流完成意向投资人资质评估工作。

4. 统筹协调、有效推进、并轨运行

为实现本次增资的特殊要求，在依法合规、有序推进的前提下，上海联交所以央企总部为主导，统筹协调受理、审核、市场服务、资金结算、风险管理、网络信息等部门进行了多轮专题研究，并与增资人进行数次沟通，最终确定了同步挂牌、互相披露、合并报名、统一操作的流程。

为确保增资与转让无缝衔接、同步运作，上海联交所打破业务部门条线体制，抽调各部门骨干组成项目组，专项负责东航物流项目的并轨实施；确保增资扩股及附带股权转让项目在实际操作中同步审核、同时公告、统一登记、一并出具交易凭证。

5. 规范处理员工持股，同股同价防范国有资产流失

根据《关于国有控股混合所有制企业开展员工持股试点的意见》相关规定，上海联交所提出，员工持股平台根据公开增资确定的增资价格，场外认购新增注册资本，并且严格按照增资方案的约定及时、足额缴付增资价款。最终，符合持股条件的147名员工中，125人接受条件参与持股。依据市场定价确定员工持股价格，有效解决了员

工持股的定价问题。为确保增资企业股权结构的完整性及后续工商变更等工作的需要，上海联交所主动将员工持股的信息及持股比例录入增资系统，客观、完整地记录项目实施过程并出具了增资凭证。

三、项目启示

此次增资完成后，东航物流将实现股权结构的多元化，新增投资人联想控股股份有限公司、珠海普东物流发展有限公司、德邦物流股份有限公司、绿地金融投资控股集团有限公司、东航物流的核心员工分别持有东航物流25%、10%、5%、5%、10%的股份。此次增资附带股权转让有效引入了22.55亿元非国有资本，切实放大了国有资本的带动力和影响力。东航物流资产负债率也从2016年12月底的87.86%降低到75%，达到全球一流航空物流企业的平均负债率水平。

上海联交所创新交易模式，圆满地解决了项目实施过程中的重点、难点问题，为企业混合所有制改革探索出有效的路径，形成可复制、可推广的经验。

（上海联合产权交易所供稿）

案例 63

服务军工国企混改，贯彻落实军民融合战略

——航天科工火箭技术有限公司增资项目

航天科工火箭技术有限公司（以下简称火箭公司）增资项目是一个典型的军民融合项目，是中国航天领域具有里程碑意义的"混改"项目，标志着我国航天骨干企业向社会化和市场化发展迈出重要一步，对我国商业航天事业的发展将产生积极而深远的影响。在整个项目的操作过程中，上海联合产权交易所（以下简称上海联交所）与增资方火箭公司密切沟通，积极提供专业的意见和建议；同时在市场价值发现方面，充分发挥资本市场的平台优势，保障了军工领域混合所有制改革重大项目的顺利推进。

一、项目背景

航天科工火箭技术有限公司成立于2016年2月16日，原有注册资本50000万元人民币，主营业务包括：运载火箭的设计、研发、生产、销售，航天器的研制、生产、试验与发射，面向国际和国内承揽商业发射服务等。本次增资前，火箭公司共有三名出资股东，即三江集团、湖北航天技术研究院总体设计所和湖北三江航天江河化工科技有限公司，分别持有公司97%、1.5%、1.5%的股权。

本次增资，火箭公司拟以不低于6元/每一元注册资本的价格引入新增注册资本10000万至20000万元人民币。2017年初，火箭公司启动了A轮股权融资工作，先后与100余家投资机构进行了接洽和沟通。9月底，火箭公司A轮增资项目在上海联交所挂牌公告，经与投资者竞争性谈判，最终引入了8家社会投资机构（其中包括部分民营社会资本），募集资金总额12亿元。

2017年12月18日，火箭公司在上海联交所举办了A轮增资签约仪式。项目于2017年12月29日出具交易凭证，至此该项目增资服务工作全部圆满完成。

二、项目操作

1. 前期介入，定制化服务

早在项目挂牌前，上海联交所便积极参与项目的筹备，针对项目和增资方的特点，提供定制化服务。上海联交所领导对项目高度重视，多次前往火箭公司参加项目筹备

会，对增资资料的准备、流程节点的设置及风险控制等均提出了点对点建议，真正实现了项目的全周期参与。

2. 多渠道宣传，助力吸引优质资本投资

为了扩大项目影响力，吸引更多优质投资人，上海联交所自 2017 年上半年起，针对本项目进行了多形式、全方位的市场宣传推介。2017 年 5 月 18 日，中国航天科工集团公司重点项目专场推介会在上海联交所召开，火箭公司领导对项目进行了充分全面的讲解，项目良好的发展前景、优质的投资价值吸引了在场投资人的高度关注。推介会结束后，项目从最初的"寻找投资人"变成"选择投资人"，多家投资人向增资方和交易所表达了强烈的投资意愿。

3. 意向投资人信息及时反馈

由于本项目意向投资人众多，为降低增资方决策难度，上海联交所调整策略。在公告期间，及时收集有强烈投资意愿的意向投资人信息并向增资方进行反馈，为增资方遴选决策争取更多时间。

三、项目启示

1. 开创军民融合新起点

长期以来，我国军民融合产业融资模式和渠道相对于其他产业而言比较狭窄，投资主体单一，融资工具较少。而本项目的圆满完成，无疑开创了央企在军民融合方向的新途径，为资本市场助力军民融合产业发展提供了可复制、可推广的宝贵经验。

2. 助推军工领域混合所有制改革

通过本次增资，引入社会资本特别是社会民营资本，对推进军工领域国企混合所有制改革有着重要的示范意义。项目的成功，一方面从资金投入上大力支持了火箭公司快舟系列运载火箭产品研制，为加快商业航天上下游产业布局与快舟总装能力建设募集了资金；另一方面有助于完善火箭公司治理结构，激发企业内生增长动能，对火箭公司今后经营发展起到了有力的推动作用。

（上海联合产权交易所供稿）

案例 64

引进战略投资，保障员工持股试点落地

——中国电器科学研究院有限公司增资项目

中国电器科学研究院有限公司作为国务院国资委首批员工持股试点单位，率先在上海联交所落地完成增资。这表明中国机械工业集团有限公司混合所有制改革工作已经迈出了实质性步伐，意味着国务院国资委央企员工持股试点迈出了重要一步。同时，也为其他试点企业员工持股的实施提供了一个成功的案例。

一、项目背景

中国电器科学研究院有限公司（以下简称中国电器院）成立于2002年9月6日，隶属于中国机械工业集团有限公司（以下简称国机集团）。2016年11月，中国电器院获准成为中央企业首批开展员工持股试点的十户子企业之一。在国务院国资委和国机集团的领导下，中国电器院按照依法合规、公开透明、程序完备的原则，以吸引和留住优秀人才、完善法人治理结构、促进机制转变、激发内在动力为目标，通过上海联交所开展混合所有制改革和员工持股工作，稳步推进员工持股，引入社会资本参与混合所有制改革。

二、项目操作

作为中央企业员工持股试点的首例，国机集团高度重视，由集团职能部门、国机资产公司、电器院组成工作组，严格按照国务院国资委《关于中央企业所属10户子企业开展员工持股试点的通知》（国资发改革〔2016〕293号）提出的"6月1日前完成试点企业工商变更"的要求，突出重点，克服难点，推进工作。该项目的难点主要集中在以下三点：一是如何统筹场内增资、原股东股权转让与员工持股，制订出一份科学合理的工作计划，协调各参与机构有序开展工作；二是如何确保所有材料要件完备准确，所有披露事项依法合规；三是如何发挥择优遴选功能，筛选出符合企业战略意图的投资人。

1. 抓细节确保披露全面准确，扣环节强化协调配合有序

项目启动伊始，国机集团、中国电器院和上海联交所首先就信息披露的规范准确

达成高度共识。从进场前的方案策划、审批和要件准备开始，项目组狠抓细节，不放过一个疑点数据，不遗漏一项必要材料，未出现一次因信息不准或材料不全耽误总体进程的情况。建立项目例会和协调制度，按周统筹进展，按事项协调沟通，各项工作未出现无故拖延或无解决预案的情况。

2. 按规则公开选聘评审专家，依要点审慎开展谈判择优

中国电器院项目采用竞争性谈判方式择优遴选投资人。在谈判专家的选聘上，根据上海联交所《企业增资业务择优确定投资人操作流程》《企业增资评审专家管理操作流程》的规定，通过上海联交所增资业务评审专家库随机抽选了两名在库专家。经核实和书面承诺，两位专家同增资企业不存在关联关系或其他应予回避的情形，符合任职条件。中国电器院书面同意后，两位专家正式受聘为项目谈判组专家成员。

在谈判工作的组织开展上，上海联交所认真落实专家组会议制度。一是民主选举产生谈判专家组组长；二是撰写《谈判须知》，从程序安排、谈判要点、谈判纪律等方面组织专家学习，着重强调谈判纪律；三是组织专家研讨《择优方案》和谈判规则，针对投资人资格条件、谈判要点等提出适用标准。

值得关注的是，在谈判过程中，专家组成员针对意向投资人建信投资是否符合投资人资格条件中"企业性质为非公经济"提出质疑，要求企业进行自证。对此，建信投资提交了证明材料，同时承诺以自有资金参与认购，且其认购行为不存在影响中国电器院未来上市的持股主体问题。基于以上专家组按谈判规则进行表决，确认了其投资人资格。

3. 重协同筛选战略投资者，调系统妥善处理员工持股

中国电器院作为国机集团体系内一家专业电器科研院所，人力资本和技术要素占比高，长期受到核心人才流失的严重困扰，迫切需要在体制机制方面进行改革。因此，此次增资在实现员工持股、建立风险共担、利益共享的长效人才激励机制的同时，引入非公资本，侧重考虑战略协同，进一步丰富所有制形式，激发企业发展活力。谈判过程中，专家组严格按照"是否能够同增资企业业务发展产生协同效应、是否能够对企业未来资本运作提供技术和智力支持"的标准，致力于寻找能够对企业未来发展提供永续支持的合作者。最终，成功引入盾安控股、浙江正泰和建信投资三家战略投资者，实现了在电机、电控的研发、制造和技术服务以及资本运作等方面的多维协同目标。

按照32号令的规定，员工持股试点允许采取非公开协议方式进行，无须场内"举牌"和择优。但考虑到增资企业股权结构的完整性以及后续工商变更等工作的需要，上海联交所主动将员工持股的信息及持股比例在增资系统录入，客观、完整地记录本项目"混改"行为并出具了项目增资凭证，保障了"6月1日前完成工商变更登记"

目标的顺利实现。

三、项目启示

1. 产权交易市场已具备服务混改迈入实质性阶段的能力

作为中央企业员工持股试点的首例，中国电器院增资工作如期圆满落下帷幕，顺利引入3家战略投资者，既实现了股权结构多元化，又为公司未来发展寻找到理想的业务和资本协作伙伴。完成骨干员工持股，建立起长效人才激励机制，激发了企业内生发展动力。项目的顺利完成，说明产权交易市场已经建立起健全的资本市场功能框架，已经全面具备了服务混合所有制改革迈入实质性阶段的能力。

2. 重视信息披露是项目稳步推进至关重要的基础

按照目前的增资规则，一个完整的项目周期至少在三个月。为了尽可能提前完成项目，增资人、交易机构和专业服务机构往往在完善程序安排、理顺审批关系、扩大推广渠道等方面较为关注，但恰恰对信息披露的依法、合规、全面、准确未提起足够的重视。该项目中，上海联交所严把信息披露关，严格审查每一项材料要件，严肃处置每一个存有疑虑的数据，做到了披露合规、信息全面、数据精确，消除了因数据修改或补充披露而导致项目延期的可能性。

3. 发挥市场推介和择优功能是达成增资目的最合理的手段

目前，场内完成的增资项目，不乏通过"量身定制"投资人资格条件、消极应付投资人尽职调查等手段来影响增资结果的情形，而市场推介和择优遴选（包括竞争性谈判和综合评议）则流于形式。中国电器院项目，在国机集团的高度认同和配合下，所有的专家组成员选聘一律公开公正，专家组会议严格按期举行，专家回避审查落到实处，更是首次在谈判中按规则会商解决了某一投资人资格适当性问题。择优过程文件齐全、程序清晰、结果公正，实现了中国电器院引入战略合作者的目标定位。

（上海联合产权交易所供稿）

案例 65

融资 23.2 亿，助力国企混改

——天津产权成功运作津融资产项目

天津产权交易中心（以下简称天津产权）根据天津津融资产管理有限公司（以下简称津融资产）对外增资引战和原股东增资的双重需求，积极将服务向前端延伸，发挥专业融资咨询服务功能；帮助企业设计"场内增资"与"场外增资"同步进行交易模式，合理设置资格预审条件，增资业务信息披露期间采用保证金报名，科学合理拆分增资份额，分别组织择优遴选。最终，天津产权帮助津融资产募集资金 23.23 亿元，股东由国有独资 1 家增至行业龙头央企、市属国企、上市公司、民营企业等 5 家，注册资本金由 10 亿元增至 30 亿元，规范又高效地满足了企业增资混改、优化股权结构、引入战略投资人、提升平台功能等综合诉求，得到政府、原股东、增资企业、投资人多方的高度认可。

一、项目背景

津融资产成立于 2016 年 4 月 25 日，注册资本 10 亿元人民币，是经天津市人民政府授权、中国银监会备案，具备开展天津市范围内金融企业不良资产批量收购处置业务资质的地方资产管理公司。公司成立以来，结合自身资产管理业务，主动对接政府、企业、金融机构等各类组织，以不良资产经营为核心，延伸开展投资投行业务与其他金融服务；确立了"大资管+投行"的发展模式，以"构筑产融结合、特色鲜明的国有资产管理"为主业，打造资金融通、资产管理、资本运作"三位一体"的资产管理运营体系。

为贯彻落实天津市委、市政府关于推进国有企业改革的总体部署，落实《中共天津市委、天津市人民政府关于进一步深化国有企业改革的实施意见》等文件关于深化国有企业改革的精神，充分发挥地方资产管理公司平台作用，打造优质高效的不良金融资产处置平台，津融资产拟通过天津产权增资扩股引入战略投资者，实施混合所有制改革，进一步完善公司治理结构和股权结构，提升公司处置不良资产的能力，强化资源整合优化功能，提高专业化经营水平和风险防范能力。

二、项目运作亮点

1. 高效开展项目前期对接，把服务向前端延伸

天津产权项目团队于 2017 年 11 月与津融资产进行对接，积极了解企业诉求，与企业深入探讨交易细节，研究项目交易方案及择优方案的拟定工作。该项目于 2017 年 12 月 15 日经天津市深化国企改革工作领导小组会议审议通过，并于 2017 年 12 月 22 日在天津产权正式信息披露。从项目对接到拟订方案，再到挂牌，历时不到两个月，充分体现了天津产权的高效服务。

2. 发挥专业化服务功能，设计"场内场外同时增资"方案

增资企业本次增资扩股要引入四家外部战略投资者，同时原股东津融集团也将对增资企业进行场外增资。项目组根据项目特点，建议采取"场内增资+场外增资"同时进行的方案。这样既可以提高效率，也便于融资定价。

3. 合理设置资格预审条件，采取增资业务保证金报名

设置资格预审，可使增资企业及意向投资者互相进行充分的尽职调查。资格预审环节通过后，由增资企业向符合投资资格条件的意向投资者出具《资格审核结果通知书》，并由意向投资者向天津产权提供相关资料，进行投资登记，并在方案中约定，在挂牌公示期内支付增资保证金。这样，在项目到期后即可确认合格意向投资者，有效缩短了项目周期，也减少了确认合格意向投资者的不确定性。

4. 以企业需求为导向，科学拆分增资份额比例，合理设置投资人门槛

在方案制定中，天津产权根据增资方对企业战略布局及投资者的要求，在保证合规的前提下，灵活地将本次增资拆分为四个层次，分类设置战略投资人条件，全方位、多角度引进最佳战略投资者。增资扩股完成后，增资企业股东结构见下表：

增资企业股东结构　　　　　　　　　　　　　　　　单位：亿元

股东	注册资本	股权占比
天津津融投资服务集团有限公司	10.80	36%
战略投资者一	6.00	20%
战略投资者二	5.85	19.5%
战略投资者三	5.85	19.5%
战略投资者四	1.50	5%
合计	30.00	100%

同时，设定意向投资者仅可对其中一个增资份额进行投资，且意向投资者关联方不得投资此项目，有效保证了国有大股东地位，确保原股东在增资后企业的话语权。

本项目在实际操作中体现了高效、专业、贴合企业实际发展需要等特点。

在投资人资格条件方面，根据出资份额和引战需求，分别设置了四个不同层次的战略投资者要求，对总资产、所有者权益、盈利情况等做出了层次清晰、定位明确的详细规定，便于本次增资选择最合适的战略投资者，以满足津融资产的长期发展需要。此举既满足了增资方对战略投资人的基本条件要求，又强调降低投资者准入"门槛"，广泛征集投资者，最大限度发现优质投资人。

三、项目成效

2018年2月22日本项目信息披露期满，成功征集到了资管行业龙头邦信资产管理有限公司、天津骏泰企业管理有限公司、天津市星河投资发展有限公司和天津东疆投资控股有限公司4家与其有较强协同性的战略合作伙伴。本次混改完成后，津融资产的股东由1家增至5家，股权结构由国有独资调整优化为36%、20%、19.5%、19.5%、5%，注册资本金由10亿元增至30亿元。通过"场内"增资引入外部战略投资者为企业募集资金23.23亿元，场内增资增加注册资本金19.2亿元。

此次增资扩股混改为津融资产引入了大量发展资金，优化了股权结构，有利于进一步增强企业活力和资源优化整合能力，顺利实现了预期的混改目标。邦信资产管理有限公司依靠其丰厚的不良资产批量收购业务资源在一定程度上对津融资产今后的业务开展提供强大的推进力；境外上市公司远东宏信旗下天津骏泰企业管理有限公司在租赁业务方面具有较大优势，以战略投资人身份入股津融资产，对于津融资产以后开展租赁相关业务大有裨益；天津市星河投资发展有限公司在金融、地产等领域具有较强竞争力，可以为津融资产提供先进的管理理念和宝贵经验；天津东疆投资控股有限公司在资产管理、融资租赁、基金管理等领域具有丰富的资源和经验，能够为其丰富交易品种、拓展服务领域提供重要支持，真正为国企混改引入了"真家伙、硬家伙"。

四、项目启示

天津产权在现行法律法规的框架下，积极进行行之有效的创新与探索，特别是32号令实施以来，天津产权成功运作了多项企业增资混改项目，全力为国企混改提供专业化服务。该项目中，天津产权在为企业引入外部股东时，除了考虑为企业引进先进的技术和管理理念，拓展新的市场空间等外，还设身处地、充分把握融资方和投资方的深层次需求和长远目标，充分考虑两者的战略协同效应，以最大限度地实现双方共赢。

（天津产权交易中心供稿）

案例 66

服务长电联合增资，助力电力企业混改推进

2017年9月26日，重庆长电联合能源有限责任公司（以下简称长电联合）增资项目在重庆联合产权交易所（以下简称重庆联交所）正式挂牌。至此，三峡集团在重庆地区电力整合平台公司混改工作正式启动。

一、项目概况

1. 增资企业概况

长电联合成立于2017年2月16日，是三峡集团联合地方国资公司在重庆推进混改的平台公司，注册资本金1亿元，股东结构为：中国长江电力股份有限公司出资2500万元，占总股本比例为25%；重庆新禹投资（集团）有限公司出资2500万元，占总股本比例为25%；重庆两江新区开发投资集团有限公司出资1500万元，占总股本比例为15%；重庆涪陵能源实业集团有限公司出资2500万元，占总股本比例为25%；重庆渝富资产经营管理集团有限公司出资1000万元，占总股本比例为10%。其主要业务经营范围为：配售电系统开发、建设、设计及运营管理；电力供应、销售及服务；电力技术开发、咨询、转让、服务；承装、承修、承试电力设备设施。

2. 混改相关背景

根据《中共中央关于全面深化改革若干重大问题的决定》和国务院国资委积极发展国企混合所有制改革的相关要求，三峡集团拟积极推进混合所有制改革步伐，积极参与重庆地区配售电业务混改，抢占新一轮电力体制改革的先机。由三峡集团牵头设立的长电联合被纳入国家第二批混合所有制改革试点，着力打造重庆地区规模效应大、发展能力强、具有较强竞争力的配售电公司。通过混合所有制改革，引入国有企业、民营资本股东，整合其持有的输配电业务及相关资产，提升企业盈利能力和经营规模，努力实现企业资本化运作的目标。

重庆作为全国配售电改革的标杆，2016年底获批成为全国首批配售电改革试点。以往重庆区域内的供电市场由国家电网公司占主导地位，随着重庆市力推"四网融合"，改革重心落脚在增量配网建设上，旨在打破电网配售电垄断，探索配售电新商业模式，提升配售电领域服务水平，降低重庆本地用电成本。两江新区是重庆增量配网

的示范区，三峡集团自 2016 年底开始深度参与重庆电改，以长兴电力作为平台，开拓两江新区增量配网市场，同时参股重庆地方电网渝新通达、聚龙电力、乌江电力，并通过资本市场举牌上市公司三峡水利。长电联合作为三峡集团携手重庆市政府深入推进重庆电力体制改革新平台，拟整合重庆区域内两江新区、涪陵地区、黔江地区、秀山地区等分散的优质配售电资源，大力拓展增量配售电业务。以资本市场运作方式，进一步扩大并巩固重庆电改成果，打造改革标杆，实现国家电力体制改革的重大突破。

二、具体服务措施

1. 精品服务，为项目策划合理方案

2017 年中旬，重庆联交所接到长电联合增资项目启动通知，立即筹备项目前期工作。积极协助增资方开展方案拟定、增资资料筹备、增资政策法规讲解等工作，并聚集了华泰证券、天元律师事务所、信永中和会计师事务所、重庆华康资产评估公司等专业服务机构，为企业提供前期论证、增资对价测算、投资方市场摸底、合规性保障、路演推介、障碍排除等一系列对标资本市场的全流程服务，为项目顺利推进打好基础。

在与增资方进行前期对接过程中重庆联交所了解到，本次增资企业长电联合是在央企与地方国企合作推动重庆辖区内电力体制改革的背景下成立的，旨在整合重庆区域内零散的局部输配电资源；但它并不具备相关电网资源，存在流动资金少、注册资本金尚未实缴到位的问题。在方案拟定过程中，重庆联交所打破传统会议研讨定方案的模式，通过专业服务团队广泛收集投资市场信息，协同专业机构对重庆及周边区域的配售电行业进行充分摸底调研，深入了解各地方输配电业务情况及资源配置情况，结合资料收集情况对增资企业的现状加以分析论证，为增资方量身打造增资方案。重庆联交所通过对所收集资料的充分研究分析，提示增资方传统的货币增资虽然能使增资企业有充足的资金去针对性地收购整合电力行业优质资源，但达到整合目标耗时周期长，且增资企业为新设立平台公司，没有稳定的业务资源及较高的收益预期，可能导致投资方对此项目前景产生怀疑。建议通过非货币增资方式，即投资人以其持有的公司（以下简称标的公司）股权评估后的价值来参与增资，增资完成后，投资人成为增资企业的股东；同时，增资企业也成为标的公司股东，并实际控制标的公司，掌握标的公司资源，实现长电联合对分散区域配售电业务板块及行业优质资源的有效整合。

2. 专业辅导，合理进行项目设计

根据前期确定的增资思路及增资方式，重庆联交所从规范增资扩股资料筹备、信息披露、增资资格条件、增资遴选条件、交易流程等方面出发，充分发挥产权交易机构专业优势，为增资企业把好关、服好务，保证项目合法合规地稳步推进。在增资资格条件设定及增资遴选条件设定方面，增资方期望通过资格条件的设置，引入区域配售电业务板块优质资源。此次增资方式为非货币增资，增资方考虑到增资完成后注册资本金由 1 亿元增加至 20 亿元，以及增资方将成为标的公司股东，故提出针对标的公司的总资产规模及净利润设置资格条件。重庆联交所秉承合规合法、公开公平的交易原则，一方面严格把控资格条件设置的针对性和指向性，避免量身打造的风险；另一方面充分发挥资本市场定位功能，协助增资方吸纳更多的优质资源，从而实现企业更加良好的发展。为实现增资方的增资目标，并基于对前期收集的各片区输配电企业相关财务数据、资产状况等方面信息梳理，重庆联交所建议增资方将标的企业资产规模设置为不低于 6 亿元，上年度净利润不低于 3500 万元。

3. 交易撮合

在服务潜在意向投资方过程中，重庆联交所通过路演、行业精准推荐、上门宣讲等方式，一方面让投资方对增资企业运营预期及核心价值有了充分了解，提高输配电行业关注度及投资欲望，使增资项目顺利推进；另一方面为投资方提供非货币出资标的企业分立、评估咨询等服务，使投资方参与增资的标的公司优质输配电资产有效聚集。针对聚龙电力、乌江实业两家标的公司股权结构相对分散，自然人及民营企业股东持股比例较小，且业务板块受区域限制影响，很难培育企业新增长点，标的企业股东急需通过资源配置调整带动企业经营的全面改善。重庆联交所通过上门对各股东方讲解本次增资方案及长电联合后期拟通过上市实现资本化运作的预期，使各股东方同意采用非货币出资的方式参与本次增资，对长电联合整合黔江区、涪陵区输配电资产起到了关键性作用。

三、增资成效

在重庆联交所的全程护航下，本次增资伴随原股东非公开协议增资和新股东公开募集在 2018 年 2 月圆满完成。增资完成后，长电联合成为央企、市属国企、区属国企、民营企业、自然人等股东多元化、持股比例相对分散的混合所有制企业。通过整合分立后存续的两江新区、涪陵区、黔江区等区域的优质电力资源，引进战略投资者，丰富长电联合的股东背景，发挥股东优势，集合股东资源，增强配售电业务竞争力，打造全国独树一帜的大型配售电企业。

四、项目启示

1. 坚持主动响应，提高精品服务意识

在此次增资项目中，重庆联交所始终贯彻高质高效的服务宗旨，主动出击，在项目前端积极与增资方沟通协调；为增资方谋划方案、市场调研、数据分析、专业辅导，保障项目有效运转，并对标投行化服务模式，聚集券商、会所、律所等一批专业服务机构，为企业上市预期做好铺垫，这一系列举措助推混改工作高质高效进行。重庆联交所充分认识到，只有主动响应，提高精品服务意识，大力提升"投行化"专业水平，才能在服务国企混改、供给侧结构性改革等中心工作中迈上新的台阶。

2. 产权交易机构在资本市场中的新挑战

此次增资项目的顺利完成，使我们深刻认识到，我们现在正处在以"深化国有企业改革"为方向，以"发展混合所有制经济"为途径，以"培育具有全球竞争力的世界一流企业"为目标的国企改革道路上。传统的"甩包袱"式的产权转让方式实现国资退出的项目逐渐减少，以混合所有制改革为途径，增大资本规模、实现股权结构多元化的增资扩股项目逐渐增多。在新的国企改革格局中，如何在固有业务形态中有所创新，如何在现有政策环境下提升产权交易机构的资本市场服务功能，如何与资本市场专业机构达成有效的合作模式，成为产权交易机构面临的新挑战。

（重庆联合产权交易所供稿）

案例 67

线上线下共同发力，创新表内债权包处置模式

一、项目概况

2017年10月中旬，转让方江苏银行股份有限公司（以下简称江苏银行）委托江苏省金融资产交易中心有限公司（以下简称金交中心）挂牌转让其持有的常熟市金信物流投资有限公司等44户债权资产包。

江苏银行于2007年1月24日正式挂牌营业，是在江苏省内无锡、苏州、南通等10家城市商业银行基础上合并重组而成的现代股份制商业银行，是江苏省内最大的法人银行。江苏银行的组建，开创了地方法人银行改革的新模式。

常熟市金信物流投资有限公司等44户债权资产包是江苏银行持有的表内债权资产包。截至2017年8月31日，该债权资产包本金合计60076.87万元，利息合计13114.22万元。经过340轮次网络竞价，该债权资产包最终以36213万元的价格成交，增值8500万元，增值率为30.67%，刷新金交中心创立以来挂牌项目增值额和增值率两项纪录。

二、项目处置过程

1. 前期准备

自接受江苏银行委托以来，为保障项目挂牌转让顺利进行，金交中心会同江苏银行开展了一系列前期准备工作，包括前期线下信息发布、对接投资人、协助尽调等。金交中心作为第三方交易平台，为江苏银行提供了专业化服务。根据前期投资人反馈的情况，江苏银行最终确定将常熟市金信物流投资有限公司等44户债权组成资产包。该债权资产包分布在苏州、镇江、扬州等地区，涉及旅游用品、包装贸易、旧机动车交易等领域，对投资人有较大吸引力。

2. 线下招商

根据监管规定，银行表内资产包的受让方只能是持牌的资产管理公司。为形成有效的竞争机制，大力发挥金交中心的价值发现功能，金交中心在线下积极联系投资人，包括非持牌的资产管理公司、私募基金等债权资产包的间接受让方，帮他们对接持牌

的资产管理公司，进一步扩大项目的影响，使该项目后续竞价成为可能。

3. 现场推介

2017年7月，金交中心会同江苏银行一起组织资产推介会。本次推介会除了邀请持牌的东方、长城、华融和信达四大资产管理公司和江苏省内两家地方性资产管理公司外，还邀请了省内外共70余家社会投资机构参会。会上，江苏银行向与会人员介绍了2017年江苏银行各分行拟处置的债权资产基本情况；金交中心也向投资人介绍了债权资产的交易流程，并解答了投资人的疑问。会议结束后，投资人纷纷签署保密协议，以便于了解本次推介资产的详细情况从而开展后期尽调。本次推介会取得了良好的效果，得到江苏银行的高度认可。

4. 协助尽调

金交中心作为省内唯一一家省级国有金融资产交易平台，一直以公开、透明、公平、公正作为从业准则。对投资人而言，金交中心主要是帮助投资人与银行沟通，协助其从银行获得债权资产的详细信息以便投资人进行后续的尽职调查；同时，金交中心拥有一大批经验丰富的律师事务所、会计师事务所、评估机构等专业的服务类会员供投资人选择，可为其提供专业服务，帮助投资人充分了解债权资产的内在价值，从而协助他们确定债权资产的心理价位。

5. 挂牌处置

2017年11月6日至14日，该项目正式在金交中心网站挂牌，挂牌价格为27713万元。该项目公告明确，受让方须为金融资产管理公司或江苏省地方资产管理公司。同时，项目公告还披露，该债权系金融资产，存在部分或全部不能回收的风险特性以及清收困难等重要事项，以提示投资人注意收购该项目存在的风险。

6. 网络竞价

由于该项目前期工作准备充足，根据公告期间的报名情况，在征求转让方意见后，金交中心采用了定时加连续的网络竞价方式。2017年11月15日上午9点，该项目在金交中心网络平台上以27713万元的底价开始竞价。经过340轮次加价，该项目最终以36213万元价格成交，增值金额达8500万元，增值率为30.67%。

7. 成交确认

金交中心严格按照竞价结果，在竞价结束当日即为该项目出具了成交确认函，宣告本次债权资产包转让成功。该项目成交后，金交中心积极配合交易双方完成转让协议签约、交易价款结算、债权资料移交等相关事宜，确保项目后续流程高效顺畅，达到让银行和投资人都满意的圆满结果。

三、项目意义

在本次转让过程中，金交中心利用自身优势，充分发挥平台的目光聚集和价值发现功能，互联网线上公告和线下撮合并举，通过重点客户精准推送和综合推介，成功吸引具有雄厚资金实力的持牌资产管理公司参与竞价，并创新推出持牌机构和非持牌社会投资人合作收购表内资产包的模式，形成了有效的竞争机制。当项目需要竞价时，针对项目具体情况，建议江苏银行采用符合项目特点的定时加连续网络报价方式，最终创下了金交中心的两项交易纪录。

金交中心作为江苏省产权交易所的全资子公司，努力发挥信息发布、委托处置、撮合交易等多功能平台优势，努力在银行、持牌资产管理公司及非持牌的社会投资人之间搭建桥梁；积极撮合，促进银行债权资产通过市场实现资源优化配置，帮助化解金融系统性风险，有效推动促进地方经济高质量发展。

（江苏省产权交易所供稿）

案例 68

市场平台点石成金，国有资产创亿元增值

——陕南地产安康有限公司 100% 股权及债权项目

2017 年 3 月 17 日，西部产权交易所竞价大厅异常热闹，电子屏上不断刷新着报价纪录，而这个画面持续了近 1 个小时！这是陕南地产安康有限公司 100% 股权在交易所公开竞价当日的情况。该项目以 13484.83 万元起拍，累计报价 47 次，竞价激烈程度在大额股权交易项目中非常少见。最终，恒大地产集团西安有限公司以 24484.83 万元成功摘牌，增值 11000 万元，增值率高达 81.57%，创下了交易所单项国有产权项目增值额新高。至此，倍受关注的陕南地产安康有限公司 100% 股权转让项目以各方均满意的结果落下帷幕。

一、交易背景

陕西煤业化工集团陕南投资开发有限公司（以下简称陕南投资开发公司）是陕西煤业化工集团有限责任公司下属子公司，该公司于 2009 年 11 月 20 日投资设立了陕西煤业化工集团陕南地产有限公司（以下简称陕南地产），注册资本为 11.2 亿元人民币，总部设在安康市，主要承担商洛市、安康市的市政建设投资和房地产开发任务。

标的企业——陕南地产安康有限公司（以下简称安康公司）是陕南地产公司出资设立的全资子公司，2013 年 1 月注册成立，注册资本为 15000 万元，主要从事陕西省安康市的房地产开发业务。根据集团置换土地、盘活资产的统一部署，考虑到安康公司后续土地开发能力，保障安康公司的长远发展，陕南地产公司决定对外转让其持有的安康公司 100% 股权及债权。

二、策划重点

1. 精心设计转让方案

陕南地产既是标的企业股东，又是其债权人，持有安康公司 20943.69 万债权。交易所敏锐地洞察到，债权能否顺利收回且清偿是项目交易能否取得成功的核心问题。为避免出现退出标的企业后债权难以追回的风险，交易所建议陕南地产在转让所持安康公司全部股权的同时，将债权捆绑一并转让，以确保一次转让收回对标的企业的全

部权益。

为了最大范围征集意向受让方，实现国有资产保值增值，转让方陕南地产在挂牌时未对意向受让方提出限制性资格条件，这为下一步广泛征集投资人打下了良好的基础。

2. 合理选择竞价标的

公告结束后，有两家意向受让方被确认了受让资格。因该项目涉及金额巨大，挂牌公告时约定采用网络竞价方式确定最终受让方。针对本次标的股权加债权的特殊性，为了保障交易公平且合理，交易所建议竞价标的设置为安康公司100%股权。这样既能保证权益增值的合理性，又能保障价款的有效收回，转让方也认可此建议。

3. 积极发挥协调作用

因交易金额巨大、一次性支付比较困难，挂牌公告时，本次股权转让价款支付方式设定为分期付款，但对于剩余价款的担保形式并未明确。为了体现公开、公平、公正的交易原则，保障交易资金的到位，转让方采纳了交易所的建议，在网络竞价文件中就剩余价款的具体担保形式做了补充说明。文件发出后，其中一家安康当地的意向受让方书面致函交易所，针对担保形式提出质疑。交易所立即启动调解机制，一方面与转让方座谈会商，一方面向该意向受让方解释沟通，积极协调使双方意见趋于一致。为推进项目网络竞价活动顺利实施，交易所牵头联系了省内大型且信誉良好的担保公司就此项目为该意向受让方进行担保及再担保，增加信任，打消了双方的顾虑，网络竞价活动得以顺利举行。虽然该意向受让方最终未竞得标的，但对交易过程的公正和规范给予了充分肯定。

三、项目总结与启示

安康公司100%股权及20943.69万债权项目的成功处置，充分彰显了产权交易市场在国有资产有效退出、发现企业资产价值方面发挥着举足轻重的作用。对集团化国有企业来讲，非主业退出加速了企业资金周转，实现了变现收益，成为企业实施"提质增效""瘦身健体"战略的重要举措。一是通过剥离集团下属企业非主业资产，深入推进企业内部资源整合，实现资产、资源向核心业务和龙头企业集中；二是通过清理整合集团内部企业，缩短管理链条，减少企业级次，理顺企业治理结构，加快建设完善现代企业制度，全面提升企业核心竞争力。

（西部产权交易所供稿）

案例 69

中外合资企业南华气体公司整体股权转让

一、项目概况

广州钢铁控股有限公司（中方）、林德港氧有限公司（外方）联合委托广州产权交易所转让深圳南华气体工业有限公司（标的公司）100%股权。该项目以网络多次报价的方式进行竞价，吸引了包括宝能、华润、鸿荣源、大族、碧桂园、正中、金地、中航里程、中科创与海王联合体、华网通讯、珠海恒隆投资、佳兆业、前海乾坤投资、天格等在内的十余家房企参与竞拍，最终以人民币15.42亿元成交，增值了11.74亿元人民币，增值率为319.02%。

二、标的公司背景

标的公司位于深圳市中心南山区高新科技园内，成立于1988年，由中、外方各持有50%股权，经营范围为主营高纯度工业用特殊气体。

适逢深圳市南山区高新科技园进行产业升级改造规划。该区域以统一规划、分步实施、立体布局、复合更新为原则，以实现产业升级、空间倍增和产城融合为总体目标，打造世界一流高科技园区。由于主营危险化学品业务已不符合科技园的产业要求，标的公司已将业务相应转移至转让方关联公司。目前，标的公司实为一家仅有土地及地上附属物的空壳公司。

标的公司核心资产为南山区第五工业区内地块，性质为工业仓储用地，使用权面积达15000平方米。地块纳入三旧改造范围，改造需要三旧改造办和科创委的审批方可实施。

根据深圳市2015年8月出台的《深圳高新区北区产业升级改造实施方案》，标的公司不属于高新企业，不具备城市高新改造主体资格。为此，标的公司只能寻求合作开发或者股权转让实现增值收益。

三、调研筹划

1. 分析项目特点

广州产权交易所深入了解项目后，结合相关行业政策法规，发现项目有以下特点与难点：

一是中方为广州市大型国有企业，外方为"世界五百强"全资子公司，标的公司经营管理上较为规范，账务清晰。

二是由于标的公司无法继续经营，预判社会资本看中的应为企业的土地资产。土地开发受企业行业限制，但标的公司股东变更应不受上述限制。

三是标的公司为中外合资企业，其股东变更需由商务部门进行审批。

四是外方股东没有在中国境内设立离岸账户。为此，受让方有50%的股权对价须出境至外方账户，受国家外汇管理部门及相关制度监管。

五是中外股东均有快速回笼资金的需求。

2. 制定实施方案

在充分分析上述特点与难点后，广州产权交易所与转让方共同制定了切实可行的实施方案。

（1）采用"分开挂牌，捆绑受让"的方式对项目进行正式挂牌

根据中外两股东确定的"同股应同价"的要求，通过产权交易机构整体转让标的公司100%股权势在必行。然而按"100%股权"模式录入国资监管系统进行挂牌，需对中外方的100%股权交易资金进行"场内结算"监管。对于外币资金出境环节，需面对广东省外管局、深圳市外管局两重审批，审批时间和环节难以预计。考虑到转让方快速回笼资金的需求，广州产权交易所最终确定对外方股权的资金不进行监管。为满足上述操作需求，将中外方各自持有的标的公司50%股权分开录入系统，并对项目进行挂牌；但两项目均设置了"受让一方50%股权的同时，必须受让另外一方持有的50%股权"的互为交易条件。

（2）设立资金共管账户，保障交易双方权益

由于不对外方股权资金进行监管，如何保障交易双方在资金交割中的权益就显得尤为重要。为此，广州产权交易所建议项目成交后外方股东与受让方共同设立资金共管账户，受让方资金划入该账户，在标的公司工商变更、所得税申报手续、外汇登记变更等完成后款项审批出境。该方式得到外方认可并作为交易条件公布。

（3）合理制定股权转让协议

双方股东委托广州产权交易所协助制定《股权转让协议》，由于分两个版本签订，合同内对股权交割和资金交割的约定尤为重要。经与中外股东多次研究，定下了"交易双方协助、标的公司负责办理工商变更手续""100%股权变更须同时办理""一方股权无法变更，另一方合同终止""交易价款支付至转让方账户次日为权益交割日"等原则，并制定了《股权转让协议》。

四、总结分析

1. 充分征集买家，使买卖双方达到共赢

该项目运用了"预披露＋正式挂牌"的模式，通过省级纸媒、网站、公众微信号等多种渠道，尽可能详细地披露项目信息，使本项目获得众多大型企业的关注。同时，本项目是典型的"嫁闺女"而非"招女婿"，买家身份不受限制，更能让项目充分竞价。最终历经五个小时的竞价鏖战，买家以 15.42 亿元的总价竞得，卖家也实现了国有资产大幅增值，交易双方达到共赢。

2. 为同类型项目处理积累经验

本项目交易，适逢国务院国资委、财政部 32 号令颁布。与 3 号令相比，32 号令在国有资产的公开交易范围、信息披露、条件设置、资格确认、期间损益及价格结算等方面都有一定变化。同时，国家商务部于 2016 年 10 月初发布了《外商投资企业设立及变更备案管理暂行办法》，股权转让由原来的"审批制"变更为"备案制"，也使本项目的操作与过往有所区别。为此，广州产权交易所积极学习新文件、新规定，整个项目交易环节均严格按照 32 号令进行运作，遵从外经部门、国家外汇管理制度等政策规定。

同时，本项目是股东权益转让而非企业财产（土地使用权）转让，受让方在受让了公司的股权后，取得了对公司财产的支配参与权与收益分配权，而非财产的拥有权。由于股权转让与土地使用权转让在转让条件、登记部门、发生税费、适用法律等方面不同，如本项目采取土地使用权转让的方式进行，买方的受让资格将大大受到广东省三旧改造政策、《深圳高新区北区产业升级改造实施方案》的限制，且成交后将需要交纳大额的土地增值税；而股权转让则避免了该等问题，既能广泛征集买家，又能降低交易成本。该项目的成功交易在业界引起较大反响，获得了转让方的充分肯定，也为日后处理同类型项目积累了经验。

五、体会与思考

争取项目进场、促成项目交易、充分增值、经得起时间推敲，这是一个成功产权交易项目的主线。随着 32 号令的颁布，企业股权、增资扩股、资产转让将全面进场交易，广州产权交易所将不断提高自身服务质量、员工专业素质和服务能力，进一步创新产权交易服务理念，力争朝专业化、差异化、精益化方向不断前进。

（广州产权交易所供稿）

案例 70

战略投资和财务投资双引入

——首例企业增资项目成功落地

2017年6月26日,作为山西省产权交易市场有限责任公司(以下简称山西产权)承接的第一个增资类挂牌项目,晋城宏圣润晋园林绿化工程有限公司(以下简称宏圣润晋公司)增资扩股项目在山西产权网站公开挂牌。2017年8月18日,项目挂牌期满,最终成功引入合格的两类投资人,分别是持股35%的产业性战略新增股东——蓝鲸控股集团有限公司(以下简称蓝鲸集团)和持股20%的财务投资型新增股东——山西创美建筑安装工程股份有限公司(以下简称山西创美)。山西产权帮助宏圣润晋公司实现融资2077万元,为宏圣润晋公司围绕太原城建景观绿化项目、2022年冬奥会景观绿化项目的战略转向引入了合作伙伴、提供了资金支持,宏圣润晋公司增资扩股项目圆满完成。

一、项目背景

1. 政策环境

中共中央国务院早在2015年就出台了关于深化国有企业改革和国有企业发展混合所有制经济的指导意见(中发〔2015〕22号和国发〔2015〕54号),山西产权感知到国企改革新风向,积极着手国有企业增资扩股进场交易的前期准备工作。为了夯实工作基础,山西产权积极组织人员进行考察调研和同业交流,对增资扩股业务的历史成果和丰富实践经验有了深入认识,制定了系列配套国有企业增资扩股进场交易规则、收费办法及相关配套文本。

2016年6月24日,《企业国有资产交易监督管理办法》(国务院国资委、财政部令第32号)公布施行,对国有企业增资行为进行规范,明确了国有企业增资应当在依法设立的产权交易机构公开进行。

2017年6月9日,《山西省委办公厅、省政府办公厅印发〈关于省属国有企业发展混合所有制经济的实施意见〉的通知》(晋办发〔2017〕40号)印发,标志着山西省国有企业增资扩股有了行动纲领和操作指南。宏圣润晋公司增资扩股项目正是在这一关键时间点推出并进入公众视野。

2. 标的公司概况

宏圣润晋公司成立于 2003 年 7 月，是晋煤集团的三级企业，注册资本为人民币 2230 万元，主营园林绿化、花卉租摆、大型工程机械设备租赁、园林机械销售、维修等。宏圣润晋公司具备国家一级城市园林绿化资质、绿化施工一级资质、风景园林景观设计乙级等资质，现已形成园林景观设计、园林工程施工、园林绿化苗木种植和园林绿化工程养护四个方面的产业链。

近年来，由于煤炭行业经济下行对集团的巨大影响，宏圣润晋公司内部园林绿化市场大幅缩减，业务量逐年萎缩，经营业绩持续下滑。为谋求生存和发展空间，增强拓展外部市场的能力，尽快扭转经营不利的局面；同时也为了积极发展不同资本融合的混合所有制经济，进一步完善公司法人治理结构，宏圣润晋公司拟以市场化方式引进外部投资者，通过充分发挥合作各方资源优势，达到互利共赢的目的。宏圣润晋公司决定并逐级报批，拟通过山西产权公开挂牌征集投资人进行增资扩股。

二、项目操作

接到宏圣润晋公司的增资扩股挂牌申请后，山西产权管理层高度重视，这是一次用项目实践充分检验理论素养的重要机遇。为此，业务部门专门成立了项目小组，齐心协力研究攻关。

1. 以政策法规为准绳

一是站在企业国有资产交易的本位，确保项目在现有法制框架下规范运作。因此吃透相关法规和政策是必做的功课，《企业国有资产交易监督管理办法》《国务院关于国有企业发展混合所有制经济的意见》《山西省委办公厅、省政府办公厅印发〈关于省属国有企业发展混合所有制经济的实施意见〉的通知》的相关规定和指导成为项目操作的准绳。

二是站在园林绿化行业层面，国家"十三五"规划提出的十个任务目标，加强生态文明建设位列其一，经济社会的长远发展要求持续加大生态环境保护和修复力度。此外，国务院在 2016 年 2 月下发了《进一步加强城市规划建设管理工作的若干意见》，提出建设海绵城市，将生态要素引入市区，不断优化绿地布局；进一步提高城市人均公园绿地面积和城市建成区绿地率，构建绿道系统实现城市内外绿地连接贯通，改变城建中高强度开发、高密度建设、大面积硬化的状况，让城市更自然、更生态。

我国园林绿化企业数量少、规模小、生态修复技术落后，企业发展质量远远不能满足国家生态文明建设的需要。宏圣润晋公司作为具有一定规模的园林绿化企业，通过增资扩股实现转变发展战略、提升整体竞争力的尝试是企业发展的内在需求，是对国家生态文明建设的响应，是对山西省资源型经济发展对环境长期欠账的填补，理应获得各方面的大力支持。

2. 以实现企业增资的价值和意义为核心

山西产权作为企业国有资产交易的重要平台，满足增资企业的迫切需求是其责任和义务，有的放矢实现增资扩股的价值和意义是其工作的核心。因为近年来持续亏损，宏圣润晋公司截至评估基准日净资产低于注册资本，这一特殊情况成为项目组人员关注的重点——若按照注册资本增资，则新股东将直接承担企业历史亏损，大大降低项目对潜在投资人的吸引力；若按照净资产增资，虽能体现公允交易对价且能实现国有资产保值，但存在对应的注册资本如何认缴落实以及工商变更的问题。经与宏圣润晋公司反复沟通协调，最终达成按照经评估备案的净资产增资共识，注册资本差额由未来的新老股东通过增资协议约定各方应承担的补足义务。山西产权综合考虑增资方在未来控股权、战略构想和文化理念等方面的预期，注重方案的科学性和合理性、操作的规范性和灵活性，最终敲定增资价格、增资额和股权比例、资金用途、重大事项披露、投资资格、遴选方案等事项和细节。

2017年6月26日，宏圣润晋公司增资项目正式在山西产权网站公告，挂牌价为0.7620元/1元注册资本。宏圣润晋公司在项目公告中明确要求引入两类且每一类限定为一家投资人，持股比例确定为35%和20%，两类投资人须同时成就，否则项目终结。募集资金主要用于开拓晋煤集团外部绿化市场，围绕太原现代都市圈建设、北京（张家口）2022年冬奥会等契机，集中投向太原城建景观绿化项目与冬奥会景观绿化项目。

三、项目成效

经过山西产权的广泛推送和宣传，充分发挥交易平台的投资人发现功能，项目历经40个工作日的法定挂牌期限，最终征集到两家意向投资人，分别是A类投资者——蓝鲸集团和B类投资者——山西创美。两家意向投资人作为产业性战略新增股东和财务投资型新增股东，最终成功签约宏圣润晋公司，实现三方合作的互利共赢。首单增资项目圆满收官，山西产权得到投融资双方和上级主管部门的充分肯定。

一是增资方满意。通过项目增资，宏圣润晋公司不仅获得2077万元投资款的现实财务支持，还寻求到了符合自身发展需求的两类投资者：①蓝鲸集团成立于2010年，为民营资本公司，注册资本一亿元，资金实力雄厚，具备丰富的景区建设资源、资产管理经验和较强的地区市场开拓优势，在张家口地区的旅游项目建设市场具有重要影响力。②山西创美成立于2009年，为民营资本公司，注册资本2077万元，具有建筑机电安装工程专业承包叁级和室内装饰企业施工乙级等资质。作为新三板挂牌企业，资本市场融资能力突出，在省内各地市渠道能力较强，市场资源优势明显。

二是投资方满意。蓝鲸集团通过增资入股宏圣润晋公司，为集团未来的景区建设和旅游市场开发增加了新的组合手段，提升了自身话语权；山西创美通过增资入股宏圣润晋公司，为自身开辟了新的业务衍生渠道，培育了新的盈利增长点。

三是交易平台实现自身价值。交易量和服务收入尚属其次，更为重要的是该项目的运作标志着山西产权增资项目试水成功，充分彰显了交易平台的实力，提升了交易平台的影响力，为山西产权未来的发展开辟了崭新的业务领域。通过该项目的成功运作，山西产权前瞻性地看到，增资业务在进场前的高附加值环节是其努力提升专业素质和服务水准的方向。

四、项目启示

宏圣润晋公司经过本次增资扩股后，国有股份降至45%，由国有全资企业转变为非公有资本参与的混合所有制企业。该增资扩股项目，标志着山西省属国有企业混合所有制改革迈出实质性步伐，使各省属企业深刻认识到引进社会资本参与国企国资改革、发展混合所有制经济的重要性和必要性，具有重要意义。该增资扩股项目是分层推进国有企业混合所有制改革在子公司层面的成功尝试，充分体现了尊重市场经济规律和企业发展规律的市场化运作原则，使企业走上了一条国有资本与民营资本取长补短、相互促进、共同发展的道路。

宏圣润晋公司增资扩股项目为后续可预见的相当存量的省属国有企业增资扩股打开了一扇门，提供了宝贵的可复制、可推广的经验。省属国有企业应当根据自身功能定位和发展需要，创造条件吸引社会优良资本投资，引进具有增量价值的战略投资者。省属国有企业应当同技术领先、管理科学、市场协同发展的行业领军企业，从股权层面加强战略合作，构建产业链利益共同体，增强抗风险能力，带动自身提质增效，加快发展。

机会总是留给有准备的人。山西产权应该再接再厉，力争抓住每一次重要的历史机遇，结合省情，把资源型经济劣势转变为产权交易业务优势，把国企国资改革的必要性和民营资本追求实效的现实需求完美结合，为山西省经济发展做出新的更大的贡献。

（山西省产权交易市场有限责任公司供稿）

案例 71

提升市场功能，全方位服务企业发展

——中铝山西分公司部分报废固定资产（四蒸发）项目

一、项目背景

中国铝业股份有限公司山西分公司（以下简称中铝山西分公司）是中国铝业股份有限公司旗下重要的氧化铝生产企业，位于山西省河津市。中铝山西分公司四蒸发系统已于2015年10月停用，已锈迹斑斑，一直未投入运行，且无继续使用价值，属于报废资产，且符合企业固定资产管理办法报废处置条件，经总经理办公会研究决定，对该套设备进行处置。2017年10月12日，中铝山西分公司与山西省产权交易市场有限责任公司（以下简称山西产权）签订委托协议，公开挂牌转让部分报废固定资产（四蒸发）。根据《企业国有资产交易监督管理办法》《委托协议》相关规定，中铝山西分公司递交了项目资料，山西产权逐一对材料进行审查后，同意按照委托方意见，由合作机构——山西龙门拍卖有限责任公司（以下简称拍卖行）具体实施拍卖行为。

二、交易过程

1. 正式挂牌，展开全面推介

项目正式在山西产权网、E交易网站信息平台发布后，立即引起了广泛关注。项目组随即明确分工，一方面做好咨询和接待工作，另一方面利用媒体、数据库、会员等多种渠道全方位开展宣传推介工作。按照《拍卖法》在相关媒体发布拍卖公告，项目挂牌公示期不少于10个工作日。山西产权微信公众号的首日点击量突破2000，创造了微信平台项目推介最高纪录。经多渠道推介，多家意向受让方反响热烈。

2. 意向登记，组织进一步谈判

项目公告期满，共征集到39家符合条件的意向受让方，且均正式提交了受让申请。项目经办人员积极配合意向受让方完成材料准备、登记受理、保证金交纳等一系列受让登记手续。意向受让方的资格确认后，项目组还组织部分意向受让方做进一步尽职调查工作，解除其对项目的疑虑，为后续充分报价扫除了障碍。

3. 组织拍卖，成功交易

2017年10月27日上午10时，经过多次轮番举牌，项目从底价299.71万元成功拍卖到 430 万元成交，高出底价 130 多万元。430 万元的竞价结果令各方均较为满意，与拍卖底价相比增幅为 43.3%。本次低效无效资产的增值变现为标的企业转型升级奠定了坚实的基础。

三、成效及启示

一是"酒香也怕巷子深"，再好的项目，缺乏有效的推介手段也会大打折扣。为使项目顺利成交，山西产权从项目引入、推介，到组织洽谈、撮合交易等提供了整套延伸服务。

二是宣传、发动较为充分。山西产权对该项目给予高度重视，本着"服务至上"的工作理念，在项目推介方面做了大量有针对性的工作，采用多种渠道及定向推介相结合的模式，吸引了诸多意向受让方。因宣传与推广工作发动充分，成果较为理想，形成了较好的竞争态势，这是该项目获得高增值率的关键所在。

三是拍卖环节安排得当。拍卖行根据项目的实际情况，结合市场态势，确定交易价格是该宗交易的决定性因素，通过对竞价环节的合理设计、拍卖气氛的合理把控，充分调动了竞买的现场氛围，这是该项目高增值率的又一重要原因。

四是山西产权充分借助规范的制度和流程设计，在政策解答、流程介绍、沟通协调等方面做了大量烦琐的配合和组织工作，发挥了专业平台优势，获得各方的认可和称赞。山西产权公开、公平、公正的交易环境和规范的交易模式，快速盘活了国有废旧资产，实现资金快速回笼，有力展现了其在资本要素资源优化配置方面的强大功能。

（山西省产权交易市场有限责任公司供稿）

案例 72

内蒙古产权交易中心助力自治区新晋 5A 级景区基础设施建设

内蒙古产权交易中心有限责任公司（以下简称中心）成立于 2002 年 12 月 24 日，机构性质为国有全资有限责任公司，是由内蒙古自治区国资委出资管理的国有企业阳光交易平台。国有企业是国有资产的重要承载主体，采购是国有企业的一项重要经营活动，国企采购关系到国有企业的经济效益和党风廉政建设，更关系到国有资本出资人的权益。通过产权交易市场平台来规范国有企业采购行为，日益成为新趋势和新亮点。中心近年来致力于国有企业物资采购平台搭建，截至目前，已经同内蒙古电力、包钢集团等多家自治区最具实力的大型国企取得合作，并通过"E 交易"系统实现电子招投标的全流程线上操作。

一、项目背景

2017 年 6 月初，中心受内蒙古大兴安岭阿尔山旅游开发有限责任公司委托，对阿尔山—柴河旅游景区的基础设施建设及环保客车公共交通配套基础设施建设共计 7 个批次的项目进行采购。中心先与采购人进行充分沟通，全面了解采购标的的情况，而后对相关先进产品研发技术成熟度、潜在供应商数量、供货周期等因素进行调研分析，决定以公开招标为主要采购方式，辅以多种采购模式。截至 2017 年 10 月，共计完成预算金额为 6893.2271 万元的采购项目，成交金额为 6450.0792 万元，节资率达 6.42%，为采购人节约资金 400 余万元。

二、项目特点

该系列项目采购内容复杂、标段划分不准、供货及安装时间要求紧、潜在供应商实力参差不齐，甚至存在供小于求的状况。特点具体如下：

一是采购项目内容复杂。涉及新能源纯电动客车、洒水车、吸污车、运油车、气模车库采购；汽柴油采购；木栈道观景平台木质卫生间采购等。相关技术要求及参数采购人无法准确提供，采购种类较多，标段划分不清晰。

二是工期及供货时间短。旅游旺季，游客人数众多，现有运输资源远远满足不了需求，需尽快完成车辆采购。景区所处纬度高，气候寒冷，施工期一般集中在五月至九月末。如采购周期长，则木栈道观景平台及木质卫生间的基础施工就无法进行。

三是全新标的采购。气模车库采购在本地区没有类似采购案例，无经验可借鉴，需要在采购文件上下功夫。结合实际需求，中心采用多轮次报价+评审的综合评审方式进行采购，最大限度地为采购人节约了时间和预算金额。

三、项目实施过程

以木栈道观景平台及木质卫生间采购为例，该投资预算金额高达4000余万元，中心经过与采购人多次沟通，结合考察调研，最终将此项目划分十个标段。采用多标段采购的原因：一是景区面积大，标段以相应的管辖区域划分，便于管理；二是工期紧，划分多个标段可以让多个中标人同时进场，施工安装。

报名截止后，总报名家数达37家次。开标时，投标人数较多，对中心开评标组织能力提出了较高要求。在开标前，中心做了细致的工作安排。现场工作人员分工明确，配合默契，开标现场井然有序，得到了采购人及供应商的一致好评。

评审委员会依据评标办法，客观、公平、合理、科学地做出独立打分，高效快捷地完成评标工作。此项目共递交有效投标文件34份，评审委员会仅用5.5小时即完成评标工作。这体现了平台评审专家较高的专业素质，反映了中心日常对评审专家库考核管理成效显著。

从采购策划到最终采购完成，中心的高效组织管理给采购人留下了良好印象，为下一步合作奠定了基础。

四、项目启示

实践证明，将国有企业采购纳入产权交易市场，可以充分借助产权交易市场规范的制度和流程设计，使程序更加透明，通过信息化手段，实现监管高效化；进入产权交易市场集中采购，可以充分发挥规模优势，降低采购成本；企业采购纳入国有产权依法交易的市场，可以充分发挥资源整合和配置功能，更好地为国企提供战略化综合服务。

展望未来，中心将一如既往地提供更加高效、便捷的多层次采购服务，以诚信、务实的工作作风和专业、高效的运营能力构筑供需双方沟通的桥梁，做精品项目，铸经典品牌。

（内蒙古产权交易中心供稿）

案例 73

巴彦淖尔市污水处理再生水回用及供水一体化 PPP 项目

2017年4月28日，巴彦淖尔市金晟源给排水有限公司（以下简称金晟源公司）70%国有股权转让（巴彦淖尔市污水处理再生水回用及供水一体化PPP项目）通过内蒙古产权交易中心有限责任公司（以下简称中心）正式挂牌。通过多渠道推介，共征集到6家意向受让方，其中包括首创股份、碧水源、天津创业环保等上市公司。经过正式招标、评审、谈判，最终确定天津创业环保以77695.66万元中标，中标价较招标底价增值2963.66万元。这充分体现了产权交易市场发现投资人、发现价格的功能；同时，对化解巴彦淖尔市政府性债务、摆脱融资难的问题，以及提高巴彦淖尔市供排水运营管理水平起到了积极作用。

一、项目背景

为解决巴彦淖尔市投资建设供排水设施方面的资金压力，以及引进先进的经营和管理理念，促进供排水市场的可持续发展，巴彦淖尔市政府决定对内蒙古巴彦淖尔市污水处理再生水回用及供水一体化项目实行PPP运作。由市水务局作为项目实施机构、特许经营协议签约和监管主体，签订本项目的特许经营协议，履行协议监管职能；由巴彦淖尔市河套水务集团有限公司（以下简称河套水务）作为项目业主，代表政府与社会资本签订合资经营协议和股权转让协议。

二、方案策划

经过前期沟通和尽职调查，中心了解到该PPP项目采取TOT模式，不仅涉及国有存量资产转让需履行进场交易程序，还涉及职工安置、融资租赁、资产和负债、待建工程、土地使用权等诸多问题，但项目业主单位河套水务对政策并不了解。为规范项目操作，中心主动进行了进场引导和前期策划，经过多次沟通和对接，最终得到河套水务的认可。中心提前派工作组进入，与咨询机构一起进行方案设计和挂牌准备，为项目顺利实施奠定了基础。

1. 转让模式

考虑到项目的特殊性，满足 PPP 公开招标和国有资产转让公开进场的要求，做方案的时候就依法合规、考虑周全；操作上环环相扣，程序紧凑无缝衔接。经与巴彦淖尔市国资局和转让方沟通，本次转让采取"股权转让 + 公开招标"方式进行，难点是需要兼顾企业国有资产和招标两套程序。由于转让股权比例为 70%，项目最终需通过股权转让信息预披露、股权转让正式披露、资格预审、正式招标、专家评审、谈判等程序最终确定受让方。

2. 职工安置问题

本次需要安置的职工为河套水务 5 个子公司职工共计 96 人，其中事业身份 32 人，劳动合同 64 人。经过与职工充分沟通，根据国家、省、市法律、法规和政策，按照市政府专题会议纪要的意见，按照"老人老办法、新人新机制"的原则进行妥善解决，对事业身份职工、劳动合同制职工予以分类解决。

3. 资产问题

本次涉及的存量资产分布在 6 家子分公司名下，同时分布在不同地区，评估后资产价值为 106757.79 万元。前期中心建议成立标的公司，将上述资产以作价出资方式装入标的公司再进行股权转让，但是部分资产存在融资租赁情况，目前无法解除融资租赁协议将资产装入标的公司。最终设计方案为先注册成立一家标的公司，进行股权转让信息预披露，待最终确定受让方正式签订交易合同时再将上述资产装入标的公司。为保护受让方的权益，中心在收到受让方出具的股权变更证明后再将交易价款转付至转让方。

4. 负债问题

河套水务之前为建设项目而形成的债务仍留在河套水务，由河套水务承担与项目有关的全部债务，不转移到标的公司。对于债务处理方案，由河套水务与债务主体进行沟通，获得债务主体的同意。

5. 融资租赁问题

本项目的部分资产采用了售后回租的融资租赁方式，涉及的融资租赁总金额为 4.9607 亿元。对于融资租赁余额，受让方必须在支付股权转让价款的同时，按融资租赁余额的 70% 支付给转让方，由转让方负责偿还融资租赁余额，后续融资租赁协议解除后再对标的企业进行增资。

6. 待建工程问题

本 PPP 项目包中尚有部分工程未完工，暂时不能进行资产审计和评估，因而未纳入标的公司。该部分待建工程资产采用增资扩股的方式解决，转让方以完成的待建工程资产进行实物出资，对标的企业进行增资后进行股权转让，以保持转让方和受让方30%∶70%的股权比例。

7．土地使用权问题

根据《巴彦淖尔市人民政府转发自治区人民政府关于进一步推进城镇污水处理设施建设的意见的通知》中"对城镇污水处理设施建设用地采取行政划拨方式，允许投资建设、运营污水处理设施的企业在合同期限内拥有划拨土地规定用途的使用权"的规定，PPP项目包内的资产划转至标的公司后，标的公司的资产中包含原有的土地使用权，已确权并以划拨方式或出让方式取得的土地，项目公司继续保持原有划拨用地性质。项目公司承担特许经营期内的土地使用税（费）和房产税（费）。项目公司不得将土地使用权用于特许经营之外的其他任何目的和用途。

三、项目实施

为了保证项目的顺利实施，中心组织转让方及市国资局、财政局、水务局等有关部门共同研究讨论信息预披露、正式披露、资格预审、正式招标等有关细节和时间节点，并最终确定责任人和时间表，实施时完全按照时间表操作。

（一）信息预披露

2017年3月20日，中心发布了金晟源公司70%国有股权转让信息预披露。信息预披露期间，中心通过多种渠道进行广泛推介，期间有十多家意向受让方进行了咨询。

（二）正式披露和资格预审

为了征集到实力较强的受让方，最终确定的受让方资格条件如下：

1．主体要求

具有独立法人或由独立法人实体组成的联合体（联合体内的成员数量不得超过2名），独立法人（联合体）的注册资本不低于人民币5亿元（或等值外币）；若独立法人（联合体）的营业执照或所在国家政府机构出具的商业登记证明未注明注册资本，则以独立法人（联合体）净资产的50%作为注册资本的计算基础。联合体每一成员的注册资本乘以其在联合体内所占股份比例之和应满足以上的注册资本要求。（汇率为中国银行在资格预审公告之日公布的汇率中间价）

2．业绩经验

一是在国内给排水行业拥有较强的投资经营能力和较好的经营业绩，在过去五年内（2012年1月1日至递交申请文件截止时间前），独立法人（联合体）在国内应具有单个项目供水能力不低于20万吨/日的城市供水厂网一体化投资和运营经验，或单个项目规模不低于10万吨/日的城市生活污水处理厂投资和运营经验。二是独立法人

（联合体）在国内给排水业内有较强影响力，截至公告日在国内合计拥有不少于10个给排水投资运营业绩。

3. 财务实力

独立法人（联合体）具有雄厚的投融资能力，最近一期经有资质机构审计的净资产在10亿元人民币（或等值外币）及以上。联合体每一成员的净资产情况乘以其在联合体内所占股份比例之和应满足以上净资产要求。（汇率为中国银行在资格预审公告之日公布的汇率中间价）

4. 企业信誉

独立法人（联合体）具有良好的商业信誉，具有良好的银行资信记录。近三年财务会计资料无虚假记载、银行和税务信用评价系统或企业信用系统无不良记录。同时，应具有合法的法律地位，在过去三年内没有严重违约或不良行为（以检察院出具的行贿犯罪档案查询结果告知函为准；若为联合体，每个成员均需提供）。

5. 技术能力

独立法人（联合体）应具备专业的技术人才与管理人才队伍，专业知识与技术力量雄厚。

2017年4月28日，中心发布金晟源公司70%国有股权转让正式披露，5月15日发布资格预审公告。正式披露期间，中心通过多渠道推介，共征集到6家意向受让方，其中包括首创股份、碧水源、天津创业环保等上市公司和外资企业。经过专家评审，6家意向受让方全部通过资格预审，并被确定意向受让方资格。

（三）正式招标

确定意向受让方后，中心协助转让方制定了招标文件和交易合同。2017年6月9日，正式发布招标公告，招标底价为74732万元。6月16日至6月19日，中心组织意向受让方进行了现场踏勘和标前答疑会，最终3家意向受让方进行了投标。2017年7月6日，经过专家对意向受让方的项目业绩、公司实力、财务状况、技术能力、公司管理能力、供水管理运营能力、污水处理厂运维能力、投标报价各方面评审，确定了3家社会资本候选人，其中天津创业环保以77695.6600万元的报价成为第一候选人。按照程序，2017年7月20日招标人与第一候选人进行谈判，并确定天津创业环保为预中标人。经过中标结果公示，2017年7月31日招标人向天津创业环保发布了中标通知书，确定天津创业环保为股权转让项目的最终受让方。相关合同文本经过市政府审核和批准，最终中心组织交易相关方签订了《产权交易合同》《特许经营协议》《合资经营合同》。

四、项目成效和启示

1. 项目成效

本项目是内蒙古第一宗存量资产转让 PPP 项目。通过中心主动引导和争取，规范地进场操作，产权交易市场发现投资人和发现价格的功能得到充分体现，实现了国有资产的保值增值，最终成交价较招标底价增值 2963.66 万元，化解了巴彦淖尔市在供排水领域的政府性债务，使其摆脱了融资难的问题。社会资本进入后，将有力提高巴彦淖尔市供排水运营管理水平，对全国的城市污水处理、再生水回用及工业园区供排水 PPP 项目起到示范作用。

2. 项目启示

中心按照《中华人民共和国企业国有资产法》《中华人民共和国政府采购法》《企业国有资产交易监督管理办法》《政府和社会资本合作项目政府采购管理办法》等有关法律、法规和规定，通过提供贴身服务，引导进场，并积极主动进行项目挂牌前的方案设计，为项目规范运作奠定了基础。中心将国有资产交易规定的时间节点和政府采购规定的时间节点巧妙结合，利用产权交易平台和政府采购平台进行多渠道推介征集意向受让方，为后续的存量 PPP 项目交易奠定了基础。中心的专业工作得到了项目业主、实施机构和巴彦淖尔市政府的一致认可，为后续 PPP 项目进场起到了示范作用。

（内蒙古产权交易中心供稿）

案例 74

创新交易方式，促进企业做强做优做大

——辽宁益康生物股份有限公司增资扩股及股权转让项目

一、项目背景

辽宁益康生物股份有限公司（以下简称益康公司）成立于2005年，注册资本7500万元，生产销售细胞毒活疫苗、胚毒活疫苗、胚毒灭活疫苗、禽流感灭活疫苗等，是国内生产、经营动物生物制品的骨干企业，农业部批准的禽流感灭活疫苗、猪瘟活疫苗定点生产企业，有关部门认定的"国家火炬计划重点高新技术企业""辽宁省高新技术企业"、全国兽用生物制品生产10强企业。经辽宁省国资委核准，益康公司净资产4.056亿元，每股净资产5.4元。

在企业高速发展的同时，亦面临着生产经营方面的困难。一是资金链紧张，存在债务风险。益康公司借款总额2.21亿元，资产负债率已达52.29%（其中：银行贷款1.50亿元，将于2017年4至6月陆续到期），企业自身已无力偿还，面临资金链断裂风险。二是生产工艺技术相对落后，市场竞争力不强。目前，益康公司仍在利用传统的工艺生产，产品成本高、产量低、质量不稳定，缺乏市场竞争力和发展后劲，市场占有率大幅下降。三是研发投入不足，生产工艺亟待升级改造。益康公司缺少拔尖的生物疫苗领域的研发人员，研发投入占销售收入比重不足3%；同时，按照国家要求，亟须对活病毒操作的生产区域、质检室等进行改造升级，达到生物安全三级防护要求，鉴于企业财务状况，无力筹集资金进行改造建设。四是体制机制有待完善，内部发展活力不足。通过引进战略投资者，进行体制机制创新，改变益康公司的管理模式，提升管理水平，积极引入生物疫苗领域高端研发和管理人才，深化用人、用工、分配制度改革，建立健全激励约束机制，充分调动广大干部职工积极性，弥补益康公司在技术研发和市场开拓方面短板。由于新股上市暂停，加之2013年动物疫苗市场大幅度收窄，企业效益大幅度下降，导致益康公司最终没有实现上市。

为此，从2016年开始，辽宁省国资委、大股东辽宁省投资集团公司和融资方益康公司分析企业在发展过程中存在的诸多问题，拟通过改制重组改变目前的被动局面，实现企业健康可持续发展。为确保企业做强做优做大，增强国有资本的流动性，保证国有资本按市场化方式有序进退，实现益康公司上市目的，沈阳联合产权交易所（以下简称沈交所）与转让方及融资方密切配合，按照国务院国资委、财政部 32 号令的规定，坚持公开、公平、公正、规范原则，严格把握交易过程重点环节，广泛征集意向受让方，努力实现国有资产价值最大化，确保项目操作规范有序进行。

二、项目亮点

1. 增资扩股与国有股权转让同步操作

为实现国有股权有序退出，实现益康公司上市目标，沈交所与辽宁省投资集团和融资方密切配合，分析项目特点，提出益康公司 4000 万股增资扩股及辽宁省投资集团在益康公司持有的 1400 万股股权同时退出，二者互为条件；每股价格相同，每股价格确定为 6 元，投资方必须收购 5400 万股股权，并保证收购部分自然人股权后，实现收购方一次性持有标的企业不少于 50% 的股份，即实现绝对控股。募集资金主要用于偿还借款、生产工艺升级改造和补充企业流动资金。转让信息一经公布，立即引起较强反应，期间吸引国内三家实力雄厚的同行业和投资企业参与竞价，取得了较好效果。

2. 增资与股权转让信息同步发布

根据 32 号令的规定，增资信息披露时限不少于 40 个工作日，转让信息不少于 20 个工作日。考虑到投资方可能为民营企业或股份公司，成为大股东，企业实际控制权发生变化，在 1400 万股国有股权转让项目中增加了 20 个工作日的信息预披露环节。预披露结束后马上进入正式披露环节，实行无缝对接；与增资项目同时发布、同时结束，与下一步审核、交纳保证金和竞价环节操作相呼应。

3. 网络竞价大幅增值，实现多方共赢

2017 年 7 月 6 日，历时 7 小时 50 轮次竞价，益康公司 4000 万股增资扩股及 1400 万股股权转让项目取得圆满成功，最终金宇生物技术股份有限公司以 40300 万元竞得标的，该项目实现增值额为 7900 万元，增值率达 24.38%。该项目既为益康公司成功引入产业投资者，一次性解决企业资金短缺、技术研发、设备改造升级等问题，促进企业做强做优做大；投资方金宇生物技术股份有限公司也成为国内为数不多的同时拥有口蹄疫和高致病性禽流感两大强制免疫品种的动保企业，继续保持其在国内动保市场的领军地位；同时，增强了国有资本的流动性，保证国有资本按市场化方式有序进退，实现国有资产保值增值，为放大国有资本功能、发展混合所有制经济发挥了典型示范作用。

三、项目启示

国有企业通过产权交易机构引入战略投资者，充分体现了产权交易机构发现投资者、发现价格的功能优势。事实证明，产权交易市场可以充分利用自身的企业国有产权交易平台的信用优势和技术优势，在国企改革中发挥重要作用。一方面，产权交易市场以其广泛性、集中性及公信力高等特点，为各类战略投资者提供了大量真实可靠的企业融资信息和可供比较的项目；另一方面，产权交易市场通过发现、甄别和选择战略投资者，可以增加改制的透明度，严格把握交易过程中的重点环节，公平维护各方平等权益，确保项目操作规范有序进行，提高国企改制成功率，为国企发展创造条件。

（沈阳联合产权交易所供稿）

案例 75

利用反向竞价采购平台解盐化集团燃"煤"之急

日前,大连盐化集团有限公司(以下简称盐化集团)借助大连产权交易所(以下简称大交所)反向竞价平台,仅用 95 分钟就圆满完成生产用煤采购任务。此次项目经过 19 次激烈的反向竞价,比照客户设定的底价降幅达 3.47%,比照客户近期(竞价前 7 天)同标的采购价格降幅达 2.95%。

一、反向竞价全过程

2017 年 3 月 27 日,大交所开始做组织竞价准备。首先,在众多意向供应方中,遴选出三家。其次,在竞价大厅中建立虚拟竞价项目,组织已签署网络竞价须知并足额缴纳保证金的意向供应方进行网络竞价预演,确保各意向供应方熟悉网络竞价操作流程。

2017 年 3 月 30 日,开始正式竞价。竞价过程由自由竞价期和限时竞价期组成,全程无人为因素干扰。各意向供应方只能看见最高报价和减价情况,报价人信息始终保密。

同日上午,盐化集团领导一行三人来到大交所,通过竞价监控台观看整个竞价过程。在自由报价期间,各意向供应方处于观望状态,经过两次自由出价,最低价比照底价只降低了 2 元。这时,竞价现场的气氛稍显凝重,盐化集团领导对竞价效果表示担忧。

然而,在限时竞价开始前的 2 分钟,平静被突如其来的出价提醒打破,最低价格被轮番刷新。在经过 3 次短暂停顿和 19 次紧张出价后,再无人降价。3 分钟倒计时结束,系统自动公布中标供应方,并且向中标供应方发送了竞价结果通知单,整个过程耗时 95 分钟。

盐化集团领导脸上泛起了笑容,竟然比 7 天前的招标结果降低了近 3%,为盐化集团再次节省成本 13 万元,成果喜人。

竞价结束后,大交所全员并没有放松,次日即整理保证金退还名单,督促供应方签订合同,跟踪履约。

二、尽责的竞价前准备

喜人的成绩源于盐化集团与大交所在竞价前的充分沟通与尽责准备。

2017年3月16日下午，盐化集团高层领导一行参观大交所办公环境、受理窗口、采购项目中使用的开标室、评标室、交易大厅等软、硬配套设施，交流指导采购项目进程。参观交流中，盐化集团感受到大交所与客户零距离交流的工作状态，肯定了大交所的智慧服务，以及全面优化提升客户体验的工作态度，对此次煤炭采购项目充满信心。

三、尝试进行商务合作

2017年3月16日下午，盐化集团领导与大交所董事长会面，探讨商务合作细节，并达成协定。旋即，与大交所招标代理部拟订企业采购委托代理合同。由于此次采购项目时间紧任务急，盐化集团只给三天时间准备。招标代理部在协调各方后，通过两天时间准备完成网络竞价须知、意向供应方承诺书等材料，继而通知各意向供应方注册报名、签署网络竞价须知、缴纳竞价保证金，并培训意向供应方如何报名。

大交所与盐化集团合作开展的国有企业采购大宗物资业务，突破了产权交易平台的常规业务范围，使产权交易所由过去单方向为企业"卖"东西转变为现在既"卖"又"买"，实现了产权交易市场功能的根本性转变；利用网络反向竞价平台，多维度比较参与报价的公司，既能采购到好的产品，还可获得高质量的售后服务。优中选优，充分发挥了规模采购的优势，降低了采购成本，节省了采购时间。

（大连产权交易所供稿）

案例 76

共创公平环境，打造优质平台

——报废资产创新转让项目

报废资产交易是吉林长春产权交易中心（以下简称中心）实物资产交易的一部分，中心曾为省内多家企事业单位、行政机关处置报废资产。由于交易标的情况特殊，资产数额大小不一，选择怎样的交易方式尤为重要。本次为吉林省交通运输厅机关服务中心处置报废钢材，项目溢价率达到79.8%，增加收益140余万元。本次项目的成功转让，开启了中心处置报废资产的新模式、新方法。

一、项目背景

2017年4月初，中心接受吉林省交通运输厅机关服务中心委托，转让第一批废旧钢材。由于钢材数量很多，大小不一，无法确定钢材具体数量，后期容易出现交接问题。

二、项目创新

与平常报废资产项目不同，中心工作人员创新思维，运用一套新的交易方式，即以钢材每吨价格作为起拍价，成交后，再按实际称重数量确定交易总额的交易方式。这种方式不仅能够使竞买人放心参与竞买，而且不会因该批钢材的原始数量不准确导致利益受损，具有公平合理的优点。中心业务部门主动配合委托方做好竞价前的各项准备工作，搞好服务，并陪同竞买人勘查现场。

三、项目社会关注度高，异常火爆

2017年4月19日，该项目由中心在报社及网站等媒体公开挂牌，赢得了社会的高度关注，并受到参与者的普遍欢迎，吸引本地及外地各金属回收公司纷纷来中心报名参与竞价。至报名截止日（5月3日），共有104人缴纳竞买保证金。这是中心报废资产转让业务中，报名人数最多的一次。程先生是一位经常到中心参与转让报废资产项目的竞买人，看到这个项目，他第一时间报名参与竞价。他说："我认为以每吨价格作为起拍价，这种转让形式十分公平。谁竞得这个标的，都不用担心钢材数量问题。按实际称重计价，不容易出现问题。"

项目挂牌后，中心业务窗口在做好项目咨询、竞价交易业务指导、报名登记等服务的同时，还指导本地和外地意向竞买人通过网上报名，节省时间，提高办事效率和服务质量。在所有报名的 104 人之中，有 10 人就是通过网络报名的。至 2017 年 5 月 4 日，共有 34 人参与竞价，历时 15 天 18 分 24 秒（其中：在限时报价的 90 秒内反复被加价方刷新延时），共 202 次出价。挂牌价为每吨 780 元，最终以每吨 1403 元的价格成交，溢价率高达 79.8%，为委托方增加收入 140 余万元。

四、项目启示

产权交易市场是一个公平的平台，积极保护各方利益，本项目达到了三方共赢的效果。通过本次转让，中心探索出一条新的为委托方转让资产的方法，目前通过这类方法转让资产十余宗，没有出现一起违约情况，累计成交 2300 万元，累计增值 900 余万元。该宗报废资产交易之所以取得优异成绩，离不开中心与委托方的沟通，离不开中心各个业务部门之间的相互配合。先进的网络电子竞价交易系统，良好的市场环境，以及员工的优质服务，确保了该项资产成功交易，促进了产权交易市场的健康发展。在该项目中，受让方的利益得到保障，委托方资产大幅度升值，经济成效明显。中心将继续秉承"诚信为本、服务至上、公正规范、和谐发展"的宗旨，不断进行业务和服务创新，为促进区域经济发展多做贡献。

（吉林长春产权交易中心供稿）

案例 77

浙江省建设投资集团股份有限公司债转股项目

一、项目背景

浙江省建设投资集团股份有限公司（以下简称浙建投）是浙江省国资委监管的企业之一，是一家以建筑施工和基建投资为主业，包含房建施工、基建投资、工业制造、海外发展和现代服务业五大板块格局的现代大型企业集团。浙建投持续多年扩大经营规模与资产规模的同时，也导致企业资产负债率始终处于高位，2016年底合并报表资产负债率达到了92%以上；而同期可比上市公司平均资产负债率仅为80%左右，这无疑成为浙建投成功登陆证券市场的一大壁垒。

为贯彻落实中央、国务院关于推进供给侧结构性改革、重点做好"三去一降一补"工作的决策部署，贯彻落实有关领导对浙建投做出"转型升级减负担、降杠杆、增强竞争力"批示精神，浙建投拟通过债转股的方式，有效减少负债，增加净资产，降低企业资产负债率。这不仅能够降低浙建投的融资成本，提升其融资能力，还能增强其企业实力、提升其盈利空间，为浙建投 IPO 扫清障碍。

二、操作难点和重点

1. 企业债转股，属增资范畴

债转股业务是指金融资产管理公司、国有资本投资运营公司等实施机构以市场化方式募集资金，受让银行持有的企业债权，以市场化方式确认的价格将债权转换为股权，依法享有股东权益。从对"债转股业务"的解释上不难看出，债转股业务的实质就是增资。

2. 国企债转股，要进场交易

本次债转股的主要特点是市场化、法治化、去明股实债化。市场化就是转股对象企业市场化选择，转股资产市场化定价，资金市场化筹集，股权市场化管理和退出。法治化就是强调债转股的所有市场主体，债转股的各个环节，涉及债转股的所有行为都要在法治的框架内依法进行。去明股实债化就是本次债转股所转股权无其他固定利息约定，不搞假股真债。

无论是"市场化",还是"法治化",都要求浙建投这个浙江省省属国企,在实施本次债转股过程中要按照《企业国有资产交易监督管理办法》(国务院国资委、财政部令第 32 号,简称 32 号令)的要求,进场交易。

3. 国企债转股,应企业决策

债转股的实质是增资,而 32 号令也明确了增资与转让进场的最大不同就是:增资是由企业具有权限的会议决议以资产评估结果为基础,结合意向投资人的条件和报价等因素审议选定投资方。

4. 浙建投债转股,重方案设计

项目确定进场交易后,于 2017 年 8 月 22 日在浙江省国资委会议室召集多方会议,商讨项目的进场方案。浙江产权交易所(以下简称浙交所)在本次会议上提出两点建议:①实施机构对拟债转股价格进行竞价,即将债权受让与对企业增资分离,严格按照《国务院关于积极稳妥降低企业杠杆率的意见》(国发〔2016〕54 号)的要求进行债转股;②通过竞争性谈判的方式征集意向方,根据企业自身特点选取合适投资人。

浙交所的两点建议有效推动了项目方案的最终确定:本次债转股的总股份合计 2.6 亿股,占增资扩股后的总股本的 27.08%,分隔为 1.3 亿股两个标的在浙交所挂牌,以竞争性谈判的方式公开征集两家债转股实施机构作为浙建投债转股的合作方。本次债转股采取实施机构承接浙建投债权人所持债权和现金增资的方式,以竞争性谈判确定的最终成交价格将实施机构所持股的浙建投债权转为浙建投普通股股权。

债转股实施机构作为浙建投新股东,与公司原股东享有同等权利和义务。本次债转股实施完成后,第一大股东省国资公司对浙建投的持股比例不低于 50%。

本次债转股增资完成后,浙建投股权结构如下图所示:

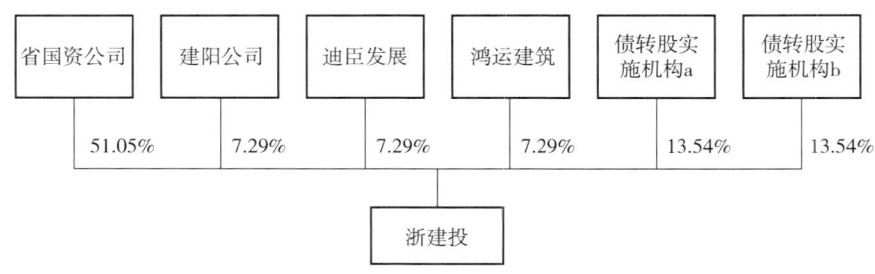

三、项目进场始末

浙建投债转股项目(以下简称项目)于 2017 年 9 月 15 日挂牌,总计挂牌 56 个工作日,于 2017 年 12 月 7 日到期。项目公开信息披露(挂牌)期间,浙交所为 3 家企业办理了登记手续,并于 2017 年 12 月 20 日下午 3 时组织项目的竞争性谈判。2017 年 12 月 25 日收到《浙建投集团债转股项目竞争性谈判情况报告》《关于浙建投集团债转股实施机构择优结果确认的函》，经浙建投董事会及股东会审核通过，确定投资人为中国信达资产管理股份有限公司及工银金融资产投资有限公司。2017年12月26日，项目债转股协议签署完毕。其中，中国信达资产管理股份有限公司以90870万元受让对应银行债权，将受让债权转为浙建投股权；工银金融资产投资有限公司以现金90870万元增资，增资款用于偿还指定银行贷款。

本次债转股不仅成功实现了浙建投资产负债率的降低，拓宽了其融资渠道，还与大型资产管理公司建立了牢固的伙伴关系，有利于浙建投整体上市工作，对通过证监会发审委会议审核有积极影响。

四、项目启示

1. 产权交易平台有助于融资企业找到更多、更优质的投资人

项目一挂牌，浙交所就依托自身的投资人库进行精准营销。项目征集的3家意向投资人中有一家为平台发现。竞争性谈判后，该名意向投资人成功入围，谈判小组专家审议确定意向投资人名单，且优先接纳顺序排名位列第一。

2. 合理选择支点，助力融资企业在商务洽谈中拿到主动权

本次债转股与传统增资的最大不同在于：投资人的目标群体范围明确，投资人总数有限。特别是实施机构往往就是原有债权银行的关联公司，在进行商务谈判时，作为传统国企的浙建投往往并不能取得与之平等的地位。因此，本次债转股的切入点选在实施机构对拟债转股价格进行竞价。浙交所在项目进场之初的这一设计，配合项目宣传中找到的优质投资人，得到的最佳结果就是：浙建投在与债权人（银行）所选取的实施机构的商务谈判中拿到了主动权。

3. 权责清晰明确有利于融资企业最佳投资人的选择

竞争性谈判的关键之一就是专家的选择。浙交所一开始就明确将谈判专家的选择权交给融资企业。产权交易机构选择专家的传统做法是通过摇号方式在专家库中选择，专家的选取随机性太强，往往选中的专家对融资企业所在行业并不了解，缺少公信度。将专家选取决定权交给融资企业，有力地保障了专家对项目的适配性。本次债转股竞争性谈判的专家不仅来自浙建投及其股东，还有来自券商、律所和评估公司的代表。谈判专家小组最后用翔实的谈判报告，有据的数字分析，充分展示了最佳投资人的选取过程，让融资企业股东会在选择最终最佳投资人时得到了支撑。

（浙江产权交易所供稿）

案例 78

皖新传媒资产证券化股权资产包转让项目

一、项目背景

安徽新华传媒股份有限公司（以下简称皖新传媒）是安徽省规模最大的文化企业，安徽省新华发行（集团）控股有限公司（以下简称发行集团）的控股子公司，是我国中部地区最大的出版物发行企业。皖新传媒资产证券化股权资产包项目是国务院国资委、财政部 32 号令颁布后首单涉及国有资产转让的 REITs（房地产信托投资基金）项目、国内信息文化传媒行业首单 REITs 项目、国内首单以书店作为物业资产的 REITs 项目、首单以国有文化资产作为标的运作的 REITs 项目、安徽省内首单 REITs 项目，以及营改增 36 号文件实施后首单涉及实物出资的 REITs 项目。

二、精心设计，充分实现企业资产增值

皖新传媒实施资产证券化的 16 处书店物业资产原值约 2 亿元，均处于各市黄金地段。随着房地产价格不断走高，其市场价值远高于账面价值。

皖新传媒资产证券化股权资产包项目总计三期，其中一、二期已于 2016 年、2017 年成功运作。该系列项目的整体设计理念分为两部分，以一期项目为例：

1. 设立项目公司

皖新传媒所属各市书店（均为皖新传媒全资子公司）对其名下物业资产进行评估，后各市书店以物业资产实物出资总计设立 13 家对应项目公司，并完成不动产变更登记工作，物业资产房地产权均过户至各项目公司名下。由各市书店与这 13 家项目公司签订租赁协议，实现了资产的重估增值，做大了资产总额，把不具备资产证券化的资产变成了具有现金流支撑的资产。

2. 设立资产管理公司（SPV）收购项目公司股权

皖新传媒以现金出资方式出资设立 SPV 公司 13 家，与项目公司一一对应；再将 13 家项目公司股权转让给 13 家对应 SPV，以达到皖新传媒持有 SPV、SPV 持有项目公司的股权结构。

3. SPV 股权挂牌转让

SPV 收购项目公司股权后，将 13 家 SPV 股权分成两个资产包，通过在安徽省产权

交易中心（以下简称中心）公开挂牌，把股权资产包转让给皖新传媒直接出资设立的两支私募基金。SPV 股权持有人为私募基金，完成重资产的出表。

4. 资产证券化

通过在上海证券交易所以及银行间债券市场发行资产支持证券并上市，实现融资。2017 年 1 月 6 日，"中信皖新阅嘉一期资产支持专项计划"挂牌仪式在上海证券交易所举行，标志着该项目按照既定运作方案顺利完成。皖新传媒将 2 亿元左右的书店房地产等重资产变成了 11 亿元左右货币资金，实现了其轻资产运营的目标。

三、创新服务，助力企业实现战略意图

皖新传媒资产证券化股权资产包项目整体运作过程包含企业内部的物业资产重组、股权转让、委贷、物业运营、回购等多个事项。将多家房地产投资公司 100% 股权作为股权资产包转让给其直接出资设立的私募基金，通过中心挂牌交易完成。

一期项目将皖新传媒所属 13 家全资子公司 100% 股权分为两个股权资产包分别转让，股权资产包一由中信皖新阅嘉一期私募投资基金成功受让，股权资产包二由兴业皖新阅嘉私募基金第一期成功受让，两个资产包成交金额合计 3.75 亿元；二期项目将皖新传媒所属 8 家全资子公司 100% 股权作为一个股权资产包转让，由中建投信托有限责任公司成功受让，成交金额 2.3 亿元。

中心结合 32 号令等有关政策法规规定，充分考虑整体项目中的委贷发放、物业资产的控制、项目回购的保障措施、回购成本控制等环节，辅导皖新传媒开展股权资产包转让项目立项、报批、资产评估等工作，合理优化流程为其节省时间，精心设计转让方案和交易方式。项目公司的管理方为发行集团全资子公司皖新租赁，项目组创造性地在交易结构设计中引入皖新租赁的优先购买权理念，在保有国有资产实际控制权的同时，发挥专业化金融子公司与集团主业的协同效用。一、二期股权资产包转让项目均如期完成，保障了后期发行如期完成，实现了企业释放存量资产活力，将存量资产转化为现金流，实现轻资产运营转型发展的战略意图。

四、项目启示

皖新传媒创新型资产管理项目是安徽省全面推进文化"八个强"，着力提升安徽文化影响力、竞争力和整体实力背景下，文化和金融合作，实现产融结合、助力文化产业发展的一次有益尝试。该项目对推动皖新传媒转型发展、实现国有资产的保值增值、树立勇于创新的资本市场形象具有重要意义：

一是盘活了皖新传媒的存量资产，挖掘出门店的资产价值，将存量门店资源转化为货币，实现了轻资产运营目的。通过融资获得的低成本资金，将对皖新传媒转型发

展起到重要作用。

二是通过 REITs 方式将书店资产分批作交易安排，通过产权交易环节体现物业的增值，从而使国有资产回归实际价值，达到国有资产保值增值的效果。

三是通过创新型资产管理产品的设计，探索盘活存量国有资产的路径，将实业物业资产转化为长期限、低成本的现金流；开全国文化传媒领域国有资产创新管理之先河，落实以金融资本融合驱动产业成长，成为助力安徽省国有企业转型发展的重要支撑和里程碑。

（安徽省产权交易中心供稿）

案例 79

挖掘企业投资价值，助力亏损企业成功增资

——江西江中食疗增资扩股项目

2017年6月7日，江西江中食疗科技有限公司（以下简称江中食疗）增资项目在江西省产权交易所公开挂牌征集战略投资方，拟募集资金不低于4.9亿元，对应持股比例为70%~75%。项目挂牌前，企业一直处于亏损状态，江西省产权交易所在项目操作过程中，充分挖掘企业潜在价值，全面推介企业投资亮点。至2017年10月26日，为增资企业征集到浙江、安徽、江西三地四家战略投资方，募集资金5.75亿元，开了江西省亏损企业通过产权交易市场成功增资的先河。

一、项目概况

1. 项目背景

江西江中（制药）集团有限责任公司（以下简称江中集团）成立于1998年，由江西省国有资产监督管理委员会监管，为中国药品行业OTC领先企业，是集医药制造、保健食品、房地产于一体的现代化综合型企业。江中食疗是江中集团的全资子公司，于2011年5月13日注册成立，注册资本2.1亿元，是江中集团旗下的国内首家专业食疗公司，主要负责江中集团食疗业务的生产经营。江中食疗以"最好的食品，除了要美味还要对人的健康起到积极作用"为理念进行大胆创新，长远布局食疗产业。2013年10月，江中食疗正式推出创新食疗产品，坚持每年上市1至2个食疗新产品，先后推出"猴姑"饼干、"猴姑"饮料、"蓝枸"饮料、"猴姑"早餐米稀等系列新品。食疗产品作为全新领域的创新产品，除需要大量的前期研发资金投入外，还要在市场培育期和导入期投入大量资金进行市场推广。从2013年到2017年4月30日，江中食疗累计实现销售收入近20亿元，但同时发生了较大幅度的累计亏损。

虽然江中食疗目前处于亏损状态，但江中集团坚信食疗领域的巨大发展潜力，继续注入资金，期望在"十三五"期间为集团打造出一个新兴产业。为了引进社会资本支持公司食疗产业快速发展，经江中集团批准同意，2017年6月7日，江中食疗委托江西省产权交易所以公开挂牌的方式实施增资扩股。

2. 增资主要内容

增资前，江中食疗注册资本为2.1亿元，本次增资挂牌价格为每1元人民币对应1元注册资本，拟募集资金总额为4.9亿~7.5亿元。考虑到江中食疗未来几年在食疗产品生产、市场推广等方面的高额资金投入需求，该项目只接受现金投资，不接受股权等非货币资产投资，且单个意向投资方的投资金额不低于1亿元，可接受同一实际控制人和一致行动人投资。原股东江中集团视合格意向投资方情况选择相应增资额度。本次增资后，新股东拟占增资后企业股权比例为70%~75%。

3. 增资结果

江西省产权交易所经过与增资企业反复沟通和实地考察，充分挖掘项目投资价值，广泛且精准推介，最终吸引浙江、安徽、江西三地四家看好食疗产业和江中食疗品牌知名度的企业分别向江中食疗投资。2017年10月26日，江中食疗增资项目正式签约，成功募集资金5.75亿元。此次增资扩股后，江中食疗注册资本增加至7.85亿元。江中食疗此次成功增资，为企业顺利改制、做大做强食疗产业提供了充足的资本支持。

二、项目主要做法

1. 充分挖掘亮点，增强运作信心

江中食疗自2015年开始连续亏损，销售毛利率逐年下降，公司每年总费用中广告销售费用占比非常高，公司合并报表账面无形资产价值较高。以2017年4月30日为评估基准日，经江中集团核准备案的净资产评估值远低于注册资本，每股净资产不足0.1元。此次增资的难点是如何挖掘公司的投资价值，科学地设置挂牌底价、增资条件、遴选方案，帮助亏损企业找到合适的战略投资方。

为做好该项目，江西省产权交易所先后走访了江中食疗和江中集团，充分了解增资企业、股东及出资监管企业的利益诉求；反复研读材料，透彻理解增资企业的经营现状和发展规划；多次参加项目分析会，集思广益解决难题。

经研究发现，导致江中食疗亏损的主要原因有五点：一是公司对新产品研发的投入较大，注重研发消费者青睐的产品；二是公司在产品推广方面的投入较大，现阶段的销售收入与广告推广的投入不匹配；三是行业存在不正当竞争，食疗保健行业往往会出现相互损害、攻击、打价格战等情况；四是市场上出现了一些山寨产品，损害了公司利益；五是消费者对公司产品的认知存在偏差，对食疗的效果表示怀疑，客户信任度不够。面对连年亏损的现状和严峻的市场形势，江中食疗已做出相应部署：一是充分发挥公司现有优势，进一步加强产品研发实力，并向外界宣传产品疗效的科学依据；二是加强对公司及产品的声誉维护，利用法律手段回击对公司及产品不正当的言论及诽谤，在消费者中树立起更为良好的形象；三是不断拓宽产品销售渠道，继续优

化产品口感,提升服务水平,以此提升公司的销售收入。

通过深入研究讨论,江西省产权交易所归纳总结出江中食疗项目的四大投资亮点:一是公司最大的投资亮点——品牌价值,市场调查结果显示,江中食疗"猴菇"产品的知名度已经高达84%,具有较大盈利空间。二是公司具有良好的商业基础。一方面,政府高度重视江西省食疗产品的开发并给予了大力支持;另一方面,现代生活导致的慢性病越来越多,消费者越来越重视饮食健康问题,食疗产品的发展空间巨大。三是饮食养胃是一个长期过程,消费者对这一过程还没有完全认识,随着公司的不断推广宣传,这种意识将逐渐形成。四是江中集团作为强大的股东后盾,将助力江中食疗不断发展壮大。据此,江西省产权交易所认为江中食疗投资价值远高于其评估价值,具有广阔的成长空间,从而增强了运作信心。确定结合江中食疗的潜在投资亮点对外推介项目,吸引投资方。

2. 精心谋划,确立引资方案

江中食疗在前期新品上市期间投入较大,在获得较高市场知名度和市场占有率的同时,产生了较大的亏损,引资难度较大。而江中食疗增资是江中集团企业改制的重要工作之一,关系到江中在激烈市场竞争中能否及时获得发展资金,抓住机遇做大做强食疗产业。面对此现状,江西省产权交易所集思广益、主动作为,与增资企业及其原股东积极配合、多措并举,向增资企业提供了建设性方案实施意见,为引进外部投资者做足准备。其一,原股东江中集团让渡控股权及第一大股东地位,并视合格意向投资方投资总额情况参与增资;其二,增资企业管理层尽可能地参与本次增资,对外宣示管理层充分肯定江中食疗的发展前景,对扭亏为盈充满信心;其三,为对增资企业产品更好地进行营销,原股东同意将旗下一家电子商务平台转让给增资企业,以促进企业增资后的健康发展。

3. 广而告之,精准营销

江西省产权交易所充分发挥发现投资人功能,从企业背景、经营规模、行业地位、客户资源、营销渠道、创新能力、人才储备及发展前景等方面对外推介江中食疗增资项目。项目实施过程中,江西省产权交易所凝聚全所之力多渠道多方式推介项目,通过江西省产权交易所官网和深圳、湖北、广州等地兄弟机构网站进行联合推广;通过江西省产权交易所官方微信、全所员工微信转发宣传;通过江南都市报连续专栏专项刊登推介;通过向投资人信息库及检索的各类相关投资基金公司进行邮箱推送。江西省产权交易所始终坚持公开、公平、公正的市场原则,通过产权交易市场公开、透明的环境和规范的交易模式,获得了增资企业、意向投资方的充分信任。在接受意向投资方电话咨询时,认真解答有关增资企业亏损的原因、管理层扭亏为盈的计划、增资项目的亮点和投资价值等问题,不遗余力地帮助增资企业成功引入外部投资者,完善公司法人治理结构，提高企业活力和竞争力，做大做强食疗产业。

三、项目启示

1. 做好企业增资业务，信心比黄金更重要

要做好企业增资业务，信心比黄金更重要。在项目挂牌前，江中食疗一直处于亏损状态。对于亏损企业的增资项目，江西省产权交易所此前并未做过，行业内也鲜有成功个案。在项目推进过程中，江西省产权交易所以坚定的信心，主动作为，认真研究相关材料，综合分析增资企业财务状况和行业态势；深入挖掘企业内在价值，努力推介项目投资亮点，成功帮助亏损企业吸引战略投资方，推动亏损国企顺利完成混合所有制改革。本次江中食疗增资项目是江西省产权交易所服务国企国资改革的又一次创新和探索，不仅为亏损企业增资业务的开展积累了有益的实践经验，而且坚定了江西省产权交易所做好企业增资业务的信心。

2. 结合实际提供贴心服务是成功增资的基础

江西省产权交易所在增资项目进场前，多次前往江中食疗进行情况沟通，高质高效地帮助江中食疗解决增资条件设定、择优遴选规则的设置、原股东参与增资的条件设定等专业而具体的问题，给予客户良好的体验。在为本次项目服务过程中，江西省产权交易所有效对接增资企业的需求，进行充分的调研和沟通，协助增资企业制定有针对性的增资方案。江西省产权交易所在给予增资企业专业指导和贴心服务时，不仅准确掌握政策规定，还综合考量企业的增资目标及对战略投资方的要求，从而在具体的方案设置上少走弯路，在具体的实施过程中有效运作，为整个项目的顺利实施奠定了基础。

3. 产权交易资本市场融资功能是促进亏损企业成功增资的保障

2015年以来，江西省产权交易所坚持振兴实体经济的服务宗旨，认真贯彻落实中央关于推进混合所有制改革的要求，坚持服务国企国资改革，聚焦聚力建设江西省产权交易资本市场，积极发挥产权交易市场的投融资功能，加大实践探索力度。特别是《企业国有资产交易监督管理办法》（国务院国资委、财政部令第32号）在2016年6月24日施行以来，江西省产权交易所运用投行思维，加大了国企增资业务服务力度，通过市场化运作为改制企业择优选择战略投资方；在充分挖掘企业内在价值、保障国有资产保值增值的同时，规范企业改制行为，助力国企国资深化改革。通过该项目的成功运作，江中食疗较好地实现了其增资目标，产权交易资本市场融资功能日益凸显。

（江西省产权交易所供稿）

案例 80

高举供给侧改革的大旗，
打造中国特色资源要素融资市场

——兖矿科澳铝业有限公司资产转让项目

  随着供给侧结构性改革深化，如何用改革的办法推进结构调整，矫正要素配置扭曲，扩大有效供给的问题逐渐凸显。山东产权交易中心（以下简称交易中心）将拓展产权交易领域与供给侧结构性改革主线相结合，积极推进中国特色的资源要素融资市场建设，为国有企业"去产能，去杠杆"以及国企深化改革提供定制化、专业化、全流程的投融资和投行服务。国有产权流转、国有资产处置、国资混改服务等几大业务板块服务能力不断提升，成为山东省经济"三去一降一补"和推动产业新旧动能转换的重要市场化支撑平台。

  交易中心自成立以来，不忘初心、牢记使命，扛起供给侧结构性改革的大旗，充分发挥产权交易市场作用；帮助国有企业淘汰落后产能，提升资本效率，实现要素最优配置的同时，有效解决国有企业员工的安置问题，促进国有企业的持续健康发展。在过去的半年中，交易中心助力兖矿科澳铝业有限公司成交 14 万吨电解铝产能指标转让和三宗实物资产包转让项目，总共溢价 12.16 亿元。该项目优化了投融资结构，促进资源整合，实现资源优化配置与优化再生。

一、背景：生存难以为继，破局面临考验

  兖矿科澳铝业有限公司（以下简称兖矿科澳）作为兖矿集团下属的全资电解铝生产企业，自 2002 年投产以来，已累计亏损 16.18 亿元。截至 2017 年 8 月，企业资产负债率已经达到 200% 以上，净资产 –17 亿元，企业难以摆脱成本倒挂、持续亏损的境地，长期资不抵债。2016 年，兖矿科澳被列入省管企业"僵尸"企业处置名单。另外，根据 2013 年《国务院关于化解产能严重过剩矛盾的指导意见》《国务院关于印发大气污染防治行动计划的通知》，以及 2015 年《工业和信息化部关于印发部分产能严重过剩行业产能置换实施办法的通知》，为化解产能过剩矛盾，引导产业有序转移和布局优化，兖矿科澳作为过剩产能的企业被关停。该企业在新老矛盾问题交织、内外挑战叠加的情况下，主要面临三个困难：一是巨额的国有负债导致无人接盘，国有资产

难以收回；二是企业收益根本不足以支付职工安置费用；三是企业巨额亏损，无法实现资金往来。在这种情况下，仅仅走破产程序，会造成国有资产流失、员工失业下岗等诸多问题。如何脱困？如何发展？这些成为兖矿科澳面临的棘手问题。

二、对策：精准设计方案，创新交易路径

为解决困难，交易中心与兖矿科澳深入探讨，凝聚共识，制定将资产单独进行转让的方案。除可以继续使用的外，剩余有效资产拆分成两部分进行挂牌处置：①14万吨电解铝产能指标转让；②电解系统、组装系统、动力系统实物资产分包转让。通过交易中心市场化、规范化处置，有效化解了交易风险，实现国有资产保值增值。

1. 深挖价值，"隐形资产"创造溢价神话

相对于设备、厂房等有形资产，国资委对产能指标进场交易并无明确要求。但鉴于以往企业场外自行转让产能指标案例经验总结，通过产权交易市场公开转让产能指标优势明显。交易中心业务团队充分研究电解铝去产能形势和指标交易的政策规定，调研市场上停产铝企的产能指标需求十分迫切的现实情况和交易均价等，敏锐地预判电解铝产能指标的溢价空间。在铝价迅速攀升阶段，2017年8月29日，交易中心成功挂牌14万吨电解铝产能指标转让项目，成为山东省过剩产能进场交易第一单。挂牌期内，交易中心线上依托"山东产权云系统"，在内蒙古、山西、贵州、四川等产业资源集中的地区实现信息全覆盖；线下借助专业团队和会员力量，对电解铝产业排名前二十的企业上门推介，一时间电解铝产能指标成为炙手可热的"香饽饽"。2017年9月25日，网络竞价活动在交易中心公开进行，包括东方希望、信发集团、魏桥集团等电解铝龙头企业在内的14家铝行业巨头经过3个多小时539轮激烈角逐，最终内蒙古创源金属有限公司以14.02亿元成功竞得，高出挂牌底价11.92亿元，溢价率达496.67%，创造了国内电解铝产能指标交易新纪录。

2. 分包处置，复杂资产妥善出清

兖矿科澳实物资产类型较多，明细复杂。为方便高效地完成处置，更有针对性地寻找市场上的意向受让方，交易中心为兖矿科澳设计了将资产按照不同用途分包成电解系统、组装系统、动力系统进行挂牌的方案。同时，为了有力把控资产处置中安全、质量、环保、运输各环节，交易中心建议兖矿科澳针对每个资产包制定《资产挂牌处置拆除有关标准要求》，并以附件形式在挂牌公告中披露，在遴选意向受让方时作为承诺条件，严格把关。该做法在济钢、鲁抗医药搬迁资产处置项目中得到借鉴。在项目推介过程中，交易中心将每个资产包针对不同类型的客户群进行宣传，顿时成为市场主体关注的热点。最终三宗资产包项目均成功受让，其中电解包资产吸引了18家意向受让方报名，经过188轮激烈的网络竞价，实现溢价2300万元，溢价率达15.71%。

在《资产交易合同》签订时,交易中心创新思路,建议将资产交割时间节点由运输出厂提前至清点完毕,达到转让方尽快回笼资金、受让方提前拿到资产的共赢效果。

三、成效:集聚资源配置,服务新型经济

1. 实现国有资产保值增值

交易中心在兖矿科澳资产市场化处置过程中,不仅是简单地发挥交易功能,而是通过发挥第三方市场平台的作用,立足产能过剩行业需求及企业经营现状,深挖资产价值,分类打包挂牌,精心组织竞价,利用市场发现价格。该项目中,交易中心为企业收回国有资本 16 亿元,充足了现金流,有效弥补了 14 万吨电解铝主体项目投产后累计产生的亏损,最大限度地实现了国有资产的保值增值。

2. 激活"僵尸"企业转型升级

兖矿电解铝产业是兖矿集团延伸煤基产业链、构建循环经济发展模式的主导产业之一,是兖矿集团全面推动资源向高端制造新兴战略产业集聚的重要支点。多宗资产的成功转让,帮助兖矿科澳一举还清了债务,盘活了资产,大量资金的注入为企业转型升级提供了契机;部分交易价款用来支付职工安置费用,充分保障了职工的利益,避免了"僵尸"企业处置过程中职工不稳定的现象,解决了兖矿科澳的痛点。交易中心通过优化产权结构,帮助企业坚持打赢"去产能、去杠杆、除'僵尸'"的攻坚仗,坚定不移推动和保障国有资本从劣势企业退出,实现国进民进、政府宏观调控与民间活力相互促进的良性循环。

3. 助力全省新旧动能转换

供给侧结构性改革就是用增量改革促存量调整,优化投资结构、产业结构,在经济可持续高速增长的基础上实现经济可持续发展与人民生活水平的不断提高。交易中心在处置"僵尸企业"兖矿科澳资产转让项目中,将电解铝指标及配套设备进行市场的再分配,实现了产能指标向"新技术、新产品"企业流转,使已停产的机械设备再次运转。受让方有了这些资源的支持,可以满负荷运转,降低了成本,增加了收入;通过资源优化配置与优化再生,优化了产业结构、提高了产业质量,优化了产品结构、提升了产品质量。交易中心切实落实中央及省国资委要求,积极承担起供给侧结构性改革的重任,在推进资源要素优化配置的同时,为企业引入丰厚的行业资金,为加快山东省供给侧结构性调整及新旧动能转换开辟了重要路径。

(山东产权交易中心供稿)

案例 81

司法委托拍卖，成功运作巨额破产财产处置项目

2017年6月29日，受广东国际信托投资公司（以下简称广东国投）破产清算组（以下简称清算组）委托，广东国投破产财产进入广东省产权交易集团（以下简称省产权集团）下属南方联合产权交易中心（以下简称南方产权）公开处置。标的起拍价446.772亿元，经过22轮激烈竞价，最终以551亿元成交，实现增值金额104.228亿元，增值率23.34%。本次拍卖开了重大破产财产进入产权交易市场公开处置的先例，实现了司法委托拍卖和破产财产清算处置的创新和突破，被多家媒体称为"史诗级交易"。

一、项目背景

广东国投破产案是中国金融史上第一宗非银行金融机构破产案例。本次广东国投破产财产处置项目于2017年6月5日正式公开挂牌，历时24个工作日，标的包括"广东国际信托投资公司持有的对广东省信托房产开发公司100%投资者权益及债权、广东国际信托投资公司持有的对广东国际信托投资公司广州房地产分公司100%投资权益，以及破产清算组受广东国际租赁公司破产清算组、广信企业发展公司破产清算组和广东国际信托投资公司深圳分公司破产清算组委托一并在本次拍卖中出让的其各自持有的对广东省信托房产开发公司的债权"。

其中，本次拍卖的主要标的是广东省信托房产开发公司（以下简称广信房产）100%投资者权益及债权。广信房产原是广东国投的全资子公司，主要经营开发房地产项目，是20世纪80年代广州最早的房地产开发商，成功开发过羊城八景、牡丹阁、红棉苑、春兰花园等著名地产项目。1999年1月，广东国投进入破产还债程序以来，考虑到广信房产情况的复杂性及涉及社会稳定等问题，广东省高院未将广信房产列入破产范围，而是要求清算组以大股东及最大债权人身份对广信房产进行监管。广信房产历史遗留问题较多：一是对外负债数额巨大，债权人众多，当时广信房产的债权人包括小业主在内有上万人；二是大量闲置土地面临被收回的风险；三是与大量小业主、拆迁户存在各种矛盾纠纷，如不及时化解，可能会激化矛盾，影响社会稳定。

在本项目中，南方产权充分发挥平台的社会公信力及发现价值、发现买家的功能，积极发动市场，共征集到11家意向竞买人，其中8家竞买人参与最后的竞买；项目最

终以 551 亿元的价格成交，增值 104.228 亿元，实现了国有资产保值增值和债权人利益的最大化。

二、项目操作

1. 贯彻法规文件精神，实现破产财产进场处置

2013 年，在获悉广东省高院拟处置广东国投破产财产事宜后，南方产权主动出击，第一时间拜访广东省高院和广东国投清算组等相关单位。以 2011 年最高人民法院和 2012 年广东省高院的司法解释、法律文件为指导，贯彻"涉及国有资产的司法委托拍卖应当进入省级以上国有产权交易平台处置"的精神，详细介绍南方产权作为省级产权交易机构的专业优势和服务能力；同时，积极与广东省高院沟通项目处置的具体事宜，并征求广东省财政厅、法制办、金融办等单位的意见，形成的处置方案获得广东省人民政府批准同意。

2. 依法合规，实施方案独具匠心

广东国投破产财产整体处置项目，不仅交易金额巨大，而且历史情况复杂，涉及公司改制、股东变更、纳税申报、土地规划调整等诸多问题。因此，项目实施方案的设计，首先必须保证依法合规，每一个步骤和环节都要有充分的法律依据。对此，南方产权成立专项工作小组，严格按照有关法规政策的要求，全力协助清算组做好前期准备工作；联合清算组指定的毕马威会计师事务所、广东君信律师事务所，共同清点全部项目档案；积极与清算组沟通讨论、研究落实项目的具体操作细节，包括拍卖机构的选定、竞买人的条件设置、保证金的设置和处置、信息披露内容、拍卖公告期限、意向买家尽调注意事项等，确保项目依法合规开展。

经过多轮反复讨论修改，南方产权与清算组就项目的整体实施路径方案达成一致，最终编制完成一系列交易流程文件。鉴于本项目的特殊情况，项目小组在与清算组沟通后，独具匠心地设置了若干特别条款。如设置"按现状整体拍卖"的条款，提高了对竞买人资金实力的要求，同时避免了分别处置可能会发生的竞买人之间的利益冲突；设置缴纳"尽调保证金"（5 亿元，后期可转为竞买保证金）的条款，确保尽调资料查阅人的诚意，保障尽调资料的信息安全；由于项目涉及的历史遗留问题较多，存在大量的小业主利益诉求，项目小组设定了签署"解决小业主历史问题承诺书"的条款，落实受让方的后续义务等。多种方式相结合，有助于解决项目开展过程中可能遇到的各种问题，切实保护交易各方的合法权益，保障项目全流程的顺利推进。

3. 聚集资源，充分发挥平台信息和资源汇聚功能

为充分发挥产权交易机构发现价值、发现买家的优势，南方产权通过网站公告、纸质媒体公告、微信公众号、投资者数据库等多种宣传途径发动市场，向各大房地产

商、房地产投资机构、各大投行和有实力的企业进行推介。项目公告期间，市场反应热度远超预期，工作组接听咨询电话近 2000 人次，最终有 8 家机构进入最后的竞拍环节，为项目的高溢价成交奠定了基础。

4. 精心服务，严控风险，保障项目顺利推进

由于项目标的涉及的文件资料繁多，为全力配合意向竞买人开展尽调工作、满足竞买人的调研需求，南方产权在有限的公告期内，尽可能延长竞买人的资料查阅时间：意向竞买人在历时 24 天的公告期内，每天 8：30 至 21：00 均可申请查阅尽调材料（含周六、周日）。项目公告期间，南方产权共收到 12 家意向竞买人的尽调申请，服务意向竞买人查阅资料 895 人次。同时，南方产权高度重视信息安全，采取资料室安装视频监控、特殊时期值班制度、签署《保密承诺函》、指定场所查看资料等措施，确保期间项目资料的信息安全。

由于项目的具体情况复杂、历史问题较多，南方产权在项目公告中对所有重要事项及潜在风险做了全面、详细的披露，确保交易过程的公开、公平、公正；同时，对各个交易环节进行重点监控，细化风险防范措施，严格按照相关规定为交易双方提供平台服务，确保项目的顺利推进。

三、项目启示

广东国投破产财产的成功处置，作为国内非标准化权益交易资本市场创下的经典案例，标志着我国历时近 20 年的首宗非银行金融机构破产案圆满结束。通过对本项目的回顾，可以得到如下启示：

1. 实现司法委托拍卖和破产财产处置的创新和突破

本项目与一般产权交易项目相比，涉及的国有资产金额巨大、历史情况复杂、牵涉面广、政策性强，海内外关注度高，对工作人员的专业素质有着很高的要求。南方产权依法依规推进项目的实施，坚持处置工作的规范化、阳光化和效益最优化，有效保证了广东国投破产财产处置的廉洁高效。项目的开展以合规为基石，最大限度地保护了破产债权人的合法利益，妥善解决了大量小业主纠纷、离退休职工安置等疑难问题，为广东国投的破产清算工作画上了圆满句号，是对司法破产资产处置工作行之有效的创新和探索。多家新闻媒体将本项目称为"史诗级交易"，"实现了国有资产保值增值和创造社会效益的双赢"。

2. 切实促进国企国资提质增效和国有经济结构调整，有效化解金融风险

党的十八大和十八届三中全会对国企改革专门做出重大部署。习近平总书记多次强调，国有企业是中国特色社会主义的重要物质基础和政治基础，是我们党执政兴国的重要支柱和依靠力量；要按照新发展理念的要求，推进结构调整、布局优化，使国

有企业在供给侧结构性改革中发挥带动作用。

就本项目来说，广东国投是20世纪80年代的国有企业，是国有企业政策性破产清算的首宗案例，也是迄今为止最大的国有企业破产案例。本次广东国投破产财产在广东省高级人民法院的指导下，在清算组的认可和委托下，进入南方产权公开成功处置，是产权交易市场服务国有企业破产财产处置的创新实践，是南方产权运用市场化、法治化手段推动"三去一降一补"工作取得实质性进展的重要举措。对国有企业遵循市场规律瘦身健体提质增效、淘汰过剩落后产能、推动供给侧结构性改革具有重要借鉴意义。

实践证明，产权交易市场是国有企业实现产业结构调整和资本结构优化的主渠道和重要平台。通过产权交易市场处理国有企业破产财产，对于实现企业优胜劣汰机制、促进市场主体的自我完善和国有经济整体素质的提高具有重要意义，对化解金融风险、维护国家经济安全、经济秩序和社会稳定发挥了重要作用。

3. 积极构建防控有效、规范有序的非标资本市场体系

我国非标资本市场影响面广、敏感度高，是多元利益诉求的交汇体。推进非标资本市场建设发展，要坚持稳中求进工作总基调。非标资本市场基础性制度改革需要综合平衡，统筹兼顾，稳妥推进。为此，南方产权始终坚持市场化、法治化方向，强调全面风险控制机制建设；始终坚持公开、公平、公正和规范严谨的基本原则，具有严格的风险防范体系。

在广东国投项目的组织实施中，南方产权深刻认识到项目进场处置的重要性和复杂性，成立专项工作小组；严格按照国家法律法规政策和广东国投清算组的要求，组织项目的公开挂牌、意向竞买人征集和拍卖工作；提高信息披露质量和范围，保证项目实施规范严谨和有序推进，公平保护各方当事人的合法权益。

近年来，南方产权凭借规范高效的服务，吸引了越来越多的企业进场开展产权转让、增资扩股、资产处置等交易，交易规模稳居全国前列，价值发现作用愈发显著。作为华南地区产权资源优化配置和产业转型升级的重要枢纽，南方产权将紧紧围绕"构建服务粤港澳大湾区战略的产权交易资本市场，成为国家'北上广'产权交易资本市场战略的重要一极"的战略目标，继续坚定不移、攻坚克难，推动各类生产要素有序自由流动和优化配置，全力以赴完成产权交易资本市场体系的建设任务，继续为国内非标准化权益交易资本市场的发展奉献经典案例。

（广东省产权交易集团供稿）

案例 82

桂林市冠信房地产有限公司 100% 股权转让项目

一、项目概况

2017年12月4日，广西铁路投资集团有限公司（以下简称铁投集团）下属广西铁投冠信贸易有限公司（以下简称铁投冠信）转让桂林市冠信房地产有限公司（以下简称桂林冠信）100%股权在北部湾产权交易所成功挂牌转让。项目以2.4亿元挂牌，经过182次激烈报价，最终被民营企业桂林联翔置业有限公司以7.4亿元竞得，比挂牌价增值5亿元，溢价率达208.33%。该项目先后三次挂牌，历时三年，终于获得了圆满成功，创造了广西单宗国有产权交易项目增值额的历史新高。

二、项目背景

北部湾产权交易所作为广西国有资产交易指定机构，一直致力于国有资产保值增值的平台功能建设。铁投集团是广西壮族自治区直属大型国有独资公司，主要职责是为广西铁路建设项目筹集地方配套资金和作为广西方的出资人代表负责国有资产的经营管理和实现保值增值。铁投冠信是广西铁投二级子公司，主要依托铁路建设运营优势，发展相关商贸物流服务，主业为大宗商品贸易和仓储物流。根据自治区国资委下发的《关于进一步做好企业主业确定及调整工作的通知》有关精神，铁投集团为集中资源聚焦主业，加快广西铁路建设，特授权其旗下铁投冠信转让桂林冠信100%股权。

桂林冠信主要开发项目为位于桂林市临桂新区的"幸福美地"房地产项目。该项目占地面积458亩，规划总建筑面积约80万平方米，容积率为2.91，绿化率为39.25%，建筑密度为21.79%，总居住户数近7000户；规划有大型超市、小学、幼儿园等学校及生活教育配套设施。项目计划分十期开发，目前已开发至第六期，已开发面积297050.7平方米，未开发面积498357.1平方米。已开发面积全部交付使用，可交房户数2604户，已交房户数2406户，入住率为40%。项目已开发土地面积175284平方米（约263亩），未开发土地面积130050平方米（约195亩）。以2017年6月30日为基准日，经评估，桂林冠信100%股权价值1.82亿元，转让方为收回账面投资，将挂牌价定为2.4亿元。

铁投冠信曾于2014年11月17日第一次公告转让桂林冠信80%股权，挂牌价

33907.384万元，未征集到合格的意向受让方；于2015年4月7日再次公开挂牌，并将挂牌价下降10%（降至30516.6万元），但因市场低迷及交易条件较严苛，挂牌期满仍未征集到合格的意向受让方。

2017年下半年，北部湾产权交易所在承接区内其他国有企业产权处置"僵尸企业项目"的同时，对历年累积不成交的项目进行清理，对曾经在交易所挂牌但是无法成交的项目进行案例分析。至此，桂林冠信80%股权转让项目被重新提上日程。经登门拜访与转让方沟通，就现在市场环境及项目本身优势，鼓励其祛瑕疵、解决历史遗留问题，建议转让方重新启动该项目转让事项。经转让方充分考虑，并结合铁投集团年度经营战略规划调整，决定退出非主业房地产，转让桂林冠信100%股权，收回资金支持铁路建设。

三、具体措施

1. 总结前两次挂牌经验，调整转让方案

桂林冠信80%股权转让项目两次挂牌未成交，固然有市场低迷的因素，但转让方转让80%股权保留20%股权的转让方案中，转让方提出保留三分之一董事席位重大事项需全体董事同意、标的公司财务资金由转让方控制等交易条件，部分咨询的意向受让方对此有所顾虑。北部湾产权交易所在总结经验之后，将本次转让调整为一次性转让桂林冠信100%股权，交易条件主要为对转让方债权收回提供担保措施，同时完全放开资格条件，对意向受让方的资格不做任何限制。这对意向受让方产生了巨大的吸引力，有利于征集到更多实力强劲、资金雄厚的意向受让方参与竞买。

2. 用好32号令信息预披露制度，充分发挥产权交易机构发现投资人、发现价格的功能

2016年6月24日公布施行的《企业国有资产交易监督管理办法》（国务院国资委、财政部令32号，简称32号令）第十三条规定，"因产权转让导致转让标的企业的实际控制权发生转移的，转让方应当在转让行为获批后10个工作日内，通过产权交易机构进行信息预披露，时间不得少于20个工作日"。早在本项目信息公告前，其实已经有部分意向受让方主动找转让方接洽表达受让项目的意向。交易所了解情况后及时给出建议：①转让方在与意向受让方接洽谈判时必须保持"意向受让方必须参与竞价，而转让方对最终项目转让给谁不做承诺"的思路；否则，项目挂牌后转让方将陷入被动。②项目应尽快进行信息预披露，通过产权交易机构广泛征集意向受让方。转让方听从了交易所的专业分析。在项目信息预披露后，交易所积极扩大宣传，增加信息覆盖面，通过交易所官网、微信平台、报刊、交易所会员渠道、同行机构等渠道发布信息，果然冒出了多家实力更为强劲的意向受让方。项目转让公告正式发布后，共征集到7家

全国知名的房地产开发商，为本项目高额增值奠定了基础。

国务院国资委高瞻远瞩在32号令中新增的信息预披露制度，使得信息公告期提前并且延长了，这样更有利于征集到更多的意向受让方；也方便意向受让方评估项目价值做出投资决策，促使产权交易机构更好地发挥发现投资人、发现价格的市场功能。

3. 创新竞价方式

32号令不再对交易方式进行严格界定，只需要按照交易所披露的竞价方式组织竞价即可，提高了项目竞价组织实操的灵活性。为实现国有资产保值增值，充分发挥北部湾产权交易所平台价值发现功能，本项目使用了网络动态报价的竞价方式。所谓网络动态报价，是指由产权交易所在项目挂牌的同时同步启动网络报价程序，竞买人在整个挂牌公告期间可自行报名即时参与报价。全程采用互联网竞价方式，竞买人在世界的任何一个角落均可随时参与竞价。动态报价分两个报价时段：自由报价期和限时报价期。自由报价期根据项目金额不低于10个工作日或20个工作日，自由报价期结束后进入限时报价期。自由报价期结束前一工作日17时为竞买登记截止时间，在此期间，竞买人随时可以办理竞买登记手续。通过网络竞价系统在自由报价时段内充分自由报价（递增报价），自由报价时段截止，任一最高报价经历一个完整的限时报价期不被更高报价取代即成为成交价，报价最高者成为买受人。竞价结果显示，我们使用这个竞价方式是正确的选择。在挂牌期满（也即动态报价期满）前2个工作日，已有意向买家强势出价，其他意向买家见势随即跟上。之前还在犹豫没有交保证金的意向受让方也迅速支付保证金拿到竞价账号跟随出价。截至挂牌期满，动态报价期结束前17个小时，动态报价显示的价格已从开始的2.4亿元底价涨达5亿元，溢价率已是100%。限时竞价开始后，经过34分钟182轮紧张角逐，最终以7.4亿元高溢价成交。

四、项目启示

本项目的成交，不仅以巨额增值实现了国有股权转让的高增值率，而且有效维护了交易各方的合法权益，促进了产权的规范转让和顺畅流转，引起各大媒体的高度关注与评论；极大地提升了产权交易市场在中国经济中的重要作用和影响力，为广西壮族自治区产权交易市场的发展与创新起到了良好的示范作用。本项目带来的启示有以下几点：

1. 进场交易是国资阳光交易的前提

32号令规定："企业国有资产交易应当遵守国家法律法规和政策规定，有利于国有经济布局和结构调整优化，充分发挥市场配置资源作用，遵循等价有偿和公开公平公正的原则，在依法设立的产权交易机构中公开进行，国家法律法规另有规定的从其规定。"桂林冠信100%股权增值5亿元成功转让说明，在国有资产转让过程中，进场是关键环节。进场交易项目应通过省级以上国资监管机构选择确定的产权交易机构发布转让信息,广泛征集意向受让方;在市场上发现投资人、发现价格,防止暗箱操作和寻租行为,从源头上预防和治理国有资产交易领域腐败问题,实现国有资产阳光交易和资源优化配置。

2. 规范操作是国资阳光交易的制度保障

国有资产交易操作程序是否合法合规很关键,必须遵循 32 号令提出的"等价有偿和公开公平公正的原则"。首先,本项目进场交易,转让信息公开发布;其次,本项目交易条件的设置也是公开的,要求所有意向受让方同等接受,同时本项目不设置资格条件,享有完全民事权利的自然人或在中国境内合法成立的企业法人都可以参与竞买,充分体现了"公平";再次,本项目由交易所组织竞价,价高者得,意向受让方全程交易系统自助注册、报名交纳保证金,保障了交易的"公正"。

3. 广泛征集意向受让方是高溢价的关键

本项目按 32 号令要求,及时在交易所进行信息预披露,交易所在发布信息的同时积极广泛通过微信平台、报刊、交易所会员渠道、全国同行机构宣传项目信息,最终共征集到 7 家全国知名的房地产开发商意向参与项目竞买。实践说明,广泛征集意向受让方是项目竞价交易成功并实现高溢价的关键。

近年来,北部湾产权交易所国资交易大幅增值成交项目频现。我们有充分的理由相信,产权交易市场在政府各级领导的支持和培育下,通过企业国有产权进场交易的引导与示范,通过交易方式和技术手段的创新,必将吸引其他非公有产权进场交易,有力促进广西多层次资本市场的发展与繁荣。

(北部湾产权交易所供稿)

案例 83

平台之力去产能，市场之手调结构

——四川省煤炭去产能指标交易平台搭建与运行

一、政策背景

2017年是我国供给侧结构性改革的深化之年，也是去产能的攻坚之年。5月12日，国家发改委发布《关于做好2017年钢铁煤炭行业化解过剩产能实现脱困发展工作的意见》（发改运行〔2017〕691号），确定了2017年煤炭去产能目标为"退出产能1.5亿吨以上，实现煤炭总量、区域、品种和需求基本平衡"；同时"鼓励煤矿之间通过兼并重组、减量置换和产能指标交易等市场化方式，加快淘汰落后产能，积极培育和发展先进产能"；"对部分去产能煤矿数量多、产能规模小的地区，可由省级政府有关部门组织征得关闭退出煤矿企业的书面同意意见后，统一开展产能置换指标交易，签订产能置换协议，收益统筹用于本地区煤炭去产能相关工作"。随后，全国各省市响应号召，积极推进煤炭去产能工作。

二、四川省煤炭去产能指标交易平台搭建与运行概况

2017年8月24日，经四川省公共资源交易管理委员会办公室批准，四川省煤炭去产能指标第一轮交易在西南联合产权交易所（以下简称西南联交所）正式挂牌。该次交易主要包括"2016—2017年煤炭去产能计划内指标"及"2017年煤炭去产能计划外指标"，通过网络竞价方式实现了全部指标交易，共涉及220家煤矿企业，出让指标总量合计1297.11万吨。

同年10月23日，西南联交所启动了四川省第二轮指标交易。本次交易按照指标放大系数比例，将折算后的指标使用量作为挂牌指标量，共涉及省内31家煤矿企业合计347.2115万吨指标。经过近500轮次的激烈报价，计划内和计划外指标总成交金额为5.1361亿元。计划内指标最高成交价102.4万元/万吨；计划外指标最高成交价149.9万元/万吨，溢价率49.9%，再次刷新了四川省煤炭指标交易增幅纪录，也创造了全国煤炭指标交易的最高增幅纪录，两轮指标总交易额超过23亿元。

三、四川省煤炭去产能指标交易平台搭建与运行中的创新点

1. 做深做活产权交易环节，创新满足项目的个性化需求

煤炭去产能指标不同于资产、股权等传统交易标的，具有"涉及的指标总量大、

案例 83 >>> 平台之力去产能，市场之手调结构
——四川省煤炭去产能指标交易平台搭建与运行

出卖人数量多、单个出卖人指标供应量不同、单个买受人指标需求量不同"等全新的非标准化特性，难以沿用传统产权交易形成的成熟规则体系。为满足项目的个性化需求，千方百计保证煤炭去产能指标"公开、公平、公正"地完成交易，西南联交所创新提出"总量发布、分量分价交易"的指标交易模式。该模式的难点在于，同一场网络竞价中多个出卖人与多个买受人无法对应匹配。为解决这一难题，西南联交所进一步设计出"出卖人抽签排序、买受人价高优先"的指标匹配模式，为指标交易打好了规则基础，填补了类似标的交易规则空白。

在公证机关的监督及指标出卖人现场见证下，西南联交所于项目正式挂牌前，将所有出卖人按照"先抽签确定每位出卖人的序号，再抽签确定序号对应排位"的规则随机抽签排序。网络竞价的报价过程结束后，西南联交所按照抽签程序所确定的出卖人顺序，以买受人最后一次报价从高到低的顺序来匹配相应的出卖人，执行"排前先卖、排前价高"的出卖人匹配规则。同时，按照出价高的买受人优先匹配其指标需求量的方式，形成"价高先买、价高先满足需求量"的买受人匹配规则。特殊的情况，如果最后一个顺位的买受人为 2 人或以上，则以"量大优先"的原则进行匹配；如果指标需求量相同，则以"保证金到账时间优先"的原则进行匹配。这样一来，既能有效防止指标不能全部交易产生的指标配置风险，又能避免同一类型交易方内部的指标价差纠纷，同时解决了发票开具和税收方面的问题。

匹配规则示例：

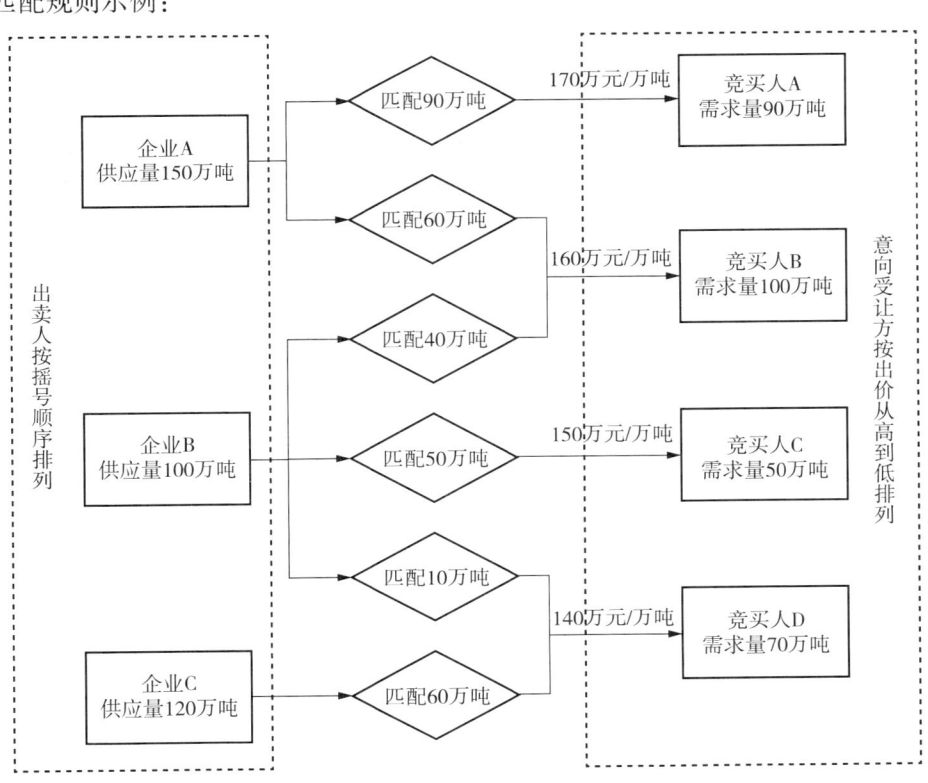

2. 应用吸收电子信息技术，研发提供资产电商平台服务

线上交易因机械执行指令、人为干预空间较少且代码执行记录可追溯性强，相较线下交易具有更高的公信力。但设计的指标交易网络竞价模式与以往的产权交易网络竞价模式有所不同：以往的竞价是单一竞买人且以单一价格成交，而指标交易网络竞价是多个竞买人且不同竞买人以其最高报价按照事先设定的匹配规则撮合成交，因此传统交易系统难以满足指标线上交易的要求。西南联交所以旗下"第四产权"资产电商平台为基础，组织业务和技术骨干，根据煤炭去产能指标交易的特殊需求，全力以赴设计开发了专用的电子竞价系统，有效解决了煤炭去产能指标线上交易的技术难题。

该系统不仅能够在网络竞价过程中实时显示每个竞买人的最高报价并实时排序，便于竞买人了解自己目前所处位次，以促进竞买人充分报价；还能够在竞买人报价结束后，根据事先设定的匹配规则，按照交易双方的排列顺序进行自动匹配，快速撮合成交。

3. 抓准吃透各参与方顾虑，优化配套制度保障各方利益

西南联交所在交易前进行多方访谈，准确锁定了交易参与各方的利益诉求和风险顾虑，主要有以下两点：一是由于煤炭去产能指标是一种无形资产，且常常涉及跨省交易，因此在交易价款结算和指标置换过程中存在较大风险；二是在指标交易过程中，出卖人需要足够资金支付职工安置费用，同时开具增值税发票。

为保障交易双方权益、助力交易顺利完成，西南联交所与省化解办沟通后设计出一套"分期付款、分期证明"的交易价款结算和指标置换制度：交易双方签订买卖合同后，买受人将首付款支付到西南联交所结算账户，省化解办根据首付款到款通知出具预证明文件。买受人在取得预证明文件后支付剩余价款到西南联交所结算账户，并向国家权限部门报送产能置换方案。省化解办再根据剩余价款到款通知向国家权限部门报送正式证明文件。这一制度保障了出卖人的指标安全和买受人的资金安全，有效降低了交易风险，保障指标实现市场化充分交易。

4. 总结经验推陈出新，多轮交易充分促进非标要素流转

在国家政策允许各省自行确定交易指导价的前提下，西南联交所根据政策环境和市场情况在每轮交易前对交易标的的具体形式和价格进行调整。

西南联交所依据四川省2016年中央财政奖补资金总额与退出总产能的比例和计划内指标折算比例，结合外省同类标的的市场交易价格确定了第一批指标的交易指导价，并将其作为挂牌底价。在第一轮指标交易取得巨大成功后，西南联交所吸引到更多省市的同类指标进场交易，复杂程度进一步提高，并且国家相关政策出现新的调整，规定"三区"内煤矿指标按200%折算后不能按文件再放大。西南联交所在总结前期成功经验基础上进一步创新，将第二轮指标挂牌量统一设计为"按照指标放大系数比例折算后的指标使用量"，同时参考第一轮挂牌底价，确定了第二轮指标交易的指导价并将

其作为挂牌底价，有效解决了"三区"内指标难以确定底价、难以实现成交的问题，方便了买受人计算交易指标种类和需求量。

四、四川省煤炭去产能指标交易平台搭建与运行的成效及启示

1. 政府明确职能边界，市场发挥配置资源的决定性作用

党的十八届三中全会提出，"要让市场在资源配置中发挥决定性作用"。与此相应，《关于进一步加快建设煤矿产能置换工作的通知》（发改能源〔2017〕609号）希望通过市场化交易手段化解煤炭产能过剩的问题。四川省深入贯彻党和政府的指导精神，明确政府职能边界，坚持市场的事情交给市场来办，省化解办在煤炭去产能指标交易平台搭建过程中充分发挥了引导和推动作用，省安监局在全省范围内按照煤矿企业自愿原则，接受煤矿企业指标交易申请并分类打包。西南联交所作为完全市场主体，利用自身从事产权交易的丰富经验，坚持"公开、公平、公正"的交易原则，发挥"发现投资人、发现价格"的资本市场功能，高效搭建煤炭指标交易平台；通过公开平台组织线上交易，最终形成了指标的市场公允价格。三者的完美结合，激发出强大的力量，极大地推动了交易进程，使指标交易取得圆满成功。

2. 交易创下五个全国第一，为政府节约大笔奖补资金

四川省煤炭去产能指标交易取得了巨大成功，实现了交易指标总量、交易总金额、计划内指标交易溢价率、参与交易的转让方数量、征集到的买方申报需求量五个全国第一，在全国范围内引起巨大反响，受到国家有关部委的充分肯定。

其中，第一轮交易为2017年拟关闭的计划外煤矿企业（不申请享受中央奖补资金的关闭退出煤矿企业）获取收益近6亿元，高出中央奖补资金1.35亿元（按2016年的中央奖补标准测算），平均每矿达到1710余万元，矿均多收入385万元。良好的示范效应，一方面使得煤矿企业申请退出产能的积极性大幅提高；另一方面促使煤矿企业为获最大收益放弃申请中央奖补资金。到了第二轮交易时，申请挂牌的计划内指标（申请享受中央奖补资金的指标）不到14万吨，而申请挂牌的计划外指标高达333.3万吨，为政府节约了大笔奖补资金。

3. 合理设计规则并予充分披露，切实增进参与各方利益

西南联交所组织煤炭去产能指标交易的同期，外省产权交易机构也在公开处置同类标的，但成交价格相较公司明显更低。多家指标买受方指出，正是由于西南联交所为交易设计了详尽合理的交易规则并将其充分披露，打消了其对信息不对称性及后期执行环节的顾虑，因而放心参与竞买，并甘愿支付一定溢价。可见，公开透明本身在增进买受方效用的同时，反而提高了出让方的实际收益，实现多方共赢。

4. 加快煤炭产业去产能进程，推动能源行业供给侧改革

西南联交所组织两轮煤炭去产能指标交易，在指标成交价、指标成交量和交易收益等方面均超过预期，为煤矿企业筹集了关闭退出所需资金，提高了其关闭退出落后、过剩产能的积极性。其中，第一轮指标交易完成后，四川省内 27 家原本不愿关闭的煤矿主动关闭了矿井，占全省当年煤炭去产能目标任务数量的 56%，关闭退出煤矿任务超额完成。

通过煤炭去产能指标市场化交易，一方面通过利益激励一大批安全条件差、资源利用率低、环境污染大的落后煤矿企业退出产能；另一方面通过减量置换发展优质产能，加快煤矿产业的横向整合，提高市场集中度，充分发挥大型煤矿企业的规模效应和管理优势。煤矿平均单井规模在此期间得到大幅提升，安全事故、死亡人数大幅下降。产权交易机构借助平台之力、市场之手，大力推动能源行业实现结构调整和新旧发展动能转换。

5. 强制交易资金场内结算，保障社会和金融秩序的稳定性

根据产权交易市场成熟的交易规则和结算规则，西南联交所要求煤炭去产能指标的交易价款进入公司账户完成结算。在此过程中，西南联交所根据法律法规，确定了员工安置费用、法院来函明确的债务清偿支出、矿企业主所得资金的优先顺序，并按此顺位划转资金，切实保障了员工和债权人的合法权益，维护了社会和金融秩序的稳定。

（西南联合产权交易所供稿）

案例 84

联动产权、证券两级资本市场，
助力国有金融资本整合跨界资源

——四川锦程消费金融公司引进战略投资者项目

一、项目概况

四川锦程消费金融有限责任公司（以下简称锦程消费公司）是由中国银行业监督管理委员会批准设立的中外合资消费金融公司，也是全国首批试点的四家持牌消费金融公司之一。锦程消费公司于2010年2月26日成立，由成都银行股份有限公司（以下简称成都银行）与Hong Leong Bank Berhad（马来西亚丰隆银行，以下简称丰隆银行）共同出资设立，注册资本32000万元人民币。其中成都银行持股51%，丰隆银行持股49%。

为进一步增强锦程消费公司的资本实力、强化线上业务的拓展、扩大客户辐射面、降低潜在风险、强化公司的风险管控能力，锦程消费公司拟通过新增1亿元注册资本，同时由丰隆银行转让最高1.064亿元注册资本的方式，引进2~3名（组）具有互联网金融从业经验或具有大数据及信贷模型运用能力，以及具有网上消费或消费场景及消费客群或渠道优势的战略投资者，进一步提高和改善公司的整体市场竞争能力和综合服务能力。引进战略投资者完成后2年内，锦程消费公司股权结构保持不变，即成都银行股权比例为38.86%，丰隆银行股权比例不低于12.00%；战略投资者合计持有的股权比例不高于49.14%，单一战略投资者持有的股权比例不超过25.00%。西南联合产权交易所有限责任公司（以下简称西南联交所）在与锦程消费公司初步对接后，便紧锣密鼓地开展工作。2017年9月，经过分领域募集、项目尽调、综合评议、网络竞价等历时10个月"鏖战"后，项目最终在西南联交所成交。成功征集到包括上市公司、外资集团在内的3家战略投资者，总共募集资金逾6亿元，注册资本净值溢价82.5%。

二、项目创新和亮点

1. 着眼"风口"，创新融资方案

根据锦程消费公司的发展需求，我们会同银行、券商等相关方经过多次探讨、论证，为其制定了从"消费场景"和"大数据"两个新兴领域中分组遴选战略投资者的融资方案。其中，消费场景领域的投资者可助力公司强化线上业务的拓展、提高客户服务质量和效率；大数据领域的投资者可帮助公司建立互联网和数据分析、建模等方面的专业团队；两个领域投资者可联合提高公司的整体竞争力和综合服务能力。此外，在引进符合条件的投资者时，不仅要保证价格的公允性，还需考虑转出股权股东的经济效益。经过多次研商后，我们最终为锦程消费公司设计了"先综合评议、后网络竞价，增资扩股与股权转让同步实施"的总体实施方案，即先由评审专家对意向投资者的综合实力、业务契合度、优势领域等进行集中评议，选出得分较高的 4 名意向投资者（每个领域各两名），再通过西南联交所进行网络竞价，以价格优先的原则确定最终中标的战略投资者。此外，投资者对增资款和股权转让款的认购以流程同步、权益同等、价格一致的方式进行。

2. 发挥资本市场功能，拓宽推介渠道

西南联交所着力发挥资本市场"发现投资人"功能，除了传统的项目推广方式，还通过中东部及沿海地区近 10 家兄弟交易所同步挂牌，建立信息互通及项目协作机制，提高了项目在全国范围内的推介力度。

同时，西南联交所还创新借助券商渠道、上市公司资源渠道，积极接洽在大数据、消费场景有战略布局的上市公司；最终征集到包括 A 股上市公司、H 股上市公司、外资公司、全国 500 强企业在内的 19 家意向投资者报名参与，为项目成交奠定了坚实基础。

3. 创新遴选规则，准确评估战略协同指标

由于锦程消费公司引进战略投资者项目的相关参与方较多，加之投资者分别来自大数据和消费场景两个新兴领域，因此不能简单沿用传统指标来评选投资方。西南联交所根据锦程消费公司的具体需求，结合各个领域的特点，经过反复探讨、研商，最终制定了包括 5 个维度、18 个大项、100 余个小项的评分体系；并由公司高管、行业专家在内的评审专家分成预审团和正审团，对意向投资者进行两轮打分，确保了评议过程的公平、严谨、规范。

4. 注重舆论引导，加强全流程风险管理

项目的直接相关方既有内资银行、外资银行，也有上市公司（A 股、H 股），受关注度较高，影响面较大，要求从信息披露到交易方案实施，所有环节都必须严格、严谨。为此，西南联交所组建了项目应急公关小组，针对各类媒体尤其是网络自媒体发出的推测性报道，及时发布项目进展情况的正式公告，并及时向项目主管部门四川省银监局、成都市国资委汇报。

三、项目成效

1. 优化要素配置，发挥资本市场功能

锦程消费公司引入了与自身业务板块高度契合的新兴领域股东资源，充实了自身经济实力，为今后更快更好的发展奠定了坚实基础；项目参与方则投资布局了稀缺消费金融领域，获得了现有成规模的消费金融业务资源，延展了自身优势业务和核心应用场景，培育了新的盈利点。西南联交所作为项目组织者，切实推动各类要素相互匹配，充分发挥了资本市场的基本功能。

2. 夯实上市基础，完善多层次资本市场体系

本次锦程消费公司引进战略投资者项目，在满足公司战略发展需求的同时，也对其上市规划进行了充分准备，进一步夯实了上市基础。项目实施过程中，西南联交所与银行、券商、会计师事务所等进行了充分沟通与交流，与包括A股、H股上市公司在内的多家意向受让方进行了充分的资源对接，积极协助上市公司按期开展相关信息披露工作；切实维护了证券市场的稳定，充分联动产权交易市场和证券市场，提高了资本市场体系的内部活性。

3. 引入境外资本，探索金融市场对外开放

本项目为锦程消费公司成功引入境外资本，贯彻落实了习近平总书记关于中国金融市场对外开放的指示精神，是我国加快地区金融市场对外开放的又一次积极探索。

4. 强化创新意识和市场意识，填补多项空白

一是持牌金融消费公司首次成功通过产权交易市场募集资本。二是外资金融机构首次通过产权交易市场转让持有股权。三是产权交易市场首次分类募集投资者，并配套"网络竞价+综合评议两步实施，股权转让与增资扩股一步完成"的方式，帮助企业成功引进战略投资者并实现较大增值。

（西南联合产权交易所供稿）

案例 85

操盘企业国有产权转让，引动境外上市公司收购

2017年2月15日，贵州阳光产权交易所有限公司（以下简称交易所）接受贵州盘江投资控股（集团）有限公司（以下简称盘江控股）咨询，就其持有的5家海螺盘江水泥股权打包挂牌转让等事宜进行协商。以此推动盘江控股加快产业结构调整，盘活存量资产，提高资产的流动性与变现力，增强企业抗风险能力。

一、项目简介

此次5家海螺盘江水泥股权打包转让，由贵州盘江投资控股（集团）有限公司呈报贵州盘江国有资本运营有限公司，经批准同意进场挂牌公告。为保障国有资本保值增值，切实保障企业权益，盘江控股和交易所对本次股权转让工作高度重视，明确要求在整个股权转让项目过程中做到合理合规。

盘江控股委托交易所将其持有的5家海螺盘江水泥股权打包进行公开挂牌转让，最终以180137.4632万元的交易额顺利签订转让合同。这一高额的交易金额，使得该项目成为国务院国资委、财政部令第32号《企业国有资产交易监督管理办法》（以下简称32号令）发布以来，进入交易所交易金额最高的股权打包转让项目。

二、项目主体介绍

盘江控股是全国520家国有重点企业、中国煤炭工业百强企业和贵州省十大企业之一，系省属国有大型企业。截至2016年12月31日，其持有的标的公司贵阳海螺盘江水泥有限责任公司实现营业总收入77780.5709万元，实现利润总额13265.4922万元。标的公司遵义海螺盘江水泥有限责任公司实现营业总收入92756.3847万元，实现利润总额30036.1675万元。标的公司贵定海螺盘江水泥有限责任公司实现营业总收入53935.5858万元，实现利润总额2603.2303万元。标的公司铜仁海螺盘江水泥有限责任公司实现营业总收入53147.4792万元，实现利润总额3371.3618万元。标的公司黔西南州发展资源开发有限公司实现营业总收入26431.0196万元，实现利润总额2980.7193万元。

三、项目实操亮点

（一）充分发挥投行作用

挂牌之前，由交易所牵头，邀请贵州盘江投资控股（集团）有限公司、贵阳海螺盘江水泥有限责任公司、遵义海螺盘江水泥有限责任公司、贵定海螺盘江水泥有限责任公司、铜仁海螺盘江水泥有限责任公司、黔西南州发展资源开发有限公司相关领导参与会议，就本次 5 家标的公司股权打包挂牌转让相关工作进行了数次项目规范性操作的沟通，会议为后续项目的具体实施指明了方向，保证项目高效稳定有序进行。

盘江控股委托交易所就其各标的公司股权转让事项进行前期对接、咨询等。在着手准备盘江控股 5 个标的公司股权打包转让咨询工作时，32 号令顺利出台并施行。32 号令对企业产股权转让做出了更加严格细致的要求，且就交易所本身而言，此次股权打包转让体量较大，且金额与以往股权项目相比较高。为了稳定有序地进行股权转让工作，交易所联动相关部门成立专项小组，依靠相关法律法规和领导的指导意见，凭借出色的业务能力以及优质服务最终顺利完成本次股权转让。本项目涉及 5 个标的公司股权打包转让，在工作量大且时间紧的情况下，交易所各部门及小组成员之间通力合作，最终拿出了令人满意的成果。

（二）充分发挥平台功能

交易所严格按照 32 号令精神，遵守信息预披露和正式披露制度相结合的原则，通过多种推介方式对本项目进行全面推广。信息披露期间，交易所通过交易所官方网站、投资人会员库、微信公众号、省级媒体报刊等方式广泛推介项目。采用信息预披露和正式披露相结合的原则，强化了资产交易信息透明、公开，使得国有企业产权交易在阳光透明的背景下进一步规范，对于加强国有资产监督、防止国有资产流失都具有重要意义。

交易所在本次股权打包转让项目中严格遵循公开、公平、公正的原则。在项目挂牌阶段，公开披露信息，广泛征集意向受让方；监管方、转让方实时参与、了解、监督项目的每个环节，确保全流程透明公开，最大限度地维护了转让方、标的公司、受让方各方的合法权益，杜绝了暗箱操作，保证了国有资产得以保值增值。

(三)项目转让流程

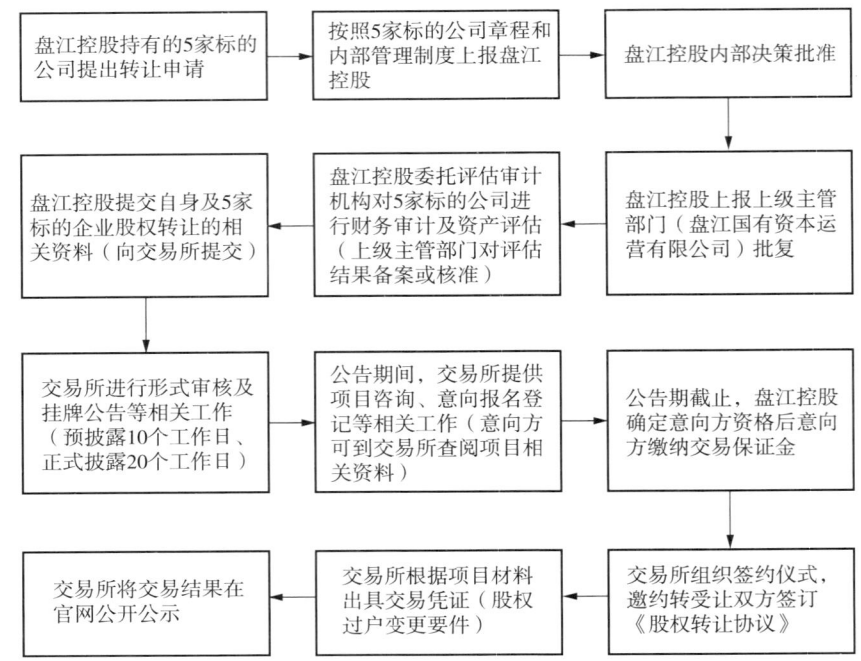

(四)整合市场资源,提升综合优势

贵州盘江控股通过在交易所专业平台上公开股权打包转让公告,为此次股权打包项目寻找到了最优意向受让方,即安徽海螺水泥股份有限公司。安徽海螺水泥股份有限公司成立于1997年9月1日,1997年10月21日在香港挂牌上市,开了中国水泥行业境外上市的先河。安徽海螺水泥股份有限公司主要从事水泥及商品熟料的生产和销售,经过多年快速发展,产能持续增长,工艺技术装备水平不断提升,发展区域不断扩大。公司产销量已连续11年位居全国第一,是目前亚洲最大的水泥、熟料供应商。海螺水泥产品质量卓越,享誉全国,并远销海外;下属100多家子公司,分布在省内基地和十二个区域,横跨华东、华南和西部18个省、市、自治区和印度尼西亚等国,形成了集团化管理和国际化、区域化运作的经营管理新格局,成就了"世界水泥看中国,中国水泥看海螺"的美誉。

其上级主管单位安徽海螺集团有限责任公司是我国最大的建材企业集团之一,组建于1996年9月,是国务院120家大型试点企业集团,拥有国家级技术研发中心,总部设在安徽省芜湖市。集团控股经营海螺水泥(股票代码:00914.HK,600585.SH)和海螺型材(股票代码:000619.SZ)两家上市公司,参股西部水泥、新力金融,是水泥行业首家A+H股上市公司;下属160多家子公司,分布境内23个省市自治区、香港特别行政区,以及印尼、缅甸、老挝、柬埔寨、俄罗斯等国家和地区,产业涉及水泥、化学建材、节能环保、国际贸易、酒店餐饮等领域,现有员工5万余人。到2017年末,集团总资产已达1280亿元,资产负债率为27.5%。集团连续13年入围中国企业500强,荣列2017中国企业500强第158位、中国制造业企业500强第63位,跻身中国跨国公司100大榜单。

此次股权打包项目成功转让有效促进了市场优质资源整合及再升级,确保安徽海螺成为行业标杆企业、领头羊单位,带动了中国水泥产业的进一步发展。

四、项目启示

(一)交易结果简述

本次股权打包转让项目的成功完成,安徽海螺水泥股份有限公司顺利取得5家标的公司的100%股权,使5家标的公司在未来市场拓展中便于决策、统一发展。国有企业股权转让属于市场交易行为,而市场交易行为就需要依靠市场机制。因此,为了确保国有企业股权转让资产保值增值,需要构建一个具有较强竞争性的股权公开交易市场,让国有企业股权进入公平的市场交易,竞争性的股权公开交易市场是确保国有企业股权转让资产保值增值的根本性保障。股权交易市场就是充分应用市场化的手段,采用经济手段来处置国有企业资产,为国有企业股权转让创造一个良好的平台,确保国有企业股权转让具有合法性、规范性和真实性。

(二)交易机构优势

1. 客户群体的发现功能

依托交易所这个专业交易平台公开发布项目信息,受众群体大,便于项目宣传和推介,便于征集更多优质的客户群体。

2. 产权价值的挖掘功能

此次项目标的较多、体量较大、金额较高,最终以挂牌价格成交,归功于产权交易所的价值挖掘及放大功能。意向方可以通过交易平台充分了解项目信息、项目背景,充分研究和分析项目情况,发现项目价值,使项目有一个令人满意的转让价格。

3. 专业团队的运作功能

交易所针对项目成立专项小组,在项目挂牌前期、挂牌公告期间运用专业市场化运作手段,通过多种宣传模式及渠道积极推介项目、征集受让方,使项目价值得以充分体现。

4. 国有资产的有序流动功能

项目通过交易所公开挂牌、公开转让,交易各环节衔接紧密、公正透明,既规范了交易流程，又防止了转让过程中的暗箱操作和利益输送等不正当行为。交易所对交易项目的合法性和合规性进行了有效监督，为各类国有资产有序流动奠定了基础。

项目严格按照国有产权交易规则进行操作，是企业国有产权交易全流程的精彩诠释与绽放。依托日臻成熟的产权交易平台，坚持规范化、专业化、市场化的操作原则，国有产权进场交易将成为挖掘资产价值、提高资产流动性、发挥资产功效及国有资产保值增值的重要手段。实践证明，严格按照国家有关产权转让的规定进行国有产权交易是完全可行和必要的。交易所将进一步贯彻落实32号令，积极建立和完善中介机构选聘体，将转让方、意向方、中介机构、监管机构等各个市场主体纳入一个完整的市场体系中有序运转，构建绿色产权生态圈；并通过设立投资基金公司，引领市场投资资本进入产权交易市场，为新一轮国资混合所有制改革提供专业化市场通道；继续推进"投行+平台"的商业模式创新，为国企改革创新添砖加瓦，成为集"国资服务平台、要素市场主体、非标准化权益资本市场、阳光公共资源服务"于一体的综合性市场平台。

交易所根据新政策、新形势下国有企业改革发展的实际需求，深入挖掘产权交易市场的服务功能，充分发挥产权交易市场的优势；通过公开透明的市场化运作平台、规范有效的产权交易规则、专业的产权交易项目运作经验，创新开展产权交易全方位服务。

（贵州阳光产权交易所供稿）

案例 86

强强联合，增资助推茅台物流产业升级

——贵州阳光产权交易所助力国企混改

2017年1月，贵州阳光产权交易所有限公司（以下简称交易所）受贵州茅台酒厂（集团）物流有限责任公司（以下简称茅台物流）委托，就其增资项目提供全流程咨询及进场交易服务。2017年7月27日，茅台物流、中国贵州茅台酒厂（集团）有限责任公司（以下简称茅台集团）与中国物流股份有限公司（以下简称中国物流）、贵州省仁怀市酱香型白酒产业发展投资有限责任公司（以下简称仁怀酱香白酒公司），举行了茅台物流增资协议签约仪式。至此，市场等待已久的茅台集团"混改"出现了实质性进展。在增资交易过程中，交易所秉承"主动服务、精心设计、大胆创新"的精神，探索采用"产权平台+咨询服务"模式，成功运作了本次增资项目，为茅台物流募集资金5.4亿元，引入了两家实力雄厚的股东。

一、项目背景

为整合茅台集团内物流资源、强化物流服务保障功能、培育物流产业成为新的经济增长点，茅台集团经贵州省国有资产管理委员会批准后，于2014年3月出资成立全资子公司茅台物流，注册资金3亿元。茅台物流成立后，主营成品酒、包装材料、造酒原料等的物流运输工作。截至2016年10月31日，茅台物流实现主营业务收入9538万元，实现利润1046万元。茅台物流作为目前国内白酒行业最大的物流服务商，市场前景广阔。

为整合盘活茅台集团各项物流资源，进一步满足物流供应链需求，茅台集团批准茅台物流通过增资引入战略投资者。茅台物流拟释放59%股权，对外募集资金约5.9亿元，要求投资方全部以现金出资。该项目募集的资金，将用于成品酒库房建设、粮食库房建设、全国物流节点体系建设及物流信息平台建设。

茅台物流增资引进战略投资者，是茅台集团继贵州茅台酒厂（集团）习酒有限责任公司引资后的又一动作，是茅台集团为实现千亿企业集团战略所做的又一重大举措，对推动国内国有上市型白酒企业混改起到了积极的示范效应。

这一高额的增资金额，是32号令发布以来，进入贵州省产权交易市场的最大单笔增资项目。

二、主要做法

1. 拓展平台服务功能，为委托方提供专业的咨询服务

对交易所而言，本次增资与以往的项目相比，融资需求较大。拟募集的资金量达5.9亿元，对投资方的资本实力要求较高。茅台物流基于充分利用战略投资者优势资源开拓物流板块的考虑，需要对投资方设定针对性资格条件；同时，要保证增资后茅台集团仍占有主导地位。

交易所接受委托后，重点考虑如何既能满足委托方的引资需求，又能尽量降低门槛吸引优质资本积极参与；同时，兼顾同业竞争和业务整合问题。经过多次法律论证、反复推敲制度设计，交易所不断建议委托方优化完善增资方案，并在交易环节严格操作执行，克服重重困难，以确保本次增资高效完成。

2. 帮助增资方在符合法律规定的条件下，设定切合的投资者资格条件

在本次增资项目中，交易所提出采用分类引进投资者的方法。结合委托方的发展战略及发展目标，在符合32号令规定的基础上设定上游投资者、下游投资者和专业投资者条件。根据其不同的功能定位，分别设定选择条件。关键条款如下：

一是上游投资方（拟投资金额不低于3.4亿元，拟持股比例不高于41%）：具有两家以上国内高端白酒客户物流服务经验，服务年限为3年或3年以上；近三年主营业务收入需达到10亿元人民币以上；下属企业服务网点（全资或者控股）达40家以上；所服务的客户类型需达到5种以上，服务客户的规模在100亿元（人民币）以上的需达到5家。

二是下游投资方（拟投资金额不低于1.5亿元，拟持股比例不高于34%）：有5年以上危险品（2类、3类、4类、5类、8类、9类）运输经验及资质；具有公路、铁路、海运等多式联运的危险品运营经验，并具备相关资质；公司成立不得少于5年；有为5家或5家以上国有企业长期服务的经验；注册资金不得低于1000万元。

三是专业投资方（拟投资金额不低于1亿元，拟持股比例不高于10%）：拥有专业酱香酒类评估专家团队；具有全国性酱香酒交易电子商务平台；管理超过40亿元人民币以上的资产；注册资金不得低于1亿元；经营范围需包含白酒生产销售、金融服务及供应链服务。

分类引资有利于在分散条件的基础上，达到委托方的全部战略需求，实现门槛降低，引入优质战略投资者的目的。这样，既充分理解并尊重了委托方的意愿，又最大限度地体现了交易所主动作为、服务前沿的专业性优势。

3. 推介方式多样化，充分发挥交易所的发现投资者功能

为在最大范围内发现投资者，交易所打出"组合拳"，采用多种推介方式对本项目

进行全面推广。信息披露期间，通过交易所官方网站、投资人会员库、微信公众号、省级媒体报刊等方式广泛推介项目。基于委托方在全国范围内具有较大影响力的考量，交易所主动联合北京产权交易所共同发布增资信息，力争在最大范围内寻求最优质的投资人。

通过种种努力，先后有来自省内外的 50 多家意向投资者向交易所咨询项目情况。交易所对意向投资者的相关问题进行了详细解答，并进行跟踪服务。截至 2017 年 3 月 17 日，共有两家不同类型的意向投资者向交易所提交了意向投资申请、相关资料并缴纳了交易保证金，分别为上游投资方中国物流、专业投资方仁怀酱香白酒公司。

交易所充分利用产权交易平台的信息聚集功能，借助信息平台和投资人会员库，对潜在投资者进行有效征集与甄别，从而帮助委托方择优选择了符合增资需求的意向投资者。

4. 交易所组织开展协商的遴选方式，充分发挥产权交易市场的撮合功能

由于未征集到合适的下游投资方，专业投资方仁怀酱香白酒公司拟增加投资额至 2 亿元，扩大持股比例至 20%。在交易所的组织下，茅台物流与两家意向投资方就增资协议内容进行了多轮深入谈判，并最终就增资金额、持股比例等核心内容达成一致意见。

采用协商方式遴选投资人，有利于增资各方对增资条款进行灵活调整。交易所作为专业机构，除对谈判过程进行有效监督外，还可调和各方争议，给予专业性建议，撮合交易达成。在本项目中，交易所不仅提供专业咨询和交易服务，还是各方谈判的组织者、交易的撮合者，充分发挥了产权交易市场"发现投资者、发现价格"的作用。使得委托方得以择优引入不同类型战略投资者，丰富了股东资源配置，进一步壮大了企业资本实力和市场竞争力。

5. 依托产权平台实现全流程"三公"交易

交易所在本次增资项目中严格遵循公开、公平、公正的原则。在项目挂牌阶段，公开披露信息，广泛征集意向投资方；监管方、委托方实时参与、了解、监督增资过程的每个环节，确保全流程透明公开；最大限度地维护了增资各方的合法权益，杜绝了暗箱操作，保证了国有资产得以保值增值。

三、项目结果

本次增资完成后，茅台物流的股权比例为：中国物流出资 3.4 亿元，持股 34%；仁怀酱香白酒公司出资 2 亿元，持股 20%；老股东茅台集团持股 46%。增资完成后，茅台物流的股权比例变为"1+3"的结构，但茅台集团仍占据主导地位。

两家实力企业的加入，不仅为茅台物流注入了大额的发展资金，还组成了强大的

股东阵容。

中国物流作为汇聚公铁运输、多式联运、国际货代、仓储配送、生产销售、供应链金融等服务于一体的物流产业集团，增资入股成为茅台物流的新股东后，可以充分发挥其完善的网络布局和成熟的商业运营模式优势，加快推动茅台物流网络布局的建设和运营效率的提升。仁怀酱香白酒公司旗下酱香酒交易中心为贵州省商务厅批准设立的全国唯一酱香白酒交易中心，为白酒的产、销、供等节点提供金融服务。茅台物流借助其物流产业群，可实现集商贸流、物流、资金流、信息流于一体。

本次增资完成后，茅台集团将与中国物流、仁怀酱香白酒公司一起，构建三方合作的新平台、新机制，大力发展智慧物流新模式，扩展冷链物流等新业态，促进创新驱动与转型升级。

四、项目成效

一是茅台物流借力交易所平台增资引入战略投资者，有利于高效推进产业升级。三方合作为推动茅台物流由企业物流向物流企业的快速转型、由基础物流服务向供应链服务的转型升级提供了重要支撑；5.4亿元的高额资金投入也给仁怀市地方经济注入了资本活力；同时，也为实现贵州省委、省政府"黔货出山、白酒先行"的战略部署提供了良好助力。

二是实行混合所有制有利于国有企业的发展更趋于市场化。国有大型白酒企业中，已经有多家白酒企业在探索混改，包括舍得酒业股份有限公司、山西杏花村汾酒集团有限责任公司和宜宾五粮液股份有限公司等。茅台物流增资项目的成功实施，促进了多赢局面的形成，也为国有白酒企业推行混合所有制改革提供了可借鉴的成功案例。

三是在新形势下，交易所全面打造了新型要素交易与金融服务平台，以市场化发展为统领，以交易市场建设和金融业务功能匹配为抓手，加大创新力度、提升服务水平、强化责任落实，充分发挥产权交易市场规范高效市场化运作、信息推介和发现投资人资源优势，紧跟全国优势交易机构的步伐；使得交易所在本次增资项目中，既充分履行了国有资产要素交易过程中的平台规范与监督功能，又合法合规地延伸了服务领域，为增资方提供了更具价值的专业咨询服务。

（贵州阳光产权交易所供稿）

案例 87

低效无效资产卖"精"卖"细"，
助推企业转型升级

——昆明焦化制气有限公司处置废旧资产和清理低效无效资产

随着中共中央、国务院《关于深化国有企业改革的指导意见》（中发〔2015〕22号）下发，以及完善多层次资本市场建设、通过产权交易市场发展混合所有制经济等国企国资改革"1＋N"文件相继出台，面对新一轮国企国资改革新形势、新需求和发展面临的新机遇及"三去一降一补"供给侧结构性改革的新考验，云南产权交易市场注入了新动力，焕发了新活力，国企国资深化改革进入了新时代。

昆明焦化制气有限公司（以下简称昆焦公司）固定资产转让项目从 2017 年跨入 2018 年，历时近 1 年，云南产权交易所有限公司（以下简称云交所）精心策划、周密部署，通过多样化竞价的交易方式，共分 9 个批次，成功为昆焦公司处置废旧资产和清理低效无效资产，吸引两百余位竞买人参与受让。项目处置金额逾 1.3 亿元，其中单项标的最高增值为 475.94 万元，增值率高达 880.39%，竞买人数和增值率均创新高。这有助于企业逐步退出产能过剩行业，有效回笼资金，实现转型升级。

一、项目背景

昆焦公司成立于 2000 年，注册资金 11.5 亿元，是昆明钢铁控股有限公司（以下简称昆钢控股）的下属全资子公司。企业职工近千人，主要从事煤气生产，煤焦化技术服务，项目投资，物流方案的设计及实施，冷链物流服务，电子商务平台运营、建设、管理，国内贸易、物资供销，货物及技术进出口。

近年来，为推进能源企业结构调整、节能减排和转型升级，国家相继出台各项政策引导企业健康发展。同时，为贯彻省、市政府的发展战略，全力配合天然气置换工作，昆焦公司在此背景下积极响应国家政策号召，坚持效益优先、因企制宜、规范运作等原则，积极稳妥有序地清理相关资产，从而实现转型升级，进入新领域，全面提升企业的价值创造能力和市场竞争力。在各级党委、政府的支持和帮助下，昆焦公司确定了建设以跨境电商、现代物流、现代商贸、高端制造、工业遗址公园为主要内容的昆明宝象临空国际产业园项目，作为转型发展方向。昆焦公司于 2016 年 9 月 21 日全部退出人工煤气的生产供应，这对供给侧结构性改革、优化国有资本布局结构、实施"三去一降一补"等起到了积极的推动作用。

为进一步落实企业资产高效处置，实现国有资产保值增值，并且严格按照32号令的要求，昆焦公司固定资产在云交所成功挂牌进行转让。

二、项目操作

一是根据市场需求及资产属性，合理组合资产，分批次有序处置，力求卖"精"卖"细"。

该项固定资产为废旧资产、低效无效资产且为地上建（构）筑物，复杂精细，规模较大。转让后，涉及组织受让方进驻标的区域施工，需具备相关拆除资质及施工期限、安全等方面的问题。因此对受让方的施工团队、各项专业技术、拆除设备专业程度、人员组织管理、历史业绩经验、施工质量控制、团队经营管理和监督管理能力以及资金实力等多方面均有较高要求；处置还涉及拆除工期、安全、安保、廉洁风险等多方面问题。在转让的相关条件设置上，既要满足转让方的实际转让要求，又不能与32号令的要求相冲突。因此，在整个交易方案的设计和制定上，需要综合考虑和平衡各方面的需要。

在明确行业相关政策，以及详细了解资产属性和构成种类的基础上，云交所项目组在交易进行的前期与转让方处置小组进行了多次沟通和商讨，充分交流意见。根据转让方的需求及项目的特点，运用以往项目资产处置的经验，创新设计和综合考虑各类因素后制定了项目转让方案。根据资产属性和功能，并结合市场需求，划分组合打包资产；合理进行处置批次的划分，充分提升资产价值及其经济效用，实现价值最大化和处置工作的高效性，力求卖"精"卖"细"。

为满足交易各方的实际需求和32号令资产转让不得设置资格条件的要求，出于对拆除工期、安全、安保、廉洁方面的要求考量，综合各项因素制定了《拆除工程施工安全环保管理协议书》，并要求受让方在签署合同的同时签署该协议，对以上相关事项进行确认。同时，要求意向受让方或其施工团队具有石油化工工程施工、冶金工程施工、机电工程施工、建筑工程施工总承包等拆除及废旧物资经营的相应资质。各项要求设置及全面的协议约定，最大限度地保障了项目有序进行，避免对具有相应资质的受让方造成困扰和障碍，既满足了转让方的要求，又符合32号令不设置资格条件的要求。

二是详细划分处置区域范围，有效处置零散资产，降低因资产状况与资产登记情况不符带来的交易风险。

在企业停产关停的实际环境下，产区容易出现资产归集整理、搬运储存、设置划分等工作强度大，组织管理难度高问题，以及资产实际现状与资产登记情况由各种因素造成的差异带来的交易风险。

为节省人力和物力成本，降低资产损失风险，缩短资产处置前期准备时间，同时便于意向受让方对资产进行实地踏勘，在项目转让方案中明确划分了处置区域范围；对有条件的资产就地堆放整理，进行有序编号，从而有效降低归集整理、搬运储存各项工作成本和工作量，高效组织意向受让方快速、有序、便捷地进行实地踏勘。

三是通过多种竞价方式的合理设置，营造良好的交易氛围，防止串标、围标现象；精准定位目标投资人，进行有效信息推送，促进交易资产的大幅增值。

项目在征集意向受让方和组织交易时，报名参与受让的意向受让方多为从事废旧物资经营、拆除工程的公司，极易发生围标、串标，以及只有少数意向受让方竞买或多家意向受让方报名竞买但极少出价的问题。

云交所针对项目各批次不同资产特性和前期开展的市场需求情况调查，依据需求高低和挂牌价格高低确定竞价方式。对于市场需求相对较低及挂牌价格较高的资产，通过网络竞价方式竞价，最大限度地保证资产顺利转让；防止因参与人数少而发生串标行为，便于异地意向受让方参与受让，降低其受让成本。对于市场需求较高及挂牌价格相对较高的资产，采取拍卖方式，为项目营造良好的交易氛围，解决人数过多网络竞价服务器无法支持或网络环境不稳定的问题，有利于提升资产增值空间，预防出现围标、串标行为。

为广泛征集意向受让方，云交所根据项目特点，在多个宣传渠道对外发布信息，组织招商宣传推介会，发放精心设计的项目简介、市场形势优势分析、技术指标及未来利用前景等投资人普遍关注的热点问题的推介资料。通过对建立投资人信息库的目标投资人进行筛选及精准定位，实施信息有效推送。通过在十余个相关信息推送渠道开展招商宣传，最终征集意向受让方达两百余位，为项目大幅增值提供了保证。

三、项目结果

本次项目转让通过九个批次挂牌，历时近1年时间，最终顺利完成交易，竞买人数和增值率均创新高。为企业成功完成资产处置任务，贯彻落实省、市政府的发展战略，配合天然气置换工作的顺利开展，有效回笼资金，实现企业转型升级，奠定了扎实的基础。随着成功对项目范围内的老旧厂房进行拆除，昆焦公司转型升级为昆明宝象临空国际产业园的建设拉开序幕。

本次交易的成功，突显了云交所高质高效全方位的交易服务能力，为云南产权交易市场的创新服务发展做出了应有的贡献。

四、项目启示

1. 以资产特性为切入点，结合相关因素设计交易方案

随着国企国资深化改革的逐步推进，以及混合所有制改革和"三去一降一补"供

给侧结构改革的不断深入，各行业、各类别企业资产大量进入产权交易市场进行资源重组整合。在进行企业资产转让时，需根据资产特性，全面详细了解资产情况，做好前期市场需求情况调查，为交易方案的设计提供信息支持。同时结合在交易过程中对资产具有影响的相关因素，进行方案设计，将为项目的成功实施起到关键性作用。

2. 通过严格把控交易全程关键节点，有效降低交易风险

在企业国有资产转让过程中，交易前期的准备工作决定着交易能否顺利完成。转让方应对转让行为的内部决策程序、批准程序进行把控，严格按照公司章程和公司相关制度履行程序。在项目挂牌前期，应核对清产核资、评估报告和标的资产实际状况，确保与转让披露的信息内容最大限度保持一致；如存在差异，将会在后续交易中引起纠纷和诉讼。征集意向受让方时，应尽量配合意向受让方对标的状况进行实地踏勘，并签署明确表示确认意见的文书。在披露信息中应明确各种情况下保证金处置事项的处置方式，并与意向受让方提交的报名资料所做的声明和承诺事项保持一致。交易双方签订的《交易合同》主要条款应与项目披露信息内容的主要条件相一致。通过该项目的成功实施，我们体会到把控交易全程关键节点是降低交易风险的有效方法。

3. 建立投资人信息库，精准有效推送信息，发挥平台信息发布功能

在项目交易过程中，为征集到更多的意向受让方，须对以往项目的投资人信息进行建库录入。通过不断累积项目意向受让方和受让方的相关信息，并进行有效分类记录，实现精准有效地推送项目信息。对资产需求客户进行准确定位，集中发现目标群体。在产权交易所强大的信息发布功能支撑下，项目信息能够更快捷、更准确、更有效、更广泛、更充分地扩散，有利于为项目寻找到最优质和最准确的优质投资方，为最终实现国有资产保值增值提供保证。

（云南产权交易所供稿）

案例 88

常州产权交易所助力房地产续建项目成功征集合作方

一、项目背景

近年来,城市建设过程中,"烂尾地""烂尾楼"不断出现,严重影响城市形象,损害购房者利益,成为地方政府的一块"心病"。妥善处理这些"城市伤疤",转废为宝迫在眉睫。

"泰和之春苑"工程总占地面积18万平方米,总建筑面积58万平方米,是高端精装项目。2010年,该楼盘均价高达13000元每平方米,是当时常州的"明星楼盘"。到2014年,常州房地产市场以刚需刚改为主力,高端住宅的定位让该楼盘出现滞销并引发原房地产开发商资金链断裂,留下2处烂尾楼和8块待开发空地。2015年8月,该公司宣告破产,进入司法拍卖程序。作为国有企业的常州东南经济开发有限公司(以下简称东南经济)于2016年9月成功拍得"泰和之春苑"资产并计划于2017年启动续建。应东南经济委托,常州产权交易所(以下简称产交所)为其续建"泰和之春苑"房地产项目出谋划策。

二、项目难点

(一)烂尾项目涉及面复杂

"泰和之春苑"工程因资金短缺被迫停工之后,建筑材料供应商和民工收不到应得款项,业主更是"钱房两空",造成了一定的社会影响。该房地产的续建是一项民生工程,只要充分挖掘土地价值、有效保障原购房者的权益,就能降低社会损失,维护社会稳定,展现政府的公信力。产交所接受委托后,不仅通盘考虑项目风险,审慎处理相关问题,保障项目的公开、公平、公正,还尽可能保证国有资产保值增值,协助东南经济寻找合适的开发商将房地产尽快盘活。

(二)续建方式的选择难把握

"泰和之春苑"续建项目有较强的社会意义,且情况复杂,开发要求高,资金需求较大,选择合适的方式使房地产续建顺利完成是重中之重。产交所根据项目特点及东南经济的需求，初步规划了 3 种方案：一是直接转让项目所涉及的土地使用权和在建工程等资产；二是转让东南经济的全部股权；三是找一家开发商共同开发，东南经济保持"冠名权"，合作方独立完成房地产的开发、建设、销售和管理。产交所和东南经济针对三种方案进行探讨后发现：第一种方案由于土地使用权转让存在政策限制，而且税费相对较高，实施难度较大；第二种方案东南经济承担相关职责较多，不能因为一个项目而失去公司控股权，因此也没有实施可能性。综合考虑项目背景，优先选取第三种方式，原因之一是东南经济作为国企，公信力强，以东南经济的名义来续建无疑能让社会大众放心；其二，共同开发时东南经济作为合作方对房地产续建有一定程度的参与，能够实时了解续建的进度，保障原购房者的利益，履行国有企业的社会责任。

三、项目亮点

（一）产交所全流程的专业服务

1. 详尽研究，把握项目情况

"泰和之春苑"项目先后经历了原开发商破产、司法拍卖、东南经济成功竞得及合作方征集等多个阶段，项目情况复杂，遗留问题较多。对此，产交所仔细查阅了当时的司法拍卖材料，咨询了规划局、建设局等多个相关部门，对项目的特点、难点、风险点一一进行排查。同时，深入学习、把握相关法律法规和政策文件，结合东南经济实际情况进行全方位解读，为规避项目风险、促进项目顺利成交打下良好基础。

2. 全面尽调，挖掘项目价值

标的包括 8 处共 11 万平方米的国有土地使用权，会所、样板房、辅房等多处临时建筑，2 幢在建工程及多个地下车位。为了提升项目品质，深入挖掘项目价值，项目组人员直接在现场办公、实地勘察，进行周密分析调研。

之前，"泰和之春苑"附近尚未大规模开发；2017 年，周边出现多个住宅小区，成为较成熟的居住社区。小区紧邻一所实验小学，随着附近区域的进一步规划，配套设施逐渐完善。同时，2 幢烂尾楼已有部分完工，只要注入一定资金，经过短暂的工期，即可包装上市销售，投资风险较低。2017 年初，常州房地产行业上行，商品房价格不断上涨。"泰和之春苑"作为高档精品小区，开发价值大，升值空间不容小觑。

3. 深化需求，优化交易方案

共同开发的合作方式定下之后，产交所与东南经济多次沟通，立足项目特点，并结合多年交易经验，协助东南经济拟定了双方合作协议；在合作条件、财务处理、运营管理等多个方面做了详细而合理的规定。

东南经济考虑保证开发进度及质量等因素，拟采用竞争性磋商来确定合作方。产交所结合房地产行业竞争"白热化"和产业已十分成熟的实际情况，建议将进度及质量等相关要求以条款的形式写入合作协议约定成文，采用网络竞价方式，最大限度地体现项目的商业价值。东南经济最终认同并采纳了上述建议。

4. 完善细节，注重交易保障

"泰和之春苑"项目历时四个多月，产交所密切关注交易进程，对每一个细节精益求精，以专业素质保障项目的顺利推进。项目挂牌后，产交所安排专人陪同踏勘，错开每家意向方的踏勘时间以防止串标；报名后，仔细审核意向方的报名资料，确保其满足竞价资格要求；成交后与交易双方定时联系，了解项目进度，及时协调配合。此外，产交所还特别联合常创集团下属小额贷款公司，提供了针对融资需求的"产权贷"和"交e融"两种金融产品；实现"交贷联动"，为部分存在资金压力的意向方解除"后顾之忧"，从而扩大合格意向方的范围。

（二）产交所市场化的营销推广

1. 充分利用平台资源库

产交所与国内多家产权交易机构联合打造的全国性互联网交易平台——E交易从2015年上线至今，已有8000多个产权项目在平台上正式挂牌，积累了35000多家入驻会员，拥有庞大的投资人资源库。"泰和之春苑"项目在E交易挂牌并放入平台首页全国重点推荐位置；同时，平台向关注房地产领域的投资人及时精准推送相关信息，广泛吸收潜在合作者。公告发布当天，即有碧桂园、万科等意向房企纷纷来电咨询。

2. 多渠道营销推广

产交所突破传统产权交易机构单一的信息发布模式，利用微信公众号、H5页面及各类专业频道等新媒体组合方式进行全方位推广，扩大招商信息的传播范围，助力项目快速成交。在"泰和之春苑"项目正式挂牌以后，有多家网络媒体跟进，发布相关报道共10余篇，引起了社会广泛关注。

3. 有效对接知名房企

产交所广泛搜集国内房地产商信息，向多家具有成熟经验的大型房地产开发企业进行定向宣传和推荐。产交所对接龙湖、新城等10余家意向房企，邀请其前来查看项目资料，并对项目价值进行专业分析，促成项目合作。

2017年5月，"泰和之春苑"房地产续建项目顺利成交，被知名上市房企常州新城房产开发有限公司揽入怀中，成交金额达7.97亿元。相比东南经济在2016年6月以5.37亿元的价格拍得该资产，不到一年时间资产增值2.6亿元。简单的数字背后蕴含着东南经济准确把握形势、产交所市场化成功运作等诸多努力。

四、项目启示

在本次交易过程中，产交所主动服务、精心运作、打破常规，为东南经济提供了交易方案优化、项目包装、合作方招募与甄选等全流程专业服务。在产权行业市场化转型的大趋势下，此次房地产续建项目的成功实施是产交所从产权流转深入到产权运营的一个生动写照。在竞争日益激烈、区域垄断不断被打破的今天，市场化程度的高低已成为检验产权交易机构能否做大做强的标准。产权交易机构唯有主动强化市场功能，提升综合服务能力，创新服务方式和理念，适应新形势下资本市场的角色定位，为客户提供一体化全过程解决方案，才能真正发挥自身在资源配置中的积极作用。

（常州产权交易所供稿）

案例 89

河南省产权交易中心首例租赁权公开转让的几点启示

——河南永锦能源有限公司机修厂进场招租项目

河南永锦能源有限公司机修厂公开招租项目,是国务院国资委、财政部令第 32 号《企业国有资产交易监督管理办法》(以下简称 32 号令)颁布实施以来河南省产权交易中心(以下简称产权中心)承接的首个租赁权转让项目。2017 年 8 月 7 日,河南永锦能源有限公司机修厂租赁权转让项目在产权中心公开挂牌,挂牌底价为 120 万元,40 万元/年,租赁期 3 年。同年 8 月 24 日,该项目以 219 万元(73 万/年)的租赁价格成交,增值率高达 82.5%。该项目虽然标的不大,却为河南国有资产通过产权交易市场公开招租带来示范效应,充分体现了产权交易市场作为资本市场的服务功能。

一、项目概况

河南永锦能源有限公司出资人为永城煤电控股集团有限公司,该公司位于河南省禹州市,注册资本 2 亿元,为一家大型国有企业。机修厂为该公司一家分厂,经营范围为机械修理加工,占地面积 6667 平方米,其中单层钢结构厂房三栋面积 2847 平方米,砖混结构办公楼建筑面积 1188 平方米;机械设备主要包括行车、平缝机、乳化液泵、液压支柱式压架、校直机、拆柱机、变压器、电焊机、车床等 64 台(套),设备适用于矿山设备维修和矿山材料加工。出让使用权的土地主要为河南永锦能源有限公司厂区用地,位于禹州市远航路西段,土地性质为出让,用途为工业用地。本次拟出租的资产包括以上所涉及的相关房屋、设备以及土地等。

河南永锦能源有限公司于 2017 年 8 月 7 日正式委托产权中心对其机修厂公开挂牌招租,招租公告期限为 2017 年 8 月 7 日到 2017 年 8 月 21 日十五个工作日,通过产权中心网站发布转让信息,广泛征集意向承租方。根据项目特点,设置承租方资格条件为:①具有良好的财务状况和支付能力;②具有良好的商业信用;③具备法人资格;④国家法律、行政法规规定的其他条件。租赁条件为:①承租方需向出租方缴纳押金 25 万元;②厂区土地使用税和房产税由承租方承担并按时缴纳;③承租方的经营范围为机械修理加工,承租方增加经营范围需征得出租方同意。设定报名保证金缴纳金额为 20 万元。

二、交易情况

按照产权中心交易规则，公告期满后，如征集到一家符合条件的意向承租方，采用场内协议方式成交；如征集到两家或两家以上符合条件的意向承租方，则采用网络竞价方式确定承租方。该租赁权转让项目一经挂牌，就引起了市场关注，多家企业来电咨询。经过与各家意向承租方沟通，永城煤电集团光大实业有限公司和禹州市银海矿山机械有限公司两家企业向中心提交了报名申请材料，并支付了承租保证金，确认报名成功。

2017 年 8 月 24 日 15 时，该项目网络竞价活动在网络竞价平台组织进行，经过 32 分钟 13 轮报价，最终永城煤电集团光大实业有限公司以总价 219 万元（73 万/年）租金的最高报价竞价成功，比挂牌底价增值 99 万元，增值率达 82.5%。

三、该项目进场交易的几点启示

一是对国有资产招租属性加深了认识，形成了资产招租属于资产转让行为的共识。按照 32 号令中"企业一定金额以上的生产设备、房产、在建工程以及土地使用权、债权、知识产权等资产对外转让，应当按照企业内部管理制度履行相应决策程序后，在产权交易机构公开进行"的规定，对企业资产招租是否属于资产转让，是否按照 32 号令组织实施在挂牌前存在不同认识。在该项目实施过程中，通过讨论分析、查阅相关文件，大家一致认为企业国有资产的对外出租行为是企业将其资产的占有、使用、收益权转让给承租人的行为，应属于一种无形资产转让，因此应该适用 32 号令有关企业资产转让的相关规定。基于这一共识，产权中心指导企业完善了审批、资产评估及备案等相关工作，为公开挂牌做好了前期准备。

二是产权交易市场为企业资产招租提供了又一个理想的服务平台，充分体现了其"价格发现"功能。该项目的溢价成交，是"市场定价"模式的典范，是市场在资源配置中起决定性作用的重要体现。产权中心在交易过程中充分发挥平台"信息集聚"和"价值发现"功能。利用互联网的信息扩散优势，为出租方找到了合适的承租方，收益大幅度超过预期。承租方通过合法合规的方式租到了自己满意的资产项目，优化了自己的资源配置，扩大了自己的经营规模。交易机构扩大了交易品种，丰富了交易实践，取得了应有的收益，最终实现了多方共赢。

三是为国有资产招租进场交易提供了标杆，起到了示范作用。河南永锦能源有限公司机修厂租赁权转让是产权中心承接的第一个租赁权转让项目。该项目顺利组织实施，不但为企业带来了超预期的出租收益，也起到了很好的示范效应。该项目成交以来，引导了其他资产租赁项目陆续进场。仅永城煤电控股集团有限公司就先后挂牌了永煤控股大学生公寓1～11层房屋招租、永城煤电集团聚龙物流贸易有限公司土地及房屋建筑物招租、永城煤电控股集团有限公司芒山路办公楼第2层招租、永城煤电控股集团有限公司月季区门面房招租、永城煤电控股集团有限公司牡丹区门面房招租等一系列项目，这些项目有的已经成交，有的正在挂牌中。目前，产权中心租赁权转让项目呈上升趋势，产权交易市场服务企业的功能得到充分体现。

四是进一步理清了资产租赁合同中需要关注的问题。按照产权交易程序确定承租人后，承租人与出租人应签订相应的资产租赁合同。租赁合同是出租人将租赁物交付承租人使用、收益，承租人支付租金的合同。租赁合同的内容包括租赁物的名称、数量、用途、租赁期限、租金及支付期限和方式、租赁物维修等条款。

关于租赁期限，《合同法》规定，租赁期限不得超过20年，超过20年的，超过部分无效。租赁期间届满，当事人可以续订租赁合同，但约定的租赁期限自续订之日起不得超过20年。

关于转租行为，《合同法》规定，承租人经出租人同意，可以将租赁物转租给第三人。承租人转租的，承租人与出租人之间的租赁合同继续有效，第三人对租赁物造成损失的，承租人应当赔偿损失。

关于租赁权转让的付款方式，32号令规定，资产转让价款原则上一次性付清。《合同法》规定，承租人应当按照约定的期限支付租金。对支付期限没有约定或者约定不明确，租赁期间不满一年的，应当在租赁期间届满时支付；租赁期间一年以上的，应当在每届满一年时支付，剩余期间不满一年的，应当在租赁期届满时支付。实际操作中，采用每年一次性付清较为稳妥。

资产租赁合同期满时，如果没有约定，原租户是否有租赁优先权，相关法律法规也无明确规定。操作实践中，对于租赁权转让，不再考虑原租赁方承租优先权问题。

签订资产租赁合同，应兼顾《合同法》、产权转让相关规定及资产出租公告中的有关要求。具体问题应根据实际情况妥善处理。

产权交易市场是资本市场的重要组成部分，通过产权交易市场进行租赁权项目转让，不仅有利于盘活资产、发现资产价值，且有利于提高企业资产流动性，实现国有资产收益最大化。河南永锦能源有限公司机修厂租赁权项目是产权交易市场化配置的一个经典案例，也是交易中心强化服务意识，不断为不同市场主体提供服务的成功探索。

（河南省产权交易中心供稿）

案例 90

引资更引智，借混改之力做大做强物流主业

——天津滨海中储物流有限公司增资项目

一、基本情况

天津滨海中储物流有限公司（以下简称滨海中储）成立于 2007 年，注册资本 4.5 亿元，其中天津食品集团有限公司（以下简称食品集团）占股比 66%；中储发展股份有限公司（以下简称中储股份）占股比 34%。滨海中储经营范围：仓储服务（限分支机构经营；危险化学品及易制毒品除外）；仓储设施经营及相关咨询服务；物业服务。（依法须经批准的项目，经相关部门批准后方可开展经营活动）

二、增资背景

1. 政策背景

党的十八届三中全会提出积极发展混合所有制经济。国有资本、集体资本、非公有资本等交叉持股、相互融合的混合所有制经济，是基本经济制度的重要实现形式。国有企业发展混合所有制经济，可以促进国有企业转换经营机制，推动完善现代企业制度，健全企业法人治理结构；提高国有资本配置和运行效率，优化国有经济布局，增强国有经济活力、控制力、影响力和抗风险能力。

发展混合所有制经济是深化国有企业改革的重要内容，是完善产权制度和要素市场化配置、建立现代化经济体系的重要举措，也是培育具有国际竞争力的世界一流企业的重要途径。

滨海中储增资扩股正是用实际行动响应党中央的号召、落实天津市国资委混改工作部署。

2. 增资企业情况

2011 年，滨海中储拟打造华北地区最大的物流产业园区，摘得土地 1579 亩仓储用地，并完成投资 1.21 亿元。近几年，受国际贸易储运市场需求走低的影响，加之自身资金投入不足，项目最终陷入停滞。随着时间的推移，滨海中储的资金占用成本与日俱增，且项目地块存在政府有偿收回风险。

三、增资实践

1. 引入非国有资本,推动企业发展

为盘活滨海中储物流园项目,保证国有资产保值增值,滨海中储确立了通过引入具备专业物流产业背景、优秀经营业绩、雄厚资金实力的合作方共同参与建设、运营滨海中储物流园项目的思路。对投资人综合实力,主要从以下几个方面考虑:①专业领域方面,即现代工业、物流基础设施提供商和运营商;②经营状况方面,即财务状况优良;③产业布局方面,即业务布局广泛;④行业经验方面,即物流仓储行业经验丰富。

滨海中储通过在产权交易中心挂牌增资扩股的方式引入全球领先的外资战略投资者,由一家国有控股企业改制为一家中外合资混合所有制企业,提升了企业的核心竞争力。

2. 学习先进管理经验,提升企业运营效率

滨海中储学习吸收先进管理经验,以高效为原则,简化公司层级,扁平化公司组织结构。迎合市场的需要,压缩部门数量,调整部门职能划分。梳理完善公司管理制度、工作标准及业务流程等,促进公司业务高效有序进行。改善薪酬及绩效体系,设定多个职位薪酬等级,每个薪酬等级设定多档次薪酬标准,与绩效体系联动,确定职位薪酬标准。绩效考核兼顾内部互评与外部业绩,从多个维度公开进行,实行末位淘汰制。用合理的分配制度充分激发员工积极性。

3. 加强国际合作,做大做强物流主业

滨海中储在发挥自身本土优势的基础上,充分整合全球领先战略投资者的国际业务资源及经验,打造国际领先的集智能物流、假日货仓、高端冷链、集装箱物流功能于一体的物流园区,拟引入与战略投资者有长期合作关系的国内外30多家大中型企业进驻。项目将投资20亿元人民币建设近60万平方米高端物流园区,规模居近五年天津乃至全国第一。

四、工作综述

1. 全流程服务

自接到委托至增资、投资双方签约,我方完成增资项目调研、价值分析、意向方谈判、批复程序、评估备案、交易文件起草等大量工作。项目团队反复研讨、起草、修改各交易文件,并积极协调审计、评估、律所等服务机构全力配合,细致、全面地准备了全部交易文件,不仅满足了增资时间进度要求,而且为后续项目成功签约做了良好的铺垫。

2. 选用适当交易策略，顺利完成交易

为实现国有资产的保值增值，满足增资方对后续物流园项目顺利推进的要求，通过对网络竞价、综合评议、竞争性谈判等交易方式的比较分析，我公司经与天津产权交易中心协商，建议增资方考虑选用竞争性谈判交易方式，最大限度保证增资目的的实现。

3. 项目难点

一是时间紧迫。为了保证项目能够按照食品集团的要求如期挂牌，我方积极配合增资企业，多次召开现场工作协调会，并多次前往产权交易机构与相关领导沟通交易事项。在我方努力协调下，项目如期挂牌。

二是境外投资主体的资金结算安排。结算货币的选择、保证金支付及退回路径、增资价款支付时点等相关问题是本次增资的关键环节。选择最便捷的结算方式有利于提高投资人参与的积极性，减少投资方的资金占用时间，同时有效保证交易程序的合规。

三是相关审批。鉴于项目引进的战略投资者为国际知名的物流企业，我方提示外资战略投资者依据《反垄断法》及《国务院关于经营者集中申报标准的规定》提前到反垄断审批机构了解申报流程及资料。外资入股涉及商委备案、外币账户开立等事项，我方也一并提示增资企业提前了解相关程序，事先做好准备工作，保证了项目后续工作的顺利进行。

五、增资成效

经过广泛征集意向方，某国际知名仓储物流运营商成为最终投资人，与增资方签订了增资协议。股东方将共同投资20亿元，建设近60万平方米的高端物流园区；依托其紧邻天津港、空港、北塘铁路编组站的区位优势，构建海运、空运、铁路运输、公路运输联动的多式联运物流体系，打造集智能物流、假日货仓、高端冷链、集装箱物流功能于一体的中国物流改革示范园区。

该项目作为承接京津冀一体化、承接疏解北京非首都核心功能的重要现代工业基础设施、物流服务设施，将极大地支撑天津市食品、汽车、电子商务、第三方物流四大产业发展，并辐射京津冀和"三北"地区。园区全面投入运营后，年营业额预计可达48亿元，吸引国内外30多家大中型企业进驻，带动投资40亿元，解决近万人的就业问题。

六、项目启示

1. 发展混合所有制改革是国企改革的重要方式

国有企业股权多元化、发展混合所有制经济是深化国有企业管理体制改革、完善

现代企业制度的重要方式。混合所有制通过各种所有制资本取长补短、相互促进、共同发展，使国有经济与民营经济有机融合为一体；把国有企业和民营企业的优势很好地结合起来，有利于激发国有企业活力，推动其更好更快发展。

2. 提供全要素综合服务，提升服务保障能力

在国资混合所有制改革的大背景下，国企引进战略投资者和优化资源配置，盘活存量资产需求加大。作为国资改革的服务商，应从提供单纯的产权交易挂牌服务转型，为国企提供专业化、投行化服务，包括产权转让、并购撮合、估值分析、风险控制、股权融资、资源整合等全要素服务；同时为国企、民企资源整合提供高效、全面、规范的服务。

3. 专业团队是项目成功的保证

作为国资改革的服务商，在增资方案的策划、交易方式的设定、交易文件的审核、标的估值的分析等方面，都应熟练把握产权交易规则以及相关政策、法规、专业知识，在各个交易环节上都应做到精益求精，以确保项目的顺利完成，而这些都离不开职业化、专业化、富有高度责任心的作业团队。

（北京中诚天下投资顾问有限公司供稿）

案例 91

聚各行之翘楚，争创国家创新中心，
共同助力中国高端制造业升级

——武汉数字化设计与制造创新中心有限公司增资项目

一、公司概况

武汉数字化设计与制造创新中心有限公司（以下简称融资方）成立于2017年11月，是由华中科技大学批准设立，联合国内智能制造相关领域龙头、骨干企业共同投资的技术研发平台型企业。公司依托华中科技大学在数字化设计与制造领域所具有的领先优势，面向国家重大需求，针对航天、航空等国家战略行业以及汽车等国家支柱产业，瞄准制造技术数字化前沿和发展趋势，聚焦关键共性技术，争创国家数字化设计与制造创新中心。公司发起成立国家数字化设计与制造创新联盟，构建龙头企业、科研院所、高校跨界协同的创新生态系统，整体提升我国制造业数字化设计与制造能力。公司混改增资前注册资本为3000万元，其中武汉华中科技大产业集团有限公司出资1500万元，占比50%；武汉智能装备工业技术研究院有限公司出资500万元，占比16.67%；华中科技大学无锡研究院出资500万元，占比16.67%；东莞华科工研高新技术投资有限公司出资500万元，占比16.67%。

公司经营范围为：精密零部件设计、技术咨询、技术转让、技术服务；企业管理咨询；科技成果转化；货物进出口、技术进出口、代理进出口（不含国家禁止或限制进出口的货物或技术）。

二、项目背景

2016年8月，工业和信息化部（以下简称工信部）印发《关于完善制造业创新体系，推进制造业创新中心建设的指导意见》，指出：当前，新一轮科技革命和产业变革愈行愈近，以跨界、融合、协同为特征的新型创新核心载体全球制造业创新生态系统正在形成。为顺应全球制造业创新体系和创新模式的一系列变革，发达国家着眼于全面提升制造业核心竞争力，抢占未来竞争制高点，加快建设新型制造业创新载体。我们要深刻洞察这一变革趋势，将创新中心建设提升到国家战略高度。整体考虑是：贯彻落实《中国制造2025》，坚持创新驱动，以增强产业技术创新能力为目标，以制造业转型升级、培育发展新动力的重大需求为导向，以集成优化创新资源配置为核心，以建立健全产学研用协同机制为手段，汇聚整合企业、科研院所、高校等资源及优势，突出协同配合，加强国际合作，打造贯穿创新链、产业链的制造业创新生态系统，全面提升我国制造业竞争能力。

同时，工信部发布《关于完善制造业创新体系，推进制造业创新中心建设的指导意见》，明确提出到2020年，形成15家左右国家制造业创新中心；到2025年，形成40家左右国家制造业创新中心。在有条件、综合实力较强的地方，建成一批省级/区域制造业创新中心，作为国家制造业创新中心的支撑和补充。

目前，融资方依托华中科技大学在数字化设计与制造这一领域的突出优势，经过前期建设，已经建设成为省级制造业创新中心。根据《制造业创新中心建设工程实施指南（2016—2020年）》《关于完善制造业创新体系，推进制造业创新中心建设的指导意见》《省级制造业创新中心升级为国家制造业创新中心条件》的要求：创新中心的依托公司应是面向行业，由本领域骨干企业及产业链上下游单位以资本为纽带组成的独立企业法人，股东应包括若干家在本领域排名前十的企业。应以资本为纽带，联合具有较强研发能力的高校、具有行业领先地位的科研院所或能够整合区域服务的产业园区平台共同组建。

为满足国家制造业创新中心建设有关要求，融资方通过实施增资扩股，引入本领域骨干企业、产业链上下游单位及多元化社会资本，从而建设成为满足国家战略需求、发挥华中科技大学和公司特色优势、实现数字化智能化制造领域知识创新、技术创新、行业创新的国家制造业创新中心。

三、混改引入投资人主要方案

1. 募集资金金额及对应持股比例

本次增资拟募集资金金额不低于9000万元，对应持股比例不低于75%。增资完成后，原股东持股比例不超过25%，新股东持股比例不低于75%。

2. 拟征集投资方数量

本次增资拟征集8~18家投资人。

3. 意向投资人资格条件

意向投资人资格条件：①应为中国境内依法设立且有效存续的企业法人、事业单位法人或其他经济组织；②依法诚信经营，具备良好的支付能力和商业信用；③符合国家法律、行政法规规定的其他条件；④经营管理情况良好，近3年内无重大违法违规经营记录；⑤不接受工会、职工持股大会、联合体以及信托计划增资。

4. 遴选方案主要内容

意向投资方经融资方确认具备投资资格且按时足额交纳交易保证金后，成为合格意向投资方；当意向投资方合计人数超过 8 家且拟投资金额超过 9000 万时，将采用竞争性谈判方式。主要从以下几个方面对意向投资方进行择优，并经融资方审核确定后产生投资方：①意向投资方对汽车、航空飞行器、先进轨道交通、火箭、航空发动机和重大装备等国家战略支柱行业数字化设计与制造关键共性技术自主研发有重大需求，并在相关领域有较高知名度或行业影响力的优先。②意向投资方与融资方的主营业务能够优势互补与战略协同，认同融资方的价值观和企业经营理念，在发展规划、未来愿景等方面有比较高的契合度；可为融资方的未来发展提供战略支持，包括但不限于市场开拓、资本运营、技术合作、财务管控等。③意向投资方在数字化设计与制造等相关领域与融资方或融资方股东有合作经验的优先。④意向投资者有助于融资方股权结构的优化且产业背景契合的企业优先。⑤意向投资方报价。⑥对融资方长期稳定发展有利的其他情形。

四、项目亮点

1. 聚诸多行业之翘楚，助力中国高端制造升级

本次增资引入的投资人中，既包括浙江吉利控股集团有限公司、北京云道智造科技有限公司、大通互惠集团有限公司这样的民营科技型企业，也包括珠海格力电器股份有限公司、武汉华中数控股份有限公司这种上市公司（混合所有制），还有中车株洲电力机车研究所有限公司、泸州航空发展投资有限责任公司之类国有控股企业，股东性质呈现多元化。

不论上述公司所有制性质如何，但有一个共同点，即所有股东均为行业领域内的翘楚。

引入众多行业内领先企业，一方面满足了融资方申报国家制造业创新中心的需求，实现本次增资直接目的；另一方面诸多股东本身对数字化设计与制造方面存在巨大的需求，有利于公司与股东之间协同效应，共同助力中国高端制造产业升级与发展。

2. 借混改之东风，建立现代企业治理结构

混合所有制不仅要实现形式上投资主体的多元化，更重要的是看是否实现了企业内部机制的转变。通过融合民营企业机制灵活和国有企业管理规范的优势，建立产权清晰、权责明确、决策民主、管理科学、富有效率的现代企业制度，提升企业运行效率和价值创造力。

融资方通过本次混合所有制改革，建立起现代企业治理结构，构建了"公司+联盟+网络"的运行模式；建立了市场化的人力资源管理、研发管理、科技成果管理、

财务管理等现代管理和运行体系；建立了市场化的技术、服务、人才、资金保障机制和科技成果转化机制。

股东会：本次增资前，华中科技大学通过下属单位绝对控制融资方，所有事项基本由华中科技大学决定。增资后的股东会是融资方的最高权力机构，股东依股权比例在股东会行使权利、承担义务。本次增资后，原股东仅持有融资方21.43%的股权，而新股东中持股比例最高股东不超过11%，构建起了相互协作、相互制衡的股东会结构。

董事会：增资后，董事会由11名董事组成，股东有权推荐董事候选人，经股东会选举产生，任何一位股东都不能控制董事会。

高级管理层：增资后，高级管理层采用市场化选聘制度，由公司董事会决定聘任和解聘。

3. 展产权交易市场之风貌：规范性与灵活性统一，专业性与服务性统一

本次增资拟引入8~18家意向投资人，意向投资人众多。北京中诚天下投资顾问有限公司作为此次融资方代理机构，在进场交易前与融资方、交易所等单位反复研讨进场交易方案细节，尤其是有关投资人资格条件、遴选方案等有关内容。既不能设置过于严格的条件限制合适的意向投资人进入，同时条件也不能过于宽泛，避免导致引入与本次增资目的不相适应的投资人，增加各方谈判沟通时间与精力损耗，甚至导致方案反复或者重新挂牌等不利情形。这体现了产权交易市场有关机构的规范性与专业性。

因意向投资人众多，沟通协调难度大，且融资方正在申请国家级制造业创新中心，各方时间节点极为紧凑，时间难以调整。根据融资方及各新老股东工作安排，需要在2018年5月17日前完成增资协议签订。在挂牌期间，因融资方与诸多意向投资人沟通谈判，项目挂牌期限先后延牌5轮，延牌导致履行交易环节的竞争性谈判时间极为有限。北京中诚天下投资顾问有限公司组织精干力量，在各方的支持配合下，创造性地完成了竞争性谈判。在有限的时间内完成相关程序，既保证了交易的依法合规，又满足了融资方后续工作的时间节点要求，体现了产权交易市场有关机构的服务性与灵活性。

（北京中诚天下投资顾问有限公司供稿）

案例 92

《中国化妆品》杂志社有限公司 100% 股权转让项目

北京中招智诚投资顾问有限公司（以下简称中招公司）于 2017 年 9 月受托在北京产权交易所代理中国化妆品杂志社有限公司 100% 股权（项目编号：G32017BJ1000567）转让项目。该项目 2017 年 12 月 25 日 10 时在北京产权交易所开始竞价，竞价历时 1 小时 57 分 52 秒，报价次数高达 234 次。标的项目的评估值为 -160 余万元，挂牌价 60 万元，最终以 738 万元成交，溢价率为 1130%。

一、关注市场，积极寻找项目

国有企业是产权交易市场中的主力军，新一轮国有企业改革赋予产权交易行业双重改革任务。一重是以交易平台方式参与国有企业转型升级、提质增效、兼并重组、做大做优做强；另一重是加快产权交易行业自身的市场化、社会化、阳光化进程。通过对产权交易市场的不断探知，中招智诚认识到产权交易市场大有可为，关键在于敏锐的触角与专业的判断，发掘和捕捉项目。正是基于平时对产权交易市场的不断探知，中招智诚在转让方欲转让中国化妆品杂志社有限公司 100% 股权之初派员接洽，占得市场先机，以自身的实际工作向转让方证明中招智诚有信心也有实力将标的价值实现最优化、最大化。

二、领导高度重视，周密布置安排

在与转让方顺畅接洽，了解项目的基本情况后，中招公司领导高度重视，组织召集相关部门人员对项目进行分析研讨，责成项目负责人组建专项小组，对项目具体任务落实到人。不仅要求在挂牌程序方面做到专业、严谨，还要在招商方面有所建树，以实现国有资产的保值增值，实现价值最大化。

三、精耕细作，专门研究招商策略

设项目不同于以往，虽然标的评估值为负值，挂牌价格不高，但其可挖掘性强。在取得项目之初，项目组人员认真研究了评估报告，并与转让方积极沟通，对标的企业进行了深入了解。经了解发现，尽管该标的估值是负值，但作为"中"字头的企业，其无形资产尚有可挖掘的市场价值。于是，中招公司以此为切入点，专门研究并制订了招商策略，围绕转让方提出的"项目的受让方系国资背景的企业为宜"的主诉求，开展广泛招商、重点招商。

凭借经验深入分析市场，精选了三类型企业作为重点招商对象：一是准备进军传媒产业的大型央企子公司；二是已具有一定规模及影响力的传媒类、期刊类企事业；三是有广告业务的协会。

四、创新招商模式，集中开展招商宣传

在产权经纪服务过程中，如何最大限度地扩大产权交易标的的招商范围，直接关系到产权交易服务的成败。除了传统的报纸、网站宣传以外，中招公司利用自有的海量客户信息资源库充分发掘潜在客户，对意向买家进行点对点的招商宣传。同时，充分利用其他宣传渠道如网络媒体、公司微信公众号、QQ群等进行全方位的招商宣传，从而最大限度地凸显产权交易机构"发现买家、发现价值"的核心功能。

五、体现专业精神，提供超值服务

中招公司对项目的市场价值进行了准确判断，对受众客户群进行了精准锁定，加之全方位、高效、细致的服务，最终征集到8家意向买家。一个评估值为负的股权转让项目产生了井喷式溢价，得益于转、受让双方以及北京产权交易所同仁的通力协作。

通过与转让方沟通，中招公司了解到标的企业尚有约150万元债务未处置，中招公司项目组人员对该部分债务进行了详细分析。通过中招公司细致的工作，最终买家在支付了全部成交款后，承担了150万元的债务。

2017年12月28日，双方签署了产权交易合同，本次股权转让项目圆满落下帷幕。过程"惊险刺激"，结果"宾主尽欢"。该项目的高溢价成交为中招公司产权经纪业务涂上了华丽的一笔。

（北京中招智诚投资顾问有限公司供稿）

案例 93

服务新三板国企混改，
助推企业成功完成资本市场运作

——烟台卓能电池材料股份有限公司增资扩股项目

烟台联合产权交易中心有限公司（以下简称联合产权）根据烟台卓能电池材料股份有限公司（以下简称卓能材料）的战略要求，为增资方量身定制了增资扩股方案，并利用信息发布平台和专业服务优势，吸引了4家合格投资人参与认购。在公开、公平、公正的前提下，引导各类资本向优质国有企业流入，帮助卓能材料顺利完成多元化混改工作。

一、项目背景

卓能材料是专业从事锂离子电池正极材料生产的企业，于2015年11月18日成功登陆新三板，股票简称：卓能材料，股票代码：834314。拥有多项自主知识产权，成功解决了电池材料产业化工程中的一系列技术难题，是国内优秀的动力电池正极材料制造商。承担国家、省、市科技项目14项，申请专利12余项，其中2项发明专利和6项实用新型专利已授权，并获得多项科技奖励和荣誉。多项研发项目得到国家科技部中小企业技术创新基金、山东省创新基金、山东省科技发展计划、山东省经信委技术创新项目、烟台市科技发展计划等项目基金的资助。

卓能材料新注册资本3600万元，增资前股东为三家。2016年资产总额24723.10万元，净资产6314万元，净利润达到2118.04万元。卓能材料希望在本次股票发行后，可以引入更多的外部投资者，优化公司治理结构，促进公司长远发展；使公司的资产负债结构更趋稳健，公司偿债能力和抵御财务风险能力进一步提升。2017年8月，根据股东结构资金现状，公司决定通过产权交易市场进行增资扩股，拟发行股票不超过600万股（含），募集资金金额不超过7000万元（含）。

二、项目亮点

1. 确保交易条件满足新三板及公司发展要求

联合产权充分考虑到卓能材料作为新三板挂牌企业的实际情况，严格按照相关法律法规及增资方案要求为增资方量体裁衣设定交易条件：①投资者资金限制条件。意向投资方须为实缴出资不低于1000万元人民币的企业法人或其他经济组织。②符合投资者适当性管理要求。意向投资方须符合《非上市公众公司监督管理办法》及《全国中小企业股份转让系统投资者适当性管理细则（试行）》规定的合格投资者条件。根据《非上市公众公司监管问答——定向发行（二）》有关要求，单纯以认购股份为目的而设立的公司法人、合伙企业等持股平台，不具有实际经营业务的，不符合投资者适当性管理要求，不得参与本次增资。③保证国有控股地位。本次股票发行新增投资者不超过35名，发行后公司股东人数累计不超过200人；发行后公司的总股本不超过3600万股（含），即使国有股不参与本地增资，国有控股地位保持不变，实际控制人仍为烟台市国资委。④募集资金用途。本次定向发行股票募集资金主要用于开发区项目建设，同时补充流动资金，改善公司资金流转状况。

2. 精耕细作发现潜在投资人

一是挂牌前定向推介为主，确保多家投资人参与。考虑增资企业的区域条件、投资机构实力等因素，对北京、深圳、济南等区域内的投资人进行重点推介，吸引并组织了多家意向方赴增资企业实地考察并尽调。

二是挂牌期间加大宣传力度，吸引投资者关注。项目挂牌后，联合产权积极挖掘项目投资亮点，利用网站、纸媒、微信等多种方式进行信息推广，向意向投资人揭示投资价值；利用联合产权投资人信息库及合作机构的信息发布渠道，有针对性、点对点地向重点投资人推介。经过前期精心策划和后续有力推广，最终为增资方吸引三家外部投资人。

3. 一次性密封报价优选投资人

根据增资方资本运作及新三板相关要求，结合前期市场运作掌握的潜在投资人投资意向以及报价的灵活性原则，联合产权设计了一次性密封报价的交易方式。要求所有合格意向投资方拟认购股份数合计超过600万股（不含600万股）的，采用一次性密封报价方式对投资方进行遴选。交易中心和标的企业根据《全国中小企业股份转让系统股票发行业务细则（试行）》规定，在扣除在册股东行使优先认购权合计认购股份数量后，按照价格优先、时间优先的原则，将意向投资方申报价格从高到低、同等价格以交易保证金进入指定交易保证金交款专用账户的进账时间先后进行汇总和排序，确定最终认购价格及投资方。

4. 合理协调老股东优先购买权情形

针对老股东不放弃优先购买权的问题，联合产权对增资方案进行论证，严格按照《公司法》的规定，借鉴股权转让中老股东优先受让权的行使方式，首先在公告中明确披露老股东在同等条件下享有优先认购权，其次要求老股东在挂牌期间以投资人身份报名参与竞买。这种做法既确保了老股东的优先购买权利顺利实施，又保证了整个交易过程的公开、公平、公正。

三、交易过程

截至 2017 年 9 月 28 日挂牌期满，联合产权共征集到四家意向受让方，并于次日联合标的企业组织评审会，现场收集已通过资格审核的意向投资方密封的《认购报价单》。联合产权和标的企业当场公布《认购报价单》报价结果，并对交易保证金交款账户进账流水进行公示，意向投资方授权代表当场签字确认报价结果及进账流水。最终依据现场报价结果，确定三家外部投资者及一家原股东成为项目投资方，合计增资 600 万股，增资金额 6000 万元。

四、项目总结

一是产权交易市场对国企改革有积极推动作用。卓能材料作为国有控股新三板企业，为适应市场发展，迫切希望通过资本运作解决企业发展的资金需求。通过产权交易市场，既能满足股转系统股票发行要求，又能利用交易机构的价值发现功能找到合适的投资者。自 32 号令颁布以来，产权交易市场在国企混改中发挥着越来越重要的作用，仅 2017 年，联合产权就为国企混改引入外部资金 12.53 亿元。

二是加快接轨资本市场步伐。产权交易市场作为资本市场的重要组成部分，在服务企业尤其是服务新三板甚至主板市场企业方面逐渐发挥出越来越重要的作用。这要求产权交易机构不仅做到在产股权交易相关规则下合规运营，更要加快同高层次的资本市场接轨，熟练掌握股转系统、证监会对股票发行、投资者适当性等方面政策要求。产权交易机构只有提高自身的业务能力和加强知识储备，才能更好地在资本市场中发挥作用。

（烟台联合产权交易中心供稿）

案例 94

积极支持三农发展，保障村镇银行股权平稳过渡

——国开行打包转让 15 家村镇银行股权项目

自 2006 年，为了加快改变农村经济社会发展滞后的局面，扎实稳步推进社会主义新农村建设，中共中央、国务院发布了《中共中央、国务院关于推进社会主义新农村建设的若干意见》。来自社会各方的投资机构纷纷成立村镇银行，这对促进农村金融体系的完善和农村金融服务水平的提高，促进城乡金融和城乡经济的协调发展，支持社会主义新农村建设，促进农村经济社会和谐发展和进步具有重要意义。

国家开发银行（以下简称国开行）积极响应建设社会主义新农村的中央战略部署，开始推进村镇银行试点工作。按照东西平衡的原则，稳步推进村镇银行建设，提高村镇银行经营水平和服务水平，扩大业务品种，加强农村信用环境建设，在增强服务"三农"能力的同时，实现普惠金融。2007 年至 2011 年间，国开行共发起设立 15 家村镇银行。截至 2016 年末，15 家村镇银行累计发放涉农贷款 280.29 亿元，受益农户 26.22 万户，农户和小微企业贷款余额 75.56 亿元，占比 89.5%，有效支持了"三农"、小微企业等薄弱领域发展，促进了当地经济社会发展。

2016 年底，国开行为更好地致力于国家重大中长期发展战略、支持重点领域发展，决定对其持有的 15 家村镇银行股权进行打包转让。本次股权转让，一方面有利于贯彻国家"三农"和小微金融政策的要求，充分发挥受让方对村镇银行集约管理、规模经营的优势，完善农村金融服务体系；另一方面有利于批量化扩大村镇银行规模，促进村镇银行集团化经营发展，将受让方村镇银行支付手段、产品研发、系统功能等优势与国开村镇银行有机结合，增强村镇银行核心竞争力。

一、全力投入，支持三农发展

在了解到国开行的转让需求后，北京金融资产交易所（以下简称北金所）领导层高度重视，主动联系转让方接洽协助村镇银行股权平稳过渡、支持三农发展的合作意向。经过转让方的充分考量，北金所正式成为服务本次股权转让的首选交易机构。随着双方沟通深入，交易的复杂性和难点逐渐显现出来。15 家村镇银行股权中，国开行控股 11 家、参股 4 家，所涉标的股权众多，为了更有利于村镇银行的发展，最终决定

采取打包整体转让的方式。这是国有金融企业将其持有的多家村镇银行股权整体打包在交易机构公开挂牌转让的首次尝试。为了确保尝试成功，北金所迅速组建了由业务部门与风控部门构成的项目团队，与国开行及其财务顾问中信证券进行了多次沟通，设计修改转让方案及进场交易流程、环节等。

二、击破难点，顺利完成交易

鉴于该项目难点多，操作难度大，北金所项目团队多次通过面谈、邮件、电话会议的方式，全天候 24 小时快速有效地响应国开行提出的各类问题，并提供了专业意见。项目的主要难点在于：

一是所有标的股权打包整体转让。标的企业经济性质既包括股份有限公司，也包括有限责任公司，且股东数量较多，涉及股东优先购买权等问题；北金所加大协调力度，积极协助国开行梳理相关问题，并服务转让方进行打包整体转让方案设计。

二是项目允许联合体受让。通过制定联合体法律文件，解决了联合受让所需要的协调一致性与审核的制度安排。

在项目获得财政部批准的第一时间，15 家村镇银行股权项目顺利挂牌。中国银行股份有限公司、富登金融控股私人有限公司与国开行签订《股权转让协议》，达成交易。富登金融控股私人有限公司为新加坡公司，境外机构参与交易，使得交易项目的复杂程度成倍增加。北金所项目团队协助相关主体了解跨境人民币政策，顺利完成境外受让方资料的合规性审核，保证了项目交接的正常进行，获得参与项目各方的高度肯定。

三、结语

北金所专业、领先、精准的服务，既实现了国开行持有的 15 家村镇银行股权的市场化成功退出，更促进了三农领域的金融服务持续发展，充分体现了产权交易市场承担的多种重要角色，以及对实体经济发展的支撑意义。

（北京金融资产交易所供稿）

案例 95

哈尔滨 600 台纯电动公交客车采购圆满完成

哈尔滨产权交易中心（以下简称中心）接受委托，圆满完成了哈尔滨交通集团公共交通有限公司 600 台 10.5 米纯电动空调公交客车采购项目。采购预算 3.66 亿元（不包含国家补贴和地方补贴），成交金额 2.997 亿元，节约资金 6630 万元，节约率达 18.11%，单车采购预算从 61 万元降到 49.95 万元，是哈尔滨市历史上采购公交客车节约资金最多的一次。

我国从 2009 年开始明确扶持新能源汽车发展，确定插电式混动、纯电动、燃料电池三大技术路线，并制定了"十城千辆工程"新能源汽车补贴政策。九年来，国内新能源汽车产业呈爆发式增长，新能源汽车已成为公交客车的主流。本次哈尔滨公交公司采购 600 台 10.5 米纯电动空调公交客车，标志着我国在新能源汽车应用方面进入纯电动汽车为主流的阶段。本项目也是哈尔滨交通集团继 2013 年委托我中心采购 500 台插电式混动公交客车后，第三次进入产权交易平台集中采购。

一、专业敬业职业，策划加精算巧降融资成本

2018 年 4 月初，中心刚接受本项目时就被告知，现行的 2017 年度新能源汽车补贴政策将于 6 月 11 日结束，原有车型在新年度的补贴政策下补贴退坡，本项目必须要在 6 月 11 日前完成交车、上牌等所有工作。在时间紧、任务重、难度大的情况下，中心积极抽调业务骨干与招标代理机构成立项目组，倒排时间，积极对项目进行整体策划。连续两周加班加点，全力以赴研讨招标文件，就项目的难点和关键点逐一落实，力保采购项目按期顺利完成。

本项目最大的难点在于公交公司本身是非营利性公益企业，由于支付金额巨大，招标人存在资金困难。无奈之下，招标人提出"零首付，按季分期付款"的方式。在"零首付，八年按季分期付款"的付款条件下，600 台纯电动客车的采购预算高达 4.9 亿元（不包含国家补贴和地方补贴），其中包括 1.24 亿元的巨额融资成本，融资成本占采购预算的 25.31%。

为了降低融资成本，招标人曾提出两阶段采购方式。第一阶段采用公开招标方式确定成交供应商和相应的融资机构以及中标价格，第二阶段采用公开竞价方式对中标价格进行竞价，确定融资机构。经过项目组多次研讨，对照分析《招标投标法》第四

十三条规定"在确定中标人前,招标人不得与投标人就投标价格、投标方案等实质性内容进行谈判"。也就是说,投标截止后,投标人的投标方案和投标价格是一次性的,是不能改变的。两阶段采购方式违背这条原则,经过中心项目组的政策讲解,招标人最后同意放弃两阶段采购方式。

为了解决资金支付的难题,中心项目组配合招标人做了大量的工作,分别按"零首付,八年按季分期付款""零首付,五年按季分期付款"、"零首付,三年按季分期付款"等多个付款条件测算融资成本。中心副主任与招标人共同向市政府主管副市长汇报,经多次积极争取,市政府主管领导最终拍板,本项目采购资金由市财政支付。扣除融资成本后的采购预算为 3.66 亿元(不包含国家补贴和地方补贴),付款方式确定为"零首付,三年分期付款"。资金支付难题的解决,缓解了企业的支付压力。公交公司把财政补贴用在了添置新公交客车上,极大地降低了采购成本,最终也节约了市财政支出,为本项目的顺利推进奠定了坚实的基础。

二、合法合规合理,抓住关键点保证公交客车质量

当前,新能源汽车处于快速发展期,厂家多、产品多、选择多。如何制订评标细则,从众多厂家的诸多产品中评选出适宜北方高寒地区的新能源公交客车,是摆在我们面前的又一个难题。

好的产品价格太高,价格低的产品质量不行,选择性价比最高的产品是招标人的最好选择。纯电动汽车的最核心组件是动力电池,选择质量好的电动车电池是重中之重。经项目组建议,招标人向主要的电动车电池生产厂家调研,比较分析不同品牌的电动车电池在北方高寒地区使用情况。招标人经多方调研论证,认为动力电池领域的独角兽企业——宁德时代(CATL)在行业内处于领先地位,其产品质量过关,适宜在北方高寒地区使用,最后建议整车生产厂家选用宁德时代(CATL)生产的磷酸铁锂动力电池。经项目组研讨,根据《招标投标法实施条例》第三十二条"招标人不得以不合理的条件限制、排斥潜在投标人或者投标人""限定或者指定特定的专利、商标、品牌、原产地或者供应商"的规定,不能对整车制造商要求指定品牌,而对关键零部件没有明确的限定要求。项目组最后在招标文件评标细则中对选用宁德时代(CATL)磷酸铁锂动力电池的制造厂商给予适当加分,并在系统级电池密度等方面择优加分,以引导供应商提供性价比最高的产品。此外,项目组还结合项目特点,在供应商资质、车辆安全保障、供应商售后服务等方面提出诸多专业化建议,确保了采购项目的顺利完成。

三、宣传推介公告,利用多种渠道进行项目推广

多年来,产权交易平台一直作为国有企业、行政事业单位产股权、资产转让的一

个"单向的卖方平台"。而资本平台本身的信息积聚功能，以及产权人不断攻坚克难的精神，让产权交易市场开展大宗物资采购业务成为可能，填补了业务短板，证明产权交易市场完全有能力搭建一个"能买能卖的双向综合性服务平台"。

在本项目信息发布环节，中心不仅通过中国招标投标公共服务平台、哈尔滨公共资源网——产权交易网站进行"规定动作"发布公告，还通过公开发行的纸质媒体、微信自媒体、公交客车供应商资源库等各种渠道进行"自选动作"发布公告，最大限度地发布采购信息，让潜在供应商能够与采购项目进行对接。本项目招标公告一经发布，宇通、中通、金龙、安凯、亚星等国内众多知名客车生产厂家积极报名参与，反响热烈。

四、公开公平公正，阳光采购全过程规范操作

中心已连续多年实现物资采购业务"零投诉"，但供应商的利益之争决定了采购业务时刻隐藏着被质疑投诉的风险。规避风险的最好方法是规范操作，保证采购工作的公正性与缜密性，这是减少投诉的根本途径。一是严把规范关。招标代理机构严格按照中心操作规则和流程进行操作。开标场地、开标流程、供应商资格审验、专家评审等环节，完全按照中心规定流程进行，实现评标专家随机抽取、专家通道与招标人隔离、招标人和监督人现场视频和音频进行监控、招标人代表隔离评审，严格纪律，规范操作，避免了评标环节的风险。二是严把招标文件审核关。产权交易中心和招标代理机构共同会审招标文件，从供应商资质、供货进度、付款方式到结算时间，逐项审核把关。三是采购全过程公开。招标公告、中标结果全部网上公开。四是采购全过程监督。中心对项目开标、评标全过程进行视频、音频监控，纪检监督人员全程现场监督。

哈尔滨600台纯电动公交客车采购项目过程是曲折的，结果是圆满的。产权交易平台进行国有企业大宗物资采购，有利于国资监管部门实现由事后监管延伸到事前、事中监管，有利于企业建立大宗物资采购的反腐防火墙，保护了干部，节约了采购成本；有利于有实力的供应商拓展市场，有利于产权交易市场搭建"能买能卖"的双向综合性资本平台，最终取得了政府、企业、供应商、产权交易市场的多赢局面。

（哈尔滨产权交易中心供稿）

案例 96

产权交易市场平台助力陕西国企改革
打响"混改"第一枪

——陕西煤业化工新型能源有限公司增资扩股项目

经过西部产权交易所（以下简称交易所）近五个月的精细运作，陕西煤业化工新型能源有限公司（以下简称新型能源公司）与陕西亿杰控股集团旗下子公司——清洁能源有限公司（以下简称亿杰洁能公司）于 2017 年 4 月 27 日正式签订了增资扩股暨混合所有制改革协议。此次混改后，新型能源公司注册资本金将由原来的 3 亿元扩大到 4 亿元。其中：陕煤集团拥有新型能源公司 75% 股权，成为新型能源公司第一大股东；亿杰洁能公司注资 7000 万元，成为新型能源公司第二大股东；新型能源公司员工根据最终批准方案出资持股，最终形成国企、民企合作，职工持股的混合所有制经济体。这标志着陕西省首个国有企业混合所有制改革试点项目通过产权交易市场平台正式落地，为陕西国企改革打响了"混改"第一枪。

一、交易背景

为全面深化国有企业改革、增强国有企业竞争力和国有经济活力，2014 年至 2016 年，中央及陕西省人民政府相继出台文件，推动国有企业混合所有制改革和员工持股改革。2016 年，陕西省确定包括新型能源公司在内的 10 家企业为首批混合所有制改革试点单位。

为落实企业中长期发展战略规划，建立现代企业管理制度，化解在快速发展过程中出现的管理、技术、市场等方面的矛盾，新型能源公司决定以增资扩股的形式实施混合所有制改造；构建多元股东的法人治理结构，把公司打造成具有竞争力的煤炭清洁高效利用及技术服务的新型能源企业。

二、交易过程

2016 年底，在陕西国资委、煤业集团的正确领导和有力支持下，新型能源公司选择通过西部产权交易所公开引进战略投资者，实施增资扩股。为满足增资要求，交易所在项目前期多次与新型能源公司沟通协调、反复论证，积极协助新型能源公司对其增资方案进行周密的策划和完善。交易所根据相关政策规定，结合本项目的特殊性，设计了配套业务流程，为后期项目的正式实施提供了有效指引，保障了项目的顺利完成。经过交易所充分、详尽的筹划，2016 年 12 月 27 日，项目在交易所正式挂牌。挂牌期间，交易所严格按照既定方案进行项目推介、意向投资咨询和登记工作，确保交易过程公开、合规。最终，新型能源公司顺利借助交易所平台的信息集散功能，寻找到了适合的投资人。

此次增资扩股的圆满成功是交易所精心策划、积极运作的结果。交易所提供的规范化、专业化服务，得到了项目各方的一致好评，再次彰显了产权交易市场作为区域性资本市场的融资功能。

三、经验及启示

2017 年是国企改革向纵深推进的关键一年，也是改革落地见效年，国有企业混合所有制改革无疑是重要的"突破口"。如何保证混合所有制以公允的方式进行，是各方关注的焦点所在。通过产权交易市场公开发现、甄别和选择战略投资者，既体现了"公开、公平、公正"的市场原则，让各类投资主体能公平地参与竞争，防止串标、恶性竞争的不良市场行为，又可以利用交易所平台资源更加广泛地征集意向投资人，并通过规范、透明的程序对投资人进行必要的筛选，从而选择理想的合作伙伴，帮助企业实现预期目标。

交易所经过十余年的积累和发展，打造了经得起考验的综合性市场化平台，具备了资本市场的产权流转和融资服务功能，在服务国企改革创新发展、推动国企混合所有制改革中将发挥更加明显的主渠道作用。

（西部产权交易所供稿）

案例 97

现场竞价+E交易互联网分段竞价助推内蒙古自治区马产业发展

一、项目背景

为推进内蒙古自治区马品种改良，缓解马种改良过程中优良种公马短缺问题，在自治区农牧业厅的指导下，自治区马业协会所属的可汗御马苑有限公司和内蒙古草原纯血马培育有限责任公司两家种马场分别筛选出50多匹纯血马和50多匹新锡林郭勒种公马，于2018年6月初，在锡林郭勒职业学院马都演艺大厅举行了自治区首次良种马竞价会。本次竞价会由自治区马业协会主办，内蒙古电视台、内蒙古产权交易中心有限责任公司（以下简称中心）、锡林郭勒职业学院承办，竞价采取"网上PC/手机客户端+现场竞价"形式进行。

本次竞价会选出的50匹英国纯血马种公马全部经国际种马登记组织（ISBC）认证的种公马，其血统纯正清晰，系谱记载完整。50多匹新锡林郭勒马是通过不断导入纯血马基因对锡林郭勒母马进行杂交改良，育成的锡林郭勒马的新种群；该种群不仅继承了蒙古马吃苦耐劳的优良特性，而且在体型外貌及速度和耐力等方面都有明显提高，并多次在全国耐力和绕桶等赛事项目中取得优异成绩，受到区内外养马界的高度关注。中心此次良种马竞价会的成功举办，在助推内蒙古自治区马产业发展的同时，也在交易品种和交易方式创新方面进行了有益尝试。

二、项目特点

1. 本次交易是产权交易市场首宗动物活体交易

产权交易市场的交易品种中，动物活体交易项目很少。由于活体交易及标的受众群体具有一定特殊性，对项目操作提出了更高要求。同时，受众群体不同，对竞价方式适用性、结算方式的便捷性提出了新的要求。

标的特殊性。相对于交易市场传统实物资产交易，本次转让的良种马为活体动物。因为本次良种马展示、转让地与养马场距离较远，需要从马场集中将马匹运到展示现场。在集中展示期间，需要专人进行清厮、喂养、看护、遛马等工作，看护和饲养成本高。在马匹展示过程中，购马客户需要对马匹进行实地勘验，并观察马匹行走姿态，以便了解马匹真实情况，需要专门牵马人。基于此，转让方要求在较短时间内进行马匹集中展示，并且要在展示期间将马匹转让完毕，降低看护和饲养成本。

标的受众群体的特殊性。本次良种马转让的重要目的之一是改良自治区马品种，受众群体主要是自治区的农牧民，具有有别于城市居民的特殊性。首先，在网络使用方面，现代人更多倾向于手机操作。对牧区农牧民来说，通过手机进行网络竞价操作参与购马是首选渠道；其次，在购买方式上，农牧民习惯于现场勘验完毕后立即支付价款，价款支付一般采用刷卡或现金方式，而不愿采用手机银行等方式进行支付；再次，参与购马的农牧民母语多为蒙语，交流也主要用蒙语，需要提供语言翻译服务。

2. 针对转让标的的特殊性设计交易方式

为了保证本次良种马转让效果，实现委托方意图，中心自接受委托后，与内蒙古自治区马业协会和内蒙古电视台多次沟通，确定将马文化表演、赛马活动与良种马转让相结合，采用马文化表演与现场竞价、网络竞价同步进行的方式，通过马文化表演烘托本次良种马竞价活动主题。同时，针对项目特点，中心与转让方多次沟通，从多个角度考虑项目特殊性，以方便农牧民购马为出发点，对交易流程进行细化和优化，使参与购马的农牧民能够一看就会、一用就懂；培训锡林郭勒职业学院志愿者辅导参与购马农牧民进行网上操作、线下注册。

竞价方式设计。为实现转让方短时间内完成转让要求，本次项目组合选用了现场竞价、网络竞价、一次报价三种竞价方式。

为保证本次良种马转让效果，由委托方选出12匹品种优良马匹进行现场竞价。12匹马在锡林郭勒职业学院马都演艺比赛大厅由志愿者牵引进行现场逐匹展示，主持人同步解说。与此同时，网络竞价同步进行，充分调动购马农牧民参与竞价的积极性。

网络竞价组织。现场竞价结束后，购买未成功的购马客户可以继续参与网络竞价。马匹网络竞价结束时间设定为现场竞价结束的第二天。为保证意向方有充足时间参与网络竞价，中心安排工作人员现场接受报名，且将报名结束时间设定为最后一匹马竞价结束前2小时。

现场确定转让底价进行一次报价。网络竞价结束后，对于剩余未成交马匹，根据马匹状况，委托方重新确定转让底价，在现场采用一次报价方式进行转让，实现委托方快速转让要求。

三、项目操作的几点启示

本次中心接受委托的136匹良种马成功转让127匹，成交率93%，竞价马匹的最高增值率为47%。参与购马客户约100余人次，主要以锡林郭勒、赤峰、呼伦贝尔、乌兰察布等地农牧民为主，内蒙古职业教育机构也参与了本次竞价活动。本次良种马竞价顺利实现，一方面提升了中心在特殊标的转让过程中的协调、组织、统筹能力；另一方面也体现了产权交易机构在市场全要素交易中的综合服务能力。同时，此次竞价会的组织获得委托方自治区马业协会、内蒙古电视台蒙古语专题频道、提供竞价场地锡林郭勒职业学院等相关方认可，为今后中心开展该类业务积累了经验。本次良种马竞价活动的成功组织，带给我们以下几点启示：

1. 强大网络交易平台，保证交易有序进行

本次良种马竞价对产权交易竞价系统提出了更多的要求，E交易平台作为中心强有力的网络平台支撑，其"电商思维"的产品设计模式，为本次良种马网络竞价提供了强有力的支持。农牧民可以通过手机端，进入"E交易手机竞价系统"直接进行竞价，直观地看到自己想要的马现在的竞拍价格。参与竞价的农牧民表示，这样的竞价方式非常便捷，希望这样的竞价会可以经常举办。

2. 便捷结算方式，提升了客户满意度

为推动内蒙古自治区马品种改良向高端化发展，鼓励内蒙古自治区养马大户和广大农牧民踊跃购买优质种公马，自治区出台相关政策，对每位竞买成功且具有自治区户籍的买受人将给予良种补贴。对所有竞买成功的买受人，在竞拍成交价的基础上，按照良种补贴的标准直接给予价格减免。同时，考虑本次良种马竞价会农牧民报名时间较为集中的特点，中心开通多种结算渠道。中心在统一结算方式方面进行了量身定制，一方面提供现场POS机刷卡、微信、支付宝三种方式；另一方面对价款中涉及的补贴款、保证金、赛事费一并进行现场结算，为委托方、购马客户提供高效、便捷的结算服务，保证项目顺利进行。

3. 有效组织是实现成功转让的关键

在良种马竞价会方案设计中，除标的展示、勘验、登记、竞价组织、交接等常规流程外，中心在项目营销宣传以及活体交易特殊性等方面进行了重点策划。中心在宣传方式、宣传渠道、赛马会现场的布置、竞价会现场安排、马匹展示、大屏显示、志愿者着装以及现场报名、竞价、网络指导、马匹勘验交接等方面都进行了细致的研究和安排，做到不同部门有效对接，最终竞价会取得圆满成功。

依据项目特点和受众群体情况，配备专业蒙语翻译全程解说，并在锡林郭勒职业学院配合下，对参与本次活动的志愿者进行了网络竞价流程中网上注册、竞价操作培训，为现场购马客户提供竞价指导，使购马客户了解并熟习网上操作。通过翻译的专业服务保证竞价会过程中与农牧民的顺畅沟通，避免由于沟通不畅导致误解及购马客户不熟悉竞价操作流程。

四、市场创新

中心是由自治区国资委出资管理的国有企业"阳光交易"平台,也是自治区本级行政事业单位资产处置指定机构。中心通过企业国有产权交易系统(国务院国资委监测)、E交易互联网平台、网络电子竞价系统、股权托管系统等先进的信息技术,为社会各类投资者提供一个功能齐全、规范安全,集资产产权交易、企业采购、企业融资服务为一体的交易平台。作为产权交易市场,本质特征是创新。本次良种马成功竞价转让,是中心结合地域特点,与行业协会开展项目合作的一次有益尝试。本次良种马项目成功转让,既得到了自治区马业协会高度认可,又让参与购马农牧民充分了解网上竞价便捷性,并对本次竞价表示认同。

(内蒙古产权交易中心供稿)

案例 98

杭州经济技术开发区厂房、办公楼和北元 M-40 地块待建房产整体出租项目

一、背景介绍

出租方：志诚动力科技（杭州）有限公司（以下简称志诚公司），因缺少建设资金且无法通过其他方式融资，拟将自有待建房产通过出租预收 20 年租金，以租赁业务模式融资。

因本次出租标的租金金额较大（租金达 2200 万元）且出租标的情况较为复杂，项目属《浙江省省属国有企业重大资产处置监督管理暂行办法》（浙国资发〔2013〕7号）进场交易业务范围，出租方寻求浙江产权交易所有限公司（以下简称浙交所）助力挂牌招租。

为贯彻浙江省委省政府和浙江省国资委深化国企改革新要求，助力国有企业多方式融资，浙交所承接项目后，多次与出租方沟通并帮助拟定实施方案。

二、操作难点

浙交所承接项目后高度重视，对出租标的现状进行分析，在方案设计阶段发现以下难点：

1. 出租标的建筑工程施工许可证已过期且尚未开工

出租标的为待建房产，因政府部门原因，未能开工建设，施工许可证已过期。根据《中华人民共和国建筑法》的有关规定，为保障标的合法合规出租，浙交所及出租方在挂牌前期与政府相关部门进行沟通，解决了挂牌过程中的法律法规问题。

2. 出租标的交付时间不确定

因待建房产需补办建筑工程施工许可证且尚未开工建设，出租标的起租时间存在不确定性。浙交所与出租方在出租方案及租赁合同中约定，以实际交付时间起算出租期限。

3. 承租方租金资金压力及保障

因承租方一次性支付租金存在资金压力，同时需保障出租方建设资金安全，浙交

所与出租方商定，在出租方案及租赁合同中约定分段支付租金的方式。具体如下：租赁合同签订后 5 个工作日内，承租方支付第一期建设资金，在出租方取得建设施工许可证后的 5 个工作日内支付第二期建设资金，其余款项按建筑合同进度支付，建筑物建设完成通过综合验收后 5 日内付清全部剩余建设资金。这种支付方式在保障出租方建设资金的同时，也保护了承租方的利益，解决了承租方一次性全额支付租金的压力。

三、方案拟定过程

出租方初步拟以待建房产租赁期限为竞价标的，采用降低租赁期限竞价方式（荷兰式拍卖）招租。但因待建房产交付存在不确定性及资金支付压力，前期虽经多次艰难谈判，均未能征集到意向客户。

浙交所在与出租方进行充分沟通后，重新调整了出租方案。以已建房产为竞价标的，待建房产总租金价格不变，以两个标的捆绑出租的方式公开招租。

出租资产简介：

杭州经济技术开发区厂房、办公楼（标的 1）：位于杭州经济技术开发区益丰路 129 号志诚公司内，地处文渊北路与益丰路之间，建筑面积约 9768 平方米，其中厂房 4472 平方米（层高 10 米）、办公楼及附属设施 5296 平方米（层高 4.5 米）。

北元 M-40 地块待建房产（标的 2）：位于浙江省杭州市江干区下沙街道，即将建设的地上建筑物以有偿的方式租赁，土地面积 4423 平方米，建筑面积 14683 平方米，土地使用权权证编号为杭经国用（2014）第 00028 号，规划用途为工业用地，目前待建。

以部分已建房产（杭州经济技术开发区厂房、办公楼 300 万元/年）作为竞价标的（标的 1），待建房产（北元 M-40 地块待建房产 2200 万元，20 年））作为捆绑标的（标的 2）。在挂牌条件中约定，承租方报名竞租标的 1，必须同时承租标的 2。为防止意向客户之间串标及竞价过程中的相互影响，本次交易最终采用网络动态报价（网上报价）方式进行。

四、项目进场始末

2018 年 2 月 1 日，杭州经济技术开发区厂房、办公楼和北元 M-40 地块待建房产整体出租项目在浙交所公开挂牌。

因出租标的为杭州市市区周边稀缺的物流工业用地，挂牌后浙交所利用投资人信息库等多种渠道对项目进行宣传，最终征集到 3 家合格意向承租方。2018 年 2 月 14 日，经 69 轮报价，该项目最终以杭州经济技术开发区厂房、办公楼（标的 1）645 万元/年、北元 M-40 地块待建房产 2200 万元（20 年，标的 2）的价格成交。标的 1 溢价率达到 115%。

本次出租将传统租赁与融资建设租金补偿相结合，即锁定待建房产总租金价格，仅以已建成房产租金作为竞价标的，通过公开竞价的方式实现了所有出租标的租金的竞价。在合法合规的情况下，做到了国有资产的保值增值。将待建房产与已建房产捆绑出租并最终高溢价成交，浙交所从中积累了宝贵经验。

五、项目启示

1. 浙交所租赁业务竞价模式的创新

本次出租项目采用了全新的竞价方案和模式。无论是初步方案中的荷兰式拍卖，还是最终版本的传统租赁与融资建设租金补偿相结合的模式，都突破了浙交所传统产权交易的竞价模式。浙交所在本项目中的成功经验，对租赁业务竞价模式的创新具有积极意义。

2. 传统租赁与融资建设租金补偿相结合

本次出租项目具备一定的融资属性，浙交所在本项目中的经验对产权交易机构在租赁业务中引入更多的金融属性具有指导性和借鉴意义。

3. 产权交易市场平台有助于出租方找到更多更优质的投资人

历经三年迅速发展，浙交所租赁平台初具规模。2015 年挂牌 63 宗（成交 40 宗），成交额 80953.8611 万元；2016 年挂牌 277 宗（成交 119 宗），成交额 98328.4807 万元；2017 年挂牌 595 宗（成交 417 宗），成交额 143366.2712 万元。

本项目挂牌前期，出租方与多家意向方多次沟通均未能形成合作意向。项目挂牌后，通过浙交所平台征集到了更多可靠的意向方，并最终促成了本项目的高溢价成交。本项目的高溢价成交，充分体现了产权交易市场的价值发现功能，有效保障了国有资产的保值增值。

4. 重大租赁业务规范进场

租赁权交易是否属于 32 号令中规定的重大资产，目前在产权交易市场存在争议，国有企业对于大型租赁业务通常采用自行招标模式征集承租方。但是，通过本项目的高溢价成交不难发现，国有企业重大租赁业务进产权交易市场挂牌交易存在必要性。

租赁业务因持续性及方案设计的特性，对传统产权交易市场的业务模式提出了挑战，需要产权交易机构投入更多的精力应对。相信未来租赁业务必然成为产权交易市场中重要的业务板块。

（浙江产权交易所供稿）

案例 99

安世半导体部分投资份额退出转让项目

2018年4月22日,安世半导体部分投资份额退出转让项目在安徽公共资源交易集团有限公司旗下全资子公司合肥市产权交易中心完成竞价。由合肥中闻金泰半导体投资有限公司、云南省城市建设投资集团有限公司、上海矽胤企业管理合伙企业(有限合伙)三个机构组成的联合体成为最终受让方。在这一项目中,合肥市产权交易中心提供精准的咨询服务,利用平台优势充分发挥市场的价格发现功能,最终转让标的以114.35亿元成交,增值额44.35亿元,增值率63.36%。

一、项目概况

1. 项目背景

2016年,合肥市建设投资控股(集团)有限公司(以下简称市建投集团)牵头组建合肥芯屏产业投资基金(有限合伙),作为合肥广芯半导体产业中心(有限合伙)(以下简称广芯基金)唯一有限合伙人,参与安世半导体(Sigma)项目,总投资约10亿美元,持有704318.25万元基金份额。其中:486164.00万元(7亿美元)由广芯基金直接对境内并购主体合肥裕芯控股有限公司(以下简称裕芯控股)出资;207453.00万元(3亿美元)以有限合伙人身份对北京广汇基金出资,再由北京广汇基金出资至裕芯控股。

为便于本次部分投资份额退出后的权利义务分割,广芯基金普通合伙人(GP)建广资产及有限合伙人(LP)芯屏基金对广芯基金进行分拆。分拆完成后,芯屏基金由持有704318.25万元广芯基金份额变更为持有广芯基金493664.63万元份额和持有北京广汇基金210653.62万元份额。

2018年3月,经批准,芯屏基金委托合肥市产权交易中心通过公开挂牌方式转让其持有的广芯基金493664.63万元份额。

2. 转让结果

本项目公告期自3月15日至4月12日。4月13日,安世半导体部分投资份额退出项目进行资格审查,资格审查当天共收到四家单位递交的资格审查材料。经评审,共三家通过资格审查委员会审查。

4月22日相关意向受让方开始竞价，经过294轮共计5小时10分的激烈争夺，由合肥中闻金泰半导体投资有限公司、云南省城市建设投资集团有限公司、上海矽胤企业管理合伙企业（有限合伙）组成的联合体最终以114.35亿元竞得本项目标的，增值额44.35亿元，增值率63.36%。

二、主要做法

1. 提供早期咨询，助力精准施策

基于国有资本基金退出的特殊性，合肥市产权交易中心在项目进场前即成立专项工作组，跟踪项目服务，多次会同市建投集团、法律顾问做进场前准备。同时找依据、列清单，依照《企业国有资产交易监督管理办法》列明进场材料。此外，站在产权交易专业机构的角度，利用实际操作经验为决策机构和转让主体提供了建设性咨询服务，有效地加快了项目进展，极大地节约了项目的进场准备时间。

2. 系统部署落实，节点联席会审

从公告发布、答疑发布、资格审查到现场网络竞价，合肥市产权交易中心在4个节点共10余次组织多部门联席会议会审，确保转让过程中各项工作合规有序。

3. 优化工作流程，全力保障项目

一是发布预公告。正式公告前两周，合肥市产权交易中心在安徽合肥公共资源交易平台发布《拟对合肥广芯基金493664.630659万元人民币基金份额公开转让》的公告。通过发布拟转让公告，既回应了市场关切，又留给市场参与主体充足的准备时间，为后期的高溢价成交奠定了基础。

二是组建资格审查委员会。在项目进场前确定本次资格审查委员会成员的组成结构，即合肥市产权交易中心牵头组成7人资格审查小组，在省发改委综合评标专家库中选择法律及财务专家共2人，市财政局、市金融办、市国资委、建投集团及建广资产等相关部门各委派1人。这样，既体现了资格审查委员会的专业性，又充分尊重广芯基金各普通合伙人应有的权利，从而保证了实际审查效果。

三是现场网络连续竞价。采用现场网络连续竞价的方式确定受让方。通过后台系统实时监控、现场网络报价操作培训、模拟报价过程，既避免了网络竞价过程中可能出现的波动，又实现了价值的充分发现，全方位地保障了竞价的顺利进行。

三、项目经验总结

近年来，国有资本控制的孵化基金、产业投资基金等股权投资规模与日俱增，但从投资及退出的交易闭环来看，对国有资本股权投资的退出渠道尚不完整。按照企业生命周期理论，标的企业股权投资退出的渠道除在发展、成熟及衰退期时涉及上市、

挂牌或破产清算等特殊情形外，处于成长期企业的国有资本股权投资退出在国内并没有成熟的案例。作为与标准化资本市场相对应的中国资本市场体系的重要组成部分，产权交易机构在本次安世半导体部分投资退出项目中依照《企业国有资产交易监督管理办法》相关规定，按较高者得的原则公开转让标的，在实现国有资产保值增值、优化资源配置的同时，补齐了股权投资中的交易闭环。为国有资本股权投资退出探索出了一条可行的路子，为城市建设的产业化、规模化、集群化发展提供了保障，有力地推动了经济的发展。

四、项目启示

1. 决策是项目成功的必要基石

本项目之所以成功，离不开决策层正确而果断的研判。决策层高屋建瓴，审时度势，结合当时半导体产业市场和标的企业情况，及时果断地启动了投资基金的退出工作。同时，在转让交易过程中出现了若干重要节点，主管部门作为项目的掌舵人，通过科学细致的研判，紧握方向，决策果断，坚持项目推进不动摇，最终确保了项目的成功。

2. 执行是推进前行的主要力量

决胜关键在于决策，决策关键在于执行。项目进场前，合肥市产权交易中心第一时间主动联合各方，对项目进行充分讨论。项目公告阶段，合肥市产权交易中心按照主管部门要求充分讨论研究项目风险，为上级主管部门的决策提供了大量重要依据。项目资格审查及现场网络竞价阶段，坚决执行，紧密安排，细心操作，全力保障项目合规有序进行。

3. 团队是创造业绩的重要因素

众人拾柴火焰高，重大项目的成功离不开团队的共同努力。本项目社会关注度高，在全国乃至全世界半导体行业领域都备受瞩目。为全力保障项目顺利进行，主管部门集结了各领域优秀人才，在产权交易、法律、监管机构等各部门的共同努力下，项目团队最终交出了一份出色的答卷。

4. 市场是发现价值的重要渠道

本次竞价规则设置合法合规合理，充分利用公共资源平台优势，在设置底价的基础上，通过现场网络连续竞价的方式将标的定价权交由市场，让市场发现价值。通过市场竞价的方式，既保障了公开透明、减少了廉政风险，又实现了国有资产的保值增值。

5. 阳光操作是产权交易的必然要求

实现阳光产权交易，就是要减少政府对市场资源的直接配置，实现公共资源交易监管集约化、资源配置效益化、项目运作透明化。要引入更多交易主体参与，充分发挥市场优势，有效推动交易信息、交易过程、交易结果等全部在线公开，保证市场主体和社会公众的知情权、参与权和监督权。

（合肥市产权交易中心供稿）

案例 100

"严"守细节,"巧"设方案,助力广物地产成功转让

2018年3月,广东省物资产业(集团)有限公司(以下简称物产公司或转让方)所持广东广物房地产(集团)有限公司(以下简称广物地产)45%股权及相关债权项目,经南方联合产权交易中心(以下简称南方产权)组织,在广东联合产权交易中心(以下简称联合产权)公开挂牌转让。项目的网络竞价环节历经15小时497轮报价,最后由标的企业原股东行使优先购买权成为最终受让方,成交价格达510248万元,这场备受地产行业关注的广物地产股权之战随之尘埃落定。本次转让成为南方产权近年来国资产权交易竞拍次数最多、历时最长的项目。

一、项目背景

广物地产是广东省国资委监管企业广东省广物控股集团有限公司(以下简称广物控股)的三级子企业,是一家专注房地产开发的大型企业,主要经营住宅房地产、商业及办公写字楼物业开发。广物地产业务植根广州、深耕海南、辐射泛珠三角区域,土地储备面积超过1000万平方米。经过多年努力,广物地产已成长为一家成熟且专业化程度较高的房地产企业,被业界誉为"起步最短、发展最快、功能最齐、潜力最大"。

受近年房地产政策调控、地产市场急剧变动、行业资金监管进一步趋紧等宏观环境因素影响,广物地产的经营业绩出现下滑,整体融资环境不容乐观,企业后续发展需要更强有力的支持。同时,广物控股为广物地产约37亿元债务提供了融资担保,承担了较大的金融风险,国有资产保值增值压力较大。根据《中共广东省委、广东省人民政府关于进一步深化国有企业改革的意见》《广东省人民政府办公厅关于深化省属国有企业改革的实施方案》《省属国有企业结构调整优化方案》等系列文件的精神,调整国有资本布局结构、做强做优国有企业、增强企业活力成为国企改革的重中之重。为响应广东省委省政府、省国资委关于国企主业结构调整的战略部署,实现混合所有制下国有资本在充分竞争领域的长远发展,广物控股研究决定有序退出传统住宅类房地产领域,启动广物地产股权转让工作。

二、项目操作

（一）"严"守细节，细致专业服务

1. 全面梳理，风险防控不留死角

早在项目接洽初期，南方产权就成立专项工作小组与转让方对接，小组成员覆盖交易、法务风控、信息技术等方向，务求在每个交易细节全方位思考，给予转让方更多专业意见。同时，专项工作小组对项目的重点和难点进行了梳理，针对原股东部分股权被查封、标的转让形式、广物控股担保责任解除、原股东优先购买权行权方式、重大瑕疵披露等关键风险点，逐一分析、细化，抓住工作重点，有效提高工作效率。

2. 精心安排，尽调服务细致入微

广物地产成立至今，拥有全资或控股子公司共 60 多家，涉及的尽调资料繁多，这增加了项目尽职调查工作的难度。南方产权协助转让方对提供的尽调资料进行分类整理，并建议转让方同时提供纸质及电子文档材料，以便意向受让方进行查阅。此外，南方产权还专门为意向受让方提供尽调场地、办理尽调保密手续，并派专职人员留守现场为意向受让方答疑，发现不清晰的地方及时向转让方反馈，落实具体情况。

（二）"巧"设方案，实现各方共赢

1. 有效提高优先购买权行权效率，保障项目充分竞价

一是原股东优先购买权是法律赋予原股东的权利，优先购买权行权时间对整个交易能否顺利完成有重大影响。鉴于广物地产原股东不放弃优先购买权，南方产权在与转让方沟通讨论并综合考虑各方因素后，建议转让方与各原股东提前充分沟通，就优先购买权的行权时间进行共同决策，形成一致意见；尽可能缩短通知、传递、回复等后续行权环节，加快推进交易进程。广物地产于 2018 年 2 月 9 日召开了股东会，并经决议通过，约定本次交易优先购买权行权时间为：①如形成竞价，应在竞价活动结束次日起 5 个工作日内，以书面方式确认是否行使同等条件下的优先购买权；②如采用协议转让方式，应在出具通知书次日起 5 个工作日内，以书面方式确认是否行使同等条件下的优先购买权。如未在约定时间内行使同等条件下的优先购买权，则视为放弃优先购买权。

二是根据《最高人民法院关于适用〈中华人民共和国公司法〉若干问题的规定（四）》的规定，适用《公司法》第七十一条第二款、第三款或者第七十二条规定的"书面通知""通知""同等条件"时，可以参照产权交易场所的交易规则。为此，南方产权协助转让方根据广物地产股东会决议设定优先购买权行权方式，并在转让信息披露中做详细公告："转让方将合格意向受让方在网络竞价系统当中的最高受让报价书

面告知原股东，征询原股东是否行使优先购买权。根据有关约定，原股东应在转让方出具征询函次日起 5 个工作日内以书面方式确认是否行使同等条件下的优先购买权，否则视为放弃优先购买权"。在受让报名环节，要求意向受让方对信息披露内容、相关交易制度等进行书面确认，确保交易各方清楚知晓整套交易流程及相关规则，降低后续纠纷风险。

三是为最大限度发现市场价值、实现国有资产保值增值，本次交易采用"自由竞价+限时竞价"的网络竞价方式。同时，鉴于给予非原股东竞买人充分报价的机会，竞价中特别设置了"追加报价"环节，具体操作方式如下：限时竞价阶段结束、产生非原股东最高报价竞买人后，竞价系统立即进入追加报价环节；非原股东最高报价竞买人在该环节拥有一次提高报价机会，加价幅度不受限制，报价时限为 5 分钟；非原股东最高报价竞买人在追加报价环节中的最终报价视为本次网络竞价的最高受让报价。经非原股东最高报价方确认后，转让方将该报价书面告知原股东，征询原股东是否行使优先购买权。

2. 梳理债权债务关系，解除融资担保责任

鉴于广物地产所处房地产行业的特殊性，企业债权债务关系较复杂，既涉及担保类型的或有负债，也涉及以资管计划为通道的债权债务投资。同时，广物控股为标的企业及其对外投资公司的银行贷款和其他融资行为提供了约 37 亿元的担保，房地产融资担保风险较高。南方产权协助转让方厘清债权债务关系，并在转让方案中设置了对相关金融债权债务及担保的承接义务。具体包括：受让方须以承诺保本保息的方式，承接相关资管计划的劣后级份额（原为广物控股持有，属于间接担保的资金）；受让方须在签订《产权交易合同》后受让相关资管计划的优先级份额（原为第一创业公司持有，属于标的企业的债务），并提供三份无条件不可撤销银行履约保函（合计金额不低于 65 亿元），同时解除广物控股的相关债务；广物地产涉及的韶关"三旧"改造项目的未分配利润作为债权，一并转让给受让方。

3. 多渠道重点推荐，实现国有资产大幅度溢价

项目推进期间，南方产权通过预披露、网站平台、广告横幅、会员渠道、微信平台、投资者信息平台等方式对项目进行线上线下重点推介，吸引了众多房地产业投资者的关注。通过广泛的市场发动，最终征集到碧桂园、保利、阳光城、卓越集团等国内多家龙头房企参与竞价。

该项目竞价活动于 2018 年 3 月 16 日上午 10 时开始，转让底价为 357548 万元，历经 15 小时，最终报价为 510248 万元，项目溢价率达 42.7%。

三、项目启示

广物地产股权债权的顺利转让，为新时代国有资本深入推进改革、退出非主营业

务、实现结构布局调整提供又一成功案例。从项目引进、准备、挂牌到最终的竞价成交，我们得到以下启示：

一是依法合规保障原股东优先购买权，充分披露行权方式，尊重非优先购买权竞买人报价权。在本次交易中，优先购买权的行权时间、方式由各股东自行决策并完整全面予以公告。在符合法律规定前提下，操作更加灵活，大幅提高行权效率，为项目顺利推进奠定了良好基础。通过网络竞价中特设"追加报价"，保障项目充分竞价，有效提高竞价增值率。兼顾各方利益诉求，实现国资最大化增值，进一步发挥市场的资源配置作用。

二是产权交易机构是国企国资优化资债结构、提升企业竞争力的主要平台。交易前，转让方的股东（广物控股）为广物地产及其对外投资公司的银行贷款和其他融资行为提供了约37亿元的担保，承担着较大金融风险。通过本项目的挂牌转让，广物控股及物产公司成功剥离原有担保责任、转移或有金融风险，大大降低了企业杠杆率，企业资债结构得到进一步优化。通过"瘦身健体"获得更健康的"体魄"，进一步提升国有企业竞争力，实现"降杠杆、保增长、促发展"的战略目标，为企业调整产业结构、实现转型升级提供"催化剂"，为企业可持续健康发展提供"助推器"。

三是作为中国资本市场的重要组成部分，产权交易机构是推进国企国资改革的重要渠道。物产公司在2007年以450万元的价格投资广物地产，通过本次公开交易，回收资金510248万元，股权投资回报率达到1100多倍；广物控股及物产公司的现金流得到极大提升，成功实现了国有资产的最大化增值。

根据《关于深化国有企业改革的指导意见》（中发〔2015〕22号）的精神，产权交易市场的资本市场属性正式在国家顶层设计层面得以确立，这为产权交易市场指明了发展方向。在国家大力推动供给侧结构性改革的时代背景下，随着国企国资改革的深入推进，产权交易资本市场作为与证券市场并列的资本市场重要组成部分，其交易内容日益多元化，投融资服务能力不断提升；将充分发挥产权流转、市场融资、资产配置三大功能，持续为国有资本布局的优化调整、做优做强国有企业提供全方位和强有力的支撑，为国企国资高质量发展、创新驱动发展保驾护航。

（广东省产权交易集团供稿）

案例 101

巧设遴选方案，"鱼与熊掌"可兼得

——肇庆市风华锂电池有限公司股权增资扩股项目

2018年5月18日，肇庆市风华锂电池有限公司（以下简称风华锂电）增资扩股项目通过南方联合产权交易中心（以下简称南方产权）的组织在广东联合产权交易中心（以下简称联合产权）完成交易，肇庆市星锂投资发展合伙企业（有限合伙）和肇庆市智锂投资发展合伙企业（有限合伙）组成的联合体、深圳市美信泰电子有限公司及深圳市海恒鹏程科技有限公司三个意向方成为最终的投资方。本次增资扩股的最大亮点是根据增资方的要求灵活设计交易方案，在总增资比例有上限、员工持股有下限的前提下，仍同步实现了征集战略投资者和实现员工持股的交易需求。

一、项目背景

本项目的增资企业风华锂电，是广东省广业集团有限公司（以下简称广业集团）下属广东省广业电子机械产业集团有限公司（以下简称广业机械）控股的子企业，同时也是广东省国有控股混合所有制企业第二批员工持股试点企业之一，其经营范围包括：生产、销售、研制开发新型电池材料和电池产品及相关电子产品。

为深入贯彻《中共中央国务院关于深化国有企业改革的指导意见》《中共广东省委、广东省人民政府关于深化国有企业改革的实施意见》《关于国有控股混合所有制企业开展员工持股试点的意见》《广东省国有控股混合所有制企业开展员工持股试点的实施细则》等有关文件精神，在中央经济工作会议提出"完善治理、强化激励、突出主业、提高效率"的十六字方针指导下，广业集团决定对风华锂电实施混合所有制改革，具体包括两个方面：一是引入非公战略投资者，实质性推进混合所有制改革，集聚资源、整合优势、能力互补、互利共赢，推动风华锂电重点业务和产业链融合发展，以市场为导向健全企业制度和公司治理机制；二是实施员工持股，通过股权关系激励管理层和员工的积极性，与企业结成利益共同体，从而建立一种有效的激励和约束机制。

二、项目操作

1. 无缝对接，建立高效的沟通机制

接到风华锂电拟实施增资的相关信息后，南方产权立即选派专业人员组成项目小组，及时与广业机械、风华锂电的经办人员对接，就增资前的各环节及交易过程中可能出现的问题进行了充分沟通，确保整个增资过程的合法合规。项目小组多次与广业机械、风华锂电举行会谈，明确本次增资的目标、梳理项目推进过程中的难点和重点，对实施过程中可能出现的风险点进行防控，以确保项目的顺利实施。

2. 量体裁衣，制定科学的交易方案

经沟通，广业机械、风华锂电对增资交易有如下需求：一是引入战略投资者和实施员工持股；二是员工持股平台最终需取得新风华锂电9%以上的股权比例；三是在最短时间内完成增资交易及工商变更登记。

按照以往引入战略投资者并实施员工持股的项目做法，首先是面向战略投资方进行增资，同时在投资方需履行的义务中加入：在增资后，投资方须按其实施增资的同等价格将部分股权比例转让给员工持股平台。但是，这种做法需要在挂牌前明确战略投资者和员工持股平台各自的比例，且分步骤实施会延长增资目标实现的时间。经过深入分析，南方产权认为可以将最终的持股比例交由战略投资者及员工持股平台决定，并通过市场发现价格。因此项目小组建议：①将本次增资挂牌的征集范围扩大，同时面向战略投资者和员工持股平台；②不限定最终增资比例，只对最高增资比例做出限制。该提案得到广业机械、风华锂电的一致认可，项目小组立即以此为基础，设计具体的遴选方案。

3. 具体遴选方案

经过对项目需求及现状的梳理，项目小组确定了本次增资交易的三项原则：一是增资总股权比例不超过13%；二是员工持股平台的最低持股比例为9%；三是本次增资需同时实现战略投资者的引入及员工持股平台的入股。

基于上述原则，项目小组在交易方案中特别增设了"信息披露期满，由风华锂电员工组成的员工持股平台报名本项目，且成功认购股权比例合计不低于9%"作为增资达成条件，以及"由风华锂电员工组成的员工持股平台未报名本项目，或未征集到符合条件的除风华锂电员工组成的员工持股平台之外的合格意向投资方"作为增资终结条件。这样的设置确保了只要项目最终成交，员工持股平台定能成为投资方之一，并且认购股权比例不低于9%；同时确保了战略投资者可以在限定范围内取得一定的股权比例。

本次增资的主要目的是激发企业内生活力、引进优质资源；员工持股平台需成功认购的份额较大，但员工的资金支付能力有限，却必须满足与战略投资者"同股同价"的要求。考虑到上述实际情况，鉴于价格并非本项目选择投资方的决定性因素，南方产权项目小组设计了以数量为第一要素、价格为第二要素的遴选原则：项目信息公告期满，若投资方认购的股权比例合计不高于最高限额的13%，则意向投资方按各自的有效报价（认购注册资本的金额和每一元注册资本认购价格）与增资企业直接签订增资协议。

若投资方认购的股权比例合计高于最高限额13%，则采用以下计算方式确定最终投资方及成交价格。

第一步：以意向投资方认购注册资本的金额和每一元注册资本认购价格的乘积（意向增资金额）计算出该意向投资方的初始认购得分。

第二步：将所有意向投资方的每一元注册资本认购价格加总后，除以意向投资方总人数，得出所有意向投资方的每一元注册资本平均报价；以意向投资方"每一元注册资本认购价格/每一元注册资本平均报价"的比值，作为该意向受让方的得分调整系数。

第三步：意向投资方的最终认购得分＝初始认购得分×调整系数。

第四步：将意向投资方最终认购得分从高到低排序，直至认购注册资本的金额合计达到1461.14万元注册资本（增资比例达13%）为止，对应的意向投资方即为最后一名入围者。如最终认购得分相同，则每一元注册资本认购价格报价高者优先；如报价也相同，则以提交《增资认购确认书》的时间先后排序。至此，入围的意向投资方即为投资方。

第五步：经上述程序被确认为投资方的所有意向投资者，以每一元注册资本认购价格中的最低报价为最终增资价格。

除排序后入围的最后一名投资方外，其余投资方以其认购注册资本的金额作为其参与本次增资的依据，即意向投资方实际增资金额＝认购注册资本的金额×最终增资价格。而最后一位入围的投资方实际增资金额＝（1461.14万元注册资本－其他投资方认购注册资本的金额总和）×最终增资价格。

采用上述遴选方案，认购注册资本金额较多的意向投资方得到的最终得分较高，最终入围成为投资方的概率较大，且分数高的投资方可优先满足其认购需求。同时，这种设计兼顾了员工持股平台认购数量多但资金实力有限的情况，有效解决了持股数量与认购价格的矛盾。

三、项目结果

本次增资项目成功引进了深圳市美信泰电子有限公司、深圳市海恒鹏程科技有限公司两家实力雄厚、经营管理能力强的战略投资者，助力风华锂电在未来进一步向上下游产业链延伸,通过新产品的研发和技术创新,满足市场发展的需求。除此之外,员工持股平台的成功引入极大地激励了经营者和员工的积极性,使员工的长期利益与企业长远发展紧密结合在一起,从而建立起一种有效的激励和约束机制;赋予广大员工劳动者和所有者的双重身份,极大地激发了员工关心和参与企业管理的热情。

四、项目启示

产权交易机构是资本市场的重要组成部分,应当不拘泥于常规,根据实际情况灵活调整业务的开展方式,以高效、高质量的服务满足客户的合理需求。本项目的最大亮点是,南方产权项目小组在过往常规方案的基础上,创造性地调整了部分交易方式,并根据增资方的实际需求设计了"数量为第一要素,价格为第二要素"的新交易方案,从而同时满足了增资方的三大要求,得到项目各方的高度认可。

《关于深化国有企业改革的指导意见》(中发〔2015〕22号)将产权交易市场定位为与证券市场并列的资本市场重要组成部分,32号令也明确国有企业的增资业务必须进场交易,大大强化了产权交易市场作为资本市场的功能。随着国企国资改革的深入推进,产权交易行业市场化程度越来越高,交易项目越来越多元化,对产权交易机构投行服务能力的要求也越来越高。本项目的圆满完成,标志着南方产权的国企投行服务能力进一步提升,助力广东省产权交易集团在构建服务粤港澳大湾区战略的产权交易资本市场,最终建成具有全球影响力、带动力、凝聚力的要素资源配置与产权交易资本市场国际化平台的道路上,不断前进。

(广东省产权交易集团供稿)

案例 102

工行受托债权资产包（12户）转让项目

2018年6月8日，工行受托债权资产包（12户）转让项目在北部湾产权交易所高溢价成交，溢价率高达11.06%。该债权资产包挂牌价为2.242亿元，经过78轮激烈竞价，溢价2480万元，最终以2.49亿元成交。

该受托债权资产包项目共包含单项债权12户，债务人分布地域较为分散，涉及的行业不尽相同，不少债务人已处于停业状态，每户债权担保方式都为"抵押+保证"；整包转让不接受分拆受让，且工行对该债权资产包的定价相对较高，这为后续处置带来了一定难度。

北部湾产权交易所通过对该受托债权资产包核心资产的尽职调查，基于抵押物多为各类型用地、商铺等，充分挖掘项目亮点。例如，其中某一户债权的亮点：首先，其抵押物土地面积16484.7平方米；五栋房产总建筑面积为5568.7平方米，并且原债务人进行了100%股权质押。抵押物地块为商住综合用地，具有较好的商业价值，拆包后这块抵押物土地将会是众多房地产开发商争夺的标的。其次，该户债务人已经搬离原厂区，在新的选址地点重新恢复生产经营。根据对其生产效益的测算，若债权投资者与原债务人进行债务重组，给予原债务人一定恢复生产的时间，通过时间换空间策略，该户甚至有可能达到本息全额清收的目的。该户资产100%的股权质押、药品生产批号以及企业不错的盈利能力都是投资回报的有力保障。

为了广泛征寻项目意向受让方，北部湾产权交易所通过预招商、网站推广、微信公众号推广等方式大力宣传该项目，且于2018年5月9日举办了近200人的项目推介会，对该受托债权资产包亮点进行了重点推介。另外，为了降低客户准入门槛，北部湾产权交易所还向意向受让方提供了法律咨询等服务。

经过北部湾产权交易所的广泛推广，该项目征集到多家意向受让人，并通过安全交易网络竞价系统组织竞价。网络竞价系统相较于传统的拍卖方式，有效地避免了恶意串通的可能性，更加公开、公平、公正，最终经过78轮的激烈竞价，实现溢价2480万元。

工行受托债权资产包转让项目的高溢价成交实现了北部湾产权交易所债权类项目的最高溢价，也是广西本土债权市场溢价率最高的项目。

（北部湾产权交易所供稿）

案例 103

北新国际木业有限公司增资扩股项目

一、项目概况

2018年3月，北京产权交易所（以下简称北交所）组织实施了北新国际木业有限公司（以下简称北新木业）增资项目。通过公开遴选的方式，为北新木业引进战略投资者，优化股权结构，推进公司快速发展。

1. 融资方情况介绍

北新木业成立于1993年1月，是央企中国建材集团有限公司的旗下企业，主营进口木材、高档进口人造板材、实木家具及进口地板等业务。其中，进口木材业务在业内名列前茅；高档进口人造板材中的欧松板（OSB）进口量全国第一，且拥有北京市著名商标品牌"欧松"及专利产品"欧松地板"；实木家具拥有自有品牌"木上MORETHAN"，致力于为消费者提供性价比最优的环保实木家具；进口地板品牌"欧之上EUROSONG"意在通过筛选优质欧洲进口地板品牌，让国人用上品质一流、时尚健康、价格亲民的放心环保产品。北新木业秉承"善用资源、服务建设"的经营理念，持续稳定地在全球范围内采购优质原木、锯材、高端人造板材以及木制产品，致力于为国家林产工业可持续发展贡献力量。北新木业以全产业链的商业模式，依托专业化的业务平台、完善的营销体系和高效的经营团队，全面提升产品质量和服务水平，着力打造综合性贸易服务平台，全力推进中国木材和木制品行业的技术创新和产业升级。

本次增资扩股前，北新木业注册资金为6504.76万元，其中北新建材集团有限公司占总股本76.87%，北京新澳美家投资中心（有限合伙）占总股本19.85%，北京新欧美松投资中心（有限合伙）占总股本3.28%。北新木业拟募集资金金额不低于15000万元，募集资金主要用于补充运营资金，降低公司资产负债率，增强公司资本实力，推动公司的资产证券化，通过资本运作助力公司转型升级，实现跨越式发展。

2. 投资方情况介绍

2016年，经国务院同意、国资委批准，中国国新作为主发起人和控股股东，联合中国邮政储蓄银行股份有限公司、中国建设银行股份有限公司、深圳市投资控股有限公司等机构共同发起设立中国国有资本风险投资基金股份有限公司（以下简称国风投基金），首期规模1020亿元，未来总规模将达到2000亿元。

国风投基金未来将重点服务央企技术创新、产业升级，致力于支持国家重大科技创新产业化、创新型企业和小微企业发展。进一步发挥国有资本辐射和带动作用，放大国有资本功能，带动社会投资，打造资本与产业技术高度融合、运转高效、专业敬业、风控严密、回报良好的基金群。

国风投基金以贯彻落实国家创新驱动发展战略、支持企业创新为宗旨，始终坚持服务国家战略、服务央企发展的基本定位，根据国有企业功能定位和国有资本保值增值要求，开展市场化、专业化基金运作；以国有资本为基石投资，吸引中央企业存量资金和社会资金投入，充分运用多层次资本市场的资产配置方式，改善和提升国有资本配置和运营效率，促进经济发展和科技创新。

二、项目流程

融资方北新木业在北京产权交易所规定时间内先后提供《企业增资扩股信息发布申请书》、相关权属证明、资产评估报告、企业增资扩股方案、核准备案资料、法律意见书等资料。北交所对所提交资料进行审核，在其资料符合合规性、齐全性要求后，正式受理。

融资方经纪人在北交互联平台录入融资方融资信息，通过北交互联系统向广大投资方发布信息，征集各方投资机构。

信息披露后，国风投基金委托国新资本有限公司作为其经纪人向北交所提出意向受让申请，提交申请资料清单及补充说明文件。在收到投资资格确认通知书之后，投资方在规定时间内缴纳了保证金，确保投资人资格。确定最终投资方后，双方签订《增资扩股协议》。

三、项目结果

1. 本次增资结果

融资方北新木业的注册资本由6504.76万元增加到9756.655万元，投资方国风投基金总投资金额为1.5亿元，其中，32518931.19元作为注册资本，其余117481068.81元计入资本公积。

2. 增资后持股比例

北新建材集团有限公司持股比例为51.25%。

北京新澳美家投资中心（有限合伙）持股比例为13.23%。

北京新欧美松投资中心（有限合伙）持股比例为2.19%。

新进股东国风投基金的持股比例为33.33%。

3. 合理保障原国有股东控制权

本次增资保证了原股东方北新建材集团有限公司的控股地位，引入新的战略投资人，优化了股权结构，提升了企业管理水平。北新木业将召开新的股东会，选举新的董事会、监事会，并修改公司章程。新的董事会、监事会将召开会议，选举公司董事长、监事会主席，确定新的经营班子。公司董事会由七名董事组成，由股东会选举产生，其中，北新建材集团有限公司提名四名董事候选人，北京新澳美家投资中心（有限合伙）和北京新欧美松投资中心（有限合伙）共同提名一名董事候选人，投资方国风投基金提名一名董事候选人，另设职工董事一名。

四、项目难点

1. 金额较大

本次计划募集资金不低于1.5亿元，拟引进新进股东1家，新增投资方认购总规模为增资后公司注册资本总额的33.33%。

2. 战略投资者身份

融资方希望意向投资方对其今后的企业发展能形成产业协同效应，为未来的业务发展提供相应的资源和战略支持。投资方国风投基金具有央企背景且有良好的社会形象、行业地位、影响力、财务状况、资本运作能力，能为融资方提供融资支持和增值服务，符合融资方择优遴选条件。

五、项目意义

融资方北新木业通过增资扩股引入战略投资人国风投基金。在管理能力方面，投资方有很大优势，战略投资者在一定程度上介入融资企业的管理，为企业带来先进的管理模式和经验，提高融资企业的管理水平，增强企业可持续发展能力。同时投资方为中国国新控股有限责任公司下属公司，该公司主要从事国有资产经营与管理，在资本运营方面可以与融资方优势互补，有利于优化和延伸产业链条。

本次增资扩股在北交所成功完成，体现了产权交易市场具有很强的影响力和公信力，融资方吸纳了资本雄厚、行业投资经验和资源丰富的投资方，为增资后公司快速发展、扩大规模奠定了基础。同时，公开招募投资者，阳光操作，体现出我国产权交易市场经过几十年的发展已经形成规范化、专业化的市场平台，能有效防止国有资产流失，提高市场化资源配置效率。

产权交易市场不仅为企业融得资金，而且可以使融资方北新木业的价值充分被发现；而引入合适的战略投资人，真正体现出产权交易市场作为多层次资本市场的重要作用和价值。

（国新资本有限公司供稿）

案例 104

全流程托管式服务，在企业存量土地交易及土地二级市场领域再创佳绩

2018年5月24日，由甘肃省产权交易所（以下简称甘交所）组织的兰州兰石集团有限公司所有的兰州市七里河区民乐路两宗土地使用权整体转让项目，在历经2小时48分19秒226轮次激烈竞价后，最终以17.5946亿元顺利成交。成交金额、增值额均创下甘交所操作的企业存量土地交易新高，也成为甘肃省国有土地二级市场成交价的新标杆，受到全社会的广泛关注和房地产行业的瞩目。

一、项目亮点

兰州市七里河区民乐路原手扶拖拉机厂两宗土地使用权整体转让项目具备三个显著特点：

1. 高溢价、高增值

该项目成交价较评估值7.6545亿元增值9.9401亿元，增值率129.86%；较挂牌价13.0946亿元溢价4.5亿元，溢价率高达34.37%，增值金额为甘交所操作的国有二级土地市场项目之最。

2. 充分竞价、高额成交

该项目无论是挂牌起始价、公告期内咨询人数、实地踏勘人数，还是报名参与人数、网络竞价轮次，均创下同类项目新高，最终以17.5946亿元成交，成交额及1600万元/亩的交易单价均创下兰州市七里河区国有二级土地市场新高。

3. 社会关注度高、反响大

国有建设用地土地交易价格作为房地产价格风向标，引起了社会各界的广泛关注。兰州市固有的"东西狭长、南北靠山、两山夹一河"的特殊地形，以及人口密集、存量土地稀缺的现状，造成兰州市地少人多、可开发土地极其宝贵、发展空间受限的严峻形势，间接助推了兰州的房价。即使在政府出台了严格的限购措施之后，房价依旧居高不下。本次转让标的土地位于兰州市中心城区七里河区，毗邻兰州最大的客运中心——兰州西客站。而兰州西客站作为中国西部"一带一路"沿线重要的交通枢纽，

周边地价自然引起众多房地产企业的密切关注，牵动着广大购房者的心。

二、项目面临的困境和挑战

1. "曲高和寡"

标的挂牌价高达13.0946亿元，单位挂牌价达到了1200万元/亩，建成后的楼面价达到了5143元/平方米；较周边地价明显偏高，无形中增加了项目的成交难度。

2. 标的瑕疵明显、开发难度巨大

根据甘交所前期对项目实地了解的情况及转让方提交的项目资料可知，该地块上有正在运行的配电房和电力线路，以及废弃的热力管道，需要受让方按照相关标准自行拆除还建，并承担由此产生的相关费用及责任；最为致命的是该地块的四周均不临街，只有一处出入口，且出入必须经过兰州手扶拖拉机厂家属院，共用家属院内部道路；同时，根据相关规划，该地块南侧民乐路未来可能拓宽，北侧及地块中间有规划的待建道路，意味着标的实际可利用面积将会缩水，影响开发商的市场开发价值。可以说，这块地瑕疵明显，市场预期不佳。

三、实施全流程、托管式服务

1. 项目挂牌前决策、论证阶段

一是凭借扎根甘肃产权交易市场20年积累的丰富项目运作经验，甘交所派出具有丰富土地交易经验和深厚功底的专业团队多次赴转让方和标的现场对标的现状和市场需求进行全面、综合分析，明确标的优势、瑕疵，为项目拟定多套有针对性、可操作、能把控的交易方案以供选择；在深入充分沟通的基础上，结合转让方要求对交易方案给出专业化建议和意见。

二是根据《中华人民共和国企业国有资产法》《企业国有资产交易监督管理办法》《企业国有产权交易操作规则》等有关法律法规的规定，甘交所在审核兰州兰石集团有限公司提交的所有资料后，签署了《产权交易委托合同》，约定将其位于兰州市七里河区民乐路8号的两宗土地使用权项目于4月24日正式挂牌。

三是在充分了解市场需求的情况下，项目组通过论证分析、内部决策、市场分析、项目论证等环节，最终确定用E交易网络交易平台进行竞价。

2. 项目挂牌期公开交易阶段

一是挖掘价值。在接到项目委托后，甘交所一方面安排项目团队进行大量、细致的调研，了解市场需求，掌握一线市场动态和对土地供应的愿望，结合标的情况挖掘项目价值；另一方面，由分管领导带领项目团队前往城建、房管、土地、规划、不动产登记中心等多个政府部门进行对接，查询项目规划有无调整、权属是否明晰、后期开发有何政策支持，通过实地考察，走访论证，深度挖掘项目投资价值。

二是广泛宣传。为确保项目的顺利成交，充分实现国有资产保值增值，项目运作团队在信息发布、面向社会公开推介方面做了大量卓有成效的工作。除了在当地省市级报刊纸媒、甘交所及行业网站上同步推送外，还通过微信公众号、搜狐网、凤凰网、今日头条、搜房网、省内外商会以及交易所自有投资人数据库进行精准推介，详细介绍项目的基本情况、周边环境、配套设施，以及道路交通等未来发展规划方案。帮助意向竞买方充分了解项目优势，进行项目分析判断，调动广大投资人参与项目的积极性，为项目成功交易奠定了坚实的基础。

三是重点推介。项目运作团队先后前往恒大、保利、碧桂园、中海、万达、绿地、万科等国内知名地产商，以及天庆、天正、中和等省内知名房企，了解以上重点潜在土地投资人的投资方向、开发计划、土地投资资金额度等。通过重点推介、逐一调研，明确了市场需求，根据需求及时调整项目操作策略和方向，使得推广更加具有针对性和实效性。

四是高效组织。在项目运作过程中，甘交所严格执行项目负责人制度，从项目前期、中期到后期各个环节全部由专人负责，责任到人。确保项目信息的内外、前后一致，与转让方的衔接沟通无缝隙，交易双方沟通无障碍，从而提高交易效率，降低交易成本。

五是严格保密。为充分保护转让方权益，防止围串标现象发生，甘交所制定了严格的意向受让人信息保密制度。在意向受让人报名过程中，投资人通过多方渠道打探其他意向受让方信息，以期了解对手的底线，给项目的运作带来极大的隐患和风险。鉴于此，项目组多次召开专项会议，严格保密制度，强化保密职责；将报名阶段细分为答疑解惑、领取项目资料、接收报名资料等环节，并在不同环节制定了不同的保密措施，专人操作，责任到人。特别是在报名阶段后期，甘交所要求财务部门、信息部门、项目实施部门及开户行所在的银行四方联动，进入"一级预警"状态，直至项目成交。以上一系列举措降低了人为因素导致的围串标风险，确保标的得到充分竞价、公平交易。

3. 项目成交后办理各项手续阶段

项目成交后，凭借多年来和国土、规划、建设、税务、不动产登记等政府部门业务往来积累的广博人脉和协助办理各项手续的丰富经验，甘交所为受让方提供办理税务手续、不动产变更登记、规划手续办理、土地测绘等帮助指导服务，推进项目顺利完结。通过为交易双方提供全流程、托管式服务，甘交所成功打消了各方的顾虑，解决了交易双方存在的分歧，赢得了广泛的赞誉。

四、项目成交实现了四方共赢格局

转让方：兰州兰石集团有限公司作为甘交所长期合作伙伴，多年来在盘活国有资产、引进增量资本方面保持着密切沟通与合作。本次交易在充分竞价的前提下，交易结果最大化地体现了土地的市场价值，有助于转让方减轻企业负债轻装上阵，回收的资金将用于企业后续扩大再生产、新产品开发等，促进企业生产经营进入良性循环。

受让方：通过甘交所"公开、公平、公正"的交易原则，受让方对标的情况进行了客观、专业、翔实的了解和尽职调查，充分知晓项目瑕疵，对已知和未知风险做到心中有数、进退有路、论证充分、把控有效。特别是进场交易环节，采用网络竞价方式，避免了可能的干扰，极大地减轻了企业隐形成本。

地方政府：项目的高溢价成交，巨大的土地增值，为紧缺的地方财税收入助力不少。甘交所的专业化运作，有助于转让方企业缓解资金压力，激发创新动能，拉动地方经济良性发展。同时，受让方进驻当地市场，进一步推动兰州市重大项目建设的社会效应明显。

甘交所：得到了交易双方的一致肯定，在当地房地产市场树立了自己的专业形象，为甘肃省国有二级土地市场高增值、高溢价项目运作积累了宝贵的经验；同时，极大地提升了甘交所专业团队的能力、水平，提高了甘交所的业绩和收入。

此次七里河区民乐路8号的两宗土地使用权转让项目顺利成交，再次印证了国有资产在交易所的组织下，通过进场交易方式，是实现国有资产保值增值的可靠途径，产权交易市场"公开、公平、公正"的运作模式将有力促进国有资产最大限度回归市场价值。

五、助力健全国有二级土地市场，成为全省行业的主导

党的十九大报告指出，经济体制改革必须以完善产权制度和要素市场化配置为重点，实现产权有效激励、要素自由流动、价格反应灵活、竞争公平有序。全面贯彻落实党的十九大精神，具体到土地市场来看，就必须以促进土地要素流通为核心，努力降低土地交易成本，切实发挥市场在资源配置中的决定性作用。基于此，三年来，甘交所以国家不断完善国有二级土地市场的历史机遇为抓手，主动出击，提前布局，努力探索，逐步完善，取得了显著的成效。既盘活了省属国有企业的存量土地，为企业发展解决了资金困难，也为地方政府的财税增长贡献了力量。

截至2018年6月，甘交所共完成各类土地交易项目150余宗，成交金额130多亿元。项目遍布兰州、天水、定西、平凉、陇南、金昌、临夏、白银、武威、甘南及兰州新区等地。其中不乏一些经典案例：

2015年11月8日,兰石集团老厂区25#地块土地使用权项目以9.24亿元成交。

2016年10月12日,甘肃省物产集团西客站北广场土地转让项目以14.52亿元成交。

2017年2月24日,兰州国器装备制造集团有限公司拥有的原兰州水泵总厂原址土地使用权及地上附着物项目以12.14亿元成交。

2017年8月14日,由甘交所组织的甘肃祁连山水泥集团股份有限公司安宁一宗国有土地使用权转让项目,经过6家意向受让方历经2小时48分钟76轮次的网上报价,最终以2.64亿元顺利成交。较账面价值828.56万元增值2.55715亿元,增值率3086.48%;较评估值1922.46万元增值2.4477亿元,增值率1273.24%;较挂牌价8000万元溢价1.84亿元,溢价率230%。

2018年4月18日,由甘交所组织的兰州市西固区玉门街486号的7宗土地使用权整体转让项目经过4小时20分钟287轮次激烈竞价,最终以11.14亿元顺利成交。该项目较评估值6.91亿元增值4.23亿元,增值率61.31%;较挂牌价7.8亿元溢价3.34亿元,溢价率42.82%。

(甘肃省产权交易所供稿)

案例 105

黑龙江联合产权交易所助力"僵尸企业"市场化处置

为深入贯彻落实党中央、国务院关于推进供给侧结构性改革的决策部署，黑龙江省委省政府、省国资委紧紧围绕"去产能"重点任务，加快推进"僵尸企业"处置工作，明确了全省2018年"僵尸企业"改革专项任务。黑龙江联合产权交易所（以下简称黑龙江联交所）充分发挥平台作用，通过市场化手段、全方位服务助力黑龙江省加快推进"僵尸企业"市场化处置进程。

2018年3月13日，黑龙江省对外经贸集团有限责任公司与哈尔滨瑞祥房地产开发有限责任公司正式签订股权转让合同，转让黑龙江省粮油食品进出口集团哈尔滨冷冻加工厂（以下简称冷冻厂）整体产权，成交额9260.41万元，圆满完成了黑龙江省委省政府、省国资委有关处置"僵尸企业"的决策部署。

冷冻厂长期处于半停产状态，债务负担重，职工安置难，资产价值低，且部分资产被法院查封，是被黑龙江省国资委列入重点改革任务的"僵尸企业"，难以找到愿意接手的投资者。黑龙江联交所秉承"精准服务"理念，充分发挥市场功能，多措并举，妥善推动冷冻厂整体产权转让项目实现市场化处置。

一、深入调研，周密策划

冷冻厂涉及大量的债权债务、资产查封、职工欠费、资产范围不清等历史遗留问题。为加快推进项目，黑龙江联交所一是与转让方、中介机构密切沟通，理清企业状况，确保信息披露充分；二是在依法合规的前提下，简化挂牌材料及手续；三是在公告中明确要求受让方必须无条件接收全部在岗职工，并承担企业拖欠解除劳动关系职工的经济补偿金，妥善解决职工安置问题。

二、减免费用，降低成本

为不增加冷冻厂改制的成本，黑龙江联交所减免了转让方全部交易服务费，安排专人负责企业资产处置。既不额外增加企业交易成本，又提升了处置效率。

三、深挖价值，广泛推介

冷冻厂地理位置好，占地面积大，具备开发房地产的基本条件。黑龙江联交所深挖企业价值，广泛发布产权转让信息，征集意向投资者。一是利用门户网站、省级报刊、E 交易网、投资人信息库等多个渠道进行集中宣传推介；二是着重宣传推介标的企业的特点及优势，凸显资产价值。公告期内，征集到 5 家潜在投资者来人来电咨询。

四、组织答疑，打消顾虑

挂牌期间，部分潜在投资者提出了资产查封、资产范围界定、税费交纳等多个影响项目推进的问题。黑龙江联交所多次组织转让方、中介机构及意向投资者等相关各方进行洽谈，并就潜在投资者关心的问题、交易流程及注意事项进行解答，打消了潜在投资者的顾虑。

（黑龙江联合产权交易所供稿）

案例 106

深挖产权交易市场资本运作潜力，
服务央企"处僵治困、提质增效"

——中国经济出版社处置全资子公司项目

一、基本情况

中国经济出版社（以下简称出版社）成立于1988年，注册资本2500万元，中央一级出版社，隶属中国石油化工集团公司。作为中国知名的经济专业出版机构和大众信息传播机构，在知识界、文化界、经济界享有良好声誉。在知识、文化、学术的传播普及方面，为国家机构、社会大众及学界同仁提供了充实而丰富的理论养料与时代信息，成为走在时代前沿的学术专业出版商和经济生活资讯提供商。出版社下设中国经济书店有限公司、中国经济图书进出口有限公司、中经录音录像中心有限公司、中国经济贸易年鉴社有限公司和国资报告杂志社有限公司五家实体机构。

二、处置背景

近年来，随着供给侧结构性改革的深入，中国石化集团全面贯彻落实国务院关于"国有企业瘦身健体，增强核心竞争力"工作要求，力求解决集团内部法人户数多、法人链条长、管理层级多、机构臃肿、管理效率低等突出问题。

由于经营业务的锐减，出版社下属部分子企业出现经营业务灭失，甚至陷入亏损。为了企业的生存和自身健康发展的客观要求，出版社按照国务院国资委和中国石化集团的要求，制定了"切合实际、统筹兼顾、循序渐进、平稳过渡"的总体原则，启动了压缩管理层级工作。通过压缩层级、瘦身健体、清理低效、减少法人，努力达到"组织扁平、机构精简、运营高效、效益显著、风险可控"的目标，实现公司转型升级，提高效益。

三、行业背景

伴随着我国文化体制改革的深入，以互联网为代表的新兴产业蓬勃发展，彻底打破了一些传统产业的生存环境，产业格局进入重要的转型期。我国图书市场伴随着社会发展、体制改革的大浪潮,在发生着质的转变。

随着社会文明的发展、人们生活水平的提高和消费观念的更新,图书市场需求不断发生变化,读者需求呈现多样化的趋势。随着网络技术的发展,电子图书的迅速发展使得传统图书市场受到极大的冲击。在这种情况下,图书市场的发展不容乐观。网络阅读、电子阅读、手机阅读,还有一直与正版图书如影随形的盗版图书,如狼似虎,将传统书业的利润空间掠夺欲空。究其原因,主要有以下几个:①网络发展和新兴电子书的流行,导致读者对纸质图书的需求降低,电子书满足了读者的个性化需求,更新更快,且方便快捷;②影视作品的热播,使很多人不再阅读书籍,认为通过看电视剧就可以了解历史和文化,而不需要专门买书来学习;③图书推介宣传活动较少,多数国民没有养成书籍阅读习惯。

面对这场深刻转型,传统图书行业需要创新发展观念、创新体制机制、创新内容服务、创新产业模式,进而把握转型的主动权,找到适合自身的生存之道。出版社顺应改革潮流,将处于亏损状态的两家全资子公司进行公开转让,分别为中国经济图书进出口有限公司和中经录音录像中心有限公司。其中,中国经济图书进出口有限公司成立于1988年,注册资本100万元;中经录音录像中心有限公司成立于1996年,注册资本30万元。

通过产权交易市场公开处置"僵尸企业",既可以实现国有资产的大幅度增值,又能为企业后续发展和职工安置提供保障。因此,出版社以股权转让的方式通过交易机构公开挂牌将两家全资子公司进行转让,以期改善经营绩效,实现稳步发展。

四、交易过程

1. 主动服务,高效运行,确保时间节点

本项目自接到委托至交易结束,我司辅助完成项目分析、政策研究、窗口咨询及在交易机构进行的全部交易工作。其中包括但不限于产权转让挂牌文件如申请书、情况说明等文件的拟定、递交,竞价方案及交易合同的拟写等。我司全程协调转让方、交易所、意向受让方等各方,包括提交竞价响应文件时将交易合同一并提交,1个工作日内完成保证金、尾款、交易服务费的支付,大大缩短了后续交易凭证的出具时间,圆满完成了集团"压减"目标。

2. 有效发动,多家投资人形成竞价

为实现国有资产的保值增值,我司利用网络媒介,并反复运用投资人平台数据库资源,力保在挂牌前和挂牌期间做好招商工作。主要手段包括但不限于针对项目情况制作推介材料,挖掘项目的潜在价值,撰写招商推介材料。一方面,利用我司官网、云并购APP等渠道进行线上推荐;另一方面,公司线下招商团队点对点向投资人推荐项目，同时推荐投资意向较大的受让方与转让方进行多轮商谈。

通过我司的广泛推介，两个项目均形成竞价。其中，中国经济图书进出口有限公司股权项目征集到 11 个意向方递交受让材料，其中有 10 个意向方交纳保证金参与竞价，为国有资产增值做出贡献。

3. 项目难点

一是时间紧迫。根据中国石化集团的要求，转让方须在 2018 年 5 月 31 日前完成"压减"任务，而项目于春节假期之后才正式启动。短短几月除去预披露 20 个工作日、正式披露 20 个工作日，所剩时间无几。我司协调转让方及各中介机构，整体把控时间进度，并派专人多次到转让方公司现场协助准备、审核挂牌资料，多次往返交易所与转让方处完成合同的签订等，克服多项困难，最终使交易如期完成。

二是相关审批。鉴于两个项目公司具备不同的资质，而资质的使用与延续均有一定的限制。我司通过查阅法律法规、多次电话咨询、走访各个相关部门了解目前国家对于相关资质的政策把控。同时，将所有注意事项及有关风险进行充分披露，对受让方进行充分提示。

五、项目启示

1. "瘦身健体、深化改革"是优化发展的有效途径

"瘦身健体、提质增效"是企业改革的重点。央企"肥胖"主要表现于管理层级过密、效率低下、内部摩擦过多。为解决央企大而不强、风险隐患多、运行效率不高、适应市场能力不强、发展内在动力不够、市场竞争力不足等问题，应积极推进压缩管理层级，减少法人户数工作，进行业务整合和机构调整，强化源头管理，严控新设法人，增强核心竞争能力，达到做优做强的目标。

2. "瘦身健体"的开展有助于企业管理能力提升

在开展"瘦身健体"的工作中，企业领导班子高度重视，坚持问题导向、加强组织领导、周密制定方案、注重过程控制、突出业绩考核、建立薪酬激励和约束机制等管理手段推进"瘦身健体"与"处僵治困"工作。大力推动相关工作开展，进一步理顺了企业的管理体制，健全机构管理制度，有效提升企业的管理水平。

3. 深化改革，必须全面解放思想

理念决定方向，思想决定行动，拼搏决定结果。面对文化体制、图书行业的深化改革、瘦身健体、转型发展的压力，没有思想上的解放，就不会有行动上的到位。因此，需要全体职工发挥主观能动性，勇于自我革新，拓展思维，应对变化，实现改革的预期目标。

4. 专业的经纪服务是项目成功的保证

在国资委混合所有制改革的大背景下,国企处置僵尸企业、压缩管理层级、减少法人户数,加大了存量资产的盘活需求,某种程度上对寻找投资人的能力提出了更高的要求。为国企提供全流程优质服务,积极帮助国企寻找投资人,引入投资者已经成为一个新的服务点。需要产权经纪公司不断发掘市场潜力,积累投资人信息,才能使更多项目实现价值最大化。

(北京中诚天下投资顾问有限公司供稿)

案例 107

矿制酸系统和普钙装置生产线处置项目增值 177.78%

北京中招国际拍卖有限公司（以下简称中招国拍）受托处置的中化重庆涪陵化工有限公司矿制酸一、二、三系统和普钙装置生产线项目，于2017年12月28日挂牌，挂牌价为180万元。该项目于2018年1月19日10时公开竞价，经过多达53轮竞价后，最终以500万元成交，增值率高达177.78%。

中招国拍于2017年7月开始介入本项目处置工作，公司领导对此项目高度重视，第一时间召集相关部门人员对项目进行分析研讨，责成项目负责人不仅在挂牌程序方面做到专业、严谨，还要在招商方面有所建树，以实现国有资产的保值增值，进而实现价值最大化。

因项目处置工作较为紧张，为配合委托方尽快完成，中招国拍带领意向客户先后十余次前往标的所在地进行实地踏勘，并在二手设备网长期更新本项目相关信息；收集到超过100家意向客户，意向客户涉及重庆、四川、内蒙古、吉林、黑龙江、浙江、新疆、河北、山西9个省（区）。

本项目最终在2017年12月28日挂牌，同时中招国拍在重庆商报发布项目招商信息，扩大招商宣传。挂牌期间，有60余家意向客户前往实地。因人数众多，中招国拍派专人协助转让方进行现场踏勘。

最终，有43家意向买受人参加竞买，并在2018年1月19日10时公开竞价。经过53轮竞价，本项目最终成交价为500万元，超过起拍价320万，增值率177.78%。

项目交易完成后，中招国拍协助转让方完成了后续交接拆卸工作。转让方对中招国拍周到、细致又专业的服务给予了高度赞扬。

（北京中招国际拍卖有限公司供稿）

附记

关于《中国产权交易资本市场经典案例》的说明

（一）

根据中央的部署和国务院国资委的要求，中国产权协会组织开展纪念改革开放40周年和产权交易资本市场发展30周年活动。为此，组织开展了征集和宣传产权交易资本市场经典案例工作。

征集和宣传产权交易资本市场经典案例的基本依据：

《中共中央关于经济体制改革的决定》（1984年）。

《中共中央关于建立社会主义市场经济体制若干问题的决定》（1993年）。

《中共中央关于完善社会主义市场经济体制若干问题的决定》（2003年）。

《中共中央关于全面深化改革若干重大问题的决定》（2013年）。

《中共中央、国务院关于深化国有企业改革的指导意见》（2015年）。

《国务院关于国有企业发展混合所有制经济的意见》（2015年）。

习近平总书记在中国共产党第十九次全国代表大会上所做的题为《决胜全面建成小康社会 夺取新时代中国特色社会主义伟大胜利》的报告（2017年10月）。

（二）

截至2018年7月底，共征集案例126篇，结集送编107篇，冠名为《中国产权交易资本市场经典案例》。主要内容如下：

一是以宪法、法律法规为依据，以党的路线、方针、政策为指导，以改革开放的历史进程为背景，以产权转让交易活动为主线，选择、总结、推荐典型案例，突出产权交易资本市场的功能属性，体现统一、规范、高效和服务精神。

二是操作案例遵循公开、公平、公正原则和市场化原则，在服务国家供给侧结构性改革和国资监管、国有企业改革发展方面贡献显著，获得各级政府的肯定和市场主体的好评，产生重大社会影响。

三是案例力求充分反映产权交易资本市场在我国社会主义经济建设和改革开放过程中的地位和贡献。以反映国有、国营经济为主，包括多种所有制经济改革建设内容；以反映城市改革为主、包含城乡改革建设一体化的内容为主；以反映近期市场发展为主,同时体现改革开放以来多种所有制企业产权转让交易的探索与实践。

(三)

为了更好地参加和配合全国范围纪念改革开放 40 周年活动,我们把改革开放精神贯穿于产权交易资本市场案例征集宣传活动全过程。

一是协会从所征集的案例材料中筛选典型案例结集出版。案例汇编于今年下半年纪念改革开放 40 周年暨产权交易资本市场发展 30 周年庆祝活动上和读者见面。

二是经典案例在中国产权网、《产权导刊》、《产权交易市场资讯》、《中国产权市场年鉴》、《企业家日报·产权交易资讯》等行业媒体上选载。

三是涉及产权交易业务种类的案例,以《产权交易行业统计工作实施办法》开列的 12 类业务为主,延伸到交易机构交易的政府采购、企业采购、资产租赁等非标准化业务。

四是为了全面、客观而充分地反映中国产权交易行业、产权交易资本市场的建设、改革、发展历程,案例征集和宣传工作面向全社会。

感谢各会员单位积极参与由协会组织的本次经典案例征集活动!

(中国产权协会)